浙江省哲学社会科学重点研究基地
——临港现代服务业与创新文化研究中心课题成果（20JDZD066）

区块链技术
赋能港口供应链金融创新模式研究

马翔　宋静静　陈裕荟琳◎著

PORT SUPPLY CHAIN FINANCE INNOVATION
A New Model Based on Blockchain Technology

中国财经出版传媒集团
中国财政经济出版社

图书在版编目（CIP）数据

区块链技术赋能港口供应链金融创新模式研究／马翔，宋静静，陈裕荟琳著．-- 北京：中国财政经济出版社，2022.11

ISBN 978－7－5223－1726－7

Ⅰ.①区…　Ⅱ.①马…　②宋…　③陈…　Ⅲ.①区块链技术－应用－港口－供应链管理－金融模式－研究　Ⅳ.①U695.2－39

中国版本图书馆CIP数据核字（2022）第196998号

责任编辑：闫　娟　　　　责任印制：刘春年
封面设计：陈宇琰　　　　责任校对：胡永立

区块链技术赋能港口供应链金融创新模式研究
QUKUAILIAN JISHU FUNENG GANGKOU GONGYINGLIAN JINRONG CHUANGXIN MOSHI YANJIU

中国财政经济出版社 出版

URL：http：//www.cfeph.cn

E－mail：cfeph@cfeph.cn

社址：北京市海淀区阜成路甲28号　邮政编码：100142

营销中心电话：010－88191522

天猫网店：中国财政经济出版社旗舰店

网址：https：//zgczjjcbs.tmall.com

北京虎彩文化传播有限公司印刷　各地新华书店经销

成品尺寸：165mm×240mm　16开　27印张　395 000字

2022年11月第1版　2022年11月北京第1次印刷

定价：118.00元

ISBN 978－7－5223－1726－7

（图书出现印装问题，本社负责调换，电话：010－88190548）

本社质量投诉电话：010－88190744

打击盗版举报热线：010－88191661　QQ：2242791300

序　一

回眸过往，波澜壮阔，极不平凡。中国港口实现了科技创新和制度改革叠加驱动的重大变革，实现“从无到有”到“从有到优”再到“从优到强”的历史性飞跃。中国港口的国际影响力、“全球权重”以及港口建设规模等逐年显著提升，即使在百年之未有大变局和世纪疫情的全球背景下，中国港口依然保持着较高的增速。2021 年 6 月 24 日，国务院新闻办公室举行的水运发展暨2021 年中国航海日活动筹备工作发布会，中国国家交通部副部长赵冲久表示中国港口规模居世界第一。排在前十的港口，有九个亚洲港口，其中七个港口是中国港口，分别为上海港、宁波舟山港、深圳港、广州南沙港、青岛港、天津港和中国香港港。据统计，2021 年上海港集装箱增长了 350 万标准箱（TEU），同比增长 8.1%；宁波舟山港增长了 230 万标准箱（TEU），同比增长 8.2%；天津港增长了 190 万标准箱（TEU），同比增长了 10.4%。与全球港口对比来看，虽然中国港口在港口货物吞吐量、集装箱吞吐量、港口条件、基础设施、平均船时效率、码头新技术应用水平、港口运营商资产规模等指标位居世界前列，但在航运总部、金融保险、海事国际仲裁、海事咨询服务、航运交易、航运经纪、合规成本和跨境贸易便利化、港口排放控制区及绿色港口执行标准等领域还存在明显的短板。

展望未来，经济发展，金融先行。中国港口在经略海洋和“世界一流强港”建设的宏伟蓝图下，补齐金融保险等短板，就需要率先在高端航运金融服务，尤其是港口供应链金融上“未雨绸缪”和“战略布局”，通过解决港口供应链金融的“融资难、融资贵、融资慢”，实现从“不能贷”到“可以贷”的转变。随着“区块链技术”和“供应链金融”先后上升到国家战略以及“智慧港口”建设推进的逐步深入，系统研究区块链技术赋能港口供应链金融创新模式对提升港口综合服务能力和建设安全便捷、智慧绿色、经济高效的世界一流港口具有重要战略意义。虽然区块链技术赋能港口供应链金融创新模式在当前还存在关键技术、法律法规、平台治理、金融监管等因素制约，但在区块链技术等新科技革命浪潮下，不可小觑港口供应链金融模式的创新和创新组织乃至商业模式的演变。正如专著而言，未来，区块链技术会逐步泛化，不仅仅拘泥单一技术，而会出现人工智能、区块链技术、云计算技术、大数据、边缘计算、人脸分析技术、5G、6G 技术深度融合，在港口数字孪生、港口大脑等智慧化港口建设诉求下，新技术、新业态、新场景集成创新应用会逐步创新出丰富多元化的智慧化应用场景，这些有助于港口供应链金融模式创新和港口供应链金融的生态体系构建。

纵览全书，内容翔实，文风缜密。全书系统诠释了区块链技术赋能港口供应链金融模式创新的现状问题、经验借鉴、理论范式、作用原理、系统模型、创新模式、风险管理以及体制机制，很好地展示了金融理论研究与港口实际研究的融合，提出了赋能型 ABCDEFG 技术、港口供应链颠覆性创新、港口供应链金融风险智能管理等前沿概念或理念，系统提出并阐述了“四类”创新模式、“三方”演化博弈模型和“四维”空间监管框架，对今后新技术革命下的港口供应链金融的研究具有参考价值。

浙大宁波理工学院“十四五”期间，重点建设“智慧化港口与服务”学科群，主动服务宁波港口的发展。作为身处于宁波这样现代化滨海大都市的金融学者们，能够踊跃参与浙大宁波理工学院智慧化港口与服务学科群，并选择区块链技术赋能供应链金融模式创新主题进行研究，充分彰显了浙大宁波理工学院金融教师们能够“立足宁波、依托浙大、放眼全球”的学者情怀、“攻坚克难、干在实处、走在前列”的时代担当。总之，这本书命题研究新颖，逻辑论证缜密，内容布局完善，案例剖析典型，方法应用合理，研究观点明确，对策思路清晰，能让读者比较全面地理解区块链技术赋能供应链金融模式创新的主要内容，是一本“理论联系实践”的难得佳作。

中科院院士
浙大宁波理工学院校长

2022 年 11 月

序　二

2020年，习近平总书记视察宁波舟山港强调“港口是基础性、枢纽性设施，是经济发展的重要支撑。宁波舟山港在共建‘一带一路’、长江经济带发展、长三角一体化发展等国家战略中具有重要地位，是‘硬核’力量。要坚持一流标准，把港口建设好、管理好，努力打造世界一流强港，为国家发展作出更大贡献”。在此背景下，我很幸喜看到马翔教授及金融团队教师们撰写了“区块链技术赋能港口供应链金融模式创新研究”学术专著，成果能够理论联系实践，从“理论研究—现状研究—经验研究—机理研究—模式研究—风险研究—政策研究”七个维度回答了区块链技术如何有效赋能港口供应链金融，全书编排有序、结构严谨、内容充实、考证翔实，具有极强的学术性与指导性，展现了浙大宁波理工学院人文社科教师们积极投身国家和地方经济社会发展研究的良好精神风貌。

明代思想家王阳明主张“知行合一”，知是行之始，行是知之成。知行合一思想阐释了理论与实践间的辩证关系。理论是人们对实践所形成的理性认知，这些理性认知指导人们实践并在实践中得以升华。伴随此循环，人们对于理论的认知不断深化与拓展。“纸上得来终觉浅，绝知此事要躬行”，进一步印证了兼顾理论与实践的重要性。这就注定开展科学研究，不能只沉浸在书房之中、案几之上，还要走进乡村城市之中用心体验、仔细观察，惟有如此，才能真正做到理论与实践的融合贯通。马翔教授及其金融团队教师常年耕耘于海洋金融研究领域，治学严谨、奋力求真，很好地践行着“知行合一”这一原则标准。为作此书，除却认真研读文献资料，还奔走于港口码头之间，悉心开展田野调查。积三年之心力，集腋成裘，兼收并蓄，数易其稿，始得玉成，其中的艰辛与不易可想而知。今朝终得付梓，着实令人欣慰。在本书付梓之前，我很高兴能有机会先睹书稿，并遵作者之嘱，忝为之序。

港口供应链金融作为服务港口海运企业的新型金融模式，通过整合港口供应链上下游企业间的资金流、信息流、物流以及商品流等，极大提高了资金利用效率、缓解港口供应链企业“融资难、融资贵、融资慢”问题。本书颇具创新性地从区块链技术赋能视角出发，通过系统化剖析成熟经验与现实案例，深度探究区块链技术赋能港口供应链金融发展的理论机制、模式创新以及风险管理，并提出推动体制机制变革与创新的意见建议。一方面丰富了我国区块链技术赋能供应链金融的案例库，对于其他行业具备一定的示范和借鉴意义；另一方面为解决传统港口供应链金融“资金流、信息流、物流、商品流”难以合一问题，提供了强有力的理论与实践支撑，为政府和金融机构决策提供了参考。再次祝贺马翔及金融教师团队大作玉成，期待其在未来科研之途中撷取更多硕果。

2022 年 11 月

目 录

引言 1

第一节 研究背景与意义 1
第二节 研究对象与内容 6
第三节 主要研究创新点 8

第一章 理论回顾与政策演进 11

第一节 区块链技术赋能港口供应链金融的概念界定 13
第二节 区块链技术赋能港口供应链金融的现实意义 23
第三节 区块链技术赋能港口供应链金融的文献回顾 32
第四节 区块链技术赋能港口供应链金融的政策演进 79

第二章 现状描述与问题剖析 89

第一节 国内主要港口及其供应链行业发展现状分析 91
第二节 国内港口供应链金融的产业图谱及供求分析 144
第三节 区块链前沿技术进展及在金融中的应用趋势 154
第四节 区块链技术赋能港口供应链金融的问题剖析 170

第三章 经验借鉴与案例比较 183

第一节 国外应用成果与典型案例 185
第二节 国内应用成果与典型案例 201
第三节 国内外经验的总结与启示 213

第四章 理论阐述与机理分析 219

第一节 区块链技术赋能港口供应链金融的理论逻辑阐述 221
第二节 区块链技术赋能港口供应链金融的经验模型借鉴 230
第三节 区块链技术赋能港口供应链金融的系统模型构建 247

第五章 模式创新与案例实践 255

第一节 区块链赋能港口供应链金融模式创新的理论要义 257
第二节 产品型模式:"区块链+应收账款"模式及案例 260
第三节 产业型模式:"区块链+电子仓单"模式及案例 271
第四节 平台型模式:"区块链+供应链保理"模式及案例 282
第五节 生态型模式:"区块链+资产证券化"模式及案例 291

第六章 风险识别与风险管理 303

第一节 港口供应链金融风险管理理论框架的构建 305
第二节 区块链技术赋能港口供应链金融风险识别 314
第三节 区块链赋能港口供应链金融综合风险度量 327
第四节 区块链赋能港口供应链金融综合风险预警 340
第五节 区块链技术赋能港口供应链金融风险防控 362

第七章 体制变革与机制创新 373

第一节 区块链技术赋能港口供应链金融的应然变革 375
第二节 区块链技术赋能港口供应链金融的政策激励 381
第三节 区块链技术赋能港口供应链金融的机制创新 391

参考文献 401

后记 416

引　言

第一节　研究背景与意义

一、选题背景

自改革开放以来，我国港口在全球的影响力与日俱增，根据上海航运交易所发布的数据显示，2021 年全球主要港口远洋干线国际集装箱吞吐量前 20 大港口中，我国占到 9 个，其中前五位分别为上海、新加坡、宁波舟山、深圳、广州。世界银行（World Bank）和标普全球市场财智（S&P Global Market Intelligence）发布的最新 2021 年全球集装箱港口绩效指数（CPPI）显示，我国上海洋山港、宁波港和广州港跻身前十，分别位列第 4 名、第 7 名和第 9 名。港口高质量发展不仅关系着城市产业转型升级和要素配置，还牵动着全球贸易转移和国际产业布局。一方面，港口作为城市经济发展的重要资源，与产业创新升级和城市功能布局变革息息相关，强大的港口有助于港产城融合发展，正如 2002 年 12 月习近平同志首次调研宁波时指出的“城因港兴，港因城立，是世界港口城市发展的一个重要特征”[①]；另一方面，在构建国内国际双循环新发展格局背景下，港口作为全球贸易的重要枢纽，在打通“双循环”堵点，发力内循环、推动大循环、贯通双循环，对全球物流链、供应链和产业链的稳定有着举足轻重的地位。因此，在新环境和新需求背景下，研究港口发

---

① 习近平总书记在浙江工作期间，34 次来宁波视察，对宁波工作作出一系列重要指示。2020 年 3 月 29 日，习近平总书记来到宁波舟山港考察提出“世界一流强港”的新阶段发展目标。

展面临的问题，探讨“港产城文”有机融合发展，提升现代港口竞争力是新时代赋予的新使命。

随着港口服务业快速发展，如何将金融服务渗透到港口业务创新的各个环节中去，利用港口贸易和供应链中心的天然优势，使金融更好服务港口贸易和实体经济，以金融高质量发展更好服务实体经济发展，已成为研究热点。港口供应链金融作为新的盈利点已经吸引各方学者的关注，学者们试图创新港口供应链金融，通过探讨港口供应链金融模式演化背后的逻辑来深入解析港口供应链金融生态化趋势。计春阳和晏雨晴（2019）梳理了港口企业供应链金融的发展脉络，分析港口供应链金融模式创新和技术创新背后的演变规律。基于港口贸易的供应链金融是传统金融业务的创新，克服传统金融业务依赖第三方数据来验证企业信用和货物信息的弊端，有助于缓解处于产业贸易链弱势地位的中小微企业融资难、融资贵、融资乱、融资险的问题。又如龚旭云（2020）提出的基于贸易信息，供应链金融将融资与贸易主体间的信息流、资金流和物流相融合，使得贸易信息产生和创造价值，供应链上的主体可以依赖产业链上的信息从金融机构获取资金，满足融资需求，通过信息整合和金融创新提升整个产业链效率。供应链金融以最小负面影响的方式，将贸易交易参与主体的产品和服务融合在一起，为利益相关者营造良好的生态环境和创造社会、经济效益（Jia，et al.，2020）。

供应链金融已经经历了“线下‘1＋N’—线上‘1＋N’—线上‘N＋N’”三个阶段的融资模式（姚博，2017；刘变叶和何祖明，2020；杨磊等人，2016）。前两个阶段主要以供应链龙头企业为信息中心，为上下游中小微企业提供融资、担保服务，然而，“线上N＋N”则属于去中心企业的融资模式，使得中小微企业直接与银行进行对接，无须核心企业提供信用支持，克服传统供应链金融由于过于依赖核心企业而导致供应链融资破裂的潜在风险。“线上N＋N”的融资模式虽然在一定程度上推进了企业融资的效率，但在实践中由于中小微企业与金融机构之间信息不对称问题导致企业融资存在信用风险和道德风险。

然而，随着区块链、大数据、人工智能、云计算等技术的快速发展，区块链技术概念已逐步地“泛化”，深度融合大数据、人工智能、云计算等技术后的“区块链技术”已成为新一代科技革命的“代名词”，随着技术的深度融合，科技赋能港口供应链金融有助于催生新的供应链金融融资模式。以区块链技术为牵引，借力区块链的透明性、不可篡改、合约溯源、价值转移、多方参与和去中心化等特点，探究新范式、新机制、新模式、新风控和新对策。区块链技术赋能下的供应链金融不但能在传统港口供应链金融基础上提高融资效率，还能增强港口供应链金融信息透明度，缓解金融机构与港口企业之间的信息不对称问题，降低融资成本、信用风险和道德风险。探讨区块链赋能港口供应链金融，不但要以区块链技术为切入点，寻求科技赋能金融背后的内在逻辑和作用机理，结合实践案例，还要探讨新技术手段赋能港口供应链金融的普适性规律，为我国建设世界一流强港提供理论范式和实践案例。为此，本书以区块链技术赋能港口供应链金融模式创新为研究对象，尝试回答系列问题：区块链技术赋能港口供应链金融国内外存在哪些先进经验和典型案例？区块链技术赋能港口供应链金融理论范式和作用机理是什么？区块链技术如何颠覆性创新传统港口供应链金融模式，存在哪些“区块链＋港口供应链金融”创新模式？模式与模式之间是否存在演进的规律性，创新模式如何有效实现物流、资金流、信息流、商务交易流“四流”合一？针对新金融创新模式，应该采取怎样的金融风险管理体系、怎样的“包容型制度”安排和监管模式，更有利于“区块链＋港口供应链金融”良性发展？这些命题有待系统思考。

二、研究意义

基于区块链的技术赋能视角研究港口供应链金融创新模式，探索其现状问题、经验案例、理论框架、作用机理、系统模型、创新模式、风险管理和体制机制等系统话题，具有重要的理论和现实意义。

（一）理论意义

第一，有助于形成“区块链＋港口供应链金融”新理论知识框架。区块链技术作为一种创新技术，有效地解决了“数据孤岛”“数据确权”

“智能合约”和互信问题，但区块链技术在港口供应链金融场景下的应用还处于起步阶段，其实践成效还有待进一步检验。虽然已有国内个别港口开始探索开展区块链赋能下的港航物流金融业务，然而区块链赋能港口供应链金融实践经验依然需要进一步提炼总结，已有关于“区块链 + 港口供应链金融”的理论研究落后于实际发展，学者缺乏对港口场景下区块链赋能供应链金融的知识体系梳理和理论框架的构建。本书立足国内外研究的最新成果，通过构建系统的理论框架，并结合案例研究，提炼实践经验，打开区块链赋能港口供应链金融的理论“黑匣子”。

第二，有助于丰富港口供应链金融模式创新的理论体系。港口场景下的“区块链 + 供应链金融”模式本质上还是金融，是传统供应链金融和“互联网 +”供应链金融的升级，是新技术持续融合下的港口供应链金融模式的优化和创新。随着区块链等技术融合发展，港口供应链金融模式会逐步从产品型模式走向产业型模式，再从产业型模式走向平台型模式，最终走向生态型模式，这些模式会随着技术日益成熟而不断演进，在风险管控、信息安全、信用增级、服务升级等供应链金融创新业务中得到充分应用。已有关于供应链金融的文献大多从供应链金融的内涵、绩效效应、影响因素进行研究①②，基于特定场景下，尤其是港口供应链金融模式研究还较为缺乏。本书基于区块链技术赋能港口供应链金融模式创新为研究对象，有助于进一步更细腻地研究供应链金融模式创新背后的制度逻辑和作用机理，有助于形成更为完善的供应链金融领域的知识体系。

第三，有助于进一步探讨科技赋能供应链金融发展的作用机理。现阶段关于科技金融赋能供应链金融发展的研究还不够充分，在“诱因—过程—结果”的理论机制下，在微观和中观两个维度，如何通过“信号中枢、技术赋能、价值异构、系统监管”理论机制来回答区块链技术赋能港口供应链金融的内在逻辑。已有研究大多集中在概念、含义、作用

---

① 王伟姣，陈姗姗．供应链金融文献综述：理论发展与未来趋势［J］．信息与管理研究．2022，7（01）：67－80.

② Gesomino，L. M.，Mangiaracina，R.，Perego，A. & Tumino，A. Supply chain finance：Literature review［J］．International Journal of Physical Distribution & Logistics Management，2016，46（4），https：//doi. org/10. 1108/IJPDLM－08－2014－0173.

以及发展等方面，关于区块链技术赋能下的金融创新研究还较少。港口供应链金融模式下金融机构将核心企业与上下游企业对接，提供灵活的金融产品和服务。基于区块链技术的供应链金融平台解决了供应链上金融机构和参与主体之间的信息不对称问题，提高了资金流和信息流的效率，降低了成本，为供应链相关方提供了更好的金融服务。基于港口供应链金融场景，以区块链技术为切入点，有助于从小切口系统探究科技赋能港口供应链金融的内在机理，使得区块链技术赋能供应链金融的研究更为全面和深入，有利于丰富新技术赋能港口供应链金融领域研究。

（二）现实意义

第一，为化解港口供应链中小微企业“融资难、融资贵、融资慢”问题提供系统解决方案。随着金融服务从人工时代向数字时代转变，基于区块链技术的供应链金融模式能有效缓解金融机构与港口供应链上中小微企业的信息不对称问题，实现金融机构与中小微企业点对点服务，摆脱了传统供应链金融对第三方机构和企业的依赖。本书关于区块链技术赋能下的港口供应链金融创新模式案例分析和研究结论有助于提炼新模式下的供应链金融实践经验，为优化区块链技术下的供应链金融服务平台提供建议，这些建议有助于提高中小微企业融资效率、降低融资成本。

第二，为港口供应链金融的风险监管提供依据。港口供应链金融风险主要包括政策风险、法律风险、环境风险、技术风险、市场风险、行业风险、供应链关系风险、运营风险、信用风险、操作风险等。将区块链、大数据、云计算等科技与金融相结合，有助于打通供应链金融“信息壁垒”，使金融机构对企业行为和风险进行更为准确、客观的判断，有助于提升金融机构风险管控能力。本书关于区块链赋能港口供应链金融模式研究和风险研究，为金融机构最大限度发挥风险管控功能和优化防控措施及手段提供理论支持，同时还提出了“宏观维：沙盒式监管、科技维：科技型监管、平台维：分布式监管和业务维：穿透式监管”四维空间监管框架，这些提法有利于区块链技术赋能供应链金融健康有序发展。

第三，为政府部门制定“包容型制度”“跨界整合”和“监管沙盒”等政策提供决策依据。一方面，本书关于区块链赋能港口供应链金融的研究，有助于发现现阶段区块链技术金融场景应用的技术迭代需求和立法需求，有助于政府部门在优化底层技术、跨链技术、联盟链技术等支持手段实现“链上治理”，更加系统地探索法律法规的“链下治理”，同时，还会加强对联邦机器学习、多元算法、加密技术、人机协同等技术场景应用的系统思考，也有助于增强技术创新与金融创新的耦合效应。另一方面，本书结论和政策建议有助于政府优化顶层设计，健全供应链金融相关法律法规及监管制度，更有效地分配金融科技资源，有利于产业链供应链稳定和创新型国家的建设。

第二节　研究对象与内容

一、研究对象

本书以港口供应链金融创新模式为研究对象，在供应链金融、区块链技术内涵等相关理论回顾基础上，分析港口供应链金融的发展现状、问题和国内外经验。本书阐述了区块链技术赋能港口供应链金融的理论机理，并通过案例分析进一步探究区块链技术赋能港口供应链金融创新模式的可行性和普适性规律。同时，本书深入探讨了区块链技术赋能港口供应链金融风险识别与风险管理，并在此基础上以问题为导向提出体制机制对策建议。

二、研究内容

本书包括“理论研究—现状研究—经验研究—机理研究—模式研究—风险研究—政策研究”七个模块内容，具体安排如下：

第一章为理论回顾与政策演进。本部分主要对区块链技术赋能港口供应链金融理论、政策进行回顾和总结。首先，对区块链技术赋能港口供应链金融相关概念进行界定，包括港口供应链的理论沿革、供应链金融的起源与发展、港口供应链金融的界定、区块链金融理论的研究和“区块链＋供应链金融”的内涵；其次，总结了七条关于区块链技术赋能港口供应链金融的现实意义；再次，回顾了区块链技术赋能港口供应链金融的理论文献；最后，将区块链技术赋能港口供应链金融的政策演进从四个阶段进行分析总结。

第二章为现状描述与问题剖析。本部分主要对港口供应链金融、区块链金融和区块链技术赋能港口供应链金融的行业发展现状进行分析。首先，从全国层面到国内典型港口（上海港、宁波舟山港、深圳港、广州港、青岛港、天津港和北部湾港）两个层次分析港口供应链金融发展现状；其次，分析国内港口供应链金融的产业图谱及其供求现状；再次，阐述区块链前沿技术进展及其在金融的应用趋势；最后，进一步分析区块链技术赋能港口供应链金融存在的问题。

第三章为经验借鉴与案例比较。本部分主要归纳国内外先行先试的区块链赋能下的供应链金融经验和分析总结经验启示。首先，主要从技术研发、系统开发、应用场景、商业模式、监管规则、金融功能以及智慧港口等多视角提炼区块链赋能下的供应链金融国内外经验，国外经验包括美国、英国、德国、瑞士四国的典型案例，国内经验包括趣链科技、京东科技智臻链、美的集团、中国建设银行、海关总署天津口岸、众享金联联合聚量集团、易融云仓等典型地区的应用成果；其次，在国内外经验归纳基础上，从区块链技术后端研发成果、前端应用领域、金融应用风险、金融应用模式和监管政策层面，进一步总结国内外经验成果和启示。

第四章为理论阐述与机理分析。本部分主要提炼区块链技术赋能港口供应链金融的理论逻辑和机理。首先，立足金融痛点，以问题为导向，应用信号传递理论、复杂系统管理理论和颠覆性创新原理，从信号中枢、技术赋能、价值异构、系统治理四个层面构建区块链技术赋能港口供应链金融的内在逻辑框架；其次，阐述区块链技术赋能港口供应链金融的经验模型，包括经济订购批量模型、合作博弈模型、合作演化博弈模型；最后，构建区块链技术赋能港口供应链金融的系统模型，通过构建区块链技术应用下三方博弈模型收益矩阵来比较区块链技术运营所获得的收益。

第五章为模式创新与案例实践。本部分立足前面研究思路和“区块链+港口供应链金融”内涵基础，构建了区块链技术赋能港口供应链金融模式创新的理论逻辑，在遵循“诱因—过程—结果”逻辑框架下，按照价值主张、价值创造、价值实现和价值网络“循环互馈互促”的机理，逐步从产品型港口供应链金融模式走向产业型港口供应链金融模式，再从平台型港口供应链金融模式最终走向生态型的港口供应链金融创新模式的观点，此外还深度剖析了四种类型的典型实践案例，为区块链技术赋能港口供应链金融模式提供理论依据和案例参考。

第六章为风险识别与风险管理。本部分从构建港口供应链金融风险管理的一般理论框架入手，提出了全面风险管理（TRM）思想，按照“风险识别—风险度量—风险预警—风险防控”逻辑主线，在识别了区块链技术赋能下的港口供应链金融风险来源及其类型基础上，分析区块链技术对港口供应链金融风险结构的影响，评估区块链技术对港口供应链金融风险敞口，构建风险预警机制，提出了能契合国家金融监管总体方针下港口供应链金融风险管理的应对策略。

第七章为体制变革与机制创新。本部分主要立足区块链技术赋能港口供应链金融的“现实不足”和“制约因素”，遵循“制度包容、技术赋能、系统集成、生态平衡”的原则，提出需要在法律规则、监管体系、组织治理、风险管理、运维方式进行应然变革，并在金融科技、财政税收、技术创新、工商登记、产业培育、数据资产、金融人才等政策方面进行“先行先试”；同时更需要金融产品、金融服务、共识共享、资源整合、组织创新、集成机制等机制创新。

第三节　主要研究创新点

本书的主要创新点包括以下三个方面：

第一，以港口供应链金融这一新颖视角为研究对象，采用由点到面、由微观到宏观的研究思路。区块链技术赋能港口供应链金融集成了金融学、企业管理、计算机、公共管理、法律等高度交叉学科，成为理论界、企业界和政府部门关注的热门话题。学者们已经对供应链金融做了大量研究，集中在概念界定、效应、影响因素、风险管理、模式创新等领域，但是以港口为场景的“区块链＋供应链金融”研究相对较少，当前研究鲜少关注区块链技术下的港口供应链金融研究①。港口供应链金融作为“港产城文”融合发展的重要载体，探讨区块链技术赋能下的港口供应链金融对市场主体的影响机制及其普适性规律、风险管理、政策作用具有重要意义。本书以区块链技术在港口供应链金融中的场景应用为研究对象，深入挖掘区块链赋能港口供应链金融的影响机理、典型案例、风险管理、技术诉求和“包容型制度”安排等，坚持由点到面、由微观到宏观的研究方法。以港口供应链金融为点，以案例分析、供应链金融数据等内容为切入点，分析影响港口供应链金融的典型案例。同时，从不同港口供应企业、不同行业、不同金融机构、不同政府部门等层面全方位多视角跨行业分析区块链赋能下港口供应链金融模式的内在机理和创新模式。同时，通过国内外经验对比和案例分析探讨了“区块链＋港口供应链金融”模式的可行性、普适性、存在的潜在风险和监管问题，并就此进一步探讨区块链赋能下港口供应链金融的风险识别和管理，并提出风险政策环境优化和创新机制。这种由点到面、由微观到宏观的“小切口深挖掘”研究方法，不但有助于深入探究区块链技术对港口供应链金融主体的影响，还能有效识别新技术赋能下供应链金融的风险和政策进一步优化的途径。

第二，创新性地提出了赋能型 ABCDEFG 技术、区块链技术赋能港口供应链颠覆性创新、港口供应链金融风险智能管理等概念或理念。首先，区块链技术从今后趋势来看逐步泛化和多技术融合化，为此提出“赋能型 ABCDEFG 概念”，赋能型 ABCDEFG 不同于宋华教授提出的融合式 ABCD 内涵，区块链技术还需要“搜索功能”以及“重组创新”特征，能够以技术开源和开放姿态吸纳更多市场主体参与，具体体现在三个维

---

① 马翔．区块链技术赋能港口供应链金融的知识图谱分析［J］．广西社会科学，2022（03）：124－133．

度：一是能通过技术搜索和重组创新颠覆传统技术应用路径依赖，会对供应链企业组织产生技术变革并提升技术应用效率和价值。二是技术重组创新不仅可以增加技术赋能型平台的自身价值，还具有激励其他参与主体的能力，具有技术外部溢出效应带来供应链上下游企业价值的提升。三是赋能型技术能在尊重企业组织隐私的基础上，具有获取、挖掘和分析信息公共信息的能力。其次，指出了区块链赋能港口供应链金融模式创新应是属于高端颠覆性创新和高跨界（水平）颠覆创新，其创新技术来源于港口供应链行业外部，表现为港口供应链的一个行业对另外一个行业颠覆，网络嵌入和制度嵌入及其两者相互联动效应强度往往是其颠覆性创新的动因。最后，还提出了港口供应链金融风险智能管理框架，即需要在“泛在链接”港口供应链中人、机、物、事及环境基础上“全面感知”港口供应链各个状态并获取海量数据，然后在合适算力基础上运营各类算法对海量数据进行清洗和加工处理，结合既定管理目标，构建风险智能控制模型，实现港口供应链金融风险管理的智能评估、智能预警和智能管控。

第三，系统阐述了“四类”创新模式、“三方”演化博弈模型和“四维”空间监管框架。具体为：首先，提出了产品型、产业型、平台型和生态型四类创新模式及案例。其次，针对金融机构、核心企业和作为供应商的中小微企业三方提出了假设，通过构建三方演化博弈过程的博弈树以及区块链技术应用下三方博弈模型收益矩阵，进行三方演化博弈分析。再次，提出其模式会从产品型转向产业型，再从产业型转向平台型，最终走向生态型的演变路径。最后，针对金融科技公司，提出了“宏观维：沙盒式监管、科技维：科技型监管、平台维：分布式监管和业务维：穿透式监管”四维空间监管框架。

第一章
理论回顾与政策演进

区块链技术作为一种创新技术，解决了“数据孤岛”“数据确权”“智能合约”和“交易互信”等问题，同时，在中国建设世界一流强港与全球自由贸易港建设的背景下，港口供应链金融逐步扮演着越来越重要的角色，在ABCDEFG[①]新技术革命驱动下，区块链技术如何通过价值创造和颠覆性创新赋能在港口供应链金融创新领域孵化出可产品化的金融应用场景，成为供应链金融解决中小微企业“融资难、融资贵、融资慢”问题以及国内港口型城市寻求新增长动能结构的重要课题。本章从区块链技术赋能港口供应链金融的概念界定出发，剖析了区块链技术赋能港口供应链金融的现实意义，回顾了国内外区块链技术赋能港口供应链金融研究文献，归纳总结了区块链技术赋能港口供应链金融的政策演进。在文献回顾上，使用引用空间（CiteSpace）文献可视化软件，以2017—2021年中国知网（CNKI）收录的1865篇中文文献与Web of Science收录的1132篇英文文献为文献样本，绘制了“区块链技术赋能港口供应链金融”研究领域的关键词共现和聚类网络、作者和机构合作网络等图形，探究该领域的研究热点和发展趋势，为研究区块链技术赋能港口供应链金融提供理论文献与政策支撑。

---

① 北京市地方金融监管局党组书记、局长霍学文在2019年清华五道口全球金融论坛上提出了用“ABCDEFG”概括未来金融科技的发展生态：A是人工智能；B是区块链技术；C是云计算技术；D是大数据；E是生态；F是人脸分析技术；G是5G及未来的6G技术。

第一节　区块链技术赋能港口供应链金融的概念界定

一、港口供应链的理论沿革

传统供应链概念在20世纪80年代被提出，国家标准《物流术语》对供应链定义为："供应链是生产及流通过程中，涉及将产品或服务提供给最终用户活动的上游与下游企业所形成的网链结构"。哈理森（Harrison）将供应链定义为："执行采购原材料，将它们转换为中间产品和成品，并且将成品销售到用户的功能网链。"同时，美国的史蒂文斯（Stevens）在其《整合供应链》中将供应链定义为通过增值过程和分销渠道控制从供应商到用户的流，它开始于供应的源点，结束于消费的终点。由此可见，传统供应链是指围绕核心企业，从配套零件开始，制成中间产品以及最终产品，最后由销售网络把产品送到消费者手中的、将供应商、制造商、分销商直到最终用户连成一个整体的功能网链结构。随着全球供应链（Global Supply Chain）的兴起，以降本增效和扩大收益为根本目的的企业开始综合利用国内国际"两种资源""两个市场"，后逐步将功能延伸到以安全和效益平衡为特征的"价值链""信息链"和"资金链"整合。

港口[①]作为企业"走出去"和"引进来"必经关口，是综合运输的国际枢纽和进出口货物的主要集散地，在整个国际供应链网络以及全球国际贸易中起着举足轻重的作用，由于港口作业的特殊性及港口供应链组织的差异性，以港口为中心的供应链就需要完善和重塑港口企业主导的港口物流服务供应链，不断推动港口高质量发展，从第一代港口[②]及第

① 依据港口法定义：港口是指船舶进出、停泊、靠泊，旅客上下，货物装卸、驳运、储存等功能，具有码头设施，由一定范围的水域和陆域组成的区域。港口按照地理位置分类，可分为沿海港口和内河港口。

② 第一代港口：20世纪50年代以前的港口，其功能为海运货物的转运、临时存储以及货物的收发等。

二代港口①转型升级到第三代港口②，再升级到第四代港口③以及第五代港口④，但实践需要理论的指导，要使理论对实践产生指导作用，使实践达到预期效果，就要求确保理论的科学性。就港口供应链及其供应链金融理论而言，随着国际贸易的发展，贸易商品要跨区域运输和交易的数量也越来越多，生产商发现港口承载着复杂信息并且提供货物装卸、储存、运输、包装等生产活动，同时伴随着巨额的资金流。最初学者们关注到港口存在效率低下等问题，从而展开了对于港口供应链的研究，如克里斯多夫（Christopher，1994）以及梅尔斯曼和范德沃德（Meersman and Van de Voorde，1996）对港口供应链的研究认为，港口竞争不在于企业与企业之间，而在于供应链与供应链之间。

之后，1999 年，联合国贸易与发展会议及其《港口通讯》发文提出了“具有网络化、信息化与动态性的特征”的第四代港口。随着贸易与经济的发展，企业与学者已经逐渐将重心从港口转向港口供应链研究，针对港口供应链的研究越来越深入。罗宾逊（Robinson，2002）提出了“港口价值说”理论，主张港口价值是建立在价值群概念的基础上，提出港口企业应该被看作是价值驱动系统中的关键要素，有助于整体供应链创造竞争优势和传递增加值。而卡尔博纳（Carbone V.）和马蒂诺（Martino，2003）主张港口系统集成观点，给出了港口供应链的定义：港口供应链是指以系统集成化和协同化为指导思想，以建立一种战略合作伙伴关系达成共赢目的，以港口企业为盟主或核心企业，以信息技术为手段，

---

① 第二代港口：20 世纪 50—80 年代的港口，这代港口除具有第一代港口功能以外，增加了运输装卸和为工商业务服务场所的功能。

② 第三代港口：20 世纪 80—90 年代的港口，这代港口除具有第一代、第二代港口的功能外，加强了与所在城市以及用户之间的联系，使港口服务超出以往的界限，凸显“港城互动”特征，同时在功能上增加了运输、贸易的信息服务与货物的配送等综合服务，港口成为物流中心，港口逐步形成为国际生产与流通网络的枢纽。

③ 第四代港口：20 世纪 90 年代至 2007 年，载于联合国《港口通讯》第 19 期的《第四代港口》论文认为，第四代港口主要以集装箱运力为主要标志，其发展策略是港航联盟和港际联盟，其生产特性是整合性物流，其成败的关键是决策、管理、推广、训练等软因素。该代港口在港、产、城功能上相对集中，从适度融合逐步过渡到深度融合阶段。

④ 第五代港口：2007 年至今，该代港口特征是联营合作子母港群，席平（2009）提出第五代港口是以大型海港为母港（中转港），以国际陆港、支线港和设在内陆的港区为子港，形成母港与各个子港共生共荣、联合经营、合作发展的子母港群。

实现从供应链中的信息流、物流、资金流在整个供应链上的畅顺流动，由上下游相关企业所形成的紧密合作的服务型的企业供应链网络结构。

随着2007年第五代港口内涵的提出，学者们开始关注微观主体之间"协调"以及"港港协调"协同以提升运营效率，宋东旭（Dong Wok Song，2008）及戴马蒂诺（De Martino，2011）均提出"效率说"观点，认为港口企业与内陆承运人的协调关系以及通过在供应链中促成一些相互依赖的关系创造提升效率。国内港口供应链理论溯源相对较晚，施丽容（2007）对港口供应链的定义和构建进行了初步探索，认为港口供应链是以港口为核心企业，将各类服务供应商（包括装卸、加工、运输、仓储、报关、配送，甚至金融、商业服务等企业）和客户（包括付货人和船公司等）有效结合成一体，并把商品准时准地准量地配送，实现整个供应链系统成本最低。真虹（2009）丰富了港口供应链内涵，指出港口物流价值链是物流价值链的一种，港口供应链包括港口物流价值链的全部环节与功能，并囊括供应链上的供需双方，强调港口供应链中港口必须与两端的货主紧密联系，将港口物流价值链与供应链上的供需双方的运作环节进行协调整合。之后，俞海宏（2015）也将港口供应链定义为"以信息技术为手段，以系统集成化和协同化为指导思想，以建立一种战略合作伙伴关系达成共赢为目的，以港口企业为盟主或核心企业，实现供应链中从源到汇的信息流、物流、资金流的畅顺流动，由上下游相关企业所形成的紧密合作的服务型的企业供应网链结构"。总结已有学者关于港口供应链定义的概述："港口供应链是以港口为核心，包含船公司、陆运服务商、代（各种货代及船代）以及货（供应商或货主）等多个参与的港航企业，以供应链管理思想作为指导，以先进的信息技术作为手段，通过有效控制供应链上节点之间的货物流、资金流、信息流，从而将供应链上各个节点的利益紧密结合在一起，把货物准时准地准量地配送，实现整个供应链系统成本最低或整体收益最大的功能网链结构"。

综上所述，港口供应链理论沿革伴随着港口功能逐步升级，港口供应链理论阐述逐步从单一或局部的"效率性""价值性""技术性"向港口系统或整体场景的"效率性""价值性""技术性""协同性""融合性”发展。过去更多关注各种运输方式的组织与运作以“降本增效”，研究不同类型承运人在港口供应链环境下的协调关系，研究港口运营商与供应链各利益相关者间的协作关系、航运承运人、陆运承运人和港口的协调机制，未来港口供应链会有四个理论演进：第一，区块链技术下智能合约、数字合约等技术带来新价值创造和颠覆性影响以创新应用场景。第二，不同类型港口供应链协同发展，在国内国际双循环格局下，港航服务型、腹地经济型、全要素型、国际中转型港口供应链模式协同发展模式和路径①。第三，在“世界一流强港”② 和自由贸易港背景下港口供应链如何高质量发展及其评价。第四，“港产城”联动向“港产城文人”深度融合趋势下港口供应链发展模式。

二、供应链金融起源与发展

供应链金融（Supply Chain Finance，SCF）是供应链管理的一个分支，是降低融资成本、提高融资效率的有效手段。从供应链金融理论内涵上而言，胡跃飞等（2009）给出了定义，认为金融机构为了适应供应链核心企业产生的“财务供应链管理”需求而创新性地推出一套解决需求的集成融资产品和服务，是贸易融资的延伸和深化。因此，从内涵演进来看，供应链金融最初起源于贸易金融和物流金融，都是产融结合的不同形态，但供应链金融不同于贸易金融和物流金融，更加强调供应链运维和信息管理，更多注重对产业供应链的助推作用，在供应链信息广度和信息丰富度方面要比贸易金融和物流金融更强，能提供整个供应链环节的综合金融服务，贸易金融强调企业涉外商流与资金流的结合，物流金融强调企业物流活动与资金流的结合，同时，贸易金融和物流金融

① 参阅：陈飞龙．“一带一路”视角下的宁波港口经济圈研究［M］．北京：经济科学出版社，2015。主要针对港口经济圈提出了港航服务型、腹地经济型、全要素型、国际中转型港口经济圈，这里采用该分类方法对港口进行分类。

② 世界一流强港：按照交通部等九部门港九发展指标体系，主要包括安全便捷、智慧绿色、经济高效、保障有力、世界领先五个维度，按照交通部水科院与中国经济信息社联合发布港口指数，涉及规模影响、枢纽功能、服务品质和绿色安全四个维度，按照浙大宁波理工学院丝绸之路研究院团队研究成果，世界一流强港综合指标应包括港口规模、运行效率、航运服务、智慧绿色、保障能力和世界影响六个维度。

更多地针对单一企业贸易活动或者物流活动，很难覆盖供应链整体活动（宋华，2019）。因此，供应链金融是供应链与金融两个领域交叉产生的创新成果。根据宋华（2021）定义："供应链金融是一种集物流运作、商业运作和金融管理于一体的管理行为和过程，将贸易中的买方、卖方、第三方物流以及金融机构紧密地联系在一起，实现了用供应链物流盘活资金，同时用资金拉动供应链物流并为上下游企业提供的综合金融服务"。

从国外供应链金融研究演进来看，存在四个研究集群：基于经济订货批量模型和经济生产批量模型（EOQ/EPQ）的贸易信贷政策下不断恶化的库存模型、复杂情况下贸易信贷政策决策、补货决策与供应链中延迟支付策略的互动以及供应链中融资服务的作用①。较早对供应链金融有探索的代表如蒂默和威廉姆－蒂默（Timme，Williams－Timme，2000）、霍夫曼（Hofmann，2005）等，蒂默和威廉姆－蒂默（Timme，Williams－Timme，2000）认为供应链金融是供应链各方协作将供应链内部的物流、信息流和资金流以及供应链运营纳入整体目标考虑；而霍夫曼（Hofmann，2005）定义供应链金融是供应链中两个或两个以上的组织，包括外部服务商，通过计划、执行和控制金融资源在组织间的流动以共同创造价值的一种途径。

从供应链需求而言，1999 年原深圳发展银行最先开始探索供应链金融产品及模式，经过多年酝酿于 2005 年正式提出供应链金融概念，认为供应链金融是指对供应链内部的交易结构进行分析基础上，运营自偿性贸易融资的信贷模型，并引入核心企业、物流监管公司、金融产品等新的风险控制变量，对供应链的不同节点提供授信及结算、理财等综合金融服务。随后，民生银行、广东发展银行和浦东发展银行等也纷纷推出供应链金融产品，此时期主要是票据融资和动产质押融资业务。在供应链运维的场景中，通常存在供应链大中小微企业的上下游关系，中小微企业通过与核心企业建立的供销合作关系，获得了大量商业机会，但是由于中小微企业在生产、技术、产品、市场、人员、管理等方面的劣势，

---

① Xinhan Xu, Xiangfeng Chen, Fu Jia, Steve Brown, Yu Gong, Yifan Xu. Supply chain finance: A systematic literature review and bibliometric analysis [J]. International Journal of Production Economics, 2018 (204): 160－173.

企业承受了较高的融资成本，按照银行传统信贷实践对客户信贷分类的规定，中小微企业往往被定性为中高风险客户。与此同时，核心企业也有强大诉求提高供应链的整体竞争力，而核心企业的竞争力在很大程度上取决于上游企业的供应能力和下游企业的销售能力，为了提高竞争力，核心企业有必要为上下游配套企业解决融资难的问题。供应链金融的出现正好可以化解这一难题，供应链金融指借助核心企业的信用实力，以企业商品交易项下应收应付、预收预付和存货为对象，通过对信息流、物流、资金流的有效控制或对有实力关联方的责任捆绑，针对核心企业上下游长期合作的供应商、经销商提供的融资服务，其目标客户群主要为处于供应链上下游的中小微企业。

供应链金融的发展经历了四个阶段：①供应链金融 1.0 阶段（1999—2003 年）：银行主导下的"M + 1 + N"模式。该阶段是以商业银行为主导的线下模式，商业银行基于供应链中的核心企业"1"的信用支持，为其上游 M 个供应商和下游 N 个客户提供融资服务。在该阶段，商业银行期许通过供应链金融业务扩展到核心企业上下游。②供应链金融 2.0 阶段（2004—2013 年）：产业企业主导下的"M + 1 + N"模式。该阶段主导者不再是银行等金融机构，而是"1"核心企业为主导的上游 M 企业和下游 N 企业，供应链金融的基础不仅限于供应链内部的要素和流程，整个供应链结构也很重要。该阶段供应链金融中业务闭合化、收入自偿化、管理垂直化、交易信息化和风险结构化是企业的信用来源。同时，通过技术手段对接供应链的上下游及包括核心企业、上下游中小微企业、银行等资金提供方、物流服务商等在内的各参与方关系高度依附和交互，将供应链中的商流、物流、资金流、信息流在线化，实时掌握供应链企业的经营情况，控制融资贷款的风险。③供应链金融 3.0 阶段（2014—2018 年）：互联网供应链金融模式①，随着互联网技术的深度介入，2.0 阶段呈现的高度依附和交互关系开始蜕变呈现组织化、平台化、价值化特征，在新场景下往往会设立一个综合性互联网服务平台，通过搭建开放式互联网信息架构代替核心企业"1"来给平台上的中小微企业"M"

---

① 宋华，陈思洁．供应链金融的演进和互联网供应链金融：一个理论框架［J］．中国人民大学学报，2016（05）：95 - 104.

和“N”提供信用支撑。在此阶段，商业银行及其他供应链金融参与方纷纷利用互联网技术进行价值创造和创新。④供应链金融4.0阶段（2019年至今）：数字金融主导下的供应链金融模式。随着区块链、人工智能、大数据、物联网、云计算、分布式等技术广泛使用，数字金融概念被广泛提出，数字金融被视为技术创新与传统金融在基因层面融合产生的创新产物，技术创新是数字金融发展的潜在驱动力，在加速推动金融发展的同时，其本身又构成风险来源的重要组成部分，金融风险的传染性、外部性、隐蔽性等特征依然存在①。该阶段无论服务平台，还是金融机构，均非常重视金融科技的应用，强调数字信息对供应链金融价值和效率提升的贡献，同时还强调金融风险的监管。

三、港口供应链金融的界定

从我国经济发展历程来看，港口经济已成为区域经济发展的增长极，是利用港口形成的区域经济。从狭义上看，港口经济是以港口为依托，以各类功能区域为载体，临港产业集群为主体，港航物流为支撑而组成的开放型、辐射型的产业经济形态。从广义上看，港口经济是以港口产业为依托、海港城市为载体、综合运输体系为动脉、港口相关产业为支撑、海陆腹地为依托，并实现彼此间相关联系、密切协调、有机结合、共同发展，进而推动区域繁荣的开放型经济，而港口经济圈的“核心层、辐射层、影响层”三层圈层结构是港口经济高质量发展和港口功能提升的关键，港口经济圈形成必须具有“国际深水枢纽港”和“国际远洋干线港”，同时，港口经济圈核心层重点在于提升港口功能，实现产业转型升级，辐射层重点在于通过完善交通集疏运网络体系，推进港航物流业发展，促进港口经济圈腹地生成，拓展港口辐射半径，影响层重点在于以港口为战略支点，深度融入国家“一带一路”建设，加强同“一带一路”沿线国家和地区的经贸合作与人文交流②。

---

① 唐松，伍旭川，祝佳．数字金融与企业技术创新——结构特征、机制识别与金融监管下的效应差异［J］．管理世界，2020（05）：52-66.

② 陈飞龙．“一带一路”视角下的宁波港口经济圈研究［M］．北京：经济科学出版社，2015.

在港口供应链和港口经济圈建设需求下，港口供应链金融的概念应运而生，金融机构与港口企业战略合作，为港口供应链提供金融服务。计春阳和晏雨晴（2019）定义“港口供应链金融是围绕港口的整个产业运作链条，针对港口产业链条上业务相互关联的众多异质化参与主体的资金需求特点，充分挖掘与整合港口自身积淀的资源优势，提供与港口各产业自身特点和交易模式相适应的融资、结算及资产保值等一系列个性化金融服务。通过与港口产业链上众多企业间的密切合作，可以有效缓解中小微企业的资金需求，推动中小微企业的成长与发展。”因此，港口供应链金融以港口企业为核心，整合供应链中的物流、商流以及资金链，充分挖掘了产业链上各企业的优势以及需求，金融机构为其提供融资、结算、风险管理及资产保值等一系列个性化金融服务，是近些年来商业银行借贷业务的创新型模式，该模式可以有效缓解港口经济圈下中小微企业的资金需求。

四、区块链金融理论的演进

区块链技术作为基于比特币的底层技术，其去中心化的信任机制及分布式节点共享机制可实现信息安全性和准确性，区块链金融本质是区块链技术在金融中的应用。从区块链技术实践沿革来看，2009 年比特币问世，它基于一套密码编码、通过复杂算法产生，可以通过任意一台接入互联网的计算机实现在全球范围内的流通，任何人都可以挖掘、购买、出售或收取比特币，由此计算机领域出现了广泛的“挖矿热”。比特币的出现，引起了经济学界的热议，但比特币背后基于现代密码学设计的底层架构——区块链技术，正在受到越来越多的重视。金融是区块链技术最先应用的领域，比特币是区块链技术的第一个成功的应用。

从区块链技术在国内发展历程来看，区块链的核心价值促使区块链金融越来越被重视。2016 年 10 月 18 日，由中国区块链技术和产业发展论坛编写的《中国区块链技术和应用发展白皮书（2016）》中提出“将金融服务作为区块链的第一个应用领域”，并指出区块链具备重构金融业基础架构的潜力。之后，2019 年，区块链技术上升到国家战略高度，中共中央政治局就区块链技术发展现状和趋势进行第18次集体学习，习近平总书记在主持学习时强调："区块链技术的集成应用在新的技术革新和产业变革中起着重要作用。要把区块链作为核心技术自主创新的重要突破口，明确主攻方向，加大投入力度，着力攻克一批关键核心技术，加快推动区块链技术和产业创新发展。"2020年6月1日，中共中央、国务院印发的《海南自由贸易港建设总体方案》，方案将"积极参与跨境数据流动国际规则制定，建立数据确权、数据交易、数据安全和区块链金融的标准和规则"，作为海南自贸港2035年前的重点任务之一。

从区块链金融理论依据来看，区块链金融的产生和发展的三大理论依据在于数字经济、自由货币理论和信息不对称理论（乔海曙，2017），学者们从不同视角定义区块链金融，美国学者梅兰妮·斯旺（Melanie Swan，2015）定义区块链金融为："基于区块链技术可编程的特点，将'智能合约'的理念加入区块链中，区块链的应用范围将从单一的货币业务拓展至涉及合约功能的四大金融业务——银行、证券、保险和资产管理业务"[①]。国内学者周永林（2016）引入了区块链金融的概念，他认为区块链是一种全新的金融基础设施，建立在区块链基础之上的金融服务和商业模式也会发生巨大的变化。李杨（2016）进一步研究区块链金融的内涵，认为区块链金融是利用数字货币充当价值交换的媒介，嵌入智能合约的数字货币将实现价值交换的智能化、便捷化，区块链金融的发展意味着价值互联网时代的到来。区块链金融本质上还属于金融，区块链技术在金融领域中的应用存在着"不可能三角"，即"去中心化""安全保证""高效便捷"三者不能同时实现（张苑，2016）。因此，区块链金融创新快速发展的同时，对现有法律和监管体系带来了巨大挑战。国外的沙德（Shadab，2014）较早提出比特币符合商品交易法中对商品的定义，对潜在比特币衍生品也应按照商品期货的有关法律进行监管。国内学者陈志峰（2018）提出对区块链金融法律监管路径依赖在于构建起"中国式沙箱监管"为核心的区块链金融监管机制。

---

① 美国学者Melanie Swan于2015年在《区块链——新经济的蓝图》著作中首次提出区块链金融的概念。

五、区块链+供应链金融内涵

未来供应链金融的发展，不仅需要金融与产业链的融合，更需要金融与金融科技的融合，供应链区块链技术的出现，为解决传统供应链金融“断点”“痛点”“难点”和“堵点”提供了可能。传统供应链金融的业务逻辑是以供应链起点至终点的真实贸易情况为基础，以贸易产生的可确定未来现金流为直接还款来源，供应链金融链条关键在于“资金流、信息流、物流、商流”四流合一。但在现实中，法律规定企业间部分商务信息需要以纸质票据的形式传递，信息互联网技术在企业间搭建信息系统会出现数据安全不可信、数据准确不可信等问题，供应链上的企业间缺乏统一的商务信息系统使得“四流”难合一，从而形成了中小微企业“贷款难”、银行“风控难”、金融职能部门“监管难”等情况。此外，传统供应链金融只解决了核心企业与一级供应商之间的融资问题，其他环节上的供应商由于缺乏有力信任背书，“融资难、融资贵、融资乱、融资险”问题突出，不利于促进产业链条的良性发展，金融机构也无法在多级供应商中发掘优质客户，难以得到有议价空间的融资业务需求。中国银保监会办公厅颁布的《关于推动供应链金融服务实体经济的指导意见》（银保监办发〔2019〕155号）则明确指出，鼓励银行业金融机构在依法合规、信息交互充分、风险管控有效的基础上，运用物联网、区块链、人工智能、大数据等技术，与核心企业等合作搭建服务上下游链条企业的供应链金融服务平台，更好满足企业融资需求。

区块链技术与供应链金融有着天然的匹配性，能够解决供应链金融信用机制面临的许多难题，区块链供应链金融的应用场景主要包括应收账款融资、保兑仓融资和融通仓融资三种模式，这三种融资模式通过区块链将供应链金融各参与者的合作信息分布式记录和存储，实现了供应链金融的封闭自偿化与自治化，从而有效解决了中小微企业的融资困境[①]。从本质上而言，“区块链+供应链金融”就是通过区块链技术将各

---

① 许嘉扬，郭福春．基于区块链技术的供应链金融创新研究［J］．浙江金融，2020（08）：61-66.

相关方链入一个供应链金融公共服务平台，通过高度冗余的确权数据存储，实现数据的横向共享，进而实现核心企业的信任传递。基于物权法、电子合同法和电子签名法的约束，借助核心企业信用额度，提升中小微企业的融资效率，降低小微企业的融资成本。因此，“区块链 + 供应链金融”就是将区块链技术应用到供应链金融的场景中，即提供电子化载体，以共享账本实现资金流、信息流、物流、商流的统一，使核心企业信用沿着可信贸易信息传递，同时对接账户体系，嵌入区块链智能合约，固化链条内各级贸易资金的清结算路径，实现多级业务场景下的自动清结算，降低违约风险。通过将区块链应用于供应链金融领域，可实现上下游企业单一垂直交易下网络化结构的升级，打造高效传递的价值产业链，从而构建基于可信可验证贸易关系的各参与方共建共赢的分布式贸易融资网络。

第二节 区块链技术赋能港口供应链金融的现实意义

一、有利于解决港口供应链金融数据孤岛

港口作为港口供应链的核心载体，外向型企业的物流、商流、资金流以及信息流汇集于此，亿级客户每日交易往来的数据积累形成了庞大的结构化数据资源，这些数据包括由港口电子数据交换（Electronic Data Interchange，EDI[①]）信息系统实现的进出口数据，通过海关实现的货物数据以及通过港口业务受理实现的支付数据等。在传统港口供应链上信息分布于不同的参与方手中，各单位、组织、机构之间独立工作并单独保存数据，几乎不会主动进行数据的交换共享，这就导致了严重“数据

① 港口物流 EDI 运作模式基于“中心”概念，即通常建立一个区域性的 EDI 中心，同时建立一个 VAN 网络，用户以会员方式加入 EDI 中心，购买 EDI 中心的服务，交纳基本费用和增值服务费。用 Internet 代替 VAN 进行电子数据交换，即 Internet 和 EDI 的联系，基于 Internet 的 EDI 成为新一代的 EDI，是港口物流 EDI 技术应用趋势。

孤岛”问题。“数据孤岛”就是拥有数据各类主体如同岛屿相互独立、各自分散，无法进行数据沟通交流，每个部门的数据存储、数据定义等数据属性与行为仅仅局限在部门内部，部门之间无法做到安全的数据共享。因此，尽管港口供应链上数据量巨大，蕴藏着丰富的信息，但是由于海关、税务、工商、商检等部门各自行政管制引致的“物理性数据孤岛”和数据格式、重复条目、过时信息、标准不统一、异质定义等引致的“逻辑性数据孤岛”的存在，往往会导致部门之间数据无法建立链接或链接后无法产生有效价值，“数据孤岛”的现象遏制了综合数据信息的挖掘利用。随着各个部门集成系统软件及中心平台的设立，“数据孤岛”现象开始演变成中心化特征而形成“数据中心孤岛”现象，即某区域、某行业各自设立独立的数据中心平台，但各区域、各行业之间互不贯通的数据中心平台。

但从供应链金融视角来看，无论是“数据孤岛”，还是“数据中心孤岛”，均会导致数据难以交换、信息核对困难等问题，甚至于不信任线上系统需要人工线下复核才能完成对账等工作，这将会使得金融业务在供应链金融中难以开展，即“数据孤岛”会导致“物流征信”缺失，例如在港口供应链上的中小微企业，一个企业可能在不同的银行间办理融资业务，这就会使得一个客户可能在多个金融机构中有着不同的征信数据，存在着严重的“数据孤岛”问题，单个银行仅通过几笔业务的数据无法全面地了解该企业的运营状况，导致片面的决策和风险。

区块链拥有独特的数据结构，主要包括两个特点：每个区块包含的交易，限定在上一个区块产生后到当前区块产生前的时间段内，在该时间段内的交易全部属于当前区块；同时，一旦交易被写入块上，那么交易则无法再被改写，这就保证了链上数据无法被篡改。区块链数据库最大的创新点就是：区块 + 链 + 时间戳。每一个参与共识的节点都会在当前区块中记录时间戳，形成了一个不可篡改、不可伪造且有序的数据库。区块链技术解决了数字资产的确权和可追溯，可以提高数据质量、降低数据泄露风险，这对于打破“数据孤岛”和瓦解“数据中心孤岛”都有着重要意义。在港口供应链金融上，各供应链节点通过区块链技术信息共享，区块链平台可以构建一个完整的“企业信用评分体系”，根据供应链上下游企业日常运营情况以及对手方的运转状况，来评估企业整体信用水平，解决“数据孤岛”和“数据中心孤岛”问题。

二、有利于创新港口供应链金融智能合约

智能合约作为第二代区块链技术的创新发展已成为区块链技术链上的核心技术，是在区块链上达成协议并具有传统合约的功能的一种方式。因此，智能合约是一种特殊协议，本质是一种数字合约，旨在提供、验证及执行合约。更明确地说，智能合约是区块链技术“去中心化的”重要原因，它包含了有关交易的所有信息，只有在满足要求后才会执行操作，允许我们在不需要第三方的情况下，执行可追溯、不可逆转和安全的交易。但从学术研究来看，智能合约概念的诞生早于区块链概念，而直到 2008 年才出现采用智能合约所需的区块链技术。智能合约的概念最早由美国计算机科学家尼克·绍博（Nick Szabo）于 1994 年提出，认为智能合约是一套以数字形式定义的承诺，包括合约参与方可以在上面执行这些承诺的协议[①]。以港口为场景，港口供应链金融模式有利于供应链上的中小微企业融资，银行以港口企业为核心，对上下游企业的物流和资金流进行管理，将中小微企业中难以测量的风险转化为整条港口供应链上的整体风险，通过资源合理配置以及实时监控，以至于降低金融风险。但目前港口供应链金融主要面临着供应链上下游企业内部信息混乱、信用不能跨级传递、履约风险以及造假风险等问题，而将智能合约应用于港口供应链金融领域可以解决这一难题，智能合约由计算机生成，只有满足特定要求后才能被执行，能够更好地防范金融风险，提高供应链金融系统效率。

港口供应链金融生态圈需要商业银行、核心港口企业、上下游企业以及市场多方的参与，银行的贷后管理需要耗费大量的人力物力，比如监督应收账款的期限、评估与核算质押物的价值、确认资金的用途等。

---

① 参阅：欧阳丽炜，王帅，袁勇，等．智能合约：架构及进展［J］．自动化学报，2019（03）：445－457。文中定义智能合约为：狭义的智能合约可看作是运行在分布式账本上预置规则、具有状态、条件响应的，可封装、验证、执行分布式节点复杂行为，完成信息交换、价值转移和资产管理的计算机程序；广义的智能合约则是无须中介、自我验证、自动执行合约条款的计算机交易协议。

放贷后的监管无形中增加了商业银行的成本，这些成本最终将由供应链上的中小微企业负担，无疑增加了融资成本。但是区块链技术下智能合约的运用有利于解决供应链生态圈的上述问题，当供应链上的某一企业有融资需求时，银行等金融机构可以通过区块链平台读取该融资方的业务能力以及信用情况，在金融机构批准贷款申请后，金融机构、融资方与供应链管理平台分别进行电子签名，触发智能合约，并存储在区块中。当贷款资金发放后，智能合约对资金流向实时监控，实时确认质押物价值，当检测到资金流出现异常或者质押物出现异动时，及时反馈，并立即采取措施。智能合约如同一个可以被信任的“伙伴”，实时监控着融资方的经营活动，总是按照事先的规则执行操作。它实质上是在个人、机构和财产之间形成关系的一种公认工具，是一套形成关系和达成共识的协定。系统随着智能合约执行进度，通过分布式记账系统实现按时还款与清算。

三、有利于确立港口供应链金融数据权属

区块链中的数据包括账户数据、区块数据、事务数据、实体数据、合约数据、配置数据①等，这些数据本身不具有价值，只对区块链底层程序结构具有意义。事务数据、实体数据与合约数据与该区块链的应用和功能密切相关，即区块链用户利用区块链技术所上传的数据。因此，所谓区块链中的数据权属，是指用户上链的特别数据即事务数据、实体数据和合约数据的归属问题。目前针对区块链技术，主要有公共区块链、共同体区块链、私有区块链等三类技术，数据权属可以立足三类技术区块链对事务数据、实体数据和合约数据进行数据权属确定。结合港口场

① 参阅：程啸．区块链技术视野下的数据权属问题［J］．现代法学，2022（02）：121－132。文中对区块链下的数据进行分类定义：（1）账户数据是描述区块链事务的实际发起者和相关方的数据，区块中记录的事务信息均被关联到相关的账户之上，每个区块链服务客户拥有一个或多个账户来使用区块链服务；（2）区块数据是区块链网络的底层链式数据，用来把一段给定时间内发生的事务处理结果持久化为成块链式数据结构；（3）配置数据是区块链系统正常运行过程中所需的配置信息；（4）事务数据是描述区块链系统上承载的具体业务动作的数据，既包括交易类型事务，也包括非交易类型事务；（5）实体数据是描述事务的静态属性的数据，通常包括发起方地址、接收方地址、交易发生额、交易费用、存储数据和实体数据备注；（6）合约数据是描述事务的动态处理逻辑的数据。

景而言，港口在国际贸易和物流方面扮演着越来越重要的角色，功能也逐渐广泛，港口已经成为供应链的对外开放重要应用场景，成为船舶运输、港航物流、商品流、资金流、信息流等的汇集中心，港口是全球贸易的大数据载体，然而港口日常运行所需的数据与港口运营产生的数据同样面临着数据标准不统一以及不同类型数据权属不清的问题，由于权属不清、责任不明，数据主体对数据的利用程度有限，对哪些数据可以共享或公开，哪些数据可以深度挖掘用于场景创新，发展思路不清晰，也缺乏合适的运作平台，各方都不愿意轻易释放对数据的拥有，导致港口供应链条上数据处于低效利用状态。

而在国内国际双循环背景下，大数据本身越来越被视为有价值的无形资产和核心要素，大数据与金融资本结合并通过区块链技术赋能，在港口供应链金融领域孵化可闭环的金融产品运用“场景”，是今后发展的趋势。在此趋势下，可以分类对不同类型数据权属确权，与传统互联网的可随意复制与篡改不同，区块链技术能够准确记载不同类型数据信息，且盖有难以篡改的时间戳，证明谁在特定时间内访问了某个文件，并且以一种去中心化的方式在全网获得共识。时间戳保存在数据块中，所有的交易具有可溯性，可以在区块链中按照时间顺序查询到，为监管数据提供了可靠的证明。通常情况下，数据的所有者就是第一个访问该数据的人，交易主体虚拟性难题迎刃而解。由于明确数据所有权后使用与流通，均有透明的交易记录可追溯，港口供应链上的数据就算经过无数次复制、转载、传播，都能确认权属，从根本上消除了数据主体关于数据共享与流通的顾虑，为数据的有效流动做好了铺垫。

四、有利于增强港口供应链金融主体信用

强化供应链主体信用管理是提升港口供应链金融配置效率的主要手段，现阶段我国尚未建立完善的征信系统，尽管央行也设立征信中心，银行也建立专门的信贷部门，采取了全方位、多角度对资金需求方进行的尽职调查，但不同机构间信息的非共享机制仍然使得征信信息难以得到准确评估，银行与供应链及其链上企业之间的信息不对称问题仍然存

在。在区块链技术框架下，去中心化以及共同参与的特征不仅使得企业的单证信息能够在区块链平台上传与记录，还能使得系统内的全部主体都能获得每个交易主体的每笔交易信息，物流、信息流、资金流等数据，并且完整、及时、真实。这为银行提供了供应链及所有企业的充分信息来评估借款企业的风险程度，链上各方共同参与记录的特点使得信用不达标的企业无法再鱼目混珠，保证了银行从源头上选择资质良好的企业进行贷款，降低了企业违约的可能。

将区块链技术应用于港口供应链金融领域尽管不能提升上下游中小微企业的业务水平与财务状况，但在一定程度上可以提升主体信用。在传统的供应链金融业务中，只有一级供应商可凭借核心企业的信用背书通过纸质票据融得资金，因此，即使核心企业信用再高，也无法传递至二级乃至三级供应商。区块链技术将所有相关信息存储在链上，并且将纸质凭证电子化，电子化凭证可以被拆分，使得持有凭证的一级供应商可以将拆分后的凭证流转给二级供应商，并且周期大大缩短。这使得二级以上供应商化解了资金短缺问题，改善了企业的经营状况，降低了信用风险。同时，区块链技术可以使得在任何时候都能观察到海运物流过程中各节点的信息，比如关税代码、运输状态、货物来源等关于货物的信息。在这样透明且安全的机制中，港口供应链上的任何企业以及金融机构都可以看到正在发生的事情，在一定程度上可以降低物流中的操作风险，进而提升主体的信用。

五、有利于提升港口供应链金融协同效率

在港口供应链的相关业务中，港口企业、上下游供应商、货主、海关等参与主体在具体业务中产生的相关信息彼此交错关联，数据频繁进行交换。将区块链技术应用于港口供应链可以积聚企业的交易运营数据，形成大数据库，进而打造全流程自动区块链系统，彻底打通平台各个环节，形成信息共享渠道有助于其成员了解全局信息从而制定更优决策，继而提高供应链间的稳定性和协同效率。以天津口岸区块链验证试点项目场景为例，港口对货物靠港、卸货、内陆转运等诸多原始物流信息的

掌控，为海关提供更加准确的信息验证结果，同时港口通过海外企业、贸易企业、物流企业、金融机构、货代企业、口岸部门、进出口国家监管机关等环节串联完成的业务链条数据，获得与业务相关的数据积累，如货物类别的分类堆码、货源市场分析等，从而优化现有港口业务的操作流程，促进港口与供应链上下游互联互通，实现整体口岸物流效率和物流成本的双赢。由于单证的数字化应用，单证的点对点对接，就以信用证为结算方式的进出口商来说，国际结算时间可以从原来的两周缩短为3—4天，甚至是半天。数字提单还解决了“无单放货”的问题。“无单放货”是指在没有收回正本提单的情况下，收货人凭借副本提单就可以将货物提走的一种情况。在法律条件下是不允许出现无单放货这种情况的，但在现实的交易场合中无单放货是极为普遍的情况，因此法律和现实交易就产生了背离情况。但是有了数字单证就可以避免这种情况的发生。

随着航运业的发展，港口供应链金融的业态也从中小微企业融资扩展至一系列的金融服务，越来越多的保险公司联合国际物流公司进入供应链金融领域，例如2015年国际物流服务电商平台“运去哪”正式宣布，与中国人保财险战略合作，上线海运保险业务。然而，海运保险因其往往涉及跨国业务，各类文件和复印件繁多、交易量大，目前的海运保险操作流程太过烦琐冗长，对账困难。当货物运输过程中出现问题时，保险公司需要进行调查、取证、交收、理赔等一系列烦琐过程，但是这些数据分散在各家保险机构或互联网平台，需要信息整合和共享，加上技术局限，无法实时联网处理，共享成本又高，还存在数据泄露等安全问题。将区块链技术应用于港口航运险，具有很强的吻合性。2018年，丹麦区块航运（Block shipping）公司推出全球共享集装箱平台（Global Shared Container Platform，GSCP）①，通过区块链代币的形式实现交易结算

① 丹麦Block shipping推出GSCP平台的目的是提供一个完整的区块链启用的集装箱资产注册机制，该平台成为管理，交换，运输和分享有关的客户之间运营支付结算的主要平台，成为航运业实时跟踪的主要IOT平台，可以实时对所有客户的集装箱进行跟踪，基于计算机、物联网数据、人工智能和区块链数据获取数据技术，区块链实现了技术全透明的集装箱共享分类账，多式联运的库存和财务结算是解决集装箱在承运人之间互换还是在进口商和出口商之间进行交换的决定机制。除了Block shipping外，香港公司300Cubits、马士基航运公司和IBM Blockchain合资企业也在探索类似功能平台。

与清算。2018 年，国际会计与咨询公司安永与区块链公司（Guardtime）合作的全球首个航运保险区块链平台正式投入商业用途，共同参与平台创建的还有全球航运巨头马士基、微软、美国保险标准协会、MS 阿姆林保险、信利保险等，航运保险生态系统中的各方使用分布式账簿技术记录发货信息，并自动进行保险交易。区块链利用共识算法来验证数据、利用分布式账本技术来存储数据、利用密码学的技术保证数据传输和访问的安全、利用智能合约来自动执行业务流程。当货物运输过程中出现问题时，通过追溯可靠的运输数据，从而界定货主、承运人、货代、保险公司等各自承担的责任，降低审核难度，提高理赔的处理效率。

六、有利于缓解港口供应链企业融资问题

港口供应链金融是解决港口经济圈下中小微企业融资难、融资贵、融资乱等问题的重要突破口，区块链技术可以有效变革和价值重塑并赋能传统港口供应链。随着港口功能逐步提升，港口供应链金融得到了较快发展，在一定程度上供应链上中小微企业的融资问题得到了改善，缓解了中小微企业在融资过程中缺乏抵押物的困扰。但港口供应链依然存在缺陷，供应链融资总量与业务覆盖率处于较低水平。首先，港口供应链金融链条上核心企业的信用无法进行有效传递。在传统供应链金融模式下，由于核心企业仅对一级供应商有直接付款义务，银行受限于风控难度及技术局限，只愿意基于核心企业对供应商的应付账款为其提供融资，核心企业的信用只能传递到一级供应商，导致核心企业的资信无法在供应链中进行有效传递，对其他供应商也形成了隔离效应。其次，融资业务与单家银行绑定，容易受到银行内部管理限制。在传统供应链金融模式下，核心企业主要与单家银行合作，甚至与该银行的某支行绑定，所有供应商必须到指定银行的指定支行开户，否则很难办理融资业务，或放款效率受到很大影响。而港口供应链链条较长，涉及的企业数量巨大，并且一些上下游的企业分布在不同的地区。上下游的中小微企业若想利用供应链模式进行融资，便需要到核心企业指定的分支机构开户，体验感不佳。最后，银行与融资方之间存在着信息不对称问题，提高了

风控难度，进而提高了融资成本。在传统供应链金融模式下，银行无法直接获取资金需求方的关键数据，需要验证贸易的真实性以及是否存在多次重复质押的情况，导致了融资困难，操作流程长等问题。

将区块链技术运用于港口供应链企业融资过程，扩大了供应链核心企业信用的传递范围，核心企业可以将自身信用分割给上下一级企业，并由上下一级企业根据自身企业的供应商或者经销商的实际需求将取得的信用再次拆分，从而将核心企业的信用在供应链中进一步向上或者向下传递，使得供应链能够快速健康地运行。同时，区块链技术采用分布式账本，数据不是由单一的核心机构维护，数据不可篡改、不可伪造、不会丢失，能保障数据的真实性、安全性。而通过应用区块链技术搭建的供应链金融平台，可以通过区块链的共识机制进行贸易背景以及相关票据真实性的确认，从而由第三方中介机构进行相关方面的核实，即可为有资金需求企业进行相应额度的授信，大大降低了融资过程中所产生的人力物力以及时间成本。

七、有利于强化港口供应链金融监管力度

构建金融监管体系是促进港口供应链金融健康发展的前提，从各国对区块链技术下供应链金融监管模式看，无论放任自由型监管、个案分析型监管，还是量体裁衣型监管以及沙盒型监管，均是金融规制和包容的权衡，区块链技术的运用可以帮助金融职能部门改变传统监管方式，在传统意义上，金融监管要求企业上报一系列的书面文件材料，并进行大量的审计、尽职调查、出具法律意见书等程序，耗费大量的人力、时间和财力成本。金融职能部门通过区块链信息共享平台及其机制延展了信息搜集范围，区块链不仅克服了金融机构虚假信息披露，增加数据信息的透明度，金融机构也不用提供数据信息，降低了搜寻成本，同时，行业协会等部门均可以有效监督，区块链技术的运用促进金融职能部门由传统的单一监管模式逐步向利益相关者“扁平化”分布式监管模式发展。

就港口场景而言，我国目前的相关政策和基础设施还不能与港口供

应链金融的发展速度相匹配，关于港口供应链金融的治理规则还很不完善，在实际业务流程中会出现一些漏洞。区块链蕴含了实时动态在线、分布式总账本、全网广播等硬核技术，在区块中记录的信息通过加密算法和哈希函数进行保存，每个区块与前一个区块间都有唯一的哈希值。由于哈希函数的不可逆性，前后区块之间也是不可逆的，按照生成的时间先后顺序以时间戳的形式标记。已经记录上链的信息在区块链中全网广播，所有区块节点中都有备份，都可以看到通过其他节点上链的信息，仅仅修改某个节点区块的数据无法实现修改的目标。由于区块链的防欺诈和难以篡改，可回溯查看的优势，用区块链记账的平台的数据将更加安全透明。区块链的这种跨时空连接、全网记录和自信任机制，能够有效提高监管效率，把监管放到创新链上，实时在线，动态更新，提高监管的透明化和安全性，避免"信息暗箱"和"摆钟式"监管。以区块链构建的监管科技平台可以实时存储企业数据和监管政策，应用区块链技术以后，信息实时上链同步，不可篡改，可以实现无纸化和可信化。区块链智能合约的运用，还可以灵活调整监管阈值，实现编程化、智能化监管。

第三节　区块链技术赋能港口供应链金融的文献回顾

一、基于 CiteSpace 的知识图谱分析

区块链技术是一种能够有效支持供应链透明度的技术，对港口供应链金融发展研究具有重要意义。基于此聚焦"区块链技术""供应链金融""港口"三个热点核心关键词，跨界融合了"计算机""管理科学工程""金融"交叉学科领域，对创新港口供应链金融模式、探索区块链技术在港口供应链金融的应用以及对港口供应链金融服务企业发展均具有重要作用。国际和国内研究文献热点在哪里？文献研究的逻辑与趋势是什么？区块链技术如何赋能港口供应链金融？区块链技术赋能港口供应

链金融机理是什么？基于这些思考，本文借助 CiteSpace 文献可视化软件，对“区块链技术”与“港口供应链金融”相关领域的研究热点、发展趋势、作者、文献国别等进行知识图谱分析，以期为今后“区块链技术赋能港口供应链金融”相关领域深入研究提供有益的借鉴与参考。

（一）研究方法与数据

1. 研究方法

从科技论文视角，运用文献计量学方法，通过绘制科学知识图谱，结合文本数据，对最近 10 年（2012—2021 年）与“区块链技术赋能港口供应链金融”相关的研究成果进行系统梳理和多角度剖析。文献计量法是在分析某一研究领域发展历程时，根据研究性文献的变化规律，对相关论文发文量进行数据统计分析的方法，能够揭示当前该领域的发展状况并预测其研究前景与发展趋势（李贺等，2014）。科学知识图谱则是一种通过数据挖掘、科学计量、信息分析以及图形绘制等多种手段，对某一研究领域进行可视化分析的方法，它兼具“图”和“谱”的双重性质与特性。知识图谱既能揭示静态的“知识结构框架图”，描述知识在空间上的结构关系，又能展示动态的“知识发展进程谱”，体现知识在时间上的发展与流动（刘则渊等，2006）。目前，比较常用的科学知识图谱绘制工具包括引用空间（Citespace），文献可视化（VOSviewer）、可视化工具（Net Draw）、科学知识图谱分析（SCI2）、科学图谱分析工具（SciMat）等。本书主要运用由美国德雷克塞尔大学的陈超美教授研究团队研发的文献计量软件 CiteSpace 对文献数据进行可视化研究。CiteSpace 是基于 Java 编程语言编写的文献可视化计算机软件，根据文献共被引分析理论以及寻径网络算法等原理，对某具体学科领域的大量文献进行分析计量，寻找该学科领域演化的趋势路径，并通过可视化图谱分析和预测学科演化的潜在动力机制和发展前沿。本书所使用的软件版本为 CiteSpace 5. 8. R3，可以系统分析“区块链技术赋能港口供应链金融”领域的作者合作网络、关键词共现网络、关键词聚类、关键词和文献共被引图谱网络，以探究该领域的研究现状、热点演化的关键路径和知识拐点，以更好地研判学术研究逻辑与研究前景。

2. 研究数据

为充分揭示社会科学领域关于“区块链技术赋能港口供应链金融”研究整体情况，本书选择中国知网（CNKI）数据库（中文文献）和科学网（Web of Science）数据库核心合集（英文文献）中的引文索引。其中，中文文献数据来源于中国知网（CNKI）数据库的引文索引，数据库最新更新日期为2021年6月30日，主题为“区块链”和“供应链”，文献类型以论文（Article）和综述（Review）为主，时间为近五年（2017年1月1日至2021年6月30日），结果获得1865条数据，导出基于网络浏览器的个人文献管理应用程序（Refwork）格式数据信息；英文文献数据来源于科学网（Web of Science）核心合集数据库的引文索引，数据库最新更新日期为2021年6月30日，主题为“blockchain（区块链）”和“supply chain（供应链）”，文献类型以论文（Article）和综述（Review）为主，时间为近五年（2017年1月1日至2021年6月30日），结果获得1132条数据，导出纯文本数据信息。

3. 数据处理

在将数据导入CiteSpace软件前，对其进行了除重处理，结果显示，313篇中文核心期刊文献与Web of Science收录的228篇英文核心期刊文献均无重复。在选择分析单元时，由于不同期刊对文献信息的记录方式、详细程度存在差异，为了分析的准确性和客观性，本书对关键词、核心作者、科研机构、国家、文献类别等分析单元的同义词或近义词的节点进行了合并处理，确保对文献统计数据分类与排名的合理性与一致性。

（二）基于CNKI的知识图谱分析

1. 知识基础识别：基于中国知网（CNKI）的文献分析

从年度发文量分析来看，文献数量的分布与变化在一定程度上可以刻画出某一领域过往的研究水平和未来的发展趋势。该领域年度发表文献数量以线性增长的趋势逐年增加。由发文量的增长情况发现，2017年的发文量较少，仅占总量的3.54%，此时学者对“区块链技术”与“供应链金融”的关注度较少；2018—2020年的发文量逐渐增加，2020年文献占比达到了28.53%，“区块链技术”与“供应链金融”走进了研究人员视野，成为社会的关注焦点；虽然 2021 年文献数据不完整，但中国知网给出了预测值，预计发文数量占比会达到 36.42%。从作者分布分析来看，该领域作者的发文数量分布比较平均，发文数量位于前列的作者包括何黎明（6 篇）、杨望（5 篇）。文献数为 4 篇的作者有叶春明、李迅东、林悦；文献数为 3 篇的作者有杨信廷、孙传恒、董允春、王小艺、何娟、许继平、周雷、李军祥、蒋亮、梅叶、戎袁杰、王玉凤。

从机构分布分析来看，该领域发文机构主要为高等院校及研究院，发文数量位于前列的机构有北京邮电大学（19 篇）、华南理工大学（15 篇）、中国人民大学（14 篇）、中国信息通信研究院（14 篇）。文献数为 10 篇及以上的机构有北京大学、河北金融学院、北京交通大学、上海理工大学、中国物流与采购联合会、中国工商银行、广东工业大学、新疆财经大学、东南大学。

从文献来源分布与学科分布分析，该领域文献来源主要为与计算机、经济金融、工程管理相关的学术期刊，包括中文社会科学引文索引（CSSCI）期刊，反映了“区块链技术”和“港口供应链金融”作为前沿的计算机技术在经济金融及工程管理两个领域的实践应用较为广泛，在食品、机械、农业、工业等传统产业领域也有较为广泛的实践应用。区块链技术的出现为处理跨行业的商业活动创造了许多潜在的创新，受到各行业的广泛关注。该领域文献归属学科主要为计算机类（互联网、软件、电子信息）、财经类（经济、金融、贸易、管理、会计），传统产业类（农业、重工业、轻工业、手工业）。这体现了“区块链技术”和“港口供应链金融”可以应用或交叉结合的学科领域非常广泛，反映了“区块链技术”和“港口供应链金融”更多作为金融科技属性出现在人们面前，为人们所关注。

2. 研究热点研判：基于主题词与关键词分析

从文献主题词来看，该领域文献主要主题词差异明显，其中出现次数最多的 4 个主要主题词分别为“区块链”“区块链技术”“供应链”“供应链技术”，出现次数较多的主要主题词为经济金融或计算机的学科术语及研究内容，包括“商业银行”“物联网”“供应链管理”“农产品”“农产品供应链”“金融科技”“中小微企业”“创新研究”等。该领域文献次要主题词差异明显，其中出现次数最多的5个次要主题词分别为“区块链技术”“智能合约”“去中心化”“区块链”“供应链金融”，出现次数较多的次要主题词为经济金融或计算机的学科术语及研究内容，包括“物联网”“比特币”“共识机制”“数字货币”“联盟链”“供应链管理”“分布式账本”等。从文献关键词分析来看，使用CiteSpace绘制关键词共现网络，导出频数位列前40的高频关键词，同时记录相应的中介中心性。关键词频数最多的前5个关键词分别为“区块链”“区块链技术”“供应链金融”“供应链”“智能合约”，这些关键词出现频数均大于100，远远大于其他关键词（见表1-1）。

表1-1 中国知网（CNKI）高频关键词

序号	中介中心性	频数	关键词	序号	中介中心性	频数	关键词
1	0.45	955	区块链	21	0.13	26	人工智能
2	0.18	494	区块链技术	22	0.05	26	农产品供应链
3	0.25	290	供应链金融	23	0.06	25	融资
4	0.23	222	供应链	24	0.05	24	供应链融资
5	0.22	139	智能合约	25	0.03	24	应用
6	0.19	77	物联网	26	0.03	24	中小微企业
7	0.12	69	去中心化	27	0.08	22	分布式账本
8	0.07	48	金融科技	28	0.03	20	区块链平台
9	0.06	40	供应链管理	29	0.07	19	区块链金融
10	0.08	35	联盟链	30	0.06	18	电子商务
11	0.04	33	应用场景	31	0.13	17	物联网技术
12	0.05	31	比特币	32	0.06	17	食品供应链
13	0.08	31	大数据	33	0.03	17	溯源
14	0.07	30	数字货币	34	0.01	17	小微企业融资
15	0.11	29	共识机制	35	0.12	15	产业链
16	0.09	28	食品安全	36	0.09	15	供应链金融业务
17	0.04	28	商业银行	37	0.04	15	小微企业
18	0.04	28	信息不对称	38	0.01	15	应收账款融资
19	0.04	28	农产品	39	0.06	14	银行业
20	0.02	28	信息共享	40	0.05	14	物流

如图 1－1 和图 1－2 所示，使用 CiteSpace 绘制关键词共现网络，进行聚类分析并绘制关键词共现和聚类网络。主要的 15 个聚类包括“食品供应链”“区块链”“供应链金融”“智能合约”“供应链”“银行业”“物流供应链”“溯源”“农产品供应链”“供应链金融业务”“联盟链”“区块链技术”“中小微企业”“耦合机理”“区块链金融”。

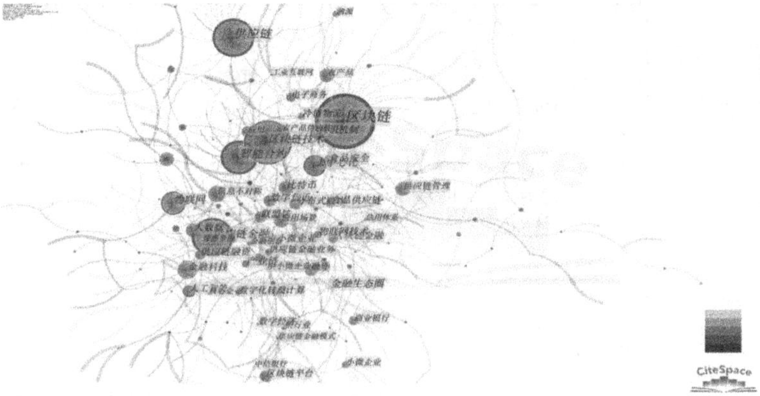

图 1－1　中国知网（CNKI）关键词共现网络

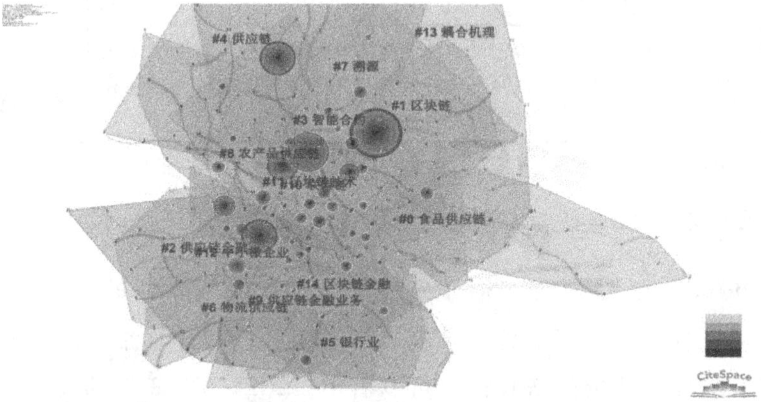

图 1－2　中国知网（CNKI）关键词聚类网络

3. 研究观点评述：基于经典文献分析

区块链技术可以重塑供应链金融，内在机制在于区块链技术具有运营优势，可以提升港口供应链金融配置效率，但影响程度存在异质性，供应链上的上链企业数量和上链信息质量以及库存量、利润率不同，影响金融配置效率程度也不同，杨斌等（2016）、邓爱民等（2019）、李健等（2020）、龚强等（2021）、刘露等（2021）的研究均支持该观点（见表1－2），同时区块链技术还通过价值创造和颠覆性创新来重塑核心竞争力，创新商业模式或组织形态突破传统供应链金融低端锁定。

表1－2　区块链技术赋能港口供应链金融经典文献汇总表

年份	学者	理论机理	学术观点	学术期刊
2016	杨斌等	构建供应商、零售商和银行的 Stackelberg 三方博弈模型。	提出了一种新型供应商回购供应链金融模式，可以提升效率。	《金融研究》
2019	邓爱民等	提出智能合约运行机理，自动化执行机制的博弈模型。	对业务流程的客体还是决策主体，区块链技术均发挥作用。	《管理评论》
2020	李健等	构建了区块链技术影响供应链金融决策的定量模型。	库存量高、利润率高的企业可以更大程度受益于区块链技术。	《管理评论》
2021	龚强等	构建了供应链网络中的企业向银行抵押融资理论博弈框架。	上链企业数量与信息质量决定着区块链共识机制作用发挥。	《管理世界》
2021	刘露等	构建了基于信用传递技术与 Stackelberg 博弈方法的区块链供应链金融博弈模型。	区块链供应链金融模式比传统供应链金融模式等有运营优势。	《系统工程理论与实践》

（三）基于科学网（Web of Science）的知识图谱分析

1. 知识基础识别：基于科学网（Web of Science）文献分析

从年度发文量分析来看，该领域年发文数量逐年增加，增长数量较为明显。按发文数量的增长情况可以看出，2017—2018年的发文数量较少，说明各国学者对“区块链技术”与“供应链金融”领域的关注度较少，占比不足7%；2019—2020年的发文量逐渐增加，其中2020年发文比例占比33.86%，人们对“区块链”的兴趣在2018年底激增，这与公众对比特币的巨大兴趣密切相关。可以预计，2021年发文数量将稳步增长，预计会达到40.79%，“区块链技术”和“供应链金融”仍是关注焦点。从国家或地区分布分析来看，该领域发文国家或地区主要集中于综合国力靠前的国家，这些国家经济体量较大且人口较多，存在规模效应，为“区块链技术”与“供应链金融”的应用提供了现实基础（见表 1-3）。

表 1-3 Web of Science 发文所属国家或地区分布

排名	国家	记录数	比例	排名	国家	记录数	比例
1	中国	337	29.77%	11	中国台湾	39	3.45%
2	美国	241	21.29%	12	阿联酋	35	3.09%
3	英国	150	13.69%	13	俄罗斯	26	2.30%
4	印度	123	10.87%	14	巴西	23	2.03%
5	德国	78	6.89%	15	西班牙	23	2.03%
6	澳大利亚	75	6.63%	16	沙特阿拉伯	21	1.86%
7	意大利	61	5.39%	17	瑞典	21	1.86%
8	加拿大	45	3.98%	18	瑞士	21	1.86%
9	法国	43	3.80%	19	日本	20	1.77%
10	韩国	42	3.71%	20	荷兰	20	1.77%

第一梯队国家为中国（337 篇）和美国（241 篇），在该领域的发文数量，中国和美国远远超过其他国家，中国明显领先美国；第二梯队国家为英国（150 篇）和印度（123 篇），在该领域的发文数量，英国和印度不到第一梯队国家的一半，但也明显超过其后的国家，英国明显领先德国；第三梯队国家为德国（78 篇）、澳大利亚（75 篇）、意大利（61 篇）；发文数量较多的国家或地区还有加拿大、法国、韩国、中国台湾、阿拉伯联合酋长国、俄罗斯、巴西、西班牙、沙特阿拉伯、瑞典、瑞士、日本、荷兰。

使用 CiteSpace 绘制国家或地区分布网络反映该领域发文较多的国家或地区及其相互关系。从国家和地区分布来看，各国都存在一定相互合作关系，但相对来说，中国学者所做的研究工作较为独立，主要依靠国家内部学者之间的合作，反映了在该领域，中国对相关技术的掌握具有一定的主动权和话语权，不需要完全依赖其他国家的技术支持；美国、英国、印度以及其他一些以英语为主要语言的国家或地区得益于已有的合作关系以及共同的语言，这些国家的学者之间的合作较为密切；“区块链”与“供应链”是涉及国家经济安全和货币主权的关键核心技术，可以预计，在中美科技竞争的大背景之下，中美两国在此领域的合作将会保持在较低水平。此外，中国具有全球最大的国内统一市场，港口规模全球第一，中国在把“区块链”与“供应链”科研成果转化为生产力方面具有更大优势。

从作者分布分析来看，该领域作者发文数量在6篇或以上的作者有加雅拉曼（Jayaraman R）、蔡（Choi T. M.）、萨拉赫（Salah K.）、萨尔基斯（Sarkis J.）、库马尔（Kumar N.）、甘契卡南（Gunasekaran A.）、谭瓦（Tanwar S.）、库马尔（Kumar A.）、李（Li Z.）、奎罗斯（Queiroz M. M.）、刘（Liu Y.）、奥马尔（Omar M.）、万巴（Wamba S. F.）、王（Wang B.）、陈（Chen Y.）、科西扎德（Kouhizadeh M.）、谢特里（Kshetri N.）、库马尔（Kumar V.）、李（Li Y.）。

从研究文献机构分布分析来看，该领域发文机构主要为国际著名高等院校以及研究中心。发文数量在12篇及以上的机构主要有香港理工大学、哈利法科学技术大学、加利福尼亚州立大学系统、香港理工大学、国家理工学院NIT系统、北卡罗来纳大学、中国科学院、伍斯特理工学院、伦敦大学。

从文献来源分布与学科分布分析来看，该领域文献来源主要为与工程学、计算机、信息技术、经济相关的学术期刊，涵盖了科学引文索引（SCI）与社会科学引文索引（SSCI）国际著名刊物，体现了“区块链技术”和“港口供应链金融”是横跨自然科学与社会科学的研究热点，在各领域都得到高度的关注，有丰富的应用场景（见表1-4）。

表1-4　Web of Science文献分布

排名	学科	记录数	比例
1	美国电子电气工程师协会数据库（Ieee Access）	59	5.21%
2	可持续性（Sustainability）	42	3.71%
3	国际生产研究杂志（International Journal of Production Research）	31	2.74%
4	国际信息管理杂志（International Journal of Information Management）	21	1.86%
5	清洁生产杂志（Journal of Cleaner Production）	18	1.59%

续表

排名	学科	记录数	比例
6	运输研究（Transportation Research）	18	1.59%
7	计算机工业工程（Computers Industrial Engineering）	15	1.33%
8	国际生产经济学杂志（International Journal of Production Economics）	13	1.15%

如表1-5所示，该领域文献归属学科主要涉及工程（计算机、电子信息、环境、食品、运输）、商业（经济、管理）、产业（农业、能源燃料）。“区块链技术”和“港口供应链金融”相关的学科领域非常广泛，受到各行各业工作人员的关注；其中，计算机、经济学、工程学对该领域的关注度最高，取得了更为广泛的研究成果；在5G、人工智能等高新技术产业中也拥有广阔的发展前景。

表1-5　　Web of Science 学科分布

排名	学科	记录数	比例	排名	学科	记录数	比例
1	计算机科学	631	55.74%	11	地理	57	5.04%
2	工程	572	50.53%	12	数学	55	4.86%
3	商业经济学	480	42.40%	13	农业	51	4.51%
4	电信	202	17.85%	14	沟通	51	4.51%
5	环境科学与生态学	119	10.51%	15	能源燃料	48	4.24%
6	运筹学管理科学	115	10.16%	16	数学计算生物学	48	4.24%
7	科学技术其他专题	91	8.04%	17	自动化控制系统	42	3.71%
8	食品科学技术	84	7.42%	18	公共行政	38	3.36%
9	情报学图书馆学	69	6.10%	19	运输	38	3.36%
10	政府法	62	5.48%	20	保健科学服务	35	3.09%

2. 研究热点研判：基于关键词分析

使用CiteSpace绘制关键词共现网络，导出频数位列前40的高频关键词，同时记录相对应的中介中心性。关键词频数最多的前3个关键词分别为“区块链（blockchain）”“供应链（supply chain）”“技术（technology）”（见表1-6）。

表 1-6　Web of Science 高频关键词

序号	中介中心性	频数	关键词	序号	中介中心性	频数	关键词
1	0.09	394	区块链（blockchain）	21	0.07	35	信息（information）
2	0.06	186	供应链（supply chain）	22	0.1	31	物联网缩写（iot）
3	0.08	103	技术（technology）	23	0.04	31	应用（adoption）
4	0.1	85	管理（management）	24	0.11	30	比特币（Bitcoin）
5	0.01	80	智能合约（smart contract）	25	0.18	27	模型（model）
6	0.06	74	供应链管理（supply chain management）	26	0.08	26	分布式账本（distributed ledger）
7	0	65	溯源性（traceability）	27	0.03	26	期货（future）
8	0	64	互联网（Internet）	28	0.08	23	以太坊（ethereum）
9	0.05	63	区块链技术（blockchain technology）	29	0.04	22	信息技术（information technology）
10	0.15	63	挑战（challenge）	30	0.04	20	壁垒（barrier）
11	0.05	59	框架（framework）	31	0.02	20	智能合约（Smart contract）
12	0.1	53	系统（system）	32	0.08	19	物联（thing）
13	0.06	42	影响（impact）	33	0.05	17	分布式账本（distributed ledger）
14	0.06	39	逻辑（logistics）	34	0.02	16	设计（design）
15	0.02	37	大数据（big data）	35	0.09	16	行业（industry）
16	0.06	37	信任（trust）	36	0.11	16	创新（innovation）
17	0.12	37	安全性（security）	37	0.04	16	实施（implementation）
18	0.05	36	绩效（performance）	38	0.09	15	透明性（transparency）
19	0.12	36	物联网（Internet of thing）	39	0.04	15	融合（integration）
20	0.04	36	可持续性（sustainability）	40	0.08	15	加密货币（cryptocurrency）

如图 1-3 和图 1-4 所示，使用 CiteSpace 绘制关键词共现网络，进行聚类分析并绘制关键词共现和聚类网络。主要的 13 个聚类包括“技术应用（technology adoption）”“技术接受和使用统一理论（utaut）”“利益相关者（stakeholders）”“循环经济（circular economy）”“价值链（value chain）”“路径科追溯性（road traceability）”“溯源性（traceability）”“区

块链技术（blockchain technology）”“风险管理（risk management）”“框架（framework）”“联盟链（consortium blockchain）”“比特币（bitcoin）”“透明性（transparency）”。

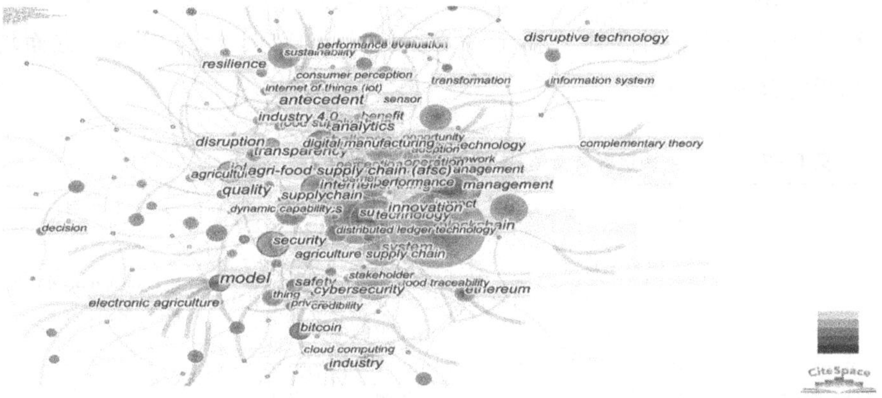

图 1－3　Web of Science 关键词共现网络

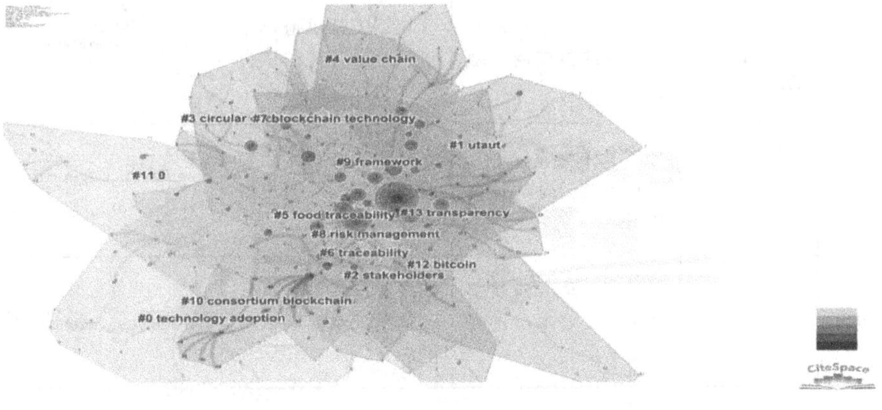

图 1－4　Web of Science 关键词聚类网络

3. 研究观点评述：基于经典文献分析

从国外经典文献来看，区块链技术赋能港口供应链金融可以从代理、成本、管理、资源维度来思考区块链技术影响供应链金融的原理（Treiblmaier H.，2018），也可降低金融风险（Hokey Min，2019），提出了以区块链为导向的供应链融资平台业务模式（Chen J，et al.，2020），认为区块链技术影响供应链主要在于业务流程设计（Shuchih Ernest Chang，2019），但更多的学者，如杜（Du M.）等、郑（Zheng K.）等、蔡（Choi T. M.）、李（Li J）等、乔德（Chod J.）等，采取了博弈模型、耦合理论来分析区块链技术支持供应链金融与传统供应链比较来说明区块链技术优势及其对个体的优化效应，在风险控制、信号成本等方面均有积极意义（见表1－7）。

表1－7　区块链技术赋能港口供应链金融经典文献汇总

年份	学者	理论机理	学术观点	学术期刊
2020	Du M. 等	构建了区块链技术管理全过程的新型供应链融资平台。	解决不信任，提高了效率，降低了成本，满足了隐私保护。	IEEE Transactions on Engineering Management
2020	Zheng K. 等	从博弈论视角分析智能合约关键技术实施的理论机制。	突出了智能合约技术对供应链单个实体决策行为的优化效应。	Annals of Operations Research
2020	Choi T. M.	构建传统和区块链技术支持的供应链金融博弈模型。	区块链支持供应链金融风险低于传统供应链，稳健检验有效。	Annals of Operations Research
2020	Li J. 等	分析了区块链技术与供应链金融的耦合机制。	通过区块链技术驱动供应链金融平台提出其积极意义。	Frontiers of Engineering Management
2020	Chod J. 等	通过库存信号构建了展示公司基本质量的理论模型。	区块链技术具有更低的信号成本以获取有利融资条件的能力。	Management Science

（四）文献总结与研究展望

1. 文献总结

基于文献可视化软件 CiteSpace，运用文献计量学和知识图谱研究方法，对中国知网与 Web of Science 收录的“区块链”与“供应链”的文献数据进行关键词共现和聚类网络、作者和机构合作网络等分析，探究该领域的研究热点、发展趋势与研究理论框架，文献总结如下：

第一，“区块链”与“供应链”联系密切。区块链可以降低与中间人干预有关的风险，包括黑客攻击、隐私泄露、易受政治动荡影响、遵守政府规则和条例的代价高昂、金融机构不稳定以及合同纠纷。可以在风险和不确定性增加的情况下，利用区块链技术来增强供应链的弹性，为港口供应链赋能。从研究文献学科来看，“区块链”与“供应链”已经进入各国学者的研究视野中，各国相关学术机构对此保持高度关注，相关学术文献发文数目前仍保持稳定增长。其中，已有研究热点更多集中于计算机技术领域的基础理论研究，未来研究热点将更多地出现在“区块链”与“供应链”应用领域，包括经济金融、工商管理、农业工业等学科的学术研究。

第二，从研究文献国别及关键词来看，中国和美国各自的发文数量均远远超过其他国家的发文数量。中国对技术的掌握具有一定的主动权。美国、英国、印度之间的研究合作相对紧密。在经济全球化和国际竞争日趋激烈的背景下，“区块链”与“供应链”已成为国际前沿科学技术竞争焦点。适当加强与其他各国家或地区的学术合作，推进相关技术在更大范围更宽领域的应用，服务于“一带一路”等国家顶层设计发展以及经略海洋战略，解决信息不对称与资金融资问题。从“区块链”与“供应链”研究领域的高频关键词可以看出，各国学术研究更多聚焦企业与居民等微观研究对象，体现了产学研结合的发展态势，有利于推动“区块链”与“供应链”技术在港口经济中的创新应用，推动我国港口经济高质量发展。

第三，从研究理论逻辑及范式来看，博弈论和信号传递激励、信号吻合、反信号理论最合适解释区块链技术对供应链金融的影响机理，代表如：杨斌等（2016）提出的供应商、零售商和银行等多方参与金融博弈模型、邓爱民等（2019）提出的智能合约自动化执行机制的博弈模型、蔡（Choi T. M.）等（2020）提出的传统和区块链技术支持的供应链金融博弈模型、龚强等（2021）构建的供应链网络中的企业向银行抵押融资的理论博弈模型；在信号理论解释范式上，乔德（Chod J.）等（2020）利用库存信号理论，从信号传递视角来研究，认为激励机制是信号传递高质量信号的关键，而信号吻合是体现信号质量的重要维度。同时，反信号理论（Counter signaling）更能解释优质供应链中小微企业声誉问题，而刘露等（2021）利用信用传递技术理论与斯塔克尔伯格（Stackelberg）博弈方法集成来解释区块链供应链金融博弈决策过程。

2. 研究展望

结合“区块链技术”与“港口供应链金融”研究领域前沿，该问题研究应置入国家经略海洋战略以及世界一流强港建设格局下重构区块链技术赋能港口供应链金融的内在逻辑。为此，未来可重点从三个方面进行探究：

第一，注重基础技术和原理创新研究。“区块链技术”与“港口供应链金融”底层技术仍有待发展，密码学、共识算法、跨链、隐私保护等技术在该领域具有良好前景。建议研究如何加快夯实底层技术创新与原理的思考，避免由于区块链技术底层系统“不集成、不统一、不融合”造成浪费和损失，重点研究港口供应链金融企业资产交易真实性、客户偿债信用等级评定、港口企业风险管控等关键共性技术，同时，探索港口供应链融资各方主体博弈决策以及信号传递激励、信号吻合、反信号理论在区块链技术赋能港口供应链金融领域的新理论依据以及解释范式。

第二，拓宽实践应用的路径和模式研究。区块链技术提升港口供应链金融效率应立足技术应用路径与模式研究，路径研究重点考虑以“金融枢纽”为特征联盟链路径选择，关注供应链上足够多企业数量和足够高质量企业信息质量的“有效边界”。模式研究落脚点在于支持信用良好、产业链成熟的供应链核心企业，支持核心企业发起设立或参股民营银行、保理公司等金融机构，培育一批供应链金融配套服务机构，创新服务模式，提供便捷化的配套综合金融服务。

第三，实施金融闭环运行的风险管理研究。港口供应链金融本质上还是金融，区块链技术赋能港口供应链金融研究就必须按照金融功能特征去分析问题和解决问题，就必须按照市场化资源配置功能逻辑去设计流程，就必须深入探究如何在金融需求与金融供给平衡的基础上依托联盟链载体构建适宜的供应链金融风险控制体系。

二、区块链技术赋能及其应用研究

（一）区块链技术的优势

区块链技术自诞生以来获得了高度关注与广泛应用，对社会经济产生了深远影响，其必然有独特的优势。在综合诸多研究文献的基础上，本部分归纳总结了区块链技术的主要特性。

1. 去中心化

区块链是基于分布式结构的技术，选取纯数字的形式对数据进行记录、存储和维护，各节点间的权利和义务是均等的（林晓轩，2016；郭彬等，2016），因此具有去中心化的特点。王硕（2016）认为由于区块链去中心化的特性，任一节点损坏都不会影响全网运行，可以大大提升业务连续性。接着，王发明等（2017）总结了区块链中心化的分布式结构，整个网络无中心化硬件或机构，没有中心核心系统，在现实中节约大量的中介成本，这也是区块链得以广泛应用的最重要的原因之一。随后唐晓彬等（2020）进一步说明区块链可以绕开中介机构展开交易，从而避免中介交易的风险。

2. 不可篡改性与安全性

王发明等（2017）认为非对称加密技术对数据进行加密保证数据的安全性，同时通过共识算法形成的强大算力来抵御外部攻击保证区块链数据不可篡改和不可伪造。张亮等（2019）进一步说明区块链使用哈希和签名的唯一性保证了数据无法被篡改，通过去中心的分布式设计防止数据丢失。楚文海等（2020）认为任一节点的篡改数据行为，必须有系统中半数以上节点的认可才能通过。

3. 可追溯性

林小驰等（2016）提出区块链采用了时间戳技术，给数据增加时间维度，记录交易的先后顺序，使得数据具有可追溯性，便于监管和追踪。楚文海（2020）认为区块链上的交易主体任意交易行为都将在区块链网络中留下痕迹，且每个环节都会在每个节点上实时动态复制并保存，实现了链上数据的全方位追踪。

4. 匿名性

林小驰等（2016）表明区块链中节点与节点之间无须公开身份，信息传递可以匿名进行，极大地保护了用户的隐私。吴心茹等（2019）认为在区块链技术下，交易都是公开的，身份信息的公开不能再增强信任。

5. 开放性

杨杨等（2019）将区块链的开放性归结为数据信息完全公开与运行规则透明。同时，向左山（2020）指出区块链技术构建了所有参与者共识机制的数据库系统，全网皆使用此一套账本，信息完全透明公开。

6. 去信任化

王硕（2016）指出区块链模式借助开源算法，使得系统运作规则公开透明，每个节点之间进行数据交换无须互相信任，有效避免了信任主体违约。因此，交易的双方无须进行信息的验证，简化了程序，直接按照规则进行互信的交易模式（左向山，2020）。

7. 其他特征

郭彬等（2016）提出了区块链的自治性，即基于协商一致的规范和协议，使系统中的节点能够自动安全地交换数据，不需要任何人为干预。同时，王硕（2016）提出了区块链的集体维护性，即从区块链本身看，单个机器计算能力可能不高，但通过分布式点对点模式，使得计算能力大大提升。

从表1－8来看，一般认为区块链技术具有去中心化、不可篡改性与安全性、可追溯性、匿名性、开放性、去信任化等特点，也有学者提出区块链技术具有自治性与集体维护性等，正是由于区块链技术的这些特点去除了各类系统应用中的诸多约束条件，为很多想法的实现提供了技术可能性。

表1－8　　区块链特性研究文献归纳

研究者	去中心化	不可篡改性与安全性	可追溯性	匿名性	开放性	去信任化	其他
林晓轩（2016）	√	√				√	
郭彬等（2016）	√	√		√	√		自治性
林小驰等（2016）	√	√	√	√		√	
王硕（2016）	√	√				√	集体维护
王发明等（2017）	√	√				√	
张亮等（2019）		√		√			
吴心茹等（2019）	√	√		√	√		

续表

研究者	去中心化	不可篡改性与安全性	可追溯性	匿名性	开放性	去信任化	其他
杨杨等（2019）	√	√	√		√		
向左山（2020）	√	√		√	√	√	
唐晓彬等（2020）	√	√	√		√		
楚文海等（2020）	√	√	√		√		

（二）区块链技术的应用领域

美国学者梅兰妮·斯旺（Melanie Swan）在其著作《区块链：新经济蓝图及导读》中将区块链的应用划分为三个阶段，即：区块链 1.0（可编程货币）、区块链 2.0（可编程金融）和区块链 3.0（可编程社会）。在区块链 1.0 时代，主要是数字货币时代，区块链技术主要应用于数字货币。区块链是分布式账本的底层技术，最初是为了在 2008 年实现点对点数字现金系统比特币而设计的。随后，基于这一技术很快产生了莱特币、以太币、天秤币、狗狗币等各种各样数字虚拟货币。可编程的数字货币借助区块链构建了一种全新的、去中心化的交易支付系统，使得价值在互联网中直接交换与流通成为可能（庄雷等，2017；Chris Berg，2019）。区块链 2.0 时代，形式上是“可编程的金融”，本质上是金融智能交易体系，利用去中心化的虚拟机来处理点对点的交易。在这个阶段区块链的应用范围开始从单一的货币领域扩大到涉及合约功能的其他金融领域，冲击了现有的传统金融模式和互联网金融模式，许多金融机构和企业开始探索区块链金融模式，实现传统柜台式到互联网平台式再到区块链分布式的模式升级（Yan Chen，2018）。区块链 3.0 时代，主要是区块链的全面应用时代，区块链技术以去中心化的方式配置全球资源，进一步延拓到货币、金融和市场以外的领域，形成“区块链 +”的应用模式。借助区块链去中心化的智能可编程特点，区块链的应用范围逐渐扩大到公证、物流、医疗、教育、公共管理、慈善等社会各个领域，从而实现社会资产在区块链上可被追踪、控制和交易（Aste T.，2017）。现阶段区块链技术正处于区块链 2.0 到 3.0 的过渡阶段，其应用领域也从最初的数字货币扩展到更广泛的金融领域，并且逐渐向其他众多领域延伸，其中金融领域应用最为广泛和成熟。本部分在综合现有文献的基础上，归纳整理了区块链的一些典型的应用领域，主要包括：医疗、政务服务、教育、物流、通信等。

1. 医疗领域

区块链在医疗领域的一大应用是电子病历管理，可以解决患者在多个机构的医疗记录数据处于分散状态与病例数据泄露的问题。梅颖（2017）结合区块链技术和云存储技术，提出一种分布式的个人医疗记录安全存储和共享方案，在方案中，医疗记录由用户个人所有，其使用权限也由个人控制，个人既可以共享自身的医疗记录给科研机构，也有权利及时撤销其权限，这一方案有效地实现了个人医疗记录的安全存储和有效使用，为用户在个人电子病历数据保护过程中提供了较多的自主性。徐健等（2019）提出一种结合区块链技术与密码学的非对称加密技术的方法，将非对称加密技术的安全性高、多方协作简单等特性应用到区块链技术中，可以有效实现医疗记录跨域分享流程简化。王辉等（2020）证明了去中心化的医疗数据存储系统、改进的实用拜占庭容错（PBFT）共识算法以及数据交互系统的架构，实现了医疗数据的安全、可追溯和防篡改，解决了医疗数据集中存储、不可追溯和易受攻击等难点。药物防伪是区块链医疗领域的另一大应用，如今市面上假药的存在使病人不能及时得到治疗，甚至还引起了社会的恐慌。将区块链应用于药品生产可以缓解这一情况，封啸等（2019）结合区块链领域的超级账本架构（Hyperledger Fabric）框架构建一种药品溯源系统，药品供应链上的特定相关方可通过系统完成药品信息登记，对药品信息进行跟踪，有效避免了传统溯源系统存在的效率低、数据造假等问题。周倩（2018）根据区块链的原理及特点，结合药品供应链现状，使用区块链技术重新构建了一个去中心化的药品供应链结构，形成全程可追溯的新型药品供应链系统，为药品生产企业和药品流通企业决策提供数据支持。

医疗保险是关系到国民生计和国家发展的重大问题，将区块链技术应用于医疗保险可以简化报销流程，同时也能降低骗保风险。现有的赔付流程主要是投保人先支付再核对最后理赔，应用区块链后医院先向保险公司发出投保人保险信息的核对请求，保险公司核对后可立即向投保人支付赔偿（何波等，2018）。针对医疗保险机构，医疗机构以及患者三者之间的信息不对称问题，郭宁（2019）认为可以利用区块链技术建立医疗机构医务人员的征信系统，提高医保不诚信行为的违纪成本。区块链技术在医疗方面的发展发挥着巨大的优越性，广泛应用于医疗行业的更多领域中。例如，赵晓明（2019）提出在“互联网+医疗”迅速发展的时代，在互联网医院运营模式下，区块链技术将在患者远程预约挂号、远程在线问诊、在线诊断处方以及远程会诊等方面发挥作用。马琳等（2019）提出了DNA钱包的概念，利用区块链技术开发DNA信息存储库，对基因和医疗数据进行有效的存储，既保证了私人信息的安全，又提高了研发效率。在重大传染疾病防控方面，希顿（Khatoon A.，2020）发现可以利用区块链技术抑制新型冠状病毒传播，以区块链技术为手段，实现了真实数据的共享，相关信息的跟踪，加快了治疗过程。

2. 政务服务领域

机关公文承载着各级行政部门最重要的信息，确保电子公文的完整性、可用性、真实性、保密性是电子公文系统设计最基本的要求。张宁熙（2019）提出将区块链技术应用于电子公文系统，有助于保障公文在各个业务环节的真实性、完整性、可用性和安全性，在安全方面还具有防篡改、抗抵赖、可追溯以及对各环节经办人的身份认证和操作授权。苏征等（2020）认为基于区块链技术不可破坏数据的特性，各级政务部门可以打造更可靠和安全的政务大数据应用，有效提高政务大数据应用。杨柠聪等（2020）认为区块链技术消除了中介机构的需要，减少了烦琐的手续，降低了任意裁量权行使腐败的风险；使公共事务及国有资产的全过程追踪成为可能，有助于纪委监委、政府审计或执法人员对政府事务进行监督和审查。

区块链技术有助于社会信用体系的构建，毕瑞祥（2016）认为区块链能够将银行征信系统等信用管理系统中包含的个人诚信信息同步公开，在办理借还贷、商业事项等时能进行准确查询。郭俊华（2020）提出，各办事人及法人在区块链构建的政务平台上进行交易活动，相关数据会被实时写入系统中，无法篡改，形成个人及法人相应的“数字资产”。龚炜（2020）认为基于区块链技术对接各个联盟机构黑名单业务系统建立联盟机构黑名单存证平台，将分散在各个征信机构间的黑名单数据整合在一起实现数据共享，建立良性循环实现系统自治。张楠迪扬（2020）提出政府通过建立和部门间共享电子身份，实现对办事人身份的核验，不再需要办事人提供物化身份证明；通过数据追踪实现历史数据的纵向核验。

在纳税管理方面，袁娇等（2018）分析了我国税收管理面临的区块链技术发展冲击。张巍、郭墨（2019）认为获取优质税务信息能力的提升是税收管理迈向现代化的关键，论证了区块链应用于税收管理的可能性和必要性。同时，张炜（2019）研究了应用区块链技术提高我国电子发票管理系统以及纳税遵从，并以此来推动我国纳税信用管理。杨雷鸣等（2019）提出应用区块链技术创新税收管理模式，解决税收欺诈难题，并基于此来提升税收风险管理水平。王刚（2020）认为在涉税领域运用区块链技术有利于简化税收征管流程，并在增强税务机关获取涉税信息能力的同时解决征纳双方信息不对称问题。

3. 教育领域

科学教育作为国民教育体系的重要组成部分，同样有着互联网化和智能化的需求。杨现民等（2017）认为当前教育系统的高度中心化和集权化主要体现在教育体制的中心化上。利用区块链技术开发去中心化教育系统，有助于打破教育权利被学校或政府机构垄断的局面，使教育走向全面开放，形成全民参与、协同建设的一体化教育系统。许涛等（2017）认为对那些因工作或其他原因而无法完成传统学校教育的个人学习者来说，通过区块链技术平台，可以把从不同教育机构修来的学分或学习结果绑定、组合在一起，申请认可此学习模式的教育机构的认证，而获得相应毕业或学位证书。李青等（2017）指出区块链技术在教育领域可以用作分布式学习记录与存储，允许任何教育机构和学习组织跨系统和跨平台地记录学习行为和学习结果，并永久保存在云服务器，形成个体学信大数据。近年来，开放教育资源（Open Educational Resources，OER）蓬勃发展，为全世界的教育者和受教育者提供了大量免费、开放的数字资源，但同时也面临版权保护弱（余平等，2009）、运营成本高（李莹等，2014）、资源共享难（韩锡斌等，2012）、资源质量低（保罗·川内等，2013）等诸多现实难题。杨现民等（2017）认为，区块链技术有望成为解决上述难题的“利器”，推动 OER 向更高层次发展。应用区块链技术可以加强资源版权保护、降低 OER 运营成本、促进资源共享、提高资源质量。

区块链与在线社区的结合，也是区块链技术在教育领域很有前景的应用方向。杨现民等（2017）认为，区块链技术可以优化和重塑网络学习社区生态，实现社区的真正“自组织”运行，其应用主要体现为三个方面：①使用虚拟币提高社区成员参与度，形成社区智慧流转体系；②保护社区成员智力成果，生成观点进化网络；③净化社区生态环境，实现社区成员信誉度认证。此外，区块链技术能有效解决学生信息隐私保护问题。教育大数据涉及庞大规模的学习者与教育者群体（沈忠华，2017），这些人群中包含众多未成年学生，对于他们的隐私信息保护至关重要。而区块链技术的应用，对广大学生的隐私信息保护方面具有很强的针对性。将来学生、教师等都可以设置私密信息，给私密性信息的使用添加“一把锁”，即未经授权无法窥探其隐私数据，这无疑会促进在线/远程教育的健康发展。

4. 物流领域

在疫情的大背景下，以医疗物资运输为代表的应急物流吸引着全社会的关注，李旭东等（2020）提出应用区块链设计理念及其先进技术，完善突发公共卫生事件下的应急物流，实现物流各环作业高效协同，高效匹配物资供给与需求，实现应急物资精准溯源，做到关键时刻所需物资调得出、用得上，实现应急物流高效节约、物资保障有序有力。区块链技术的应用还能利用非对称加密技术满足建立 P2P 的强信任关系的追求，秦明（2019）认为，区块链技术的分布式记账特征能有效解决供应链各主体间的信息不对称问题，推动供应链物流中的公正、公开、透明交易。区块链技术除了利用分布式记账技术来保障交易公正透明以外，王微等（2018）提出区块链的时间戳功能和可溯源性技术可以对产品生产的全过程进行溯源，可有效解决产品的溯源防伪问题。将供应链上的每一环节都写入区块链，零售商进货以及客户购买时就可以追踪到产品的流通情况，包括原材料、加工、批发、零售、消费等，而且将产品的来源信息、工厂数据、保质期、存储温度、运输等信息都存储于区块链，可以有效防止和发现诈骗及错误，实现高效、安全、可靠、互认的传输。

在物流效率方面，王微等（2018）还认为区块链技术可编程的智能合约可以实现合约的自动填写并自动执行，无须人工介入，因此，区块链技术可以实现交付款合约在订单或交易完成后自动执行，避免了客户由于各种原因拖欠付款的可能。基于此原理，供应链物流的一系列需要合约保障的环节都可以用到智能合约，在最终端的客户收货行为产生的同时，供货商和中间商都可以同步获得交易信息，并实现相关合同的自动填写，比如退换货智能合约、折扣积分智能合约、保险智能合约、税收智能合约、商品质检智能合约等。由此供应链上的所有主体都能同步获得信息，从而可以及时地进行相应的处理应对并进行下一步的活动，大量节省了时间成本和管理成本，提高物流效率。

5. 通信领域

随着区块链技术的逐渐成熟，基于区块链技术的通信应用也变得越来越广泛，区块链即时通信技术也是未来发展的一个热点，日本的莱恩公司（LINE）、韩国的卡卡公司（Kakao）以及美国的脸书（Facebook）均已加入到区块链技术和产品的研发中，并希望通过区块链技术和即时通信技术的深度融合，建立新型社交平台，解决现有社交平台信息安全性不足、陌生人社交时间成本高等问题（吴龙等，2020）。5G 与区块链都是今年热议的话题，而陈晓华（2020）认为，5G 与区块链拥有各自的优势和劣势，两者相互融合有利于促进社会数字化经济的安全、健康发展：5G 网络可以大幅度提高区块链网络的性能和稳定性，加快区块链系统中的转账交易速度，提升区块链中各类分散式应用程序的稳定性。除了目前正在建设的 5G，未来更进一步的通信行业也需要区块链技术的加持，刘秋妍等（2020）认为未来 6G 移动通信网络更高的工作频段也意味着更大的路径损耗、更小的覆盖，因此，基于分布式多方共识和智能合约的区块链技术已经成为保障未来 6G 网络多方共建资源共享的底层技术趋势。但是，当前的区块链技术尚存一定的数据安全问题。王微等（2018）认为基于工作量证明（PoW）共识的区块链是通过分布式节点的强大算力来确保数据的安全性，权益证明（PoS）共识制部分解决了 51% 攻击问题，但产生了区块分叉时的无利害关系（Nothing at Stake，N@S）攻击问题。因此，共识机制的安全性和有效性还需进一步研究和提高。

三、港口物流与互联网供应链金融

（一）港口物流

港口是国家综合运输网络的重要环节和枢纽，在国内和国际贸易中发挥着重要作用。“港口物流”是近些年出现的概念，现有关于港口物流方面的文献，主要从港口物流的概念界定、港口物流发展水平以及港口物流融资三方面进行研究。

近年来，港口物流这一概念是国内外学术研究的热门研究方向，但至今没有国家统一制定出台较为精准的定义，通过查询大量文献发现有以下几种主流概念：汪长江在《港口物流学》一书中定义：港口物流，即以口岸位置为背景，以现代化软硬件设施为优势，强化以港口为中心的周边范围物流活动的辐射能力，尤其强化港口集货、配货和存储等方面能力，在临港产业的强大支撑下，以整合、优化港口资源为目标，逐步形成的具有涵盖物流产业链所有环节特点的港口综合服务体系。而张丽君在《现代港口物流》一书中定义：港口物流，即依托港口经济的发展、贸易的发展和技术的进步逐步形成的以港口为核心的现代物流系统。随着世界经济全球化、贸易自由化和国际运输市场一体化的形成，各港口都处于加速转型阶段，由原先传统单一装卸能力差的港口逐步转向现代化物流服务型港口。

国内学者对于港口物流发展水平的研究方法主要是建立相应的评价指标体系，再选用主成分分析法等方法进行分析。较早许新忠（2010）认为，建立将层次分析法和灰色评价法组成的多层次灰色评价法的模型，根据所做的评价对港口物流的发展做出相应的对策。之后，刘凯（2011）应用将熵值理论与模糊物元理论相结合的模型方法进行实证评价，得到更有利于提高港口物流发展水平的建议和分析。而易文（2012）选用灰色系统理论对武汉新港港口进行分析，为促进各个港区的发展提供理论依据。接着，张倩（2013）应用主成分分析法，选取上海港与国内七个港口做对比分析，得到国内港口物流发展的现状。高玲等（2014）运用FAHP分析法，在建立比较全面的评价指标体系中对厦门港口的物流发展现状有了更全面的了解。李剑等（2016）运用主成分分析法、泰尔指数方法分析得到要促进港口群的协调发展，就要促进港口之间的相互交流，协调相互竞争合作。杨跃辉（2020）通过建立港口物流竞争力综合评价指标体系，采用模糊综合评判—层次分析法（FCE－AHP）对海南港口物流竞争力进行实证研究，提出要构建港口间良好的竞争与合作关系，提升三亚港口物流竞争力。

从产业性质研究角度来看，物流产业属于实体经济的发展范畴，而金融产业是属于虚拟经济的发展范畴，两者之间的有效融合，形成了新经济形势下的“物流金融”产业，该项产业的生成，极大程度上促进了物流行业的发展进步。而“物流金融”这一概念，是2004年由邹小芃与唐元琦提出的，这一概念是目前认可度最高和使用范围最广的一个概念，他们认为物流金融是面向物流业的运营过程中应用各种金融产品以组织和调节货币资金的运动。李碧珍（2005）描述了融通仓的概念和作用，对中小融资企业进行物流融资业务提出了指导，建议我国中小微企业开展融通仓业务。唐少艺（2005）运用物流融资的思想，对物流融资做了更加准确的定义。港口一直以来是各国的经济发展和社会发展的重要基础设施，港口物流是国家现代化运输体系中的重要组成部分。王存宇（2008）通过将国内港口与国际知名大港鹿特丹港、纽约港和新加坡港的港口物流金融服务进行对比，论述了港口金融服务发展的中间模式和自营模式，并进行了可行性分析。之后，戈和静等（2010）从港口投融资金融支持度的影响因素出发，构建了量化指标体系，并基于信息熵和物元可拓模型对港口投融资金融支持度进行了综合评价。陈晓兵和高玉龙（2010）以天津港港口物流为例，总结概括了天津港开展物流金融服务的主要做法，如开展物流金融的前期规划、与商业银行建立战略伙伴关系、完善风险控制体系、宣传推广港口物流金融服务等。颜宏亮和王若萱（2012）在对浙江舟山群岛港口物流发展和金融支持现状了解的基础上，分析了舟山港口物流与金融支持互动的制约因素，并从金融支持重点、服务体系、金融创新、金融生态和金融人才五个方面提出了发展对策。

而辛树人（2012）研究了山东半岛蓝色经济区港口发展现状，并提出了金融支持蓝色经济区港口物流建设的路径选择。随后，陈馨（2013）认为港口物流业的金融支持需求日益扩大，从金融创新、风险保障和增值发展三大平台的角度论述了港口物流支持与港口经济发展的机制。

越来越多的学者聚焦到港口物流企业的融资问题上，徐景慧（2011）提到中国港口企业资金有8%来源于国家或交通部；92%来源于市场，由此说明开展融资的必要性，并进一步对港口企业融资方式进行简要分析，然后提出港口融资风险有国家风险、信用风险、经营风险等。刘东（2014）介绍了港口可采用的各种融资渠道，认为融资租赁是非常适合港口企业的一种直接融资工具，港口融资策略要考虑企业的融资规模、融资结构，要结合港口企业的特点。周一轩等（2016）认为近年港口发展遇到瓶颈期，国内港口企业应该利用政策、税收等有利的外部环境，成立集团内部融资租赁公司，发展融资租赁业务，延长综合物流服务链。最后，王玉珍（2016）认为港口企业采用融资租赁模式购置设备可以有税收优惠，比银行借款购置更有优势。港口企业集团开展融资租赁能整合集团内部资源，促进成员企业快速健康发展。

（二）互联网供应链金融

随着互联网和信息技术的发展与普及，供应链金融逐渐向互联网供应链金融的方向发展。互联网供应链金融是互联网金融和供应链金融结合的产物，它通过互联网平台为供应链中的核心企业及其上下游企业提供整体授信和融资服务。本部分梳理了互联网供应链金融的相关文献，并从互联网对供应链金融的技术支持及概念、互联网供应链金融的模式以及互联网供应链金融的风险等方面进行综述。

国外学者对互联网下的供应链金融研究主要集中在互联网技术的基础支撑上。皮特等（Peter E，et al.，2001）指出，供应链金融要取得进一步发展，重点工作是将信息流、物流以及资金流有机地进行整合，通过将互联网科技结合到金融中，有效发展供应链金融的自动化。阿伯丁（Aberdeen，2008）分析了信息技术对供应链金融发展的作用，由金融机构、核心企业共同搭建信息技术平台可以实现交易信息的供应链管理。

随着互联网经济的发展，互联网供应链金融随之兴起并得以迅速发展，国内学者纷纷对互联网金融进行了探究。谢平等（2012）较早进行供应链金融方面的研究，提出了“互联网金融模式”，并于2014年提出“互联网金融”的概念。袁昌劲（2014）首次提出互联网供应链金融的概念，互联网供应链金融是指兼具电商平台经营者和资金提供者身份的电商或商业银行，在对电子商务平台长期积累的大量信用数据以及借此建立起来的诚信体系进行分析的基础上，运用自偿性贸易融资的信贷方式，引入资金支付工具监管的手段，向在电子商务平台从事交易的中小微企业或小微企业提供封闭的授信支持及其他资金管理、支付结算等综合金融服务的一种全新的金融模式。

关于互联网供应链金融模式的探究，国外学者兰伯特等（Lambert，et al.，2000）认为供应链金融的运行主要由三个部分组成，分别是供应链的组织、运行过程和要素构成。而随着互联网的出现，供应链金融的运行结构发生了较大的改变。波特等（Bode，et al.，2015）发现，平台化的运作模式与供应链金融的网络结构具有高度的关联性，这对于整个供应链进行全方位的管理尤为重要。全方位的管理特点是不再只集中于某一领域，而是将行业内企业、上下游企业以及跨行业的企业结合起来，打造真正的产业生态系统。随着近年来的“互联网+”不断被提出，在互联网平台的参与下，国内供应链金融模式被学者们深入地探索。姜超峰（2015）认为，在互联网环境下的供应链金融已经呈现出线上化的特点，在线供应链金融平台的建设已经成为供应链金融的发展方向。一方面，从事在线融资活动要做好相应的准备，比如商品的监管和仓储系统的运行等；另一方面，在互联网时代，不仅要重视大数据的作用，运用大数据技术对网上数据资源进行有效的整合，使其相互联系，还要建设互联网金融平台，通过在线动态监控风险，为供应链金融提供安全的发展环境。李林凤（2015）指出，互联网技术的出现，大大缓解了网络所有参与者的信息不对称问题，大大降低了信息获取和处理的成本。所以，基于互联网的供应链金融可以解决供应链企业的融资需求或其他金融服务需求。之后，宋华、陈思洁（2016）认为目前的供应链金融是基于互联网和物联网等有关技术手段的应用和相互交融，它与政府、企业和银行建立了一个跨线、跨行业、跨区域的平台建设，打造产业生态圈和金融生态平台。同年，刘达（2016）指出，随着“互联网+”的不断提出，供应链金融模式也需要与时俱进，通过把第三方支付平台与供应链金融相融合，利用两者的结合不仅可以帮助金融机构做出融资决策，还可以为融资方提供额外的信贷。利用P2P模式虽然可以为融资企业直接提供信用服务，确实提高了融资效率，但仍存在风险因素，比如物流风险和仓储监管风险等。

侯志明、任雪迪（2018）指出，在互联网大数据技术、云计算的背景下，互联网供应链金融模式应运而生，结合互联网技术的特点，如何更好地把大数据技术融入供应链融资模式中，已经成为企业未来发展和竞争的关键。此外，利用大数据和云计算的方式不仅可以衡量融资活动中产生的风险，还能更有效地监控资金的流动，使供应链金融模式在互联网的发展下壮大。郑晗、彭磊（2018）指出，在供应链金融模式中注入互联网技术的元素，这两者的有效融合，使供应链金融模式有了更多的创新元素，与传统的融资模式相比有较大的差异，并且供应链金融市场的参与主体正在不断壮大，不再是商业银行一家独大的处境，核心企业、电商平台和供应链管理公司都有可能进入供应链金融市场，不断丰富供应链金融发展模式。随着互联网技术与电子商务的快速发展，电商平台也为中小微企业的融资提供了新的思路和方法。屯扎和朱（Tunca and Zhu，2018）针对中小供货商资金短缺的问题，提出以电商平台作为融资中间人的融资模式，并分析了该模式的有效性。李志鹏等（2019）分析了电商平台在供应链金融中的作用，并详细研究了电商贷款模式、银行贷款模式、统一授信模式下电子订单融资业务的贷款流程。景峻等（2021）提炼了互联网供应链金融活动的两大典型特征，即产业生态平台基础和金融科技赋能，这使得供应链金融的交易成本和风险都大大降低，并带来了零边际成本和规模报酬的递增，有效缓解海量小微客户融资难题。

对比传统的信贷业务，供应链金融降低了上下游交易方的信用风险，但是由于互联网供应链金融产生的时间短、范围广，在蓬勃发展过程中，互联网供应链金融孕育着多重风险。郭菊娥等（2014）通过对线上供应链金融的两种主要模式进行分析后发现，相较于传统的供应链金融，虽然说线上供应链金融在协同运作和服务效率上有极大的改变，但是针对网商的特性和线上化的特点，其风险也发生了许多的变化，从整体来看，银行面临的风险不是减少而是增加。之后，何昇轩、沈颂东（2016）通过对基于 B2B 平台的供应链金融风险的分析，提取出风险的影响因素，构建了由宏观及行业风险、信用风险、质押物风险、供应链关系风险、操作风险和电银关系风险组成的线上供应链金融的风险评价体系，并对线上供应链金融中电银关系风险进行了识别。同年，李佳琪（2016）也对互联网供应链金融进行了分析，将其风险分为外部风险和内部风险两部分，并从外部的宏观经济波动、产业结构调整以及与内部风险有关的单个企业经营状况、供应链整体协调性、人员风险等对风险进行分析，并就风险防范提出对策。樊春明和梅盼盼（2016）研究了互联网供应链金融的发展模式的变化，同时针对互联网供应链金融发展带来的风险管理问题，从操作风险、信用风险等方面进行分析，针对不同风险提出相应的管理对策。胡慧慧、傅为忠（2016）通过运用改进的灰色斜率关联度方法对互联网供应链金融风险进行评价，并依据对“阿里蚂蚁微贷”的风险等级情况，提出相应的风险防范方法。

宋华（2017）认为互联网供应链金融风险管理应先关注金融创新的前提——供应链，并在深度分析行业特点和产业链结构等基础上，提出了符合互联网背景下的 B2C 模式融资需求的线上供应链金融产品，并详细分析了其可能存在的风险。王宝森等（2017）研究视角由财务指标转为非财务指标，运用 Logistic 模型对互联网供应链金融风险进行分析，并以阿里巴巴为例进行实证分析，认为非财务指标在度量互联网供应链金融信用风险中起着很大作用，最后加入盯市机制，加入风险判别器进行风险管理创新。李小金等（2017）将基于 B2B 平台的供应链金融模式分为联合授信、单独授信、委托授信三个发展阶段，对每个阶段的模式以及相对应的国内实践进行研究，并分析了每个模式的风险特征。罗勇、王阳军（2018）运用模糊综合评价法对互联网金融中的操作风险进行了研究，提出了建立监控体系、完善金融平台、线上和线下对接等防范策略。许启发等（2018）认为应该对供应链金融存在的多期价格风险进行有效测度和防范，提出了一个“神经网络回归+广义自回归条件异方差（QRNN + GARCH）”的建模框架用于供应链金融多期价格风险价值（VaR）的风险测度。

（三）港口物流与供应链金融

作为境内外贸易的重要中转站，港口开发建设极大地缩短了各种贸易物流的运输里程和时间，为区域乃至全球经济贸易创造了极为优越的条件，而港口作用的发挥很大程度上依赖于港口物流供应链的健康发展。近些年来国内外的不少学者都对港口物流与供应链金融的有机结合进行了探索。

依据企业供应链科技化的思想，哈利德和理查德（Khalid and Richard，2004）提出可以将港口物流及供应链关系明确，构建一个更加合理有效的港口物流服务系列。戈登（Gorden，2005）认为现代物流不仅要提供以往服务，还应适应综合货物交流服务发展方向，提供一些诸如加工、包装等，进一步组合成企业供应链模式供应，进一步扩展其服务的价值。彭勃（2012）在港口供应链、柔性供应链、港口物流产业集群及园区等基础理论之上，提出了基于产业集群模式的港口物流柔性供应链的概念，并从供应链运作理念、结构以及运行流程三个方面进一步构建了其运作机制。基于虚拟产业集群理论，计春阳、晏雨晴（2018）构建了一个可以实现业务集成与信息共享的供应链平台，它可以提供订单接收、陆路服务、通关服务及海运服务等功能，针对港口物流企业供应链节点成员存在的融资困境，提出了包含代垫（付）服务、保理资产证券化和结构化共享式租赁的港口物流企业互联网供应链金融的创新模式。而李等（Li，et al.，2019）结合自适应决策优化和智能仿生群优化算法，构建了云计算环境下沿海港口智能物流供应链的利益分配模型和自适应规划设计，认为云计算环境下沿海港口智能物流供应链规划的资源消耗小。费（Fei，2019）结合大数据模糊聚类控制和信息融合方法，提出了一种基于大数据的港口物流供应链集成管理模型，认为该模型提高了物联网环境下港口物流供应链的集成管理能力。段等（Duan，et al.，2019）提出了一种基于网格区域重构学习聚类的港口物流服务供应链信息契约协同管理模型，研究表明该模型提高了港口物流服务供应链信息契约的协调管理能力。

四、供应链金融理论、风险及模式

（一）供应链金融的理论研究

供应链金融概念于1916年在《美国仓库储藏法案》（U. S. Warehousing Act）萌芽，起源于仓单质押开始规范化运作，这部法案可以说是早期供应链金融的第一部规范性的法案。现代意义上的供应链金融概念，发端于20世纪80年代，国际大企业为降低成本而采取全球性业务外包，由此衍生出供应链管理的概念。供应链金融是供应链与金融的结合，理论基础涉及运营管理和财务金融学，因此本部分将从供应链视角与融资视角分别对供应链理论进行分析。供应链视角关注供应链金融实现供应链协调的程度以及整个链条运营的优化，而融资视角主要关注供应链各组织通过供应链金融从银行等资金提供方获得信贷的可能性。

1. 供应链视角

从供应链视角出发，埃里克·霍夫曼（Erik Hofmann，2005）认为供应链金融是由外部供应链服务商及内部企业通过计划、监督及指导金融资源而实现企业价值共创的一种过程；而莫里·茨莱昂．戈姆（Moritz Leon Gomm，2010）认为供应链金融是将财务理念融入运营管理，利用最优资本成本率、信息系统与流程标准，优化企业供应链合作过程的现金流及财务结构。

供应链金融基于产业共生理论，供应链企业之间形成了一种不同于纵向一体化下的竞争关系，而是通过共生、互生和互动形成良好信任关系，打造了供应链金融生态圈。张敬峰等（2013）从产业共生的角度探析了供应链金融的意义，并从该模式的发展现状与现存问题出发，以金融生态理论为指导，为其发展提出对策建议。张蕙（2013）基于共生三要素研究了由供应链金融参与主体所构成的共生系统的内在特质，并剖析了该业务对于促进民营经济的重要价值。马娟等（2016）也强调了共生对于供应链金融研究的适用价值，并提出其业务流程中资源整合的重要性，据此论证了价值创造的理论基础。供应链各节点上的企业及银行需要在一定约束条件下做出运营决策，包括生产决策、库存决策、采购决策以及融资决策（鲁其辉等，2014）。例如，白凡（2013）认为分销商在利用库存进行融通仓供应链金融融资时，对于库存的管理应该考虑质押物的数量和类型以及以融资进行的采购，实现总成本最低和利益最大化。晏妮娜、孙宝文（2014）探讨了在有限融资的供应链金融中，供应商的批发价格契约实现系统有效协同的条件，认为供应商主导的批发价格契约能够提高参与主体的预期收益，并且供应链渠道效益也会提高。

2. 融资视角

从金融服务视角出发，供应链金融通常被视作企业的短期融资。格鲁珀（Group，2007）认为供应链金融就是在商品交易的过程中，银行等金融机构为供应链上下游企业注入流动资金的一系列金融解决方案。之后，阿特金森·威廉（Atkinson William，2008）提出，供应链金融通过将供应商、顾客和金融机构联系在一起使供应链的透明程度、交易费用、资金的可得性等都得到优化。而陈（Chen，2011）认为，供应链金融是链接中小微企业与银行的桥梁，通过降低融资过程中的供需错配风险为供应链中的企业提升价值。最后，匡海波（2020）基于供应链金融融资特点，引入供应链运营实况的奖惩机制作为调整因子，为供应链金融模式下商业银行贷款定价提供了新思路。

（二）供应链金融的风险

关于供应链金融的风险研究主要由风险识别、风险度量与预警、风险控制三部分组成。其中概念性研究主要应用于风险识别与风险的防范控制，实证分析与数理方法的运用大多在风险的度量和评价方面，这里从供应链金融风险识别、风险度量与预警及风险控制三个方面梳理国内外研究情况并做出评价。

1. 风险识别研究

风险识别是指在风险未发生前，人们运用各种系统方法以及经验判断，判断分析可能发生的风险类别以及分析风险发生的潜在原因。国外学者对供应链金融的风险识别研究较早，多从企业违约风险视角切入研究。早期，巴斯基等（Barsky，et al.，2005）建立供应链金融融资风险分析概念模型，将融资风险分为融资过程风险、信息技术风险、人力资源风险、环境风险和基本结构风险等五类。而王等（Wang，et al.，2009）在分析了中小微企业的融资状况后，探讨了供应链融资的新模式，分析了供应链金融的风险，并给出了一些风险控制的建议。刘（Liu，2016）在基于供应链金融风险管理与业务背景下，建立对供应链金融业务的风险管理模型，并对相应的风险进行了分类。之后，滕等（Teng，et al.，2016）认为，企业的违约风险不仅存在企业内部，应该从整个供应链的结构来看，将企业组的违约风险与单个企业的违约风险做出比较，为供应链金融风险评价与识别提出了新的方法。而陈等（Chen，et al.，2017）在他的研究中分析了应收账款融资模式，认为供应链金融相对于其他融资模式具有优势，并对供应链金融信用风险进行识别与评价。

国内学者多从商业银行等金融机构和核心企业的角度对供应链金融的风险识别做出研究。郭清马（2010）根据供应链金融参与主体多，契约设计复杂，融资模式灵活等特点，将供应链金融面临的风险分为中小微企业质押物担保风险、物流企业监管风险、核心企业道德风险，以及供应链金融的操作风险。张涛等（2010）从风险角度对供应链金融中的各参与方进行分析，发现银行与中小微企业之间会出现逆向选择，产生道德风险和信用风险；商业银行与第三方物流之间会出现监管方渎职、合谋诈骗等风险；核心企业与中小微企业之间会出现信息不对称风险；银行与核心企业间可能出现贷款坏账风险等。李毅学（2011）将供应链金融面临的风险分为系统风险与非系统风险，其中系统风险包括宏观与行业系统风险与供应链系统风险，非系统风险包括信用风险、操作风险以及担保物变现风险。赵学彬（2013）从质物、环境、客户资信等方面探讨了质押监管业务，发现其主要面临的风险有合同管理风险、项目选择风险和项目管理风险，并分析了这些风险产生的原因。王晓东（2014）对农业供应链金融的类型、流程和功能采用规范的分析法分析，发现核心企业的信用风险、市场风险以及自然环境风险对农业造成的压力较大。冯晓玮等（2016）从初始授信、合作放款和贷后回款三大运营阶段以及线下、线上两大操作过程的角度，总结了传统供应链融资方式中相关信用风险和操作风险，同时根据感知层、网络层和应用层确定物联网下的新生风险。夏同水（2016）以探讨供应链金融演变进程为基础，从营运管理等四个角度整理了供应链金融及风险管理等领域的研究，认为供应链金融在短期内会呈现一种平衡的收支方式，但长期存在大量风险诱发因素可能导致风险更高。王一鸣等（2017）指出，商业银行供应链金融具有宏观系统性与行业风险、信用风险、交易对手信用风险，重点对交易对手风险进行介绍，对其成因模式分析，并从商业银行的角度提出了如何应对交易对手信用风险的建议。宋华等（2018）从结构、要素、流程的角度重新解读供应链金融的内涵与风险管理，将供应链金融风险分为供应链企业风险、外部环境风险、供应链网络风险，并对其来源进行分析提出相应的应对办法。齐韬（2020）通过资本资产定价模型来揭示供应链金融的风险收益本质，认为供应链金融和其他相似类别有着明显的分别，真正的供应链金融产品与其他类似品类在证券市场线上占据着不同的定位。

总之，国内现有的相关研究已较为全面地识别了供应链金融风险、原因及对策，但随着“混业经营、混业监管”的不断深入以及保险、信贷、基金公司等服务产品的进入，供应链金融功能边界也在逐步拓宽，风险产生逻辑、场景、时间、主体、模式等均会随之发生变化，需要更精准、更科学、更动态、更闭环地认识供应链金融风险。

2. 风险度量与预警

对供应链金融的风险度量，国内外学者大多数从金融机构或企业的财务、非财务因素中提取风险指标进而构建风险模型，定性、定量地度量风险的大小，以期对供应链金融中的参与主体在决策时提供一些参考。

许多学者将博弈论的研究方法与供应链金融结合起来进行研究。王琪（2010）结合供应链金融融资模式的特征，建立了基于决策树的信用风险评估模型，运用决策树来发现供应链金融中小微企业信用状态与某些属性之间的联系，进而通过观察中小微企业这些属性的具体表现值来预测其信用情况，可以为商业银行信用风险控制提供一定借鉴作用。严广乐（2011）通过博弈论分析供应链金融风险，研究有无第三方物流公司监管两种融资模式，认为引入第三方物流企业监管，对供应链金融中的中小微企业、银行，以及物流企业都会起到积极的作用。柴正猛等（2018）运用演化博弈，分析了仓单质押融资模式下物流企业与银行，以及中小微企业的关系，认为通过改变系统的初始情况，以及外部条件，能够减小中小微企业违约概率，并且使市场趋于良性发展。

在指标评估体系的构建中，一般采用信用风险层次分析法，基于层次体系的风险指标与风险预警模型的代表文献如表 1 - 9 所示。闫俊宏（2007）用多层次灰色综合评价法进行风险评价并构建中小微企业信用风险评价指标体系，提出了用利差期权的方法转移和管理信用风险的办法。熊熊等（2009）建立的信用风险评价模型主要使用了主成分分析法和 Logistic 回归方法，提出加强对客户基础数据库的使用来实现风险管控。逻辑回归方法在一定程度上能克服专家评价过于主观的问题，但要求样本量大，预测精度不高。李毅学（2011）将供应链金融风险分为系统和非系统两大类，又将系统风险细化为宏观与行业系统风险和供应链系统风险，非系统风险则包括信用风险、存货变现风险和操作风险。夏立明等（2011）站在金融机构的角度，基于供应链金融，建立了中小微企业信用风险评价指标体系，研究指出，金融机构应该加强主动控制，加强对中小微企业贸易项目的评估，这样既能够降低信用风险，又能够加强金融机构的业务能力。胡海清等（2012）运用支持向量机（SVM）的方法对中小微企业信用风险进行评估。支持向量机适用于解决小样本、非线性和高维模式识别问题，它是以固定经验风险后将置信风险最小化为基本策略，所以也适用于对供应链金融模式下中小微企业的信用风险的评估。白世贞等（2013）运用 Matlab 的 BP 神经网络工具构建了风险评估模型，收集了 10 组供应链金融风险评估样本，对评估样本进行训练和检验，通过建立起供应链金融风险评估模型证明了该模型的有效性。陈长彬等（2013）对影响供应链金融信用风险的各种因素进行了分析，构建了风险评价体系，运用模糊综合评价法，结合定性指标和定量指标对供应链的信用风险体系进行了评价。何昇轩等（2016）通过对线上供应链金融风险的分析，构建线上供应链金融的风险评估体系，通过层次分析法与模糊综合评价法的结合对线上供应链金融进行风险评估。刘园等（2016）采用模糊综合评价法从行业现状、中小微企业综合实力、供应链运营水平以及核心企业资质 4 个层面分析中小微企业供应链融资的风险性。胡慧慧等（2016）扩展了供应链金融风险评价指标，充分考虑网络平台安全风险、网上操作风险，构建了适用于互联网供应链金融的风险评价体系。王宝森等（2017）将互联网企业的基本情况、交易状况和服务质量也纳入了供应链金融信用风险评价体系中。郑昱等（2020）提出了一种更为完善的风险评价指标体系，并运用因子分析和 Logistic 模型进行实证研究发现，在多维度采集中小微企业数据的基础上，关注供应链稳定程度及核心企业特点。综上所述，供应链金融风险量化管理的研究焦点大多集中在信用风险和质押率的评估方面，但目前用来进行风险评价的利率、期限和贷款质押率等重要指标大多还是靠经验来确定，此外，学者们在度量风险时一般是利用相关的模型对企业的财务数据和市场数据进行分析，但模型化的方法并不能精准度量其中的风险，同时在数据的获取上存在大部分中小微企业的信息得不到准确评估与有效归集的问题，因此一定程度上影响了风险评价与度量的精确性，很难进行有效的风险预警（见表 1－9）。

表 1－9　　供应链金融评估及风险预警模型文献归纳

年份	学者	一级指标体系	风险预警模型
2007	闫俊宏	行业因素；中小微企业综合实力；供应链运营状况	多层次灰色综合评价法
2009	熊熊等	申请人资质；交易对手资质；融资项下资产情况；供应链运营状况	以 Logistic 回归方法建立预警模型
2011	李毅学	宏观与行业系统风险；供应链系统风险；担保存货变现风险；信用风险；操作风险	基于德尔菲专家打分确定风险指标权重
2011	夏立明等	融资企业自身状况；核心企业状况；融资项；贸易供应链；宏观环境	
2012	胡海青等	行业状况；融资企业自身状况；核心企业资信状况；供应链关系状况	支持向量机（SVM）模型、BP 神经网络模型
2013	白世贞等	行业环境；企业信用；融资项下资产；供应链运作	BP 神经网络模型
2013	陈长彬等	道德因素；能力因素；资本因素	多级模糊综合评价模型

续表

年份	学者	一级指标体系	风险预警模型
2016	何昇轩等	宏观及行业风险；信用风险；供应链关系风险；质押物风险；操作风险；银行与B2B电子商务平台之间的关系风险	模糊综合评价模型
2016	刘园等	行业现状；中小微企业综合实力；供应链运营水平；核心企业综合实力	模糊综合评价法
2016	胡慧慧等	网络平台安全风险；网上操作风险；融资企业所处供应链运营状况；融资企业所处供应链核心企业发展状况；融资企业资质；融资项下资产状况	灰色斜率关联度改进模型
2017	王宝森等	企业基本情况；互联网交易状况；互联网服务质量；供应链行业状况	逻辑回归模型和盯市制度
2020	郑昱等	申请人资质；融资项下资产情况；交易对手资质；供应链稳定情况	因子分析和Logistic模型

3. 风险控制

风险控制是通过事先制定预防措施回避风险、利用各类金融产品或组合减少风险造成的损失，或通过合作方式引入第三方企业将部分业务外包来转移部分风险等。对于供应链金融的风险控制研究，主要是针对核心企业与商业银行在进行担保和信贷时如何规避和减小风险来进行研究。

国外学者西尔韦斯特罗等（Silvestro, et al., 2014）通过建立实体供应链与供应链金融相结合的模型分析得出，两者的结合是供应链金融风险管理的重要途径之一，通过供应链整合能够减少信息不对称，实现信息可视化，对供应链金融各参与方都是有利的。森（Sum K., 2016）的研究指出，风险价值对冲与商业银行缺少风险模型是导致供应链金融风险的重要原因，提出提升定量分析系统性风险是重要的解决办法。宋等（Song, et al., 2018）认为，供应链金融能够利用应收账款转移、闭环业务、关系嵌入，以及结果控制和行为控制相结合，减少信息不对称。与以商业银行为主的供应链金融工具相比，金融服务提供商在供应链中采用供应链金融服务能够更好地减少信息不对称，减少违约风险。阿里等（Ali Z., et al., 2019）认为，随着全球化的发展，中小微企业经营日趋复杂，其对无风险融资解决方案的需求日益增加，以支持中小微企业的日常运作，采用交易成本方法研究了无风险融资解决方案，认为供应链融资对中小微企业融资有着显著积极的影响，能够提高供应链的有效性。

目前我国已有较为稳健的风控和监管体系，从理论研究角度看，杨旻忠（2007）提出识别、度量、控制和处理的风险管理四步骤，及风险回避和风险转移等五种风险管理主要形式。弯红地（2008）认为需要银行与核心企业建立新型合作的关系来减小风险规避机制失灵发生的可能性。李毅学（2010）从产业升级的角度考虑，认为中国的风险管理尤其是金融风险管理需要根据出现的新特征来制定中国式的风险管理战略以应对新的挑战。其中部分学者在协调控制和降低供应链金融风险的主体上主要侧重于分析商业银行以及第三方物流企业。张文春（2010）提出银行可以通过与第三方物流企业合作以降低和转移银行的贷款风险。康雅彬等（2011）提出商业银行进行风险控制的两个重要手段是现金流控制和结构性授信安排。张涛等（2012）认为商业银行应当在巴塞尔协议Ⅲ的指导下对于每个阶段有侧重地进行风险防控。在理论完善的基础上，学者们通过与实际案例的结合从不同角度对风险的控制措施进行了探讨。牛晓健等（2012）基于信用计量（Credit Metrics）模型，设计了供应链融资风险管理模型，认为银行应对风险一般应采用评估潜在风险和转移风险两种方法。随着供应链金融的发展，学者将更多的理论与供应链金融结合起来进行研究，以期对供应链金融的风险评估有更好的认识。张伟斌（2012）将现金流敏感性模型用于供应链金融对中小微企业融资研究中，发现两者之间存在着积极关系，即供应链金融能够缓解中小微企业融资压力。郑颖等（2013）基于对木材加工业的问卷调查，在分析其供应链中上下游企业质押物选择的风险后，得出木材加工业可选择大部分存货作为质押物，由此可降低供应链金融的风险。苏应生（2013）从金融信贷产品设计的角度提出应研究的是如何进行有效的合约设计、制度设计及全面的风险设计。从现有文献来看，目前国内学者针对供应链金融风险控制的研究主要集中在控制措施上，但未能详尽分析供应链金融参与各方协调运作下降低和控制风险的具体方法。刘文丽等（2017）针对第三方平台银行供应链金融操作系统的复杂与不确定性，将盲数理论引入供应链金融风险评价体系，对操作风险进行评估，较好地解决了部分定性指标难以量化的问题，对风险评估提供了新思路。张浩等（2017）将生命周期理论引入供应链金融研究，运用马尔可夫模型推算各个阶段的资金的转移概率，推算出融资的客户总阶段的全部投资收益，为金融机构权衡贷款融资提供了风险可控化的方法。

4. 供应链金融的模式

关于供应链金融业务模式的研究文献主要考察了参与主体以及既定的方式所开展的具体的供应链金融业务，主要从参与主体以及融资方式两个视角探究。

（1）基于参与主体视角。

从参与主体的视角划分，供应链金融的模式可以分为商业银行主导的供应链金融模式、中小微企业直接参与的供应链金融模式、电商主导的供应链金融模式以及第三方物流企业主导的供应链金融模式。

何雨璇（2010）分析了物流企业供应链金融模式运行特点，制定出第三方物流企业作为供应链金融提供商应具备的条件，并分析了第四方物流企业开展供应链金融业务的途径和可能采取的模式。严广乐（2011）通过分析供应链主体银行、企业和第三方物流公司之间的关系，运用信息经济学和博弈论的理论和方法搭建出三者之间的多主体博弈模型，提出引入第三方物流企业参与供应链金融可促进多方主体的共赢局面出现。郭占琴（2012）认为只有银企双方共同努力，创新性开发出适应商业银行风险控制手段的投融资模式，才能既可以实现商业银行信贷营销渠道扩张，又能有效解决小微企业融资难问题。陈晓雷（2013）认为供应链金融融资模式可以采取多种主体主导，并分别对商业银行、物流企业、销售商、制造商等不同主体主导的供应链融资模式进行了分析。鞠晓玲等（2014）借鉴阿里供应链金融模式创新经验，指出互联网背景下商业银行要利用企业账户大数据建立信用评价体系，加强和核心企业合作以整合线上线下资源，以及加强同电商平台合作来完善供应链金融。马娟（2015）通过分析美国 UPS 公司的实践经验，搭建出由第三方物流企业依托商业银行的供应链金融运作模式框架，并对主体之间的协调过程与存在问题提出相应的对策建议。凌端平（2015）以平安银行采购自由贷为例，对商业银行线上供应链金融业务模式的特点和特征展开分析，指出了其授信融资方案取得的成效和存在的不足。杨斌等（2016）提出了一种“供应商回购”的新型供应链金融模式，并发现该模式能够解决信息不对称、风险分担和提升流动性溢价等，可以极大地提升供应商的销售规模和供应链的整体效率。王增业等（2020）指出了商业银行主导与核心企业主导的供应链金融的缺陷，并说明财务公司是最适宜开展供应链金融的，因为其发挥着企业集团资金归集、结算、监控和金融服务“四大平台”功能。

（2）基于融资方式视角。

基于融资方式，供应链金融的三种典型的模式为应收账款融资模式、预付账款融资模式以及存货质押融资模式。应收账款融资模式是卖方企业为获得流动资金，以买卖双方签订的贸易合同产生的应收账款为基础，以应收账款作为还款来源的融资业务。鲁其辉（2012）研究了包含和不包含融资情况下相关企业的决策问题，得到供应链中各参与方在各阶段的期望收益。曹文彬等（2013）引进“违约罚数”运用博弈论的方法，求解传统应收账款融资和供应链金融应收账款融资的纳什均衡，通过比较得出供应链金融应收账款融资可以达到帕累托有效率的均衡，同时可以降低企业融资成本、提高放贷率。郑忠良等（2014）从应收账款融资业务的信用风险规避出发，构建了“银行—企业”两方博弈模型，重点研究了银行对融资业务开展的检查率和惩戒设置问题。江伟等（2016）以 2007 年我国《物权法》实施为切入点，从应收账款质押融资的角度研究了我国上市公司的供应链金融。

对于预付账款融资模式，巴茨（Basu，2012）指出该模式能够有效解决物流的滞后性，并建立随机动态规划模型对该模式的融资价值和可行性进行研究分析。白世贞等（2013）指出预付账款融资业务以核心企业承诺回购为前提，以核心企业的既定仓单为质押物，由银行控制提货权，下游销售商可获得分批付款、分批提货的权力。肖迪等（2014）指出预付账款中，核心企业为融资中小微企业提供担保，银行等金融机构、购销双方、物流企业签订四方协议约定相关事宜，且银行在购货方支付足额货款前拥有货物所有权。华瑶等（2015）进一步指出该模式中买方需按比例向银行缴纳保证金以取得银行授信，银行则向卖方预先支付全部货款，卖方向银行出具全额提单作为授信抵押物。蕾奥拉、卡帕尔（Leora Kapper，2005）分析了供应链中的中小微企业运用存货融资模式的机理和功能。黄彦菁（2014）指出该模式是在核心企业担保及第三方物流公司（3PL）的监管下，银行等金融机构对中小微企业发放贷款并接受其存货质押的一种信贷业务。姚良（2015）指出存货质押融资是以融资企业的库存原材料或产成品作为质押物，通过生产销售或质押产品销售实现分阶段还款，3PL 提供质押物品的监控保管、价值评估、信用担保等服务。辛玉红等（2015）研究供应链金融中存货质押融资模式下回购契约的设计问题，通过对契约合同中变量范围的控制实现供应链的协调。

五、区块链技术赋能与供应链金融

科技与产业链的改革形成了强有力的一股浪潮，随着区块链技术的进一步发展，区块链技术和供应链金融模式联系在一起是必然的。周立群等（2016）认为区块链技术所拥有去中心化、开放性、可追溯、防篡改、真实验证等特性，可帮助银行突破供应链金融业务的瓶颈，实现供应链金融业务的推广。赵凌（2018）从区块链技术的特征出发，针对传统供应链金融业务模式的信息不对称、业务范围有限以及操作风险突出等问题，构建了基于区块链技术的供应链金融业务发展模式。龚强等（2021）系统地考察了区块链技术赋能供应链金融创新的内在机制，研究发现随着供应链上的上链企业数量逐渐增多，且上链信息质量得到有效保证时，银行更适合利用区块链技术并基于供应链上关联企业的信息交叉验证来防范融资企业风险。薛洋（2021）认为区块链重塑供应链金融模式，在区块链技术加持下，商业银行供应链金融实现突破性发展，产品体系实现迭代升级，融资模式得以创新，服务范围不断扩大，现已延伸至供应链长尾端。

（一）区块链技术赋能供应链金融实时监管

针对金融机构难以动态掌握中小微企业的资金流转问题，现有文献显示，区块链技术可以促进核心企业信用传递（张路，2019；朱兴雄等，

2018)，实现资金动态实时监控（朱兴雄等，2018；宋华，2016），从而使金融机构及时获悉中小微企业的融资需要，解决融资难问题。张路（2019）认为基于区块链技术，可以将一级供应商的应收账款进行登记和确权，进行拆分后作为支付凭证，使用资产证券化等解决方式，将核心企业的信用传递到一层层的全链供应商。朱兴雄等（2018）认为利用区块链的多方签名和智能合约技术，可加强资金流向管控和回款控制，加强资金流管理。梁洪和张晓玫（2020）基于信号博弈模型发现，区块链技术与银行业融合后，增强了供应链金融的监管力度，增大了中小微企业篡改或伪造信息的成本，借贷市场将从传统的混同均衡转向分离均衡，使得不同风险类型的中小微企业均能获得融资。王鑫（2020）认为区块链技术对于多层供应链金融场景下核心企业信用无损传递具有独特技术优势，有助于提高供应链信息透明度、保证价值转移和信用多层穿透、实现风险完整监控和穿透式监管。

（二）区块链技术提高供应链金融管理效率

传统供应链金融存在的信息不对称问题，中小微企业在申请授信的过程中总是伴随着冗长的授信环节和小额授信额度，区块链技术把供应链环节进行串联，保障各个环节信息的可追溯（宋华，2016）。张锐（2016）研究了跨境支付领域，他认为区块链可省去第三方金融机构的中间环节，让双方跨境支付结算交易通过点到点的方式快速、自由地完成，此外基于区块链安全、透明、低风险的特性，还可以提高跨境汇款的安全性，并加快结算与清算速度，大大提高资金利用率。针对互联网供应链金融的管理效率，现有文献显示，区块链的智能合约技术可以提升管理效率。奥姆兰等（Omran，et al.，2017）从供应链金融反向保理和动态贴现这两项具体的业务论述了区块链技术如何增强供应链金融的透明度、自动化和信任水平，从而改善传统供应链金融工具的低效率问题。温远征（2017）基于区块链技术，分析认为区块链可以提升银行的贷后管理效率，提高核心企业的科技整合能力。周驰锴（2018）把区块链手段融合至项目供应链金融模式里，以此让项目供应链里的全部信息能够更加有效地传递，进而增强了全部行业运行过程中的有效性，打造了完全不同于以往的“区块链 +”的供应链金融模式。林楠（2019）认为智能合约作为一套以数字形式定义的承诺，达成条件时自动执行，免去复杂的人工操作流程，提高管理效率，降低管理成本。刘军（2020）提出在供应链金融中通过区块链技术可以解决供应链中处于弱势的中小微企业解决融资难的问题，进而稳定核心企业的供销渠道，提升核心企业的市场反应能力和市场竞争力，促进并提高整个供应链链条中资金的利用与统筹效率，进而为推动经济高质量发展提供支撑。

（三）区块链技术加强供应链金融风险控制

针对互联网供应链金融的风险控制，现有文献显示，区块链技术可以改善信用风险和操作风险。吴睿等（2019）认为供应链上的各方参与者可以通过区块链技术分布式记账，各方均确认交易信息的有效性后共享信息，彻底解决各个环节信息孤岛的问题，构建全新可靠的供应链信用体系，降低供应链金融服务中的信用风险。郑君宇（2019）进一步指出，区块链技术不仅可以降低信用风险，还可以通过使用信息对等账簿降低操作风险。蔡恒进等（2019）认为随着供应链的非结构化或半结构化的数据占比越来越大，传统的 ERP 系统已不适用，导致金融机构无法借此了解中小微企业的信用情况。大数据及数据分析技术擅于处理这些数据，从而为双方建立信息桥梁，降低信用风险。由此可以看出，同时应用大数据技术和区块链技术，将有利于消除双方的信息不对称，降低信用风险。许荻迪（2019）认为区块链在推动供应链金融市场快速发展的同时，还将不断强化对底层资产的穿透式监管，这有助于准确进行资产评级，促进供应链金融 ABS 产品的发行。姜浩等（2019）认为互联网、大数据、区块链、物联网等新技术与供应链金融模式的深度融合，弥补传统供应链金融模式的缺陷，提升小微企业融资方面的适用性。张路（2019）认为区块链以其共识和不可篡改的优势解决了多点之间相互信任以及利益分配的问题，对于中小微企业信用自证和融资问题具有先天优势。唐政（2019）提出了“区块链 +”仓单质押的新型供应链金融模式，研究证明了该模式能够在一定程度上降低原本模式的风险，尤其是重复质押风险，说明该模式具备现实意义和可行性。付玮琼（2020）认为在核心企业主导的供应链金融模式中，核心企业的主导作用会产生依赖性垄断，推动风险的发生，导致中小微企业融资中屡屡出现欺诈和套取现金等不良行为。引入区块链技术的分布式存储、时间戳及智能合约功能实现与供应链金融的融合，达到“去核心化”的目的，从根本上杜绝风险的产生。陈雪芬（2021）提出在供应链金融的风险控制领域引入区块链技术，可利用其特质有效建立互信机制，防控供应链金融的信用风险、操作风险和供应链关联度风险。

（四）区块链技术助力供应链金融成本管理

霍夫曼等（Hofmann，et al.，2017）认为区块链可以为参与供应链金融交易的各方带来实质性好处，并加快业务流程，降低融资项目的总成本。朱兴雄等（2018）分析了区块链对供应链金融的影响，支持区块链能够增强供应链的信用度、降低信贷成本，打通供应链沟通渠道。龙云安等开创性地将基于区块链技术的供应链金融平台分为授信管理、权限管理、溯源追踪和合约管理四个模块，并对其进行优化，保障了交易数据的共享性和真实性，同时认为这有助于化解信息不对称问题，能降低信贷成本。张路（2019）进一步指出智能合约不仅能快速完成清算，还可以防止人为的错误和作假现象。由此可知，智能合约技术智能化执行合约，省去管理成本的同时提高管理效率，降低了中小微企业的贷款成本。霍德等（Chod，et al.，2020）论证了区块链技术能够增强供应链上存货、物流、资金流等信息核验的真实性和透明性，向投资者传递有关公司运营能力的信号，进而帮助优质企业以较低的信号成本获得融资优惠。杜（Du，2020）认为传统供应链金融中欺诈十分严重，利用区块链技术对供应链金融进行全过程管理构建了新型供应链平台，他发现该平台解决了供应链参与者之间的不信任问题，提高了资金流和信息流的效率，降低了成本，为供应链相关方提供了更好的金融服务。

六、区块链技术赋能研究方法综述

（一）案例分析法

符沥元（2018）选取了百度长安新生区块链资产证券化项目为研究

案例，以互联网公司百度对资产证券化业务的应用为切入点进行了研究，可对商业银行发展贸易金融业务运用区块链技术提供有益的借鉴。巩长青（2018）以比亚迪公司、苏宁集团、民生银行等企业端和银行端的主体为例，深入阐释供应链金融与区块链技术融合发展的具体情况。涂馨仪（2019）采用案例研究法贯穿全文，并利用关键事件轨迹研究法与企业战略分析—分层次分析（SWOT－AHP）研究法进行具体的案例分析，既从微观主体角度定位 Z 银行区块链应用未来参考战略，又对 Z 银行区块链落地影响因素权重量化。李等（Jian Li，et al.，2020）提出了三种供应链金融模型在区块链技术驱动的供应链金融平台上的运行过程，并以诺亚控股有限公司在中国的"黑天鹅事件"为案例，验证了区块链技术对应收账款融资的有效性。刘军（2020）分析了区块链技术在供应链金融中的应用机理，设立了区块链＋基于物联网的智能保兑仓融资模式案例，在通过物联网技术解决原始上链数据的可靠性的基础之上，以区块链技术解决核心企业的信用传导渠道问题。张红艳（2021）探索了区块链技术突破供应链金融壁垒的途径，并以平安银行为例加以说明，平安壹企链平台在智能合约的基础上打造了智能交易系统，通过区块链技术高效连接各方，验证交易信息，确保资金闭环、三流合一。

（二）文献分析法

巩长青（2018）对供应链金融、区块链技术以及两者未来的发展方向进行全面的分析整理，认为区块链技术出现以后，理论界和金融界很快认识到了区块链技术的分布式记账和不可更改性可以大大提高供应链金融的安全。林威廉等（Lin William，et al.，2019）认为关于区块链技术的文献基本源于计算机科学家，并将区块链与经济相关研究划分为两个领域：①区块链产生和维持去中心化共识的机制，②区块链提供的功能对现实世界的影响。李等（Li，et al.，2020）从区块链技术以及区块链在供应链金融方面的应用对相关文献做了研究，他认为尽管已经有人提出了区块链技术和供应链金融的结合，但这些研究只是从理论上分析了两者之间的耦合。张峰等（2019）系统梳理了国内外的研究文献，试图发现区块链从本质到其运行机制的理论演变过程，并把区块链在金融领域的应用研究归纳为两个方面：一是区块链的去中介化特性，其可以实现无第三方中介的点对点交易，从而大大降低了交易的成本；二是区块链数据的不可篡改性，以及智能合约的应用，增加了数据的保真性，降低了信用违约的风险。胡东滨等（2021）以国内外文献数据为来源，结合描述统计、合作分析、共现网络分析、聚类分析等路径，探索国内外研究现状和研究热点，挖掘未来研究走向和演化趋势。张长鲁等（2021）采用系统聚类方法对915篇精选文献进行聚类，形成21类研究主题，并对文献进行时间序列分析，构造区块链研究四象限矩阵，并将21类主题划分为初始探索主题、当前热点主题、未来趋势主题和成熟稳定主题。

（三）比较分析法

符沥元（2018）通过将传统的信用证业务、票据业务、跨境支付结算、供应链金融业务与区块链技术下的该业务进行对比分析，研究了区块链技术在我国商业银行贸易金融业务领域的发展现状。

（四）实证研究法

唐政（2019）从区块链技术赋能导致的风险改变入手，使用基于风险修正因子的 Shapley 值法改进模型，利用模糊综合评价法得出植入前后的风险修正因子，用算例的形式直观呈现其变化，研究表明“区块链+”仓单质押的新型供应链金融模式能够在一定程度上降低仓单质押业务中各节点风险。卢瑶瑶（2019）分析了区块链给物流金融业务带来的变化，以层次分析法确定业务模式中相关指标的权重，然后使用系统动力学因果关系图与传统物流金融内部运行图进行比较分析，进而找到区块链与物流金融的衔接关系。陈倩（2021）认为要积极引用大区块链等金融科技手段来提升供应链金融的风险管理能力，并运用 Logistic 回归方法构建中小微企业信用评估模型，对供应链金融风控体系建设进行实证研究。

（五）博弈论方法

张路等（2019）建立了供应链金融服务模式的博弈模型，以核心企业与中小微企业作为博弈的双方，通过分析可知中小微企业守信且核心企业还款策略的选择取决于应收账款额、违约惩罚 M/N 以及供应链收益三方面。邓爱民等（2019）同样也利用了博弈论思想，从区块链技术层面出发，对供应链“智能保理”业务模式的关键技术实现部分进行了博弈建模分析，研究表明理性节点将总是选择遵循协议，从技术角度出发论证了区块链技术对于业务流程客体的重要作用，它能保证与智能合约接洽的业务流程自动执行，从而提高交易处理效率；从供应链业务角度出发，对考虑区块链影响的供应链保理融资过程进行三方博弈分析，实现三方博弈的均衡解，进而推动业务的良性循环运作。林威廉等（Lin William, et al., 2019）的研究基于重复博弈、纳什均衡、伯特兰德模型等理论依据，运用大量数学公式，通过假设场景建立模型，对比了区块链竞争和组织竞争之间的差异，得出运用区块链技术最终可能导致社会福利和消费盈余变化的不同结果。唐丹等（2019）构建了区块链债转平台，运用报童模型从供应链各主体效益差异角度对比分析区块链债转平台模式与传统供应链融资模式，讨论区块链债转平台模式在降低成本、提高收益、促进周转等方面的优势，并结合算例分析，进一步论证区块链债转平台的优势。杜等（Du, 2020）利用了帕耶（Paillier）算法重点研究了隐私保护问题，提出了一种适用于供应链融资场景的区块链上实验可行的同态加密方案。龚强（2021）运用贝叶斯博弈方法，系统分析了数字供应链金融的经济运行原理，并从贷款企业的策略性信息操纵动机、贷款企业与银行实现互信均衡的条件以及企业融资的可得性三方面与传统供应链金融相比的优劣。

表 1-10　　研究方法文献汇总

一级分类	二级分类	作者
案例分析法	—	符沥元（2018）；巩长青（2018）；涂馨仪（2019）；李等（Li, et al., 2020）；刘军（2020）；张红艳（2021）
文献研究法	文献定性分析法	巩长青（2018）；林威廉等（Lin William, et al., 2019）；张峰等（2019）；李等（Li, et al., 2020）
	文献定量分析法	胡东滨等（2021）；张长鲁等（2021）
比较分析法	定性比较法	符沥元（2018）
	定量比较法	唐丹等（2019）

续表

一级分类	二级分类	作者
实证研究法	糊综合评价法	唐政（2019）
	Logistic 回归	陆倩（2021）
	层次分析法	卢瑶瑶（2019）
博弈论方法	博弈模型法	张路等（2019）；邓爱民等（2019）；龚强（2021）
	Paillier 算法	杜等（Du，et al.，2020）
	报童模型	唐丹等（2019）
	其他模型	林威廉等（Lin William，et al.，2019）

结合表1-10文献发现，关于区块链赋能的大多数文献均是从区块链技术优势、功能、特征的定性视角，研究了区块链的应用案例，提出了区块链技术优势给供应链金融带来的“变革”及其在不同场景的应用等，少部分文献运用了实证分析法与数学相关的模型法等定量方法，但仍缺乏理论范式、作用原理与系统模型的研究为定性分析提供理论分析框架。

第四节　区块链技术赋能港口供应链金融的政策演进

一、第一阶段（2003—2014年）：传统港口物流金融政策

2003年6月28日，全国人大常务委员会颁布了《港口法》，填补了我国港口业法律的空白。《港口法》体现了要按照社会主义市场经济的要求，规范港口建设、经营、管理，使之竞争有序、健康发展，最大限度地解放和发展港口生产力，以满足社会经济发展的客观需求。之后，2009年11月，交通运输部修订颁布了《港口经营管理规定》（交通运输部令2009年第13号），并废止了2003年12月26日交通部发布的《港口经营管理规定》（交通部令2004年第4号）。本次修订《港口经营管理规定》的目的，在于完善港口经营管理制度，规范市场秩序，提高港口管理水平。2014年6月，交通运输部印发《关于推进港口转型升级的指导

意见》，指出要以加快转变港口发展方式为主线，到2020年基本形成质量效益高、枢纽作用强、绿色安全、集约发展、高效便捷的现代港口服务体系，从而更加适应我国经济社会发展需求。随后，2014年9月12日，国务院印发《物流业发展中长期规划（2014—2020年）》，鼓励传统运输、仓储企业向供应链上下游延伸服务，建设第三方供应链管理平台，为制造企业提供供应链计划、采购物流、入厂物流、交付物流、回收物流、供应链金融以及信息追溯等集成服务（见表1-11）。

表1-11　　　　第一阶段政策汇总表

颁布日期	政策	颁布机构	政策要点
2003.06	《港口法》	全国人大常务委员会	明确了港口投融资政策，保证了港口的可持续发展。
2009.11	《港口经营管理规定》	交通运输部	完善港口经营管理制度，规范市场秩序，提高港口管理水平。
2014.06	《关于推进港口转型升级的指导意见》	交通运输部	强化港口的区域性作用，通过管理创新、发挥资本纽带作用，优化资源配置，促进区域港口协调发展。
2014.09	《物流业发展中长期规划（2014—2020年）》	国务院	鼓励传统运输、仓储企业向供应链上下游延伸服务，建设第三方供应链管理平台，为制造企业提供供应链计划、采购物流、入厂物流、交付物流、回收物流、供应链金融以及信息追溯等集成服务。

二、第二阶段（2015—2018年）：互联网+港口供应链金融政策

第二阶段的主要特征在于国家部门及省市政府颁布了“互联网+港口供应链金融”政策。2015年5月，国务院印发《关于大力发展电子商务加快培育经济新动力的意见》，部署进一步促进电子商务创新发展，鼓励商业银行、商业保理机构、电子商务企业开展供应链金融、商业保理服务，进一步拓展电子商务企业融资渠道。2015年7月，国务院印发《关于积极推进“互联网+”行动的指导意见》，这是推动互联网由消费

领域向生产领域拓展，加速提升产业发展水平，增强各行业创新能力，构筑经济社会发展新优势和新动能的重要举措。2015 年 9 月国务院办公厅印发《关于推进线上线下互动加快商贸流通创新发展转型升级的意见》，部署推进线上线下互动，支持金融机构和互联网企业依法合规创新金融产品和服务，加快发展互联网支付、移动支付、跨境支付、股权众筹融资、供应链金融等互联网金融业务。2015 年 11 月，工业和信息化部关于印发贯彻落实《国务院关于积极推进“互联网 +”行动的指导意见》行动计划（2015—2018 年）的通知，探索供应链金融、电子商务信用融资等小微企业融资新模式和新渠道。2016 年 4 月，交通运输部印发《交通运输信息化“十三五”发展规划》，紧紧围绕加快“四个交通”建设和“十三五”时期交通运输发展的主要任务，全面部署交通运输信息化今后五年发展的总体思路、主要任务和保障措施，涵盖了公路、水路、城市客运及综合运输信息化等方面内容，体现了交通运输信息化发展的时代特征。2016 年 9 月，国务院办公厅转发了国家发展改革委《物流业降本增效专项行动方案（2016—2018 年）》，部署降低企业物流成本、提高社会物流效率工作，大力推进物流业转型升级和创新发展。

2017 年 1 月，商务部等五部门制定了《商贸物流发展“十三五”规划》，进一步推动了我国商贸物流业健康发展，降低物流成本，提高流通效率。2017 年 3 月，中国人民银行等五部门联合印发了《关于金融支持制造强国建设的指导意见》，旨在加强和改进对制造强国建设的金融支持和服务，鼓励金融机构依托制造产业链核心企业，积极开展各项产业链金融业务，有效满足产业链上下游企业的融资需求。接着，2017 年 4 月，中国人民银行等七部门联合印发《小微企业应收账款融资专项行动工作方案（2017—2019 年）》的通知，进一步加强和提高了小微企业金融服务水平，推动了金融机构和供应链核心企业支持小微企业供应商开展应收账款融资。随后，2017 年 8 月，国务院办公厅印发《关于进一步推进物流降本增效促进实体经济发展的意见》，部署推进物流降本增效有关工作，着力营造物流业发展良好环境，提升物流业发展水平，促进实体经济发展。2017 年 10 月，国务院办公厅印发《关于积极推进供应链创新与应用的指导意见》，鼓励商业银行、供应链核心企业等建立供应链金融服务平台，为供应链上下游中小微企业提供高效便捷的融资渠道。2018 年 4 月，商务部等八部门联合下发《关于开展供应链创新与应用试点的通知》，在全国范围内开展供应链创新与应用试点（见表 1－12）。

表 1－12　　第二阶段政策汇总表

颁布日期	政策	颁布机构	政策要点
2015. 05	《关于大力发展电子商务加快培育经济新动力的意见》	国务院	鼓励商业银行、商业保理机构、电子商务企业开展供应链金融、商业保理服务，进一步拓展电子商务企业融资渠道。
2015. 07	《关于积极推进“互联网＋”行动的指导意见》	国务院	“互联网＋”高效物流，构建物流信息共享互通体系，建设智能仓储系统，完善智能物流配送调配体系。
2015. 09	《关于推进线上线下互动加快商贸流通创新发展转型升级的意见》	国务院办公厅	支持金融机构和互联网企业依法合规创新金融产品和服务，加快发展互联网支付、移动支付、跨境支付、股权众筹融资、供应链金融等互联网金融业务。
2015. 11	贯彻落实《国务院关于积极推进“互联网＋”行动的指导意见》行动计划（2015—2018 年）的通知	工业和信息化部	探索供应链金融、电子商务信用融资等小微企业融资新模式和新渠道。
2016. 04	《交通运输信息化“十三五”发展规划》	交通运输部	将推动基础设施数字化和运行智能化，重点推进信息采集和监测设施与交通运输基础设施工程同步规划、同步建设和改造，加快内河高等级航道运行状态信息监测体系建设，增强网络协同运行能力。
2016. 09	《物流业降本增效专项行动方案（2016—2018 年）》	国家发展改革委	银行业金融机构要探索适合物流业发展特点的信贷产品和服务方式，在商业可持续、风险可控的前提下，进一步加大信贷支持力度。积极推动供应链金融服务持续健康发展。
2017. 01	《商贸物流发展“十三五”发展规划》	商务部等五部门	扩大融资渠道，推广供应链金融。引导金融机构探索适合商贸物流发展特点的信贷产品和服务方式。

续表

颁布日期	政策	颁布机构	政策要点
2017.03	《关于金融支持制造强国建设的指导意见》	中国人民银行等五部门	鼓励金融机构依托制造产业链核心企业，积极开展仓单质押贷款、应收账款质押贷款、票据贴现、保理国际国内信用证等各种形式的产业链金融业务，有效满足产业链上下游企业的融资需求。
2017.04	《小微企业应收账款融资专项行动工作方案（2017—2019年）》	中国人民银行等七部门	推动供应链核心企业支持小微企业应收账款融资，引导金融机构和其他融资服务机构扩大应收账款融资业务规模，构建供应链上下游企业互信互惠、协同发展生态环境，优化商业信用环境，促进金融与实体经济良性互动发展。
2017.08	《关于进一步推进物流降本增效促进实体经济发展的意见》	国务院办公厅	鼓励银行业金融机构开发支持物流业发展的供应链金融产品和融资服务方案，通过完善供应链信息系统研发，实现对供应链上下游客户的内外部信用评级、综合金融服务、系统性风险管理。
2017.10	《关于积极推进供应链创新与应用的指导意见》	国务院办公厅	鼓励商业银行、供应链核心企业等建立供应链金融服务平台，为供应链上下游中小微企业提供高效便捷的融资渠道。
2018.04	《关于开展供应链创新与应用试点的通知》	商务部等八部门	有条件的企业可加强与商业银行、平台企业等合作，创新供应链金融业务模式，优化供应链资金流，积极稳妥、依法依规开展供应链金融业务。

三、第三阶段（2018—2019年）：智慧+港口供应链金融政策

港口是重要的交通基础设施，是实现外向型经济的窗口，也是我国经济建设的重要支撑。智慧港口是推进港口转型的重要发展方向。为推进智慧港口的建设和发展，我国发布了一系列相关利好政策。如交通部于2017年印发《关于开展智慧港口示范工程的通知》明确提出，选取一批港口开展智慧港口示范工程建设。2018年9月，河北省信息化和工业化深度融合工作领导小组办公室印发《河北省企业上云三年行动计划（2018—2020年）》提出，以基础设施上云、平台系统上云、业务应用上

云等为重点，大力推进万家企业上云，加快各类信息技术在企业中的普及应用，低成本提高两化融合水平，迅速提高生产管理效率、优化业务流程，促进产业链上下游高效对接、业务协同和资源优化配置，为构建数据驱动的制造业新生态提供支撑。在政策背景下，百度与河北港口集团达成战略合作，双方将通过资源互补、技术互补等合作方式，充分发挥各自优势，联手打造中国“智慧港口”超级工程。2019 年 11 月，交通运输部联合国家发展改革委等联合印发了《关于建设世界一流港口的指导意见》，提出了我国建设世界一流港口的目标和六项重点任务（见表 1－13）。

表 1－13　第二阶段政策汇总表

颁布日期	政策	颁布机构	政策要点
2017.02	《关于开展智慧港口示范工程的通知》	交通运输部	创新港口物流运作模式，推动“互联网＋”港口应用，探索电子运单、网上结算等互联网服务新模式；发挥各地的积极性和能动性，鼓励在港口物流上下游产业链有机结合、信息与技术业务融合等方面开展多种形式的港口智慧物流创新。
2018.09	《河北省企业上云三年行动计划（2018—2020 年）》	河北省信息化和工业化深度融合工作领导小组	以基础设施上云、平台系统上云、业务应用上云等为重点，大力推进万家企业上云，加快各类信息技术在企业中的普及应用。
2019.11	《关于建设世界一流港口的指导意见》	交通运输部联合国家发展改革委等	提出了建设智能化港口系统、加快智慧物流建设等重点任务。

四、第四阶段（2018 年至今）：区块链＋港口供应链金融政策

第四阶段主要特征在于国家部门及省市政府颁布了“区块链＋港口供应链金融”政策。2018 年 1 月，辽宁省人民政府发布《关于积极推进供应链创新与应用的实施意见》，指出：加强供应链信用和监督服务体系建设，强调研究利用区块链、人工智能等新兴技术，建立和完善基于供应链的信用评价制度和行业信用评估标准。与此同时，2018 年 1 月，青

海省人民政府发布《青海省人民政府办公厅关于积极推进供应链创新与应用的实施意见》中提出，在建立供应链信用评价机制过程中可利用区块链和人工智能等技术。接着，2018 年 2 月，甘肃省人民政府办公厅发表《甘肃省人民政府办公厅关于积极推进供应链创新与应用的实施意见》，要求推进区块链等新兴技术。之后，2018 年 3 月，重庆市人民政府办公厅发布《关于贯彻落实推进供应链创新与应用指导意见任务分工的通知》，提到研究利用区块链等新兴技术建立基于供应链的信用评价机制。随后，2018 年 9 月，吉林省人民政府发布《吉林省人民政府办公厅关于推进供应链创新与应用的实施意见》中提出，探索利用区块链、人工智能等新兴技术建立基于供应链的信用评价机制。2018 年 12 月，石家庄市人民政府办公厅发布《关于积极推进供应链创新与应用的实施意见》。提出石家庄市将加强信用监管，加强对信用评级、信用记录、风险预警、违法失信行为等信息的披露和共享，利用区块链、人工智能等新兴技术，建立基于供应链的信用评价机制。同时，2018 年 12 月，山东省政府办公厅印发《关于推动供应链创新与应用的通知》，明确了要推进山东省供应链创新发展，提升供应链发展水平。2018 年 12 月，深圳市人民政府金融发展服务办公室印发《关于促进深圳市供应链金融发展的意见》。该政策首次从监管层面对供应链金融进行了定义，并强调“持牌经营”；此外，该政策首次从监管层面全面考虑供应链金融相关企业发展遇到的具体痛点，提出针对性意见，具有非常重要的行业意义。

2019 年 4 月，浙银保监印发《中国银保监会浙江监管局、浙江省商务厅、中国银保监会宁波监管局关于发展供应链金融支持小微企业发展的通知》，提出进一步深化金融供给侧结构性改革，推进“融资畅通工程”，推动供应链金融服务实体经济，为供应链上下游中小微企业提供高效便捷的融资渠道。2019 年 7 月，中国银保监会办公厅发布《关于推动供应链金融服务实体经济的指导意见》，对供应链金融业务提出监管要求，并鼓励银行保险机构应用区块链等技术提高风控水平。2019 年 11 月，中国人民银行上海总部发布《金融支持长三角 G60 科创走廊先进制造业高质量发展综合服务方案》，指出要依托先进制造业产业链核心企业，运用区块链技术开展仓单质押贷款、应收账款质押贷款、票据贴现、保理、国际国内信用证等供应链金融创新，提高制造业产业链整体融资效率。

2020 年 1 月，财政部等八部门发布《关于推动服务外包加快转型升级的指导意见》，明确要加快服务外包向高技术、高附加值、高品质、高效益转型升级。之后，2020 年 8 月，交通运输部印发《推动交通运输领域新型基础设施建设的指导意见》，针对智慧港口、智慧民航、智慧枢纽等八个方面做出要求，要求运用现代化信息技术提高智慧交通基础设施智能化水平，最后中国人民银行等部门均提出要强化金融科技应用（见表 1－14）。

表 1－14　第二阶段政策汇总表

颁布日期	政策	颁布机构	政策要点
2018.01	《关于积极推进供应链创新与应用的实施意见》	辽宁省人民政府	加强供应链信用和监督服务体系建设。
2018.01	《青海省人民政府办公厅关于积极推进供应链创新与应用的实施意见》	青海省人民政府	在建立供应链信用评价机制过程中可利用区块链和人工智能等技术。
2018.02	《甘肃省人民政府办公厅关于积极推进供应链创新与应用的实施意见》	甘肃省人民政府办公厅	推进区块链等新兴技术发展。
2018.03	《关于贯彻落实推进供应链创新与应用指导意见任务分工的通知》	重庆市人民政府办公厅	研究利用区块链等新兴技术建立基于供应链的信用评价机制。
2018.09	《吉林省人民政府办公厅关于推进供应链创新与应用的实施意见》	吉林省人民政府	利用区块链、人工智能等新兴技术建立基于供应链的信用评价机制。
2018.12	《关于积极推进供应链创新与应用的实施意见》	石家庄市人民政府办公厅	石家庄市将加强信用监管，加强对信用评级、信用记录、风险预警、违法失信行为等信息的披露和共享，利用区块链、人工智能等新兴技术，建立基于供应链的信用评价机制。
2018.12	《关于推动供应链创新与应用的通知》	山东省政府办公厅	要推进山东省供应链创新发展，提升供应链发展水平。
2018.12	《关于促进深圳市供应链金融发展的意见》	深圳市人民政府金融发展服务办公室	首次从监管层面对供应链金融进行了定义，并强调“持牌经营”。

续表

颁布日期	政策	颁布机构	政策要点
2019.04	《中国银保监会浙江监管局、浙江省商务厅、中国银保监会宁波监管局关于发展供应链金融支持小微企业发展的通知》	浙江银保监局	进一步深化金融供给侧结构性改革，推进“融资畅通工程”，推动供应链金融服务实体经济，为供应链上下游中小微企业提供高效便捷的融资渠道。
2019.07	《中国银保监会办公厅关于推动供应链金融服务实体经济的指导意见》	中国银保监会	对供应链金融业务提出监管要求，并鼓励银行保险机构应用区块链等技术提高风控水平。
2019.11	《金融支持长三角G60科创走廊先进制造业高质量发展综合服务方案》	中国人民银行上海总部	加大供应链金融业务创新力度。
2020.01	《关于推动服务外包加快转型升级的指导意见》	财政部等八部门	将企业开展云计算、基础软件、集成电路设计、区块链信息技术研发和应用纳入国家科技计划（专项、基金等）支持范围。
2020.01	《关于推动银行业和保险业高质量发展的指导意见》	中国银保监会	增强金融产品创新的科技支撑。充分运用人工智能、大数据、云计算、区块链、生物识别等新兴技术，改进服务质量，降低服务成本，强化业务管理。
2020.08	《关于推动交通运输领域新型基础设施建设的指导意见》	交通运输部	鼓励港口建设数字化、模块化发展，实现建造过程智能管控。建设港口智慧物流服务平台，开展智能航运应用。应用区块链技术，推进电子单证、业务在线办理、危险品全链条监管、全程物流可视化等。
2020.09	《关于规范发展供应链金融支持供应链产业链稳定循环和优化升级的意见》	中国人民银行、工业和信息化部、国家司法部、商务部、国资委、国家市场监管总局、中国银保监会	金融机构应加强金融科技运用，通过“金融科技＋供应链场景”实现核心企业“主体信用”、交易标的“物的信用”、交易信息产生的“数据信用”一体化的信息系统和风控系统，建立全流程线上资金监控模式，增强操作制度的严密性，强化操作制度的执行力。供应链金融各参与方应合理运用区块链、大数据、人工智能等新一代信息技术，持续加强供应链金融服务平台、信息系统等的安全保障、运行监控与应急处置能力，切实防范信息安全、网络安全等风险。

续表

颁布日期	政策	颁布机构	政策要点
2022.01	《金融科技发展规划（2022—2025）》	中国人民银行	坚持创新驱动发展，坚守为民初心、切实履行服务实体经济使命，高质量推进金融数字化转型，健全适应数字经济发展的现代金融体系。要强化金融科技治理，全面加强数据能力建设，建设绿色高可用数据中心，深化数字技术金融应用，健全安全高效的金融科技创新体系等。

第二章 现状描述与问题剖析

港口作为运输网络中水路运输的枢纽，是进出口货物的集散地以及船舶与其他运输工具的衔接点，也是开放经济发展的战略资源与重要支撑，更是中国“构建新发展格局”的支撑力量。港口具有水路联运设备和条件，集散货物的同时集聚生产要素和信息，是国际物流中联接水陆空交通和国际贸易的重要节点，更是跨区域间供应链管理的组织者和策划者。从港口经济圈运行逻辑及先决条件来看，港口“港产城文”是否融合发展决定着港口服务业发展的内涵、层次与效率，关乎着能否创新港口供应链金融的应用场景高质量服务港口经济。同时，“港产城文”高度融合就需要“谋划一盘棋，布局一张图”，就需要在港口功能定位、空间布局、多式联运、交通枢纽、临港产业、人才培育、文化孕育、精准配套政策等方面系统设计。经济发展，金融先行。探索区块链技术赋能港口供应链金融的行业发展动态及趋势有助于深度了解港口金融服务业的普适规律性，对区块链技术赋能港口供应链金融理论框架以及构建一套系统完善、规划科学、安全高效的港口供应链金融体系均有极高的理论与实践意义。因此，本章内容主要立足港口供应链行业发展现状，结合供应链金融发展及港口供应链金融发展实际情况，剖析区块链技术赋能港口供应链金融的问题。

第一节　国内主要港口及其供应链行业发展现状分析

港口供应链以港口企业为核心企业，将港口的各类服务供应商（包括装卸、加工、运输、仓储等）和客户（包括供货人和船公司等）有机结合，把正确数量的商品在正确的时间配送到正确地点，实现其中的信息流、物流、资金流在整个链条上的畅顺流动，降低整体供应链成本的同时提升运作效率和客户响应。而在数字经济发展时代及智慧港口建设的诉求下，港口供应链上下游企业间信息流、物流、资金流需要超越传统港口场景下的水平达到更有机地整合和更有效地链接，港口供应链的成本更低、效率更高、时间更短、过程更便捷。本节归纳总结了中国港口建设的全历程，主要选择上海港、宁波舟山港、唐山港、广州港、天津港和青岛港作为典型案例，介绍中国港口发展历程。

一、中国港口发展历程及总体现状

（一）港口发展历程悠长且逐步科学化

从中国港口发展历程来看，新中国成立以来中国港口建设历经了七个阶段：

1. 第一阶段：基础落后与港口恢复利用阶段（1949—1969 年）

1949 年以前，由于明清长达约二百四十年的海禁以及新中国成立之前的中国长期历经分裂和战乱，对外经贸、港口往往被西方列强控制并成为其掠夺中国资源的重要据点。在清代前期，广州、厦门、宁波和上海是当时中国最主要的四个贸易港口[①]。新中国成立初期，由于西方国家海上封锁，中国经济发展仍以内地为主，交通运输主要依靠铁路，此时

① 李燕. 古代中国的港口——经济、文化与空间嬗变［M］. 广州：广东经济出版社，2014.

铁路建设发展迅速，而海运事业发展缓慢，港口基础设施建设十分落后。1949 年 10 月，新中国仅有 100 多个泊位，其中仅大连、秦皇岛、青岛、上海、八所 5 个港口具有万吨级深水泊位，港口码头岸线长度仅有 2 万多米，货物吞吐量不足千万吨①。总体评价来看，新中国成立期初，港口基础条件差，作业方式简单，装卸机械落后，航道淤泥严重，布局杂乱无序。新中国成立之后，中国港口建设主要以技术扩建、改造老码头，恢复利用为主。在这一时期，上海、宁波、青岛等沿海港口新增深水泊位多为小型泊位改造而成。1953 年上海港实施了“远洋水陆联运”“沿海客货”等港口分区建设与管理。1955 年 7 月，国务院通过了《关于建设湛江港的决定》，将建港工程列为中国第一个五年计划的重点建设项目，1956 年湛江新港 2 个万吨级泊位及相应设施提前建成投产，成为中国第一个自行设计建造的综合性海港。

2. 第二阶段：直属管理和港口运输逐点突破阶段（1970—1979 年）

随着中国对外关系的发展，1971 年 10 月 25 日，中国恢复了在联合国的地位，对外贸易迅速扩大。中国对外海运量激增的同时，沿海港口通过能力不足，船舶压货、压车情况日趋严重的问题也逐渐暴露了出来。为了破解难题，周恩来总理于 1973 年提出了“三年内改变中国港口面貌”倡议，随后中国港口建设迎来了第一个建设高潮，扩建、新建了一批万吨级以上散货和客运码头，并首次自行设计建设了 10 万吨级原油出口专用码头。同年，中国与日本就 20 英尺集装箱运输达成协议，确定天津港为接运港之一。9 月，日本川崎汽船公司的“渤海 1 号”轮由日本神户港驶往天津港，由此拉开了天津港国际集装箱运输的序幕。随后，1974 年，天津港开工建设第三港池集装箱码头，这是中国自行设计、施工兴建的第一座集装箱专用码头。但是这期间，中国自行设计研发的集装箱专用运输船还很稀缺，1978 年 9 月 26 日，多用途功能船“平乡城”轮改造而成的集装箱船从上海港驶向澳大利亚，实现了中国集装箱专业运输船的“零”突破。

---

① 史春林.1949—2019：中国港口建设和布局变迁 70 年（上）[J]. 中国海事，2019(10)：28-31.

3. 第三阶段：权力下放与体制改革赋能港口阶段（1980—1989 年）

1980 年初，中国港口建设已初具规模，港口泊位已增加到 700 多个，其中万吨泊位增加到 140 多个，拥有万吨级泊位的港口达到 11 个；港口岸线长度增加到 7 万多米，货物吞吐量增加到 3 亿多吨，装卸机械设备增加到了 1 万多套[①]。但规模扩大的同时，港口输运问题成为港口运维管理的一大难题，彼时还没有港口专门管理部门。为解决这一难题，原交通部成立了港口管理局，后并入水运局，对全国港口实施集中管理并决定开放长江内河港口，增加沿海开放港口。1983 年张家港港口建成新中国成立以来第一个从事国际集装箱装卸业务的内河港口。在此阶段，海上交通运输事故时常发生，亟须国家上位法进行保障，1983 年 9 月 2 日第六届全国人民代表大会常务委员会第二次会议通过《中华人民共和国海上交通安全法》，自 1984 年 1 月 1 日起施行。在管理过程中，国家直属管理的港口模式造成国家与地方之间协调不畅问题，地方参与港口建设的积极性不高。之后，为充分调动地方政府的积极性。1984 年，原交通部启动港口管理体制改革，先后将直属的 14 个沿海城市港口、26 个长江干线重点港口的管理权限下放给所在城市，实行“双重领导，地方为主”的管理体制以及“以收抵支，以港养港”的财务管理体制[②]。港口管理体制改革初步调动了中央和地方的积极性，之后逐步形成了中央直属港口、中央地方政府“双重领导”港口与地方港口三类。但该阶段港口管理体制还存在很多问题：如港口国有资产的归属、港务局“政企合一”、由于体制原因导致部分港口重复建设、“以收抵支，以港养港”的财务资金有限[③]、港口专业人才缺乏以及未能按照国际惯例形成良好的管理服务环境等。

随着中国改革开放的实施，中国港口经济发展进入了一个历史新时期。中国政府在“六五”计划中将港口列为国民经济建设的战略重点，为此国家加大了对沿海港口建设的投入，港口建设步入了高速发展阶段。

---

① 史春林 . 1949—2019：中国港口建设和布局变迁 70 年（上）[J]. 中国海事，2019（10）：28 - 31.

② 中国港口改革开放 40 年发展历程 [J]. 中国港口，2018（11）：15 - 32.

③ 张国发 . 港口管理体制：国际比较与对策建议 [J]. 中国水运 . 1999（02）：1.

"七五"期间是沿海港口建设发展飞速的五年，共建成泊位186个，新增吞吐能力1.5亿吨。在七届人大四次会议后，通过了中国十年发展纲要和"八五"计划纲要，中国逐渐把重心放在泊位的深水化、专业化建设上，以适应国际航运的发展变化。在这一时期，出现了第三次建港高潮，形成了以秦皇岛、大连、上海、深圳、青岛、宁波等二十个主枢纽港为骨干，以地区性城市港口为补充，以小型港口为发展机会的多层次大范围布局框架。在这一时期，首先在沿海14个城市开放了大量新港区，如上海港外高桥、青岛港前湾、宁波北仑港等深水港区，并新开发了唐山、钦州、广州等港口，与此同时，还在秦皇岛、青岛、日照、连云港等地区建设了专业化煤炭下水码头；在天津、青岛、大连等地建设了专业化集装箱码头。在这一时期，与港口相配套的基础设施、修造船工业、船舶检验、救助打捞系统等也在不断完善，初步形成了集"水运运输、管理、设计和科研"于一体的体系，实现了港口"供给不足"向"总体缓解"过渡发展。

4. 第四阶段：结构优化与多层次港口系统初步形成阶段（1990—1999年）

为调整海上运输和船舶关系，促进海上运输和经济贸易的发展。1992年11月7日第七届全国人民代表大会常务委员会第二十八次会议通过《中华人民共和国海商法》。1993年中国最大的合资企业——上海港集装箱码头有限公司投入运营。之后，1994年宁波北仑港建成20万吨级卸矿泊位成为当时中国最大、设备最先进、功能最齐全的铁矿石中转港口，实现了中国20万吨级特大泊位港口"零突破"。1996年开通沿海第一条内贸集装箱航线以来，沿海内贸集装箱运量每年成倍增长，并改变了内贸运输系统的传统模式，促进了中国大陆集装箱主枢纽港、支线港、喂给港运输网络的形成。截至1999年末，中国港口管理体制逐步理顺，上海、天津等14个海事局挂牌运转，逐步形成了以大连港、秦皇岛港、上海港等20多个主枢纽港为主体，以地区性港口为补充，大中小港口结构相对合理的港口层次系统与输运网络，港口体系达到了与国民经济社会"基本适应"阶段，据统计，该期间建成港口1419个，其中万吨级深水泊位499个，全国内河主要港口泊位8528个，长江主要港口泊位558个，其中万吨级深水泊位 44 个。全国沿海内河港口完成货物吞吐量 12.7 亿吨，其中沿海港口完成了 10.3 亿吨，内河港口完成了 2.4 亿吨。沿海港口完成集装箱 1526 万标准箱（TEU），同比增长了 34%。在此阶段，南方港口吞吐量增速要高于北方港口，同时内河港口集装箱吞吐量逐步在下降①。据港口统计年鉴，截至 1999 年，全国已有上海、深圳、青岛、天津、广州 5 个港口集装箱吞吐量超过了百万 TEU。

5. 第五阶段：对外开放和政企改革赋能港口发展阶段（2000—2010 年）

2001 年国务院办公厅颁布《关于深化中央直属和双重领导港口管理体制改革的意见》，开始启动新一轮港口管理体制改革，为加入世贸组织后港口管理扫清体制障碍，进一步促进了港口经济的对外开放并拉动了港口贸易量的规模。之后，2003 年 6 月，第十届全国人大常委会第三次会议通过《港口法》，之后配套颁布了《港口规划管理规定》《港口经营管理规定》《港口危险货物管理规定》等，全面推动依法治港和港口体制改革②。随着改革不断深入和港口经济质量提升，现代物流业正在逐渐成长为一个具有巨大潜力和发展空间的新兴产业，港口逐渐发展成国际物流链上的一个重要链接点。2004 年港口城市掀起了以政企分开为标志的新一轮港口体制改革，全国各大港口掀起了又一轮港口建设高潮，投入了大量资金进行泊位的深水化、专业化建设，港口吞吐量、深水泊位数不断增长，港口供给能力出现了"大幅跃升"。随后，2006 年 9 月《全国沿海港口布局规划》颁布，全国各大港口逐渐开始有序建设，在青岛、大连、秦皇岛等港口，一批批 30 万吨级的专业化原油、铁矿石码头，7 万吨级的煤炭装卸码头相继建成并投入使用。2007 年，广西对防城港、北海港、钦州港等相关资产较早进行资源整合和重组改革，成立了北部湾国际港务集团。截至 2010 年底，全国港口完成外贸吞吐量 25.01 亿吨，其中沿海港口完成 22.88 亿吨，内河港口完成 2.13 亿吨。货物吞吐量超过亿吨的港口增加到了 22 个，其中沿海亿吨港口 16 个，内河亿吨港口 6 个。全国港口全年完成集装箱吞吐量 1.46 亿 TEU，其中沿海港口完成 1.31 亿 TEU，内河港口完成 1468 万 TEU。同时，全国拥有生产用码头泊

---

① 数据来源：《中国港口年鉴 2000》。

② 中国港口开放 40 年发展历程［J］. 中国港口，2018（11）：15－32.

位 31634 个，其中，万吨级泊位 1661 个。沿海港口拥有生产用码头泊位 5453 个，内河港口拥有生产用码头泊位 26181 个[①]。

6. 第六阶段：发展滞缓与港城区域一体改革试点阶段（2011—2016 年）

随着中国经济增速放缓和进入新常态，部分港口功能同质化、资源配置不均衡、集疏运网络未有效形成、海水严重污染、城市堆场及停车空间不足等一系列问题陆续出现，过去传统港口发展模式以及“投资驱动”做法已不适应国内国际两大市场发展的客观环境。在这一时期，沿海港口建设速度放缓，港口吞吐量、泊位数增速同比下降明显，沿海港口发展面临增长压力，存量空间严重不足，港城之间管理存在不协调问题，解决系列问题需要对全国港口进行资源整合，提出“创新驱动”战略。2014 年，原交通部出台了《关于推进港口转型升级的指导意见》，并在 2015 年选择江苏和广西作为区域港口一体化第四轮重大改革试点，探索港城融合的权力集中管理模式。同时，2015 年，浙江省国资委组建了浙江省海港投资运营集团，并相继整合了省内沿海五港和内河港口，从此拉开了省级港口资源整合的序幕。之后，2017 年 7 月 10 日，原交通部办公厅下发《关于深入推进区域港口一体化发展的通知（征求意见稿）》，7 月 14 日，完成了《江苏省、广西壮族自治区一体化试点改革评估报告》。在这一时期，沿海港口从以往的粗放发展逐渐往精细化发展。据统计，2016 年全国港口完成货物吞吐量 132.01 亿吨，同比增长 3.5%，其中沿海港口 84.55 亿吨，同比增长 3.8%，内河港口完成 47.46 亿吨。全国港口完成集装箱吞吐量 2.2 亿 TEU，同比增长 4.0%，其中沿海港口 1.96 亿 TEU，同比增长 3.6%，内河港口完成 2415 万 TEU，同比增长 7.1%[②]。

7. 第七阶段：跨越发展与世界一流港口建设阶段（2017 年至今）

2017 年是供给侧结构改革的深化年，也是交通运输改革的发展年。2017 年 2 月，交通运输部、国家铁路局、中国铁路总公司联合印发《“十三五”港口集疏运系统建设方案》，重点补齐港口集疏运基础设施短板。同年 5 月，交通运输部又印发《深入推进水运供给侧结构性改革行

---

① 数据来源：《中国港口年鉴 2011》。
② 数据来源：《中国港口年鉴 2017》。

动方案（2017—2020年）》，要求强化集疏运服务功能，完善和发展江海联运、铁水联运。之后，2018年12月，交通运输部、国家发展改革委联合印发《国家物流枢纽布局和建设规划》，提出加快多式联运发展。2019年9月，国务院印发《交通强国建设纲要》，将港口作为重要的交通枢纽应优化运输结构。同年11月，交通运输部联合多部委印发的《关于建设世界一流港口的指导意见》提出要加快世界一流港口建设，着力提升综合服务能力，加快绿色港口、智慧港口和平安港口建设。2017年至今，单个港口功能已经逐渐完备，“港口群”“港口经济圈”以及“港产城人文联动”成为发展重点。在这一阶段，全国港口吞吐量稳步增长，港口行业发展进入“新常态”。中国港口货物吞吐量和集装箱吞吐量已连续十余年位居世界第一，但大而不强，也是中国港口所面临的现实问题。随着ABCDEFG新技术不断发展，中国已经迈入数字经济新时代，呈现出“技术革命、数据驱动、融合聚变、多点突破”的态势，现实中对于数字港口建设的诉求不断提高，港口竞争态势由原来的运输能力、吞吐能力的竞争，逐渐转变为对综合物流、科技创新、可持续发展、“港产城人文”联动等方面竞争。2020年3月，习近平总书记强调宁波舟山港具有国家战略地位，要坚持一流标准，把港口建设好、管理好，努力打造世界一流强港①，为国家发展作出贡献，这为国家推进世界一流强港建设战略迎来了全新时代。2021年4月29日，中华人民共和国第十三届全国人民代表大会常务委员会第二十八次会议修订通过《中华人民共和国海上交通安全法》。

（二）港口发展影响力及规模显著提升

从中国港口的全球影响力来看，中国港口的国际影响力、“全球权

---

① 按照陈飞龙教授主持的浙江省交通运输厅委托课题《浙江省建设世界一流强港总体思路与发展路径研究（2020）》提出的“世界一流强港”定义：具有一流设施、一流技术、一流管理、一流服务，以完善便捷的港口设施和舒畅的集疏运网络体系为基础，以发达的港口物流为核心，以完善的金融、贸易、海事、信息等航运服务业为支撑，以一流的治理效能和营商环境为保障，经济高效、智慧绿色、安全便捷、支撑有力，具有较强的全球资源要素配置能力、综合枢纽作用和高质量发展水平的现代化港口。具有港口物流能力强、航运服务能力强、港口管理运营效率高、区域经济辐射能力强、国际资源配置能力强、智慧绿色安全发展水平高六个特征。

重”以及港口建设规模等显著提升。2021 年 6 月 24 日，国务院新闻办公室举行的水运发展及 2021 年中国航海日活动筹备工作发布会，交通运输部副部长赵冲久表示中国港口规模居世界第一位。同时，据 Alphaliner 公布的全球集装箱港口吞吐量排名前三十的年度排行榜，排在前十的港口，有 9 个亚洲港口，其中 7 个港口是中国港口，分别为上海港、宁波舟山港、深圳港、广州南沙港、青岛港、天津港和中国香港港（见表 2－1）。亚洲港口的吞吐量占全球的比重高达 77%，其中，中国港口达到 47%。其次是欧洲港口，占比 12%，美国港口占比 8%，中东欧港口占比 3%。从 2021 年的数据来看，即使在百年之未有大变局以及世纪疫情冲击下，中国港口依然保持着较高的增速。据 Alphaliner 公布的数据，2021 年上海港集装箱增长了 350 万 TEU，同比增长 8.1%；宁波舟山港增长了 230 万 TEU，同比增长 8.2%；天津港增长了 190 万 TEU，同比增长了 10.4%。

表 2－1　2019—2021 年全球港口集装箱吞吐量排名前三十港口列表

排名	港口名称	所在国	2021 年（标准箱（TEU））	2020 年（标准箱（TEU））	2019 年（标准箱（TEU））	增长率 21/20%	增长率 20/19%
1（1）	上海（Shanghai）	中国（China）	47025000	43501400	43303000	8.1%	0.5%
2（2）	新加坡（Singapore）	新加坡（Singapore）	37467700	36870940	37195636	1.6%	-0.9%
3（3）	宁波舟山（NingboZhoushan）	中国（China）	31080000	28734300	27535000	8.2%	4.4%
4（4）	深圳（Shenzhen）	中国（China）	28760000	26553000	25771700	8.3%	3.0%
5（5）	广州南沙（GuangzhouNansha）	中国（China）	24180000	23191500	23236200	4.3%	-0.2%
6（6）	青岛（Qingdao）	中国（China）	23700000	22004700	21010000	7.7%	4.7%
7（7）	釜山（Busan）	韩国（S Korea）	22690258	21823995	21992000	4.0%	-0.8%
8（8）	天津（Tianjin）	中国（China）	20260000	18356100	17300700	10.4%	6.1%
9（10）	洛杉矶/长滩（Los Angeles/Long Beach）	美国（US）	20061978	17326718	16969666	15.8%	2.1%
10（9）	香港（Hong Kong）	中国 香港（Hong Kong China）	17788000	17326720	18303000	2.7%	-5.3%

续表

排名	港口名称	所在国	2021 年（标准箱（TEU））	2020 年（标准箱（TEU））	2019 年（标准箱（TEU））	增长率 21/20%	增长率 20/19%
11（11）	鹿特丹*（Rotterdam）	荷兰（Netherlands）	15300000	14349446	14810804	6.6%	-0.03%
12（12）	迪拜/杰拜勒·阿里（Dubai/Jebel Ali）	阿联酋（UAE）	13700000	13484600	14111000	1.6%	-4.4%
13（13）	巴生港*（Port Kelang）	马来西亚（Malaysia）	13700000	13244414	13580717	3.4%	-2.5%
14（15）	厦门（Xiamen）	中国（China）	12030000	11410000	11122180	5.4%	2.6%
15（14）	安特卫普（Antwerp）	比利时（Belgium）	12020245	12031467	11860204	-0.1%	1.4%
16（16）	丹戎 帕拉帕斯（Tanjung Pelelas）*	马来西亚（Malaysia）	11200000	9846106	9077485	13.8%	8.5%
17（17）	高雄（Kaohsiung）	中国台湾（Taiwan, China）	9864447	9621672	10428634	2.5%	-7.7%
18（20）	纽约/纽瓦克（New York/Newark）	美国（US）	8985927	7585825	7471131	18.5%	0.02%
19（18）	汉堡（Hamburg）*	德国（Germany）	8720000	8577647	9282012	1.7%	-7.6%
20（21）	林查班（Laem Chabang）	泰国（Thailand）	8523342	7546491	7980560	12.9%	-5.4%
21（19）	胡志明市（Ho Chi Minh City）*	越南（Vietnam）	7950000	7864100	6848360	1.1%	0.15
22（23）	科伦坡（Colombo）	斯里兰卡（Sri Lanka）	7249358	6854763	7228337	5.8%	-5.2%
23（24）	丹吉尔麦德（Tangier Med）	摩洛哥（Morocco）	7173870	5771221	4801710	24.3%	20.2%
24（22）	雅加达（Jakarta）	印度尼西亚（Indonesia）	6750302	6205301	6802200	8.8%	-8.8%
25（26）	蒙德拉（Mundra）	印度（India）	6665159	5656594	4732699	17.8%	19.5%

续表

排名	港口名称	所在国	2021 年（标准箱（TEU））	2020 年（标准箱（TEU））	2019 年（标准箱（TEU））	增长率 21/20%	增长率 20/19%
26（36）	那瓦舍瓦（Nhava Sheva）	印度（India）	5631948	4474884	5100889	25.9%	-12.3%
27（28）	瓦伦西亚（包括萨贡托）（Valencia incl Sagunto）	西班牙（Spain）	5614454	5428311	5439827	3.4%	-0.2%
28（35）	萨凡纳（Savannah）	美国（US）	5613164	4682253	4599169	19.9%	1.8%
29（27）	比雷埃夫斯（Piraeus）	希腊（Greece）	5320000	5437000	5648000	-2.2%	-3.7%
30（25）	营口（Yingkou）	中国（China）	5220000	5663100	5480000	-7.8%	3.3%

从中国港口规模及增长速度来看，新中国成立之后，中国港口建设及布局一直实施对外开放发展战略和管理体制改革，据中国交通运输部统计数据显示，2016—2021 年，中国港口货物吞吐量及集装箱吞吐量整体均呈稳步上升趋势，2021 年中国港口完成集装箱吞吐量 283 万 TEU，同比增长 7%；完成货物吞吐量 155.5 亿吨，同比增长 6.8%，仍然保持较快增长速度（见图 2-1）。

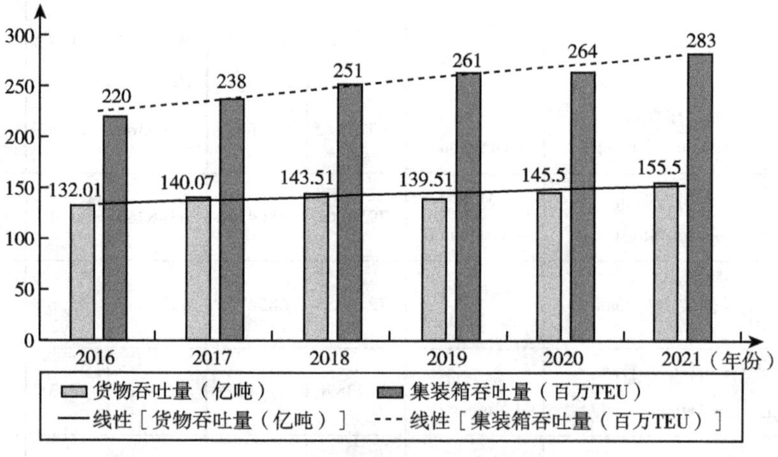

图 2-1 2016—2021 年中国港口货物及集装箱吞吐量①

① 数据来源：中国交通运输部公布年度港口统计报告。

按照港口所属区域类型划分，中国港口主要有沿海港口和内河港口。从中国交通运输厅统计数据来看，2016—2021 年中国沿海港口和内河港口吞吐量均呈稳步上升趋势，期间虽在 2019 年略有下降，但之后两年又快速增长创造了新高。2021 年沿海港口货物吞吐量达 99.7 亿吨，内河港口货物吞吐量达 55.7 亿吨（见图 2-2）。受港口所属的地理位置限制，无论是货物吞吐量还是集装箱吞吐量，内河港口运输能级都远不及沿海港口，但 2021 年内河港口集装箱吞吐量、货物吞吐量增速均高于沿海港口，发展潜力巨大。

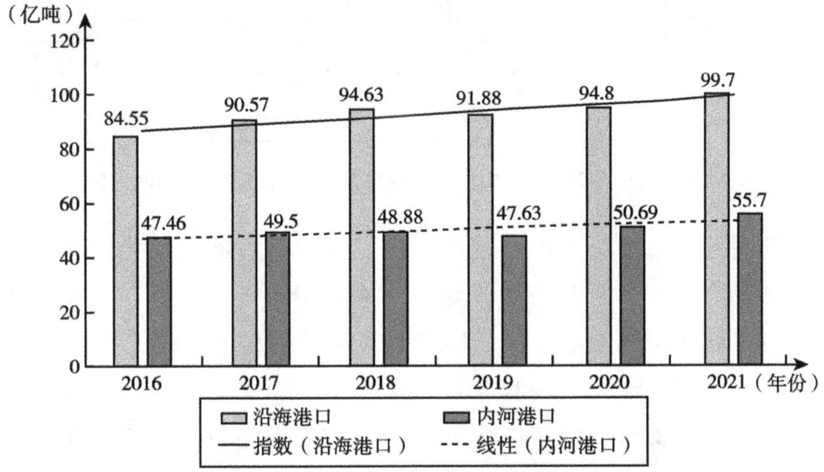

图 2-2 2016—2021 年中国全国沿海及内河港口货物吞吐量[①]

从港口集装箱吞吐量来看，2016—2021 年中国沿海及内河港口集装箱呈现逐年稳步提升趋势。2021 年，中国沿海港口共完成集装箱吞吐量 249 万 TEU，同比增长 6.4%，实现货物吞吐量 99.7 亿吨，同比增长 5.2%；内河港口共完成集装箱吞吐量 33 万 TEU，同比增长 11.3%，实现货物吞吐量 55.7 亿吨，同比增长 9.9%（见图 2-3）。

（三）沿海港口区位布局

2006 年颁布的《全国沿海港口布局规划》作为沿海港口发展的空间

① 数据来源：中国交通运输部公布年度港口统计报告。

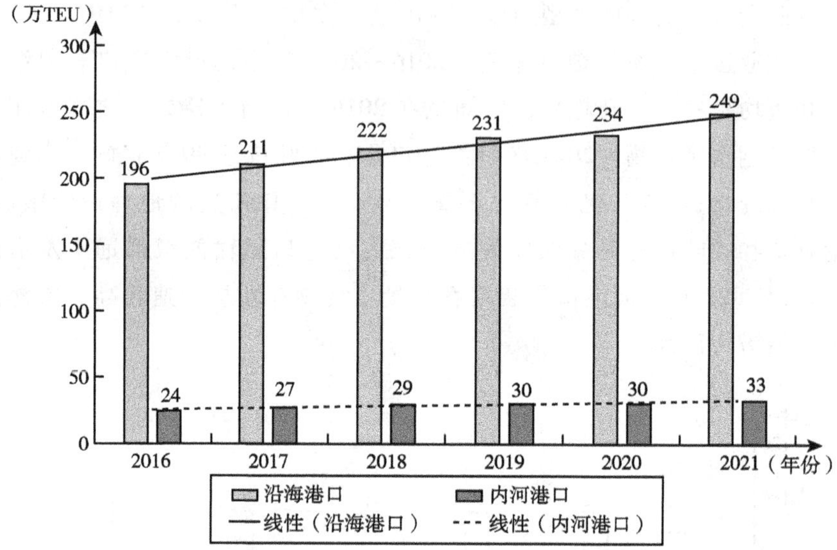

图 2-3　2016—2021 年中国全国沿海及内河港口集装箱吞吐量①

规划，是国家沿海港口发展的权威依据。该规划方案明确提出了中国要发展“环渤海地区、长江三角洲地区、东南沿海地区、珠江三角洲地区和西南沿海地区”五大港口群，形成了“煤炭、石油、铁矿石、集装箱、粮食、商品汽车、陆岛滚装和旅客运输”等 8 个运输系统的布局。五大港口群按照规划要求，港口群内部和港口群之间港口“分工合理、优势互补、相互协作、竞争有序”，其主要布局是：①环渤海地区港口群，由辽宁、津冀和山东沿海港口组成，主要有天津港、大连港、青岛港、日照港、秦皇岛港等，主要服务中国北方和内陆地区的经济社会发展。②长江三角洲地区港口群，由上海、宁波舟山、连云港沿海港口组成，主要有上海港、宁波舟山港、连云港等，主要服务长江三角洲以及长江沿线地区的经济社会发展。③东南沿海港口群主要分布在福建沿海，主要有厦门港、福州港、泉州港、莆田港、漳州港等，服务福建、江西内陆以及对中国台湾“三通”经济社会需要。④珠江三角洲地区港口群由广东东部和珠三角地区港口组成，主要有深圳港、珠海港、汕头港等，主要服务珠江三角洲地区以及港澳地区的经济社会需要。⑤西南地区港口群是

① 数据来源：中国交通运输部公布年度港口统计报告。

由广东西部、广西和海南的港口组成，该地区港口群以湛江、防城、海口港为主，还包括北海、钦州、洋浦、八所、三亚等港口，服务于中国西部地区经济社会发展需要。

目前看来，中国沿海大型港口的建设布局已基本完成，各大港口均在寻找新的转型升级发展模式与路径。2015 年中国国家交通运输部印发了《关于全面深化交通运输改革试点方案的通知》。2017 年，中国国家交通运输部联合天津、大连印发了《加快推进津冀港口协同发展工作方案》。随后，2018 年，中国国家交通运输部联合上海、浙江、安徽印发了《关于协同推进长三角港航一体化发展六大行动方案》，表明国家正在努力推进区域港口一体化发展和建设。也有专家提出港口经济圈（陈飞龙，2015）以及区域港口资源整合（潘文达，2020）的设想，主张要建设港口经济圈下的“港城融合”以及“统筹港口空间布局，优化港口分工、推进港城协调发展、拓展服务功能、延伸物流产业链和依靠市场力量促进资源集约利用等”。

（四）港口吞吐量国内排名

据交通运输部发布数据显示：2021 年，全国港口完成集装箱吞吐量 2.8 亿 TEU，同比增长 7%；完成货物吞吐量 155.5 亿吨，同比增长 6.8%，其中外贸货物吞吐量 47.0 亿吨，同比增长 4.5%。2021 年，全国港口集装箱吞吐量前十名依次为：上海港、宁波舟山港、深圳港、广州港、青岛港、天津港、厦门港、苏州港、北部湾港、营口港。与 2020 年相比，排名前八的港口比较稳定，此外，北部湾港排名从第 11 名上升至第 9 名，成功跻身前十；日照港、连云港港、佛山港、烟台港均提 1 名，分别排第 11 名、第 12 名、第 13 名和第 16 名。而营口港排名下降 1 位，位居第 10 名。大连港下降了 5 名，排名第 15 名（见表 2－2）。

表 2－2　2020—2021 年中国港口集装箱吞吐量排名

序号	港口名称	2021 年 1—12 月（万 TEU）	同比增速（%）	2020 年 1—12 月（万 TEU）	同比增速（%）
1（1）	上海港	4703	8.3	4350	0.4
2（2）	宁波舟山港	3108	8.2	872	4.3

续表

序号	港口名称	2021 年 1—12 月（万 TEU）	同比增速（%）	2020 年 1—12 月（万 TEU）	同比增速（%）
3（3）	深圳港	2877	8.4	2655	3.0
4（4）	广州港	2477	5.6	2317	1.5
5（5）	青岛港	2371	7.8	2201	4.7
6（6）	天津港	2027	10.4	1835	6.1
7（7）	厦门港	1205	5.6	1141	2.5
8（8）	苏州港	811	29.0	629	0.3
9（11）	北部湾港	601	19.0	505	32.2
10（9）	营口港	521	-7.8	565	3.1
11（12）	日照港	517	6.4	486	8.0
12（13）	连云港港	503	4.8	480	0.5
13（14）	佛山港	371	-8.5	405	-8.8
14（16）	东莞港	369	-2.9	342	-7.2
15（10）	大连港	367	-28.0	511	-41.7
16（17）	烟台港	365	10.6	330	6.4
17（15）	福州港	345	-2.2	352	-0.4
18（18）	唐山港	329	5.7	312	5.8
19（19）	南京港	311	2.9	302	-3.6
20（20）	武汉港	248	26.1	193.1	14.4

说明：序号前面表示 2021 年排名，括号里表示 2020 年排名。数据来自中国交通运输部。

2021 年 3 月，中国交通运输部公布了全球前二十大港口货物吞吐量榜单。根据榜单，中国港口生产形势总体表现良好。其中，宁波舟山港吞吐量位列全球榜首，上海港、唐山港、广州港紧随其后。据统计，2021 年货物吞吐量排名前十的港口依次为：宁波舟山港、上海港、唐山港、广州港、青岛港、苏州港、日照港、天津港、烟台港、北部湾港。与 2020 年相比，日照港、泰州港排名上升 1 位，分别位居第 7 名和第 11 名；天津港排名下降 1 位，位居第 8；北部湾港排名上升 5 位，位居第 10（见表 2-3）。

表 2-3　　2020—2021 年中国港口货物吞吐量排名

序号	港口名称	2021 年 1—12 月（万吨）	同比增速（%）	2020 年 1—12 月（万吨）	同比增速（%）
1（1）	宁波舟山港	122405	4.4	117240	4.7
2（2）	上海港	76970	8.0	71104	-0.8
3（3）	唐山港	72240	2.8	70260	7.0
4（4）	广州港	65130	6.4	61239	1.0
5（5）	青岛港	63029	4.3	60459	4.7
6（6）	苏州港	56590	2.1	55408	6.0
7（8）	日照港	54117	9.1	49615	7.0
8（7）	天津港	52954	5.3	50290	2.2
9（9）	烟台港	42337	6.0	39935	3.4
10（13）	北部湾港	35822	21.2	29567	15.6
11（12）	泰州港	35291	17.2	30111	6.6
12（16）	江阴港	33757	36.6	25600	10.8
13（10）	大连港	31553	-5.5	33401	-8.8
14（14）	黄骅港	31134	3.4	30125	4.7
15（11）	南通港	30851	-0.5	31014	-7.8
16（14）	深圳港	27838	5.0	26500	2.8
17（19）	福州港	27352	9.9	17001	1.8
18（17）	连云港港	26918	11.3	25200	3.5
19（18）	南京港	26855	6.9	25112	-2.2
20（20）	湛江港	25555	9.2	11003	14.4

说明：序号前面表示 2021 年排名，括号里表示 2020 年排名。数据来自中国交通运输部。

（五）港口类型及功能界定

港口类型是由于港口所属地理位置、港口吞吐量规模、港口用途、港口功能等不同形成的不同类别，是进行港口布局和空间规划的基础。

（1）类型一：按照港口运营性质港口可分为基本港口和非基本港口①。

① 基本港口是指班轮运价表中载明班轮公司的船一般要定期靠泊的港口。非基本港口是除基本港口之外的港口。基本港口一般是直达运输，无须中转，不限制货量，如纽约港、中国香港港、上海港、深圳港等。

（2）类型二：按照港口所属地理位置来看，港口可分为内河港和沿海港①。

（3）类型三：按照港口用途划分，港口可分为商港、军港、渔港、工业港、避风港与旅游港。

（4）类型四：按照潮汐对港口影响程度划分，港口可分为开敞港、闭合港和混合港②。

（5）类型五：按照港城联动及功能耦合程度划分，港口可分为国际枢纽型、全国枢纽型、区域枢纽型、区域副中心型、区域节点型、地方节点型③。

（6）类型六：按照港产城联动及对经济带动不同划分可分为：港航服务型、腹地经济型、全要素型、国际中转型④（见表2－4）。

表2－4　　2021年中国典型港口类型界定分析表

序号	港口名称	类型一	类型二	类型三	类型四	类型五	类型六
1	上海港	基本港	沿海港	工业港	开敞港	全国枢纽型	港航服务型
2	宁波舟山港	基本港	沿海港	工业港	开敞港	区域枢纽型	腹地经济型
3	唐山港	基本港	沿海港	工业港	开敞港	区域节点型	腹地经济型
4	广州港	基本港	沿海港	工业港	开敞港	区域枢纽型	腹地经济型

① 内河港是位于天然河流或人工运河上的港口。按照《中国港口统计年鉴》分类统计口径海岸港和河口港称沿海港口，包括海岸港和河口港，海岸港是指建立在海岸线上或海湾内的港口。河口港是位于河流入海口的河段内，可海运和河运。海岸港和河口港统称海港。

② 开敞港：港口水位潮汐变化和港外相同的港口。闭合港是指港口设闸口，将港口水域和外海隔开使得港口水位不会因退潮而影响的港口。混合港是开敞港和闭合港兼有的港口。

③ 参阅：郭建科等．多功能视角的沿海港口城市体系位序规模结构及耦合类型［J］．地理科学，2020（07）：1050—1061。除国际枢纽型之外，其他类型参阅郭建科等提出的类型。

④ 参阅：陈飞龙．“一带一路”视角下的宁波港口经济圈研究［M］．北京：经济科学出版社，2015。港航服务型港口具有港口规模及港口业务量较小，但航运服务非常发达，航运服务体系完善，国际性航运服务集聚，知识型航运业务发达，拥有全球航运资源配置能力的港口，如伦敦。腹地经济型港口具有港口规模大，港口业务繁忙，基础航运业务发达，背靠庞大的经济腹地，集疏运体系高效便利，自由港政策发达，拥有便利高效的口岸环境，如鹿特丹。全要素型港口是港口规模及港口业务繁忙，基础设施业务依旧具有一定规模，依托金融中心的优势大力发展航运金融等高端航运服务业，形成健全的航运服务体系，高中低端航运要素齐全的港口，如纽约。国际中转型港口是港口规模庞大，港口业务繁忙，基础航运业务非常发达，区位条件非常优越，具有国际中转的天然优势，同时，自由港政策比较发达，拥有便利、高效的口岸环境，税收环境优良，较低的税负条件和优惠政策的港口。

续表

序号	港口名称	类型一	类型二	类型三	类型四	类型五	类型六
5	青岛港	基本港	沿海港	工业港	开敞港	区域副中心型	腹地经济型
6	苏州港	基本港	沿海港	工业港	开敞港	区域枢纽型	腹地经济型
7	日照港	基本港	沿海港	工业港	开敞港	地方节点型	腹地经济型
8	天津港	基本港	沿海港	工业港	开敞港	区域枢纽型	腹地经济型
9	南京港	非基本港	内河港	工业港	开敞港	区域副中心型	腹地经济型
10	中国香港港	基本港	沿海港	商业港	开敞港	国际枢纽型	国际中转型

资料来源：根据作者阅读相关文献整理。

二、上海港港口供应链发展现状

（一）上海港口发展历程与综合发展描述

上海港牢记习近平总书记把上海港“建设好，管理好，发展好”，“要有勇创世界一流的志气和勇气，要做就做最好的，努力创造更多世界第一”的嘱托。为此，上海港瞄准“上海国际航运中心”和“世界一流航运枢纽”建设，凸显在科技、区域、业态三个方面的新突破，保持集装箱吞吐量世界第一地位，同时，提出搭建长三角流域及长三角市场网络服务体系，推进江河海和水公铁一体化发展，重点突破国际中转和航运捎带业务，打造东北亚国际中转枢纽，最终对国内国际双循环战略的服务和支撑作用增强。上海港参与国内外港口投资，通过港口资源整合、老港区功能转换和港口市场开发，逐步形成以码头投资为主体，辐射国内、国外两个市场的跨地区、跨国经营格局。从上海港地理位置来看，上海港“背靠陆地，面向海洋，依临长江，内怀黄浦”，地处长江东西运输通道与海上南北运输通道交汇点，是中国沿海最大的枢纽港，也是中国对外开放、参与国际经济大循环的重要口岸，具有得天独厚的巷道资源和地理区位优势。截至2022年，其拥有300多条国际航线，水域面积3620.2平方千米，其中，长江口水域3580平方千米；黄浦江水域33平方千米，港区陆域7.2平方千米。上海市外贸物资中99%经由上海港进出，每年完成的外贸吞吐量占全国沿海主要港口的20%左右。据中国交通运输部统计数据显示，2021 年上海港货物吞吐量全年为 76970 万吨，仅次于宁波舟山港，位居世界第二；集装箱吞吐量达 4700 万 TEU，连续 12 年蝉联世界第一（见图 2－4）。

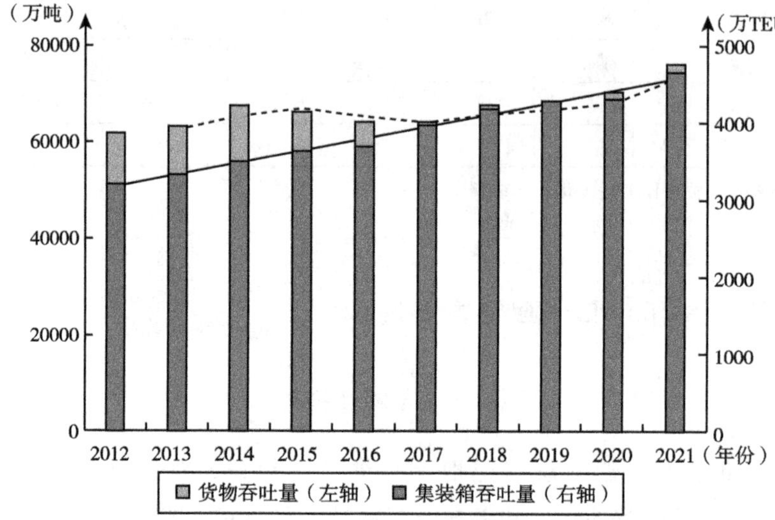

图 2－4　2012—2021 年上海港货物吞吐量和集装箱吞吐量

从上海港发展历程来看，在历史有记载的隋代初年（589—604 年），上海就形成了内河港口市镇。后在五代十国上海青龙镇逐步形成吴越的通商口岸之一，与日本、契丹等有商船往来贸易。后至道光二十二年（1842 年）8 月 29 日，中英签订《南京条约》，上海港就被设为 5 大通商口岸之一。新中国成立之后，经过港口恢复建设，1970 年 11 月 1 日，上海港务局张家港装卸区正式开港投入生产。1987 年 1 月 10 日，上海—武汉长江国际集装箱专线运输开通。之后，1996 年 1 月 6 日，李鹏总理视察上海港时要求把上海建设成为“国际航运中心”，同年 11 月，上海航运交易所成立。为适应加入 WTO 后国际化进程要求，2001 年 3 月，“上海建设国际航运中心”被写入了国家“十五”规划。随后，2003 年，上港集团经原上海港务局完成股份制改造。2005 年 12 月 10 日，上海港洋山深水港区一期工程建成投产，洋山保税港区同时启用，标志着上海港迈入崭新发展新篇章。2006 年 10 月，上港集团成功登录上海证券交易所。

2021年，上海市政府为进一步提升上海国际航运中心能级，编制出台了《上海国际航运中心建设“十四五”规划》，提出了“以习近平新时代中国特色社会主义思想为指导，全面贯彻党的十九大和十九届二中、三中、四中、五中全会精神，深入贯彻习近平总书记考察上海重要讲话和在浦东开发开放30周年庆祝大会上的重要讲话精神，落实《交通强国建设纲要》，融入全球供应链与航运治理体系，推动上海国际航运中心建设由注重速度规模向注重质量效益转变，由重点吸引要素集聚向同步注重互动交流转变，由传统服务驱动向改革创新驱动转变，由相对独立向系统融合发展转变”的指导思想①。经过长年建设，上海港港区陆域主要由长江口南岸港区、杭州湾北岸港区、黄浦江港区、洋山深水港区组成。长江口南岸港区主要以集装箱、油品运输为主，同样具备以煤炭、矿石、钢铁等散杂货装卸、中转以及水上客运为主的大宗散货港区，包括了宝钢、石洞口电厂等大型临港工业服务。杭州湾北岸港区是主要以服务后方企业的液体化工品、煤炭、重大件运输为主的综合性港区。黄浦江港区上游形成了企业专用码头和公共码头共同发展格局，吞吐货物以煤炭、矿建、杂货为主；港区中游重点发展客运、旅游、博览和公共服务；黄埔江下游也属于公用和货主专用码头共同发展，从事外贸件、集装箱和油品等货类装卸及水上客运。洋山深水港主要是上海国际航运中心的集装箱深水枢纽组港区，是上海港参与国际竞争的核心港区。

（二）上海港口供应链产业层分析

以上海港进口商品医疗器械为例，说明上海港医疗器械港口供应链企业的产业图谱。据中国进口海关口岸的贸易数据来看，2021年上海市、北京市、广东省医疗器械进口规模位列全国前三。其中，上海市进口额达249.8亿美元，同比增长24.0%，占比达49.7%，北京市和广东省紧随其后，进口金额和占比分别为96.8亿美元和45.4亿美元，19.3%和9.0%②。这里选择上海港医疗器械进口为案例来分析港口供应链企业的产业图谱。

---

①　参阅：上海市政府颁布的《上海国际航运中心建设“十四五”规划》（沪府发〔2021〕7号）。

②　数据来源：中国海关总署。

从医疗器械的供给层来看，中国医疗器械的进口市场，主要集中在中高端医疗器械市场，前三来源地为美国、德国、日本。据中国海关总署统计数据显示，2021 年美国进口额达到 120.9 亿美元，占比 24.1%，同比增长 19.5%。同比增长最大的是新加坡，达到 61.5%，进口额为 14.0 亿美元，占比为 2.8%。全球排名前十的医疗器械企业为：美国强生（Johnson & Johnson）、瑞士诺华国际（Enova International，Inc.）、美国雅培（Abbott Laboratories）、美国美敦力（Medtronic，Inc.）、美国百特（Baxter International Inc.）、美国丹纳赫（Danaher Corporation）、美国通用电气公司（General Electric Company）、美国 3M、德国西门子（SIEMENS）、美国史赛克（Stryker）。

从医疗器械的需求层来看，三甲及以上医院是高端进口医疗器械最大的需求方。在 2022 年全国两会上，全国政协委员、北京医院心血管内科原主任杨杰孚指出："三甲医院的高端设备，如 CT、核磁、血管造影机、超声心电图等，可以说 90% 都是进口欧美的"。据不完全统计，全国有三甲医院超 3000 家，其中排名前三城市为北京（78 家）、上海（66 家）、广州（62 家）。上海三甲医院包括复旦大学附属儿科医院、复旦大学附属妇产科医院、复旦大学附属华山医院、复旦大学眼耳鼻喉医院、复旦大学附属中山医院、复旦大学肿瘤医院、华东医院、上海交通大学医学院附属第九人民医院、上海交通大学医学院附属瑞金医院等。

从医疗器械的中介层来看，包括港口海关等政府监管机构、港口电子口岸、国家药品监督管理局医疗器械评审中心、医疗器械供应链管理云平台、医保中心、医疗器械行业协会、医院为主体的 B2C 和 B2B 医疗器械电商平台、医院为主体的药企自营平台、进口采购代理等。从平台层与场景层来看，上海港智慧化港口平台是利用自动驾驶、5G 通讯、V2X（车辆与环境互联）、iTOPS（集装箱码头智能操作系统）、BIM（建筑信息模型）等关键技术打造的集智慧化调度、作业以及港口综合服务于一体的平台，可以为港口之间协作、对冲仓储共享以及医疗器械国外生产商提供出口渠道、采购信息以及航运物流信息等综合服务。同时，在场景上，供应链金融机构和金融科技服务商等具有整合资源的主体均在合作共建开发各类港口供应链金融场景。例如，2020 年 9 月 25 日，上港集团与蚂蚁集团在外滩大会签署战略合作协议，共同打造基于区块链的港航生态圈，提升港口生态协作效率以及港口供应链金融服务，进一步推动数字化的智慧港口建设。具体而言，上港集团将推动港航物流关键节点数据上链，同时，上港集团与蚂蚁集团共同研究和推动港航联盟链建设，实现与其他港航网络的跨链互联，共同推进区块链港航生态圈建设。2020 年底，上港集团推出的“智慧港口生产智慧数字化平台”，创新实现了“共享堆场”作业模式。

三、宁波舟山港港口供应链发展现状

（一）宁波舟山港口发展历程与综合发展描述

2020 年新冠肺炎疫情期间，习近平总书记视察宁波舟山港时强调：“港口是基础性、枢纽型设施，是经济发展的重要支撑”，并赋予其建设世界一流强港的更高使命。早期，习近平总书记任浙江省领导时就指出：“港口是宁波最大的资源，开放是宁波最大的优势。”在国家“一带一路”、长江经济带建设和长三角一体化等国家战略以及浙江“新时代全面展示中国特色社会主义制度优越性的重要窗口”等背景下，宁波舟山港打造国内大循环战略支点、国内国际双循环战略枢纽，加快建设“四个一流”港口，统筹推进“三型五化”发展。宁波舟山港成立于 2015 年 9 月，是由宁波市、舟山市境内的港口合并重组而来，是我国大陆重点开发建设的四大国际深水港之一，在区位、航道水深、岸线资源、陆域依托、发展潜力等方面具有较大优势，是世界航线最密集的港口之一。从地理位置来看，宁波舟山港位于我国大陆海岸线中部、“长江经济带”的南翼，为中国对外开放一类口岸，中国沿海主要港口和中国国家综合运输体系的重要枢纽，中国国内重要的铁矿石中转基地、原油转运基地、液体化工储运基地和华东地区重要的煤炭、粮食储运基地。该港口作为上海国际航运中心的重要组成部分，是服务长江经济带、建设舟山江海联运服务中心的核心载体，也是浙江海洋经济发展示范区和舟山群岛新区建设的重要依托。

从港口内部组成来看，宁波舟山港共划分为 19 个港区，其中宁波港包括8个港区，舟山港包括11个港区。其中，北仑、洋山、六横、衢山、穿山、金塘、大榭、岑港、梅山这9个港区为主要港区；嵊泗、岱山、镇海、白泉、马岙这5个港区为重要港区；定海、石浦、象山港、甬江、沈家门这5个港区为一般港区。共有生产泊位620多座，其中万吨级以上大型泊位近170多座，万吨级以上码头主要分布在镇海、北仑、大榭、定海、老塘山等港区；5万吨级以上的大型、特大型深水泊位100多座。自然条件得天独厚，核心港区主航道水深在-22.5米以上，30万吨级巨轮可自由进出港，40万吨级以上超级巨轮可候潮进出，是中国超大型巨轮进出最多的港口，也是世界上少有的深水良港。据浙江省港航管理中心统计数据显示，截至2021年底，宁波舟山港航线数量创下287条的历史新高，较2020年末新增航线27条，其中“一带一路”航线达117条；海铁联运班列增至21条，业务辐射全国16个省（自治区、直辖市）61个地级市，连接100多个国家和地区的600多个港口，是世界上最繁忙的港口之一。2012年以来，宁波舟山港集装箱吞吐量和货物吞吐量均实现了快速增长，2012年集装箱吞吐量为1617万TEU，货物吞吐量为69393万吨，到2021年末，分别达到了3108万TEU和122405万吨，年均增速分别为7.58%和6.60%，成为继上海港、新加坡港之后的全球第三个3000万级别集装箱大港（见图2-5）。

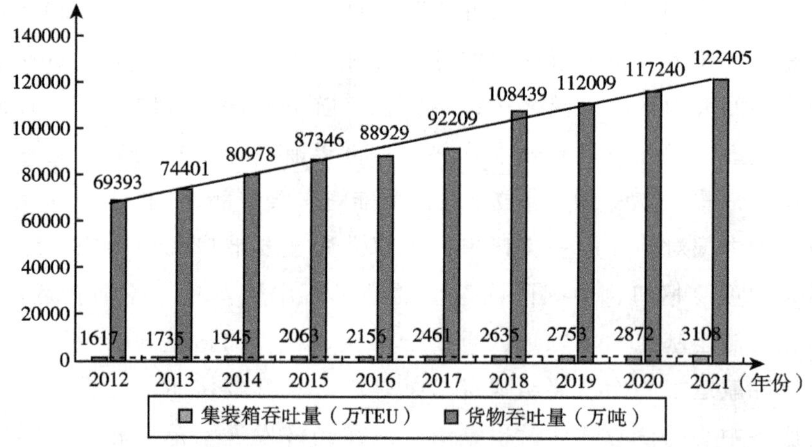

图2-5 2012—2021年宁波舟山港货物吞吐量和集装箱吞吐量

宁波舟山港的发展历程主要划分为四个阶段：

1. 第一阶段：奠基蓄势阶段（1978—2001 年）

1978 年党的十一届三中全会之后，宁波镇海煤码头竣工，并于 1983 年 5 月通过国家鉴定，宁波港因此从河岸港转为河口港。1979 年 1 月，宁波港务局归属交通部领导；同月，北仑矿石中转码头动工，并于 1982 年 12 月竣工，宁波港从此转为海峡港。1991 年 9 月，宁波北仑港首个集装箱码头建成投入使用。1996 年，浙江省出台《宁波舟山港口中期规划》，第一次提出“宁波港和舟山港两港统一规划、统一建设、统一管理”的建设思路。2000 年货物吞吐量突破 1 亿吨成为为数不多的“亿吨大港”。2001 年，宁波港集装箱吞吐量突破 100 万 TEU，排名全球第 49 名。

2. 第二阶段：高速发展阶段（2002—2009 年）

在此期间，宁波港进入了高速发展阶段，2003 年，宁波港国际集装箱码头投入运营。2005 年浙江省委省政府为了充分发挥宁波港与舟山港的优势互补效应，提出了“统一品牌、统一规划、统一建设、统一管理”四个统一的整体发展框架，并于 2006 年正式合并名称为“宁波—舟山港”，同时成立宁波舟山港管理委员会，协调两港一体化重大项目建设。即使历经了 2008 年全球次贷危机的巨大冲击，宁波舟山港集装箱吞吐量也突破了 1000 万 TEU，跃升至全球第 8 位。2009 年，其港口货物吞吐量达到了 5.77 亿吨，之后连续多年保持着全球第一的位置。

3. 第三阶段：全面提升阶段（2010—2019 年）

2011 年，《浙江海洋经济发展示范区规划》获得国务院批准，提出了“三位一体”的港航物流服务体系——大宗商品交易平台、海陆联动集疏运网络、金融和信息支撑服务系统。2015 年浙江省海港集团和宁波舟山港集团有限公司分别成立，宁波舟山港实现了以资产为纽带的实质性一体化，并相继完成对温州港、嘉兴港、台州港和义乌国际陆港等相关港口资产的整合。2015 年集装箱吞吐量突破 2000 万 TEU，超越香港跃居全球第四位。之后，2017 年货物吞吐量突破 10 亿吨，建成了全球第 3 个千万级单体集装箱码头。2018 年集装箱吞吐量达 2635 万 TEU，超越深圳位居全球第三位，牢牢树立起国际集装箱枢纽港地位。2019 年集装箱吞吐量达到了 2753 万 TEU，稳居全球第三位，港口货物吞吐量达 112009 万吨，11 年位居全球第一位。

4. 第四阶段：强港建设阶段（2020 年至今）

习近平总书记视察宁波舟山港时赋予其建设世界一流强港的更高使命。为此，浙江省委省政府牢记习近平总书记嘱托，于 2021 年初发布了关于深入贯彻《交通强国建设纲要》，建设高水平交通强省的实施意见，明确提出要建成世界一流强港、现代化内河航运体系、世界领先的轨道交通体系。之后，2021 年 6 月 30 日，浙江海港集团出台《浙江省海港集团、宁波舟山港集团“十四五”时期宁波舟山港建设世界一流强港规划纲要》（浙海港战〔2021〕238 号），标志着集团层面的宁波舟山港建设世界一流强港规划纲要正式发布实施。同月，浙江省政府印发了《浙江省海洋经济发展“十四五”规划》再次强调：“打造宁波舟山港世界一流强港。完善世界一流港口设施，打造世界级全货种专业化泊位群，创建智慧绿色平安港口，持续提升宁波舟山港在国际货运体系中的枢纽地位。着力打造宁波东部新城和舟山新城两大航运服务高地，打造一批航运服务新载体。创建多式联运示范港，加快海港、河港、空港、陆港、信息港联动发展”。

（二）宁波舟山港的智慧化建设

从港口供应链产业链图谱一般构成来看，宁波舟山港主要包括港口商品供给企业群、港口商品需求企业群、港口运营及监管服务、智慧化港口以及港口供应链金融系统。宁波舟山港信息化建设主要通过其全资子公司——宁波港信息通信有限公司（简称“信通公司”）来组织实施，从事港航物流行业信息化的规划、设计、开发、集成、服务等工作，服务对象包括码头、海关、船公司、船代、货代、堆场、车队等航海物流企业，主要包括：核心操作系统（Nucleus）、港航物流数据平台（Platform）、智慧化信息管控（Information）、创新技术成果孵化（Creative）四个部分。其中核心操作系统涉及集装箱系统、散杂货系统和智慧化作业；港航物流数据平台涉及综合物流、多式联运、口岸服务；智慧化信息管控涉及业务管理、人力资源、财务管理、安全管理等；创新技术成果孵化涉足区块链、云计算、大数据、物联网、人工智能、5G 北斗、边缘计算等。具体而言：

第一，采用了 CBOS 业务管控，实现了货运协同、调度集中和商务监管的一体化，与各集装箱码头、各散杂货码头、银行、游港轮驳、外理、铁路等港内外业务单元构建了上下业务协调联动、对外服务协同统一、信息共享互联、多种通信信息资源有效支撑的业务管控体系。在集装箱信息化领域，采用了舵码头云部署，覆盖至北三集司、北二集司、梅山、甬舟等多家集装箱码头公司，在技术上使用了集装箱码头生产操作系统（n－TOS3.0）和集装箱码头中心业务处理系统（CTOS3.0），并拟打造以集装箱生产作业系统＋智能设备调度控制系统（n－TOS＋iECS）为核心的集装箱码头自动化、智能化解决方案，在梅山、甬舟等码头率先自动化应用，实现桥吊与龙门吊远程控制自动化作业和无人车调度，优化作业效率、提升作业安全性。同时，还设立了公共信息服务平台、统一预约平台、统一结算平台，设计了自动化、作业控制、智慧运营、第三方集成以及智能监控预警单元。对港口堆场管理，采用了卫星图、界面图和堆场扫描图技术进行可视化作业管理。对船舶管理，采用了船舶轮廓图、浏览图和截面图技术进行可视化作业管理。

第二，构建了海港协同平台（EDI）、多式联运调度系统和集装箱揽货服务平台。首先，EDI 平台服务对象由传统的港口运营板块向其他板块延伸，逐步为航交所、大宗商品交易中心等提供数据服务。据 EDI 最新统计数据显示，截至 2021 年 12 月底，拥有用户 1500 家，用户数总数近 2 万人；报文交互 300 余种，日均报文量超 20 万个，其应用程序编程接口（Application Programming Interface，API）平台为码头、口岸单位、船公司、船代、货代、堆场等 80 多家内外部用户提供近 200 个 API 数据接口服务，月均 API 调用次数约 1 亿次。其次，打造了多式联运调度系统，完善了“水水中转、海铁联运、集卡高效运转”等多式联运平台的功能，对内统一自动化的转运调度算法，优化节省了人力成本，提高作业和机械使用效率，创新可视化应用支撑海铁联运的发展。此外，在集装箱揽货服务平台上，形成了以对外统一揽货、对内统一调度、统一口岸服务和相关物流操作系统的体系建设，从而实现数据上下游互动，补充形成对整个物流链的数据支撑。

第三，构建了大宗散货数字供应链平台、智慧办公系统和统一的云数据中心。宁波舟山港以港口业务和全程物流为主线，应用区块链技术等，打造散杂货单一窗口，推动流程优化再造和散杂货业务的标准化、规范化、无纸化发展，实现港口业务、贸易交易、全程物流、商务结算和金融服务的功能全覆盖。在智慧办公系统上，打造了以集团财务管控平台为核心，物资业务管控、人力资源管控、工程技术管理、企业资产管理和办公自动化系统结合。在统一的云数据中心领域，宁波舟山港为实现港口物流服务电子化、网络化、无纸化和自动化，搭建宁波舟山港云平台，利用云平台多种网络访问、资源池化等特征，为应用提供可靠稳定的基础平台，实现港口物流信息资源的整合，降低港口物流服务成本。云数据平台是实现港口信息服务平台一体化建设的基础，能够节省港口 IT 运营成本，提高 IT 运营效率，主要包括：基础设施层、资源池层和云服务层，其中基础设施层主要划分为宁波北仑数据中心、舟山数据中心、温州港、嘉兴港等，云服务层拥有计算、存储、网络、灾备、大数据等功能。

四、深圳港港口供应链发展现状

（一）深圳港口发展历程与综合发展描述

2020 年 10 月，习近平总书记在深圳经济特区建立 40 周年庆祝大会上发表重要讲话，习近平总书记指出："要抓住深圳港、粤港澳大湾区建设的历史机遇，利用好自身优势，主动融入国家发展大局，开拓新的发展空间，坚持合作共赢，加强与港澳之间的资源协同配合，深入推进深圳港建设"。2019 年 2 月，国务院印发了《粤港澳大湾区发展规划纲要》，明确提出"作为粤港澳大湾区的最主要港口，深圳港势必担负着重要的发展使命与历史担当，不仅要推动粤港澳大湾区内部资源合理配置、优势互补、互利共赢，更迫切需要增强深圳港国际航运综合服务功能定位，建设成为地区发展特色、产业积极导向、国际服务定位的全新港口"。

深圳港地处珠江三角洲地区，是中国沿海主要港口之一和华南地区非常重要的集装箱干线港口。随着珠三角经济区经济联系更加紧密，深圳港的辐射能力不断加强，成为对外开放的重要门户。深圳港是中国沿海的主要港口，是全国综合运输体系中的重要枢纽，以发展集装箱运输为主，兼顾能源、部分杂散货物运输，并同时发展物流、金融、保险、信息、旅游等现代服务业，是中国进一步提升国际竞争力、参与全球经济竞争与合作的重要战略资源。从港口内部组成来看，深圳港拥有“蛇口、赤湾、妈湾、东角头、盐田、福永机场、沙渔涌、内河”8个港区，港口水域面积106平方千米，陆域面积16平方千米，分为西部港区和东部港区，形成“两翼、六区、三主”的总体格局：“两翼”指东、西部两大港口群，“六区”指东部的盐田、大鹏港区和西部的南山、大铲湾、大小铲岛和宝安港区，“三主”指以集装箱运输为重点、体现深圳港核心竞争力的盐田、南山和大铲湾三大主体港区。从港区分工及定位来看，南山港区是集装箱干线港的重要组成部分，依托集装箱运输发展现代物流，兼具邮轮、旅客和散、杂货运输及修造船等多功能的综合性港区。大铲湾港区是集装箱干线港的重要组成部分，依托集装箱运输发展现代物流。大小铲岛港区以成品油和液体化工品运输为主。宝安港区以散、杂货运输和旅客运输为主，适度发展集装箱驳船运输。盐田港区是集装箱干线港的重要组成部分，依托集装箱运输发展现代物流。大鹏港区以成品油、液体化工品、液化气运输为主，兼顾水上旅游客运功能，是深圳港东部能源储运基地。

从深圳市港务管理局公布的2012—2021年港口吞吐量及集装箱吞吐量数据来看，截至2021年底，深圳港已开辟国际班轮航线221条，通往100多个国家和地区的300多个港口，三大联盟班轮航线挂靠深圳港的数量超过100条，位居全球港口首位。2021年，深圳港集装箱吞吐量达到了2877万TEU，货物吞吐量则达到了27838万吨，年均增速分别为7.65%和2.74%。2022年，深圳港集装箱吞吐量有望突破3000万TEU大关，成为全球重要的集装箱大港，较2012年建设水平大幅度提升（2012年深圳港集装箱吞吐量为1704万TEU，货物吞吐量为22325万吨）（见图2－6）。

深圳港的发展历程主要划分为四个阶段：

1. 第一阶段：设施建设起步发展阶段（1978—1991年）

1978年12月召开的党的十一届三中全会确立了以经济建设为中心的

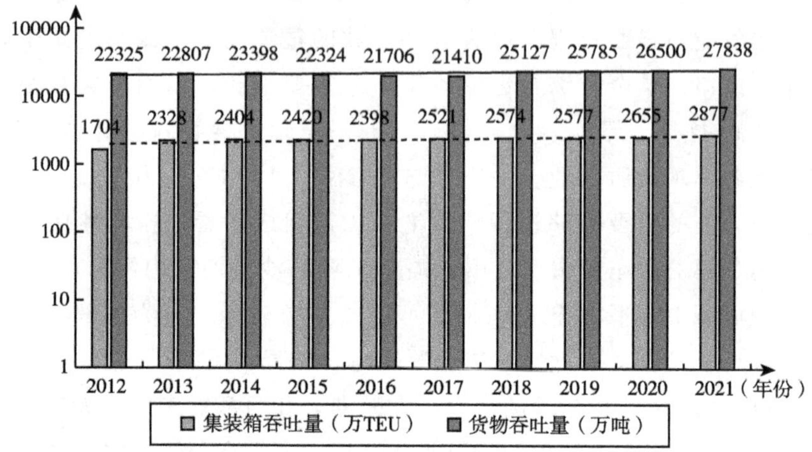

图 2-6　2012—2021 年深圳港货物吞吐量和集装箱吞吐量

总体指导方针。1980 年 8 月，深圳经济特区设立，地域包括今罗湖、福田、南山、盐田四个区。1984 年 1 月，邓小平在深圳蛇口视察工作说道："你们搞了个港口，很好"。从地理区位来看，蛇口的对岸就是中国香港，无论从港航物流的便利性，还是经济对外开放而言，在深圳蛇口布局建设港口，再用海上运输将贸易商品运输到蛇口港是最便利的方式，后续深圳招商局陆续修建了蛇口港、赤湾港，此时赤湾港区开始尝试与挪威、丹麦等国进行"散装化肥"中转，标志着深圳港开始具备了远洋运输港的功能，此阶段相继有大型散粮码头、东角头石油码头等码头的建设，奠定了深圳港作为华南远洋运输港的重要地位。因此，从本质而言：该阶段深圳港的建设主要以散杂货专业泊位和通用码头泊位为主。之后，1991 年，蛇口集装箱码头建成并开辟了蛇口至中东的航线，紧接着赤湾集装箱码头开辟了至欧洲的定期集装箱运输班轮。这时期深圳港开始尝试涉足集装箱专用码头的建设，标志着深圳港从单一的散货码头向集装箱专用码头转型升级。

2. 第二阶段：依托腹地经济快速发展阶段（1992—2000 年）

1992 年全面启动改革开放之后，中国经济进入爆发期。1993 年 10 月，盐田港集团与香港和黄集团合资建设经营盐田港区集装箱码头后，翻开了深圳港建设经营集装箱码头的新一页。1994 年盐田港区一期工程投产，先后多家国际班轮公司开辟了盐田至欧洲、美洲的航线。同时，盐田港的建设使深圳拥有了东西部两个集装箱运输港区。之后，1999 年深圳港以发展集装箱运输为主，增加了集装箱远洋航线及航班密度，扩展腹地范围，加快新建集装箱码头。据《2000 年中国港口统计年鉴》数据显示：1999 年深圳港完成港口货物吞吐量 4663.4 万吨，同比增长 35.4%，继续位列全国内地港口的第 8 位；集装箱吞吐量完成了 298.6 万 TEU，同比增长了 53%，继续位列内地港口第 2 位，但在全球集装箱港口排名从第 17 位上升到第 11 位，快速增长的主要原因在于：港口腹地经济、珠三角地区和深圳市持续快速增长的叠加以及班轮航线、航次卸装量等均大幅提升。

3. 第三阶段：对外开放和改革赋能阶段（2001—2014 年）

2001 年中国成功加入世贸组织（WTO）标志着对外开放进入新阶段，深圳作为经济特区，加上珠三角经济腹地经济优势以及深圳市政府部门机构改革，深圳港持续快速发展。据《2002 年中国港口统计年鉴》数据显示：2001 年深圳港货物吞吐量达 6642.5 万吨，同比增长 16.6%。集装箱吞吐量达到 507 万 TEU，同比增长 27.1%，在全球集装箱港口的排名升至第 8 位，是继上海港之后中国第 2 个进入全球前 10 位的港口。同时，2001 年深圳市政府部门机构改革全面完成，撤销了深圳市运输局、深圳市港务管理局，设置了深圳市交通局（加挂深圳市港务管理局牌子），实现了港口、公路、水路、城市公交、航空、铁路、邮政等方面管理职能一体化管理，步入了大交通协同管理体制阶段。之后至 2005 年底，全球 50 家船公司在深圳开辟了周班航线 154 条，同比净增 23 条。10 多家船公司在深圳港开辟了国内沿海港口内贸班轮航线 21 条。2005 年深圳港进出口港船舶 25.8 万艘次，同比增长 17.35%[①]。从港口运输货物来看，散杂货吞吐量约占深圳港的 95%，深圳港已发展成为华南最大的粮食中转港、矿石中转港和散化肥中转港。

4. 第四阶段：转型升级和结构优化阶段（2015 年至今）

期间受国际经济形势疲软的影响，2016 年深圳港的集装箱吞吐量有

① 数据来源：《中国港口统计年鉴 2006》。

所回落，2015—2017 年深圳港货物吞吐量出现了少有的“三年跌”，之后在转型升级和结构优化驱使下，2018 年重新步入稳定发展时期。2016 年底，深圳推出“深圳组合港—绿色港口链”项目，鼓励和引导货主采用“水水中转”和“海铁联运”等运能大、能耗小、污染轻的绿色运输方式，降低公路运输比例，深圳港港口发展模式开始谋求转型升级。据统计，2017 年，深圳港完成货物吞吐量 2.41 亿吨，同比增长 12.73%；集装箱吞吐量 2520.87 万标准箱，同比增长 5.13%。2017 年，深圳港完成集装箱驳船运输吞吐量 463.37 万标准箱，同比增长 9.16%；完成国际中转吞吐量 455.20 万标准箱，同比增长 2.08%①。2018 年以来，受珠三角产业变迁、广州港发展迅猛、中美贸易摩擦以及世纪疫情等多重因素叠加及港城融合矛盾突出、港口后方陆域空间用地不足等内部因素的共同交互，深圳港正逐步进入转型升级和结构优化阶段。同时，从宏观背景而言，在国内国际双循环新格局、碳中和、新一轮科技革命等背景下，深圳港亟须在绿色化、智慧化、港产城人文融合等港口建设转型升级与结构优化。

从深圳区位来看，深圳建设“中国特色社会主义先行示范区”以及《粤港澳大湾区发展规划纲要》为深圳港再次腾飞提供了机遇。从港口发展的角度看，深圳港首先希望强化其作为华南地区集装箱枢纽港的地位，并配合深圳市节能减排政策，向未来绿色港口发展。其次在港口智慧化，这既包括港区作业的智能自动化，也包括港口运营管理及监管、服务的智慧化，尤其是单一窗口的建设。这一时期，深圳市相继出台《深圳市港航发展“十三五”规划》《深圳市绿色低碳港口建设五年行动方案（2016—2020）》《关于促进深圳港加快发展的若干意见》，并辅以《深圳市现代物流业发展专项资金管理办法》和《深圳市绿色低碳港口建设补贴资金管理暂行办法》产业资助政策，系列政策更注重基础设施建设，逐步完善集疏运体系；更注重集装箱货运能力，迎合区域产业结构优化调整；更注重生态环保，适当调减散杂货运功能。与此同时，深圳港也将不断加强区域经济合作，借力粤港澳大湾区发展动能，积极深化对外

---

① 数据来源：《中国港口统计年鉴 2006》。

通道建设。据统计，2021 年深圳港完成集装箱吞吐量 2877 万 TEU，同比增长 8.36%，完成货物吞吐量 26500 万吨，同比增长 5.05%[①]。

在政策的助推下，“十三五”期间，智慧港口工程建设在全国范围内有序开展，并在示范港口重点实施。2019 年 8 月，“粤港澳大湾区南沙智慧港口区块链平台”成功上线并全面开放试用。2020 年 8 月，深圳妈湾智慧港成功将 4 个老旧散杂货泊位转型升级成 5G 智慧泊位。深圳妈湾智慧港成为中国散杂货码头中率先完成自动化改造的码头。2021 年 4 月，广东省发布《广东省人民政府关于加快数字化发展的意见》，提出发展智慧交通，加快港口基础设施智能化升级改造，形成智能网联汽车与智慧交通协同发展的政策机制和商业模式。

在政府的支持和统筹力度方面，深圳市交通运输局推进了港口操作智能化建设，同时推动口岸“通关 + 物流”的一体化服务联动。此外，还印发了《关于促进深圳港航业发展的若干措施》政策，并出台了港口信息化建设措施。为推进业务一体化协同及交通数据共享，深圳市交管局在港航信息化建设上按“深圳市交通运输一体化智慧平台”方案推进，此项目重点构建了综合感知体系，并强化港航大数据智慧赋能。同时，深圳市交通运输局还将新增无人驾驶电动拖车补贴，为港口运输智能化给予支持。深圳市相关部门计划在“十四五”期间出台港口信息化、智能化建设的措施，提高港口运输组织服务的创新力，加强港口各主体信息间的互联互通，构建信息化、智能化的绿色智慧港口生态圈。

（二）深圳港口供应链产业层分析

根据中国深圳海关统计数据，2021 年 1—11 月深圳进口机电产品 1.15 万亿元，增长 13.7%，占同期深圳市进口总值的 79.4%；出口机电产品 1.37 万亿元，增长 18.6%，占同期深圳市出口总值的 80.3%，比重较去年同期提高 4.1 个百分点。由此可见，深圳港进出口商品中机电产品占绝大部分，这里选择以深圳港机电产品进出口为案例来分析深圳港口供应链企业的产业图谱。

---

① 数据来源：深圳市交通运输局公布的 2021 年统计数据。

从机电产品的供给层来看，深圳机电产品的进口市场，主要集中在集成电路、自动数据处理设备及其零部件、手机零件产品市场，分别进口6247.6亿元、1025亿元、863.2亿元，增长20%、8.8%、10%，音视频设备及其零件增长35.9%。而深圳机电产品的出口市场中，电脑等自动数据处理设备及其零部件、手机、音视频设备及其零件、家用电器等消费类电子电器产品出口保持增势，合计出口4498.6亿元，增长20.9%，拉动整体出口5.1个百分点；电工器材、集成电路分别出口1349.4亿元、1198.5亿元，增长25.1%、12.4%；液晶显示板、液晶监视器分别增长47.2%、114.4%。深圳机电产品进出口前三来源地为中国香港、东盟、中国台湾，分别占比20.1%、14.8%、10.2%。

从机电产品的需求层来看，深圳机电产品的主要需求方是亚太地区的广大消费人群。作为与深圳同频共振“土生土长”的集团，深圳华为有限公司、深圳创维集团等企业，经过30多年的发展，已经拥有了巨大的全球化市场，其手机、电脑、液晶电视等产品在亚太地区乃至全球十分畅销。

从机电产品的中介层来看，华为等民营企业巨头、招商集团、港口海关等政府监管机构、港口电子口岸成为主要的深圳机电产品制造、管理、运营方。从平台层与场景层来看，盐田国际、赤湾航港、蛇口集装箱码头（SCT）、华南国际等一系列深圳物流企业巨头为机电产品在各环节间提供了物流运输服务支持。与此同时，针对企业供应链高速运转的需求，深圳海关隶属前海海关通过“一企一策”助力创维集团紧固生产链条，将其纳入“企业集团加工贸易监管”改革试点，实现保税料件可在各生产基地跨关区自由流转，帮助企业生产管理一体化运作；引导企业用足用好认证经营者（AEO）优惠政策，运用“高级认证企业优先办理”专窗，设置“一对一”企业帮扶联络员，线上办理即刻响应，实现企业申报“零延时”、贴身服务“零距离”，让企业更快享受高信用通关便利。前海海关在保障企业高效通关的同时服务企业生产和销售，为深圳全年外贸增长提供了稳定支撑。

同时，从场景层来看，深圳在建设供应链金融体系方面也在不断做出尝试。深圳市供应链金融协会于2019年9月成立并正式揭牌，这是粤港湾大湾区首个市级供应链金融协会。目前，深圳已经发展成为国内供应链金融最为发达的地区之一，供应链金融是深圳新的"城市名片"。之后，2020 年，深圳市地方金融监督管理局披露《深圳市扶持金融科技发展若干措施（征求意见稿）》，鼓励供应链金融发展，并积极推进深圳港口运营商招商集团与当地金融科技公司加强合作，共建港口供应链金融系统。

五、广州港港口供应链发展现状

（一）广州港口发展历程与综合发展描述

广州港位于珠江入海口和珠江三角洲中心地带，濒临南海，毗邻香港和澳门，东江、西江、北江在此汇流入海，是华南最大综合性枢纽港和集装箱干线港口。从港口内部组成来看，广州港区水域跨广州、东莞、深圳、中山、珠海五市，由海港和内河港组成。首先，海港由内港港区、黄埔港区、新沙港区、南沙港区和珠江口水域锚地组成，岸线总长 400 余千米。内河港是广东省内河重要港口，由番禺港区、五和港区、新塘港区组成。各个港区具体情况如下：南沙港区码头泊位共 92 个，其中，万吨级及以上泊位有 16 个，10 万级泊位有 2 个，12 万级泊位 1 个。南沙港区集装箱设计通过能力为 990 万 TEU，石油化工码头设计能力 3975 万吨。南沙港区内共有 27 家码头企业，其中有 13 家企业码头取得危险货物港口作业资格。南沙港区已开通 65 条国际航线增加了班轮密度，53 条"穿梭巴士"集装箱驳船支线已基本覆盖珠三角港口群，15 个无水港已将集货敛货体系辐射到泛珠领域，建立了粤港跨境货栈（超级中国干线）。新沙港区是华南地区最大的内陆港口，现已建成 3.5 万吨级泊位 10 个，最大可停泊 11 万吨级轮船，设备先进，装卸、仓储、疏运快捷便利，年吞吐量达 3600 万吨以上。黄埔港区位于南海珠江河口内，广州市东南侧，距市中心 15 千米，距香港 88 海里，航道水深 9 米，港区内设有铁路专用线，与京广、广深铁路相连，通往全国各地。内河航道与珠江三角洲河网及珠江水系相通，陆路直通 105 国道、广深、京珠高速公司等主要干道。在腹地经济持续快速发展的推动下，广州港货物吞吐量持续增长。

2012年广州港集装箱吞吐量为1455万TEU，货物吞吐量达到了43149万吨。2021年，广州港集装箱吞吐量达到了2477万TEU，货物吞吐量则达到了65130万吨，年均增速分别为7.80%和5.66%，是全国第四大港（见图2－7）。

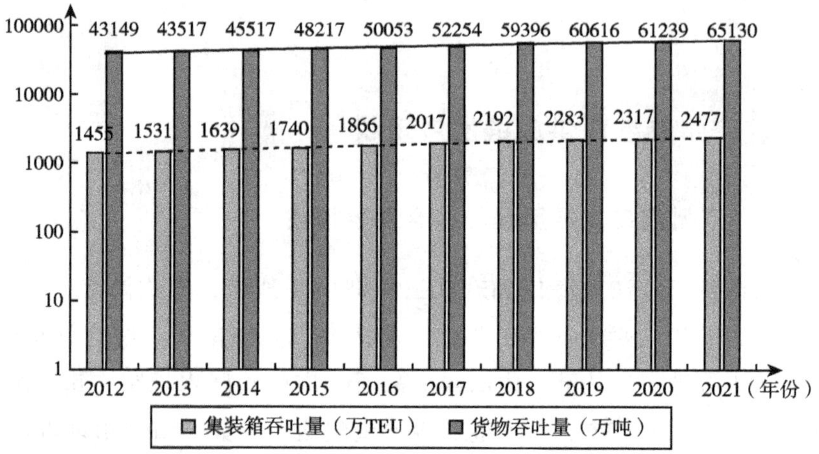

图2－7 2012—2021年广州港货物吞吐量和集装箱吞吐量

广州港的发展历程主要分为四个阶段：

1. 第一阶段：港口修复和恢复营业阶段（1949—1977年）

从广州港发展历程来看，历史上的广州是中国对外贸易的重要港口，有贸易往来记录的可以追溯到战国时代。到了唐朝时期，随着对外贸易的发展，广州港成为当时世界最著名的港口之一，当时中国海外航线都是从广州港出发，途经南海、中南半岛、印尼群岛，再经印度洋至阿拉伯半岛。进入民国以后，广州港长期以来的中国外贸中心枢纽港的地位逐步被上海港和大连港所取代。抗日战争爆发后，广州港完全殖民地化，水路运输陷入瘫痪状态。1949年10月新中国成立之后，广州港凭借优越的地理位置和悠久的历史传统，在1949年12月恢复港口生产以及水路交通运输枢纽功能作用，后来黄埔港经修复于1950年10月对外开放营业。1957年，广州港已与33个国家港口有贸易运输往来，货物吞吐量928万吨，旅客吞吐量243万人次。

2. 第二阶段：市场经济建设与对外开放赋能阶段（1978—2000 年）

1978 年党的十一届三中全会确立了以经济建设为中心的发展方针之后，广州港货物吞吐量以每年 8% 的速度递增，在 1978—1988 年的 10 年期间，广州港货物吞吐量递增速度为新中国成立初期的 20 多倍。随着经济建设的不断深入，广州港口由单一的装卸运输服务向“一业为主，多种经营”的多功能方向转化。1999 年，广州按照中央经济工作会议、原交通部和广州市委市政府工作部署，努力提高港口的市场占有率，实施“政企分开，集团经营，建立现代企业制度”改革，设立了广州港资金结算中心，实施工效挂钩制度。1999 年广州港货物总吞吐量首次超过 1 亿吨，成为内地沿海港口第二个跨入亿吨大港的行列。同时，继续实施了“科技兴港”战略，推出了国际集装箱 EDI 系统、新风集装箱管理系统，并发布了 35 个装卸工艺规程。

3. 第三阶段：融入国际市场和政企分开改革赋能阶段（2001—2016 年）

2001 年中国加入 WTO，广州港珠三角的腹地经济优势进一步助推港口发展，广州港融入国际市场进了新篇章，同年广州港启动工资制度和物资采购改革，并将下属长期亏损的“船务公司”和“港澳船务公司”合并重组，合并重组的船务公司逐步退出内河运输和压缩非集装箱业务。2001 年广州港持续快速发展，据 2002 年中国港口统计年鉴统计数据显示，广州港的全港、本港货物吞吐量、全港、本港集装箱吞吐量、营业总收入、职工收入六项指标创造了历史新高，2001 年全港货物吞吐量完成了 1.28 亿吨，位居全国沿海港口第三位。到了 2004 年，根据国务院相关精神，广州港在广州市政府指导下实施了“政企分开”体制改革，提高港口运营效能。2004 年广州港完成货物吞吐量 2.25 亿吨，集装箱吞吐量 330.4 万标箱，排名居世界港口第七位，中国沿海港口第三位。随后改革赋能广州港，吞吐量大幅增长，同时，2005 年是广州港政企分开的元年，全年完成货物吞吐量 1.59 亿吨，同比增长 15.5%，集装箱吞吐量 315.6 万 TEU，同比增长 47.8%。2015 年是国际大宗商品需求最为紧缩的一年，受到美元升值以及新兴市场需求不振影响，大宗商品价格跌入了历史低点，进入 2016 年，更是步入国际航运低迷期，广州港加快调整结构，实施了深水航道扩宽工程、南沙汽车滚装码头、南沙港区四期工程、南沙国际邮轮等项目建设，深水航道从-13.5米浚深至-17米，通航等级从5万吨提高到15万吨，实现了河口港向海港的历史跨越。2016年广州港完成货物吞吐量5.44亿吨，同比增长4.5%，居全球第六位，完成集装箱吞吐量1886万TEU，同比增长7.0%，居全球第七位。

4. 第四阶段：信息化建设和国际航运枢纽提质阶段（2017年至今）

2021年广州市委市政府印发了《建设广州国际航运枢纽三年行动计划（2021—2023年）》，行动计划从建设功能完善的基础设施、大力发展多式联运、打造便捷高效的物流服务、提升航运服务发展能级、强化智慧港口建设、持续优化港航营商环境、推进建设绿色安全港航、深化港口交流合作等八方面，提出了25条任务和5条保障措施。同年，交通运输部公布了13家“智慧港口示范工程名单”，其中广东省被评为互联网+港口物流智能服务示范工程。自动化码头建设是中国智慧港口发展的基础，在政府的大力支持下，2021年6月2日，广州港南沙四期工程实船联合调试成功，自动化码头TOS系统已经具备了实际工况运行的能力。2021年4月，广州市政府发布《广州市国民经济和社会发展第十四个五年规划和2035年远景目标纲要》，要求建设世界级港口群，到2025年，省万吨级以上泊位超380个，港口货物吞吐能力达21亿吨，高等级航道达到1445千米。2021年5月，广州港南沙港区四期工程创新融入新一代物联网感知、大数据分析、云计算、人工智能、5G通信等先进技术，成功打造全球首创“北斗导航无人驾驶智能导引车+堆场水平布置侧面装卸+单小车自动化岸桥+低速自动化轨道吊+港区全自动化”的新一代智慧码头。同时，广州港全面深化智慧港口“一个中心、六大平台”的建设，提升信息化、智能化、智慧化与数字化服务能力和水平，瞄准“便捷可靠的客户体验、开放协同的港口生态、高效安全的智能码头、透明可视的智能管理”目标，打造开放协同的智慧港口生态圈。

（二）广州港口供应链产业层分析

根据中国广州海关统计数据，2021年1—12月广州高新技术产品进口总额1738亿元，约占2021年广州进口贸易总额的29%，这里以广州高新技术产品进口为案例分析广州供应链企业的产业图谱。在全球百年之未有大变局及世纪疫情背景下，中国高新技术企业加大“专精特新”产品的研发投入，以科技加速业态蝶变、以创新驱动产业升级，在不断扩大国际市场份额的同时，外贸竞争新优势进一步凸显，其中尤其以广州港为典型。从高新技术产品的供给层来看，广州高新技术产品的进口市场的前三大来源地为东盟、日本、欧盟，达到1291亿元、1014亿元、852亿元，分别占比21.5%、16.9%、14.2%。通过区域全面经济伙伴关系协定（RCEP）的签署实施，中国与东盟诸多国家以及日本达成关税减让承诺，在汽车制造等高新技术产业带来实质性利好。

从高新技术产品的需求层来看，深圳高新技术企业群是最主要的需求方。从企业进口的高新技术产品总值来看，广州立白企业集团有限公司、中科院广州化学有限公司等公司排在前列。这些企业通过购买相关行业国外先进的技术产品，并持续进行研究开发与技术成果转化，从而形成企业的核心自主知识产权，并以此为基础开展自身的经营活动。

从产业链的中介层来看，广州港集团、广东省高新技术企业协会、广州高新技术企业产业群、广州市政府成为主要的广州高新技术产品制造、管理、运营方。从平台层与场景层来看，中远海运、鑫顺物流、锦通物流等一系列全国性物流巨头以及广州本地物流企业为高新技术产品从国外进入广州以及后续配送到各个需求企业提供了物流运输服务支持。培育科技创新策源功能、发展高新技术产业是实现高质量发展、高水平开放的重要途径。针对辖区科研企业众多，广州南沙集中打造现代海洋产业、人工智能、生命健康、航空航天等创新型产业集群，对企业设备进口进行专项政策研究，量身定制多套解决方案供企业选择。引导企业运用“提前申报”“两步申报”等模式申报，实行进口设备减免税办理“当天受理、当天过审”优化通关监管模式，支持货物快速通关放行。创新目的地检验模式，对高新技术产品及设备实施远程监管，实现“即到即放即安装”，推行“分批安装、整体查验”和“随到随检”等监管模式，支持货物进口快速通关。此外，广州港积极落实RCEP享惠配套政策，针对精密仪器等设备实施入区不检验、出区检验政策。

从港口场景层来看，广州港集团积极布局航运金融等业态，2020年

10月，广州港集团首个持牌金融机构——广州港集团财务有限公司正式开业运营，并为属下新沙公司、水产集团“放”出开业第一单。广州港财务公司为广州市第三家国企运营的财务公司，标志着大湾区港口实现产融结合、推动航运金融发展迈出关键性一步。广州港集团财务公司的建设坚持产融结合、相互促进的理念，对内充分发挥“资金归集平台、资金监控平台、资金结算平台、金融服务平台”四个平台功能，为集团各单位提供专业、优质的金融服务，为推动降本增效提供资金支持。对外借助自身产业金融服务枢纽地位，打造港口特色供应链金融服务平台，有效实现航运资源整合及价值最大化，以高效的资本运营、融资服务和金融创新支持港口物流业务的功能提升和服务优化。广州在发展航运服务领域提升空间较大，以广州港为载体发展航运金融等服务业将是提升广州航运地位的重要途径。

六、青岛港港口供应链发展现状

（一）青岛港口发展历程与综合发展描述

青岛港位于山东半岛南岸的胶州湾内，是中国沿黄河流域和环太平洋西岸的国际贸易口岸和中转枢纽，青岛港由青岛老港区、黄岛油港区、前湾新港区和董家口港区等四大港区组成。按照规划，青岛港将形成“一湾两翼辖六区”的总体发展格局，即青岛港将环胶州湾和南翼董家口、北翼鳌山湾布局发展，下辖老港、黄岛、前湾、海西湾、董家口和鳌山湾共六大港区的格局。其中前湾、董家口及鳌山湾为重点港区 。青岛港将以集装箱干线运输和原油、矿石等大宗物资运输为主，积极发展邮轮经济，加快现代物流、大宗商品交易、航运服务等，兼顾海洋装备制造和海洋资源开发支持保障基地等功能，着力调整结构、优化布局，逐步发展成特色鲜明、设施先进、功能完善、高效便捷、绿色智慧、港城协调的现代化、综合性的世界一流强港。

青岛港各港区功能定位：老港区以国际邮轮等旅客运输为主，兼顾集装箱和城市物资运输，积极拓展商贸、金融、信息、文旅等功能。黄岛港区以液体散货运输为主，为国家石油储备基地、临港石化企业及腹地炼化企业提供运输服务。前湾港区是青岛港集装箱运输的重点港区，以外贸集装箱干线运输为主，兼顾干散货、商品汽车滚装、件杂货运输功能，积极提升港口现代港航服务和保税物流、商贸、信息服务等功能。海西湾港区以服务造船、修船、海洋工程建造等临港工业为主，深化军民融合功能。董家口港区是青岛港持续发展的重点港区，以石油及制品、金属矿石、煤炭、液化天然气（LNG）等大宗物资和集装箱运输为主，兼顾粮食、钢铁、木材等货物运输，拓展港口冷链物流等特色功能，逐步提升商贸、综合服务等功能。鳌山湾港区是青岛港长远发展的重要港区，以服务地方经济社会发展和海洋战略新兴产业为基础，结合青岛东部湾区城市及产业发展需要，逐步拓展港口运输、商贸物流、综合服务等功能。青岛港经过多年建设和管理体制改革，货物吞吐量和集装箱吞吐量持续稳定增长，根据中国交通运输部发布的数据显示：青岛港 2021 年完成货物吞吐量 63029 万吨，同比增长 4.3%；完成集装箱吞吐量 2371 万 TEU，同比增长 7.8%（见图 2－8），青岛港口货物吞吐量和集装箱吞吐量分别位居中国沿海港口第四位和第五位，外贸吞吐量位居中国沿海港口第二位。

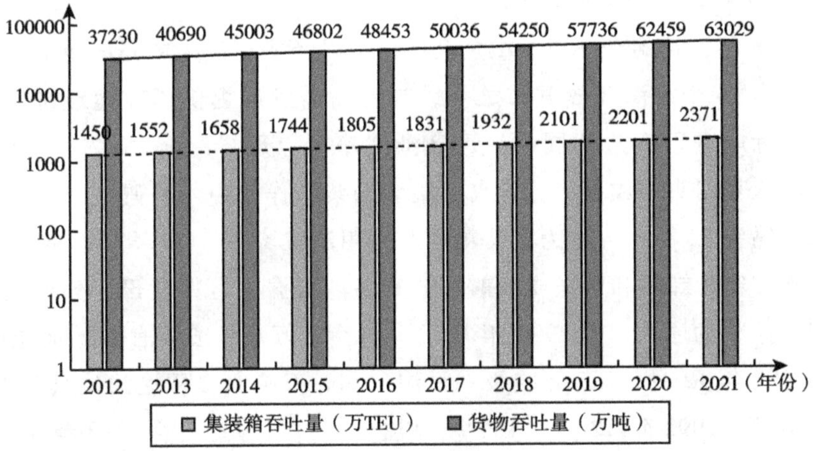

图 2－8 2012—2021 年青岛港货物吞吐量和集装箱吞吐量

青岛港的发展历程主要划分为四个阶段：

1. 第一阶段：港口修复建设和建设起步阶段（1949—1977 年）

1949 年 6 月 2 日，青岛率先解放，青岛港发展迎来了新局面。青岛解放时，青岛港共有 6 座码头，从 1 号码头到 6 号码头，泊位护木断裂，混凝土板桩断裂，码头几乎无法使用。新中国成立之后，青岛港提出了“以港养港”“以航养航”的治港方针。后来，青岛港实施了全面恢复工程，重新测量水深，疏浚航道和建设港池，恢复工程全面推进施工，码头作业和港口管理被修复，在此期间，青岛港运营得到同步的恢复和发展。1950 年码头初步修复后，港口的吞吐量比 1949 年增长了 1.17 倍。到了 1952 年，青岛港的吞吐量恢复，增长到了 132.1 万吨。1966 年，青岛港务局将 4 号煤炭码头改建成一个坑道式专用码头，利用 2 台卸车机、1 台堆垛机以及在地下坑道里的皮带运输机，使煤炭装卸实现机械化。1968 年，青岛港务局建成一座雄伟壮观年吞吐量达到 450 万吨的机械化装卸煤炭专用码头——7 号码头。进入 20 世纪 70 年代，青岛港吞吐量迅速提升，1973 年，青岛港吞吐量达 1000 万吨，1974 年老港区 8 号码头开工建设，1976 年，青岛港开始第一次集装箱业务，同时，黄岛一期油码头建成投产，该码头年输出量可达 1000 万吨。之后，1977 年建成青岛港客运站。

2. 第二阶段：经济建设和改革开放赋能阶段（1978—2000 年）

1978 年，党的十一届三中全会作出了以经济建设为中心的重大决策，青岛成为 14 个沿海开放城市之一，为青岛港发展提供了腹地经济优势。在对老港区进行改造的同时，青岛港战略重点逐步跨海西移。1985 年，青岛港八号码头建成投产，青岛港集装箱装卸作业由六号码头 42 泊位迁至八号码头 52 泊位，作为集装箱作业专用泊位。1987 年，青岛港拥有第一台集装箱装卸桥和两条支线航线。青岛港根据“分期建设、分期投产、分期受益”的原则，至 1990 年 12 月，两个 2 万吨级杂货泊位提前建成投产。1991 年 12 月，2.5 万吨级木材泊位和 5 万吨级多用途泊位具备靠船作业条件。1992 年 12 月，4 个顺岸泊位通过国家验收。1993 年 10 月，“青云岭”轮在煤码头首次进行煤炭装箱作业，取得成功。同年 12 月，前湾一期工程 6 个万吨级深水泊位全部通过国家验收。1996 年 4 月 1 日，青岛港集装箱运输电商数据交换管理系统（EDI）正式开通。之后，1999 年，青岛港牢牢把握装卸生产的主方向，相继举行台湾至华东、华北集装箱班轮航线，中国—澳大利亚国际集装箱班轮航线及远东至欧洲集装箱班轮航线首航仪式。同年3月，满载14万吨出口煤炭的“亚马逊”轮从煤码头装船起航，是青岛港历史上煤炭装船实载量最大的船舶。据《2000年中国港口统计年鉴》数据显示，1999年青岛港全年完成货物吞吐量7256万吨，同比增长3.4%，集装箱吞吐量完成了154.2万TEU，同比增长了27.1%。港口经济效益在国家经济建设和改革开放背景下稳定增长，1999年港口总收入13.9亿元，同比增长23.3%，完成利税1.23亿元，同比增长28%。

3. 第三阶段：融入国际市场和政企分开改革赋能阶段（2001—2013年）

进入21世纪后，青岛港在中国加入WTO大背景下，主动谋划融入国际市场，吹响了“挺进西海岸”的号角，同时，强力推进青岛前湾新区建设，使青岛港横跨胶州湾，为以后的重大布局调整和战略发展夯实了根基。2001年青岛港全面推进“实施一大转移，发展两大中心，建设八大工程，带动十大关联产业”战略规划，2001年全年货物吞吐量跨越两个千万吨级大台阶，完成10398.3万吨，同比增长20.4%，成为中国综合性国际亿吨大港。2003年，青岛港通过加强货源组织、输运工作，实现了1年万TEU、单机效率每小时70.3自然箱、单船每小时339自然箱、装卸船时效率381自然箱以及集装箱船舶靠泊后30分钟通关等世界纪录。在港口管理上，实施了政企合一，以企为主改制为企业集团，并建立现代企业制度。2010年3月，中国交通运输部和山东省人民政府联合批复了《青岛港总体规划》，青岛港通过实施“节能减排、装卸效率提升、建设改造、科技兴港以及合资合作”，极大地推动了青岛港综合运营水平提升，2010年货物吞吐量达到35012万吨，同比增长11%，集装箱吞吐量1201万TEU，增长17.1%。接着，2013年青岛港采用“引航站、海事交管中心、中央调度室、轮驳”四调合一新模式，集团实施了全面预算框架，加快老港区邮轮母港开放建设，重点推进了人机、人货分离等改革，优化能源进口结构。2013年青岛港货物吞吐量4.5亿吨，同比增长10.6%，集装箱吞吐量1551万TEU，同比增长7%。

4. 第四阶段：启动第四代港口和现代港口服务体系建设（2014年至今）

2014年6月，青岛港在香港联交所挂牌，正式登陆国际资本市场，青岛港以更加开放的姿态搭建国际化发展平台。2014年青岛港瞄准第四代港口趋势，对内整合资源，加快构建集装箱、干散货、件杂货和液体散货四大综合物流体系，组建了青岛货运，新增集装箱新增了11条外贸航线，同时，2014年强化了成本控制，加大港口资源的统一调配，推进设备“管用养修”精细化管理。2014年，青岛港货物吞吐量达4.68亿吨，集装箱吞吐量达1658万TEU。2015年，青岛港牢牢把握“以经济效益为中心”，不断创新市场运销模式，实施“青港货运+装卸公司”联动，加快配置集运输、船代、货代、保税、加工、仓储、查验、金融于一体的增值服务，“门到门”、定制式全程物流初现成效。2015年，青岛港精准把握新常态，发力金融、国际化和互联网三大战略，在金融战略上，推动港银合作、产融结合的新金融业态不断完善，搭建全国首个港口和银行共同建设的“互联网+金融+实体”的“银港通大宗商品贸易融资信息系统”，推动了交易、保险、应收账款保理等业务发展；在国际化战略上，青岛港与马来西亚关丹港等6个国际港口建立合作关系，与马士基合资运营意大利瓦多利古雷港等项目取得突破，与迪拜环球港务集团、巴基斯坦瓜达尔港、柬埔寨西哈努克港深化合作，同时开通了“青岛—郑州—中亚”直通班列；同时，规划启动了智慧港建设，启动了电子口岸“一站式”申报系统和全面预算管理平台系统上线。

2016年启动了青岛港绿色港口建设。2017年6月，交通运输部评选确定了10个省（区、市）的13个智慧港口示范工程项目，主要聚焦信息服务平台建设、港口监控系统等方面，其中山东省被评定为港口物流电商云服务平台示范工程，在政策的助推下，“十三五”期间，青岛港已建成自动化码头并投入运行，大幅降低作业成本，提升作业效率。青岛港自动化码头的建设，成为青岛智慧港口发展的基础。之后，青岛港编制了《青岛港总体规划（2018—2035年）》，提出要调整港区功能布局，完成青岛港总体规划修编，进一步明确港口定位。2021年6月29日，全球首个智能空中轨道集疏运系统在山东港口青岛港建成投用。据交通部统计数据显示：2021年，青岛港集装箱吞吐量达到了2371万TEU，货物吞吐量则达到了63029万吨，年均增速分别为7.06%和7.70%，是全国第五大港。在智慧港口建设领域，2022年3月12日，在“日邮维纳斯”轮作业中，青岛港自动化码头桥吊单机作业效率达到52.7自然箱/小时，第8次刷新装卸效率世界纪录。

（二）青岛港口供应链产业层分析

根据中国青岛海关统计显示，2021年青岛市外贸进出口总值8498.4亿元，自2017年以来连续第5年刷新历史新高，在全国15个副省级城市中，仅次于深圳、宁波、广州和厦门，位居第5位，比2020年提升1位，进出口总值比2020年增长32.4%，较2019年增长43.5%，占2021年山东省进出口总值的29%。这里以青岛港大宗商品进口为案例分析青岛港供应链企业的产业图谱。

从大宗商品的供给层来看，青岛大宗商品进口市场的最主要商品为铁矿砂、原油，分别占青岛市大宗商品进口的30.1%、30.8%，前三大贸易市场为东盟、美国、欧盟。山东国际大宗商品交易市场充分发挥青岛自贸片区“国家级新区、自贸试验区、海关特殊监管区、进口贸易促进创新示范区”的叠加优势，依托山东港口青岛港区位优势，面向东北亚，建设了具有国际影响力的贸易中心和定价中心，具有定价优势和贸易优势。

从大宗商品的需求层来看，青岛化工企业、青岛大宗商品交易中心、山东国际大宗商品交易市场、青海汇海大宗商品现货交易市场是其最主要的需求方。全球央行为了刺激经济不断印钞，芯片、钢铁、原煤炭、铁矿石等国际大宗商品价格不断疯涨，部分产品涨幅达100%，并在下游产业链不断传导，大宗商品交易成为近期备受关注的热点。作为全国重要的大宗商品交易集散地，青岛自贸片区进口原油占全国进口原油的18.2%，青岛口岸是全球第二大橡胶交易口岸和全国最大的纸浆、棉花进口口岸，地位举足轻重。

从产业链的中介层来看，青岛港集团、青岛自贸片区、国物流与采购联合会、青岛大宗商品交易中心是其主要的港口运营与监管商。中创物流、中国外运、中远海运、德邦物流等一系列全国性物流巨头以及青岛本地物流企业为大宗商品从国外进入青岛以及后续配送到各个需求企业提供了物流运输服务支持。2021年以来，青岛海关推广“先放后检”“边卸边混”“边装船、边检测”等模式改革，保障物资快速通关，助力打造大宗商品集散中心。根据海关总署公告，进口原油“先放后检”模式自2021年10月起实施。继进口铁矿、锰矿等之后，进口“原油”也可以享受到海关“先放后检”检验监管模式改革红利。

从场景层来看，2020年，金融贸易成为新一年的重要发力点，青岛港口整合成立了金控板块，以港航生态圈层的需求为导向，发挥各成员单位的金融贸易综合优势，握指成拳，积极协作，探索契合港口客户需求的金融服务模式。2020年1月，山东港口旗下金控板块联手发力，日照港大宗商品交易中心与青港商业保理公司紧密配合，创新推出基于交易平台的港口货物供应链保理业务，成为港口打造世界一流的金融贸易港的生动实践。2020年2月，青岛市发布《关于促进全市供应链金融发展的指导意见》，2021年3月，山东省发布《关于加快推进世界一流海洋港口建设的实施意见》，助力国际航运贸易金融创新中心攻势，推进青岛港供应链金融创新规范发展，强化金融服务实体经济。

七、天津港港口供应链发展现状

（一）天津港口发展历程与综合发展描述

天津港位于淮河入海口，处于京津城市带和环渤海经济圈的交汇点上，是首都北京和天津市的海上门户，地处渤海湾西端，背靠雄安新区，辐射东北、华北、西北等内陆腹地，连接东北亚与中西亚，是中国北方重要的综合性港口和对外贸易口岸，中国北方最大的综合性港口。天津港是中国华北、西北和京津地区的重要水路交通枢纽，已形成了颇具规模的立体交通集疏运体系。从港口内部组成来看，天津港水域分为内河水域和海港水域。内河水域为海河港区，东起新港船闸，西至二道闸，长39.5千米的水域范围；海港水域西起新港船闸，东至大沽口锚地，北至北大防波堤，南至大港港区南侧与港区陆域所围成的水域范围。现有海河港区、北疆港区、南疆港区、东疆港区、大沽口港区、大港港区、高沙港区和北塘港区8个港区。海河港区是最主要的港区，位于海河的两岸，为从新港船闸至二道闸之间的海河水1域，全长约21海里。港区河道狭窄多弯，几乎没有超过200米的直道。海河近几年基本没有淤积，河床基本没有变化，水深主要受海河水位的影响，河内水位也因季节不同而变化较大，故船舶进出受限制。海河港区沿海河南、北两岸规划分为14个作业区，主要包括集装箱、件杂货及专业散货泊位作业区。海河港区主要为天津市内贸物资运输和海河沿岸企业物资运输、仓储、中转加工等服务的港区，并具有旅游服务等功能。2012年至今，天津港发展迅猛。2012年青岛港集装箱吞吐量为1230万TEU，货物吞吐量达到了45338万吨。2021年，天津港集装箱吞吐量达到了2027万TEU，货物吞吐量则达到了52954万吨，年均增速分别为7.06%和7.70%，是全国第六大港（见图2-9）。

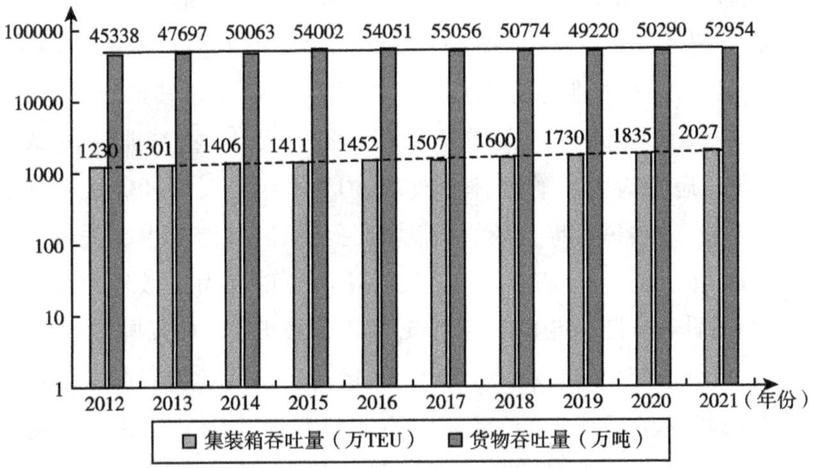

图2-9　2012—2021年天津港货物吞吐量和集装箱吞吐量

青岛港的发展历程主要划分为四个阶段：

1. 第一阶段：恢复建设和起步发展阶段（1949—1977年）

天津港的历史最早可以上溯到汉代，自唐代以来形成海港，1860年正式对外开埠，是我国最早对外通商的港口之一。1949年10月，新中国成立后经过3年恢复性建设，于1952年10月17日重新开港通航。1958年，中央决定进行新港第二期（即第三码头）建港工程，并将其列为国家“二五”期间重点建设项目。新港二期建港工程，于1961年全部竣工。共新建5个泊位及库场、供水、照明等配套设施，为以后十多年的港口生产创造了一个较好的前提条件。1959年，在我国遭受三年自然灾害、物资供应极度匮乏的情况下，天津港开始第二次港口扩建工程。1966 年，天津港新建万吨级以上泊位 5 个，吞吐量一举突破 500 万吨，结束了天津港不能全天候接卸万吨巨轮的历史。之后，1973 年天津港开始了第三次大规模扩建，港口面貌日新月异，吞吐量逐年增长，经济效益不断提高，1973—1978 年的短短 6 年中，港口建设总投资共达 49205 万元，是天津港前 23 年（1950—1972 年）基本建设投资总和的 4.9 倍。

2. 第二阶段：改革开放背景下的快速发展阶段（1978—1999 年）

1978 年，党的十一届三中全会的重大决策为天津港发展带来契机。天津港于 1978 年开始建设了中国第一座国际集装箱专用码头，1981 年 12 月建成投产。在原交通部的筹划下，1983 年天津港采取新建或改造原有件杂货码头的办法，按照国际通行的标准建造集装箱专用码头。1984 年前后，上述 3 港都正式投产，并成立了集装箱装卸公司。同年，为了激发港口经营活力，实施了“以收抵支、以港养港”改革以及“双重领导、地方为主”管理体制改革。1988 年，天津港完成货物吞吐量 2109 万吨。从 1998 年开始，天津港在全国沿海港口中率先进行了老码头升级改造，建设了新的专业化集装箱泊位群和大宗散货泊位群，全面实施航道疏浚工程，港口等级由 5 万吨级提升到 10 万吨级、15 万吨级、20 万吨级、25 万吨级。自 1993 年起，天津港货物吞吐量连续四年实现千万吨级递增。到 1999 年，天津港内部改革进一步深化，港口生产稳定快速发展，1999 年全港完成货物吞吐量 7298 万吨，集装箱完成了 130.2 万 TEU。

3. 第三阶段：融入国际市场的（2000—2015 年）

2001 年是加入 WTO 的元年，也是天津港发展历史上具有里程碑意义的一年，全港货物吞吐量突破亿吨大关，成为中国北方第一个亿吨国际大港，同年 12 月，集装箱突破 200 万 TEU，实现了历史性跨越。2002 年天津港努力发展港口生产建设，港口吞吐量持续增长，完成货物吞吐量 1.29 亿吨，集装箱吞吐量 240.8 万 TEU。此后，又以每年 3000 万吨的增长速度高速发展，2004 年突破 2 亿吨，成为北方唯一的两亿吨大港；集装箱超过 380 万标箱，吞吐量进入世界港口前十名，集装箱排名第十八位。2005 年，天津港完成 10 万吨级航道和大型油码头的建设，建成深水大港和集装箱中转港及中国北方的航运、物流中心。2006年是天津港“十一五”发展规划的开局之年，该年港口基础设施建设取得重大进展，南疆12号大型散货泊位工程，神华煤码头工程，北港池集装箱1—4号码头工程，25万吨级航道一期工程等重点工程如期完工。截至2006年底，天津港共拥有生产用泊位119个，码头长度22871米，年通过能力23388万吨。之后，借助国家“一带一路”建设、京津冀协同发展、建设中国（天津）自由贸易试验区、滨海新区开发开放、国家自主创新示范区等五大战略的优势叠加，天津港在国际化、管理体制改革、整合资源、港口功能等方面推动北方国际航运核心区的建设。据2016年中国港口统计年鉴数据显示，截至2015年底，天津港口拥有各类泊位173个，万吨泊位119个，泊位岸线长度38729米，年通过能力1131万TEU，已建成新港、大沽沙、大港区3条航道。2015年完成货物吞吐量5.4亿吨，集装箱吞吐量1411万TEU。

4. 第四阶段：智慧化和绿色港口建设阶段（2018年至今）

在中国交通运输部把天津港列为京津冀港口智慧物流协同平台示范工程政策的助推下，天津港加快建设世界一流绿色智慧枢纽港口，创新推出了一揽子智慧化、绿色化项目，例如，天津港集装箱码头北区持续优化作业工艺和流程，升级自动化核心系统项目；18种主要业务单证全部电子化，探索“5G+自动驾驶”项目；沿海港口中首个全级次、全业态、全功能的“业财资税”财务共享中心项目；C段智慧化集装箱码头——全球首创的传统集装箱码头全流程自动化升级改造项目等。这些项目的推出和实施提升了天津港智慧化水平。2021年9月，天津市政府对天津港提出了具体发展方向，发布了《天津市推进北方国际航运枢纽建设条例》，指出天津市要推进世界一流的智慧港口、绿色港口建设。在推进港口智慧化建设水平的同时，天津港继续强化港口运营能级的提升，从港口吞吐量统计数据来看，天津港2018年货物吞吐量44604万吨，世界排名第九。集装箱吞吐量完成1600.4万TEU，同比增长6.2%。2020年，天津港集装箱吞吐量完成1835万TEU，同比增长6.1%。之后，2021年，天津港集装箱吞吐量首次突破2000万TEU，达到2026.94万TEU，同比增长10.4%。在绿色港建设上，2021年12月15日天津港推动了零碳码头智慧绿色能源系统在天津港第二集装箱码头成功并网发电，是全球首个港口“风光储荷一体化”智慧绿色能源项目。

（二）天津港口供应链产业层分析

据中华人民共和国天津海关统计，2021 年天津市进出口总值 8567.4 亿元，比 2020 年增长 16.3%。机电产品继续保持天津市第一大类进口商品，2021 年进口 2528.6 亿元，增长 10.5%，占同期天津市进口总值的 53.9%。主要进口的机电产品中，飞机进口 114 架，增加 83.9%，占全国进口总量的 57.6%，价值 411.8 亿元，增长 81.5%；汽车进口 5.96 万辆，减少 13%，占全国进口总量的 6.3%，价值 314.1 亿元，增长 12.9%。汽车和飞机等大型机电产品的进口总值占天津机电产品进口总额的 34.6%。这里以天津重型机电产品进口为案例分析天津供应链企业的产业图谱。

从重型机电产品的供给层来看，天津重型机电市场的最主要商品为空载重量超过 2 吨的飞机、汽车（包括底盘）、航空器零部件。欧盟、东盟、美国、韩国和日本是天津市前五大贸易伙伴，分别进出口 1900.8 亿元、1066.5 亿元、934.2 亿元、776.8 亿元和 645.4 亿元，同比分别增长 27.9%、10.5%、12.8%、15%和下降 1.3%。同期，天津市对“一带一路”沿线国家合计进出口 2107.8 亿元，增长 16.1%；对 RCEP 国家进出口 2832.2 亿元，增长 8.3%。进出口贸易伙伴更加多元。

从重型机电产品的需求层来看，国内的航空公司是天津进口飞机的主要需求方。2021 年，天津港进口飞机 114 架，占全国进口量的 57.6%。此外，天津港平行进口车闻名于全国，全国各地的 4S 店、个人消费者是天津港汽车及其零部件的主要需求方。平行进口车车型多样化，配置多样化，个性化选配比较丰富，不像中规车源只是 4S 店从厂单定购的固定的几个配置，同等配置价格更低。与此同时，各类车型改装技术成熟，改装配件齐全，改装价格比当地要低很多。

从产业链的中介层来看，天津港集团、天津港国际货代有限公司、天津机电进出口有限公司、天津市政府是其主要的港口运营与监管商。从平台层来看，中远海运、中国外运、天津外带和德迅中国—天津等一系列全国性物流巨头以及天津本地物流企业为重型机电产品进入天津港以及后续配送到各个需求企业提供了物流运输服务支持。

从场景层来看，2021 年 6 月天津市人民政府办公厅印发的《天津市金融业发展“十四五”规划》指出为推进天津金融业高质量发展，要坚持聚力创新、做强优势、提升功能、补齐短板、守住底线的发展原则，在“十四五”时期基本建成服务实体有特色、监管稳定有成效、改革创新有活力的金融创新运营示范区。天津作为北方重要的贸易、航运和金融中心，拥有良好的产业基础和供应链金融发展氛围。对天津供应链金融方面强调，要进一步提升融资租赁、商业保理、基金在天津的产业聚集发展势能，巩固行业优势地位。同时还要借助自贸试验区、金融牌照齐全和港口等优势，发展供应链金融，为服务国内大循环和国内国际双循环提供金融支持。天津港作为中国北方最大的综合性港口和目前中国唯一拥有三条亚欧大陆桥通道的港口，已同全球 180 多个国家和地区的 500 多个港口建立贸易往来，这一巨大的优势让天津自贸区发展新型供应链金融拥有了天然的便利条件。2021 年 5 月，中国—天津供应链金融产业（人才）联盟在天津滨海新区成立，有效推进供应链金融产业在天津和滨海新区聚集，加强与天津港口及制造业优势有机融合，助力天津打造新的支柱产业，并推动国家供应链金融创新，打造产融深度融合的“中国金融模式”。

八、北部湾港港口供应链发展现状

（一）北部湾港口发展历程与综合发展描述

北部湾港位于广西壮族自治区南部北部湾，是中国沿海主要港口之一，地处华南经济圈、西南经济圈与东盟经济圈的结合部，是中国内陆腹地进入中南半岛东盟国家最便捷的出海门户。2019 年国家发展改革委印发了《西部陆海新通道总体规划》，明确指出“提升北部湾港在全国沿海港口布局中的地位，打造西部陆海新通道国际门户”，广西北部湾建设成为国家“一带一路”建设的重要内容。依据广西壮族自治区政府发布实施的《广西北部湾港总体规划》，广西北部湾港包括“一港、三城、八区、多港点”：“一港”即广西北部湾港；“三城”指防城港域、钦州港域与北海港域；“八区”即：广西北部湾港规划期内重点发展的渔澫港区、企沙西港区、龙门港区、金谷港区、大榄坪港区、石步玲港区、铁山港西港区、铁山港东港区八个枢纽港区；“多港点”是指主要为当地生产生活及旅游客运服务的规模较小的港点。防城港是我国大陆海岸线最西南端的深水良港，是全国 25 个沿海主要港口之一，是中国西部地区第一大港、东进西出的桥头堡、西南地区走向世界的海上主门户。

钦州港位于北部湾湾顶的钦州湾内，三面环陆，南面向海，区位优势突出，交通便捷发达，是我国西南主要出海通道中陆路运输距离最短的出海口。钦州港是国家重要港口，定位为广西临海工业港。北海港地处广西南陲，南海北部湾畔，是我国西南地区的重要出海口，广西沿海主要外贸港口之一。北海港按统计范围来分，全港包含北海市区内的商用和专业货主码头。按管辖来说，北海港管辖北海老港区，石步岭港区，铁山港港区和大风江港区。北海老港区、石步岭港区是在营运港区，铁山港港区在建设中，大风江港区是规划建设港区。据历年中国港口统计年鉴数据显示：2012 年至今，北部湾港集装箱吞吐量和货物吞吐量实现高速发展。2012 年北部湾港集装箱吞吐量为 127 万 TEU，货物吞吐量达到了 15331 万吨，2021 年，北部湾集装箱吞吐量达到了 601 万 TEU，货物吞吐量则达到了 35822 万吨，年均增速分别为 41.47% 和 14.85%（见图 2－10）。

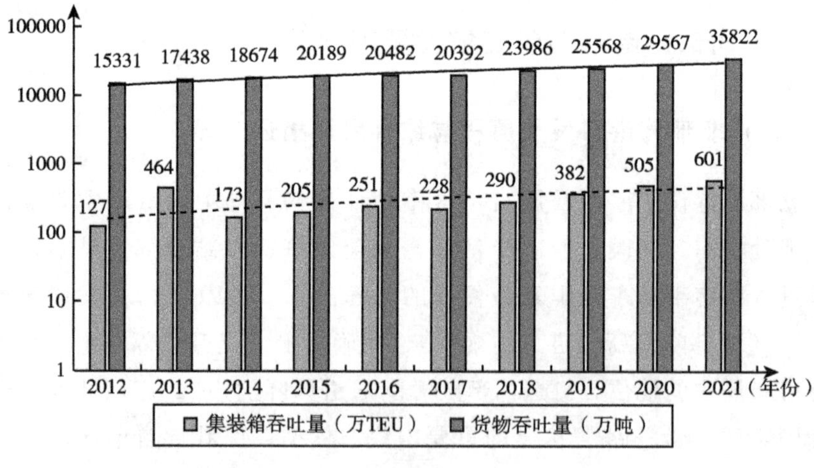

图 2－10 2012—2021 年北部湾港货物吞吐量和集装箱吞吐量

北部湾港的发展历程主要划分为三个阶段：

1. 第一阶段：合并前恢复建设与起步发展阶段（1978—2006 年）

在 2007 年北部湾港合并之前，港口之间因缺少统一规划和资源整合，导致北部湾港的港口与港口之间建设协同弱、分工协作差以及港产城联动不足。北部湾港合并之前主要是防城港域、钦州港域与北海港域三个港区。首先，防城港是中国 25 个沿海主要港口之一，是广西最大海港，也是国家一类对外贸易口岸，是国家重要的建材进出口基地、粮油加工基地、煤炭储备配送中心。防城港建设追溯到 1968 年 3 月，党中央和国务院批准动工兴建防城港，定名为“广西 322 工程”。1973 年 10 月，防城港第一个万吨级深水泊位动工兴建；1975 年 3 月，防城港第一个深水泊位建成；1987 年，防城港全面开港营运。其次，钦州港是中国西南海岸上的天然深水良港，背靠西南，面向东南亚，地理位置优越，是中国西部沿海唯一的保税港区。钦州港始建于 1992 年，1994 年 2 个万吨级起步泊位投入使用，1997 年成为国家一类口岸正式对外开放。而北海港位于广西南端，濒临南海，面向东南亚，背靠大西南，毗邻越南及广大、海南两省，是东南亚、西亚、非洲、欧洲抵达我国大陆海上航程最近的港口之一，是广西对外开放的主要港口，是港湾航道畅通、港阔水深的天然良港。北海港建设追溯到 1969 年，当初就拥有千吨级小轮码头。之后，1983 年作为全国 14 个开放开发的沿海城市，北海港第一个万吨级泊位建成投产。

2. 第二阶段：港口重组合并下的快速发展阶段（2007—2014 年）

为解决广西沿海港口之间的协作问题，2007 年 2 月，广西开全国先河，将跨行政区划的钦北防 3 个港口进行资产重组，成立北部湾国际港务集团有限公司。2008 年 3 月，北海港的第一、第二大股东将持有的上市公司 40.79% 股权无偿划转至北部湾港务集团，使北部湾港务集团成为北海港股份公司的控股股东，真正实现了广西沿海“三港合一”。2008 年 5 月，国务院批准在钦州港设立中国第六个保税港区——钦州保税港区，成为中国西部沿海的保税港区。2009 年 12 月，北海港、钦州港、防城港开始对外统一启用“北部湾港”名称。截至 2009 年底，广西北部湾港共有生产性泊位 211 个，其中万吨级以上泊位 46 个，泊位长度 4.66 万米，最大靠泊位能力 20 万吨。2009 年，广西北部湾港共完成货物吞吐量

9407.9 万吨，集装箱吞吐量 34.87 万 TEU。经过几年的港口建设，港口吞吐量大幅度提升。截至 2014 年底，北部湾港共有生产性泊位 249 个，其中万吨级以上泊位 74 个，码头长度 33503 米，最大靠泊能力 20 万吨。2014 年全年完成货物吞吐量 20189 万吨，集装箱吞吐量 112 万 TEU。

3. 第三阶段：国际枢纽港和智慧港的爆发期发展阶段（2015 年至今）

为了进一步支撑西部陆海新通道的国际枢纽港建设，广西北部湾港于 2015 年 10 月挂牌成立了广西北部湾港口管理局，对北部湾防城港域、钦州港域与北海港域进行垂直管理。2017 年 4 月，习近平总书记考察坐落于广西北部湾的北海市铁山港公用码头。习近平总书记做出指示，要求“立足独特区位，释放海的潜力，激发江的活力，做足边的文章，全力实施开放带动战略”。与此同时，习近平总书记强调：“向海之路是一个国家发展的重要途径”，“写好海上丝绸之路新篇章，港口建设和港口经济很重要”，“把北部湾港口建设好、管理好、运营好”，“为广西发展、为‘一带一路’建设、为扩大开放合作多作贡献”。从功能定位上看，钦州港重点发展集装箱运输，防城港港重点发展大宗散货和冷链集装箱运输，北海港重点发展国际邮轮、商贸和清洁型物资运输。经过几年建设，2021 年广西北部湾港共完成货物吞吐量 20482 万吨，集装箱吞吐量 141.5 万 TEU。在智慧化港口建设方向，2019 年广西壮族自治区政府发布《广西北部湾经济区对接粤港澳大湾区建设实施方案》，方案指出要开展北部湾“智慧海洋”工程试点，与大湾区共建“泛北部湾区域全息海洋大数据平台”。推动粤港澳电信运营商、行业龙头企业参与中国—东盟信息港南宁核心基地建设，共同推进珠江—西江经济带（广西）航运数据中心、中国—东盟港口物流信息中心等重大项目建设。2021 年，广西壮族自治区政府发布《广西北部湾国际门户港建设三年行动计划（2021—2023 年）》指出，智慧港口建设将是未来北部湾港融入“一带一路”建设的重要发展方向，也是广西实现“门户、支点、通道”建设的核心载体。

（二）北部湾港口供应链产业层分析

据中华人民共和国南宁海关统计，2021 年，广西外贸规模再创新高，进出口 5930.6 亿元，比 2020 年增长 21.8%。其中出口 2939.1 亿元，增长8.6%；进口2991.5亿元，增长38.3%。此外，北部湾经济区6市进出口4839.6亿元，占广西2021年进出口总额的81.6%，成为广西外贸实现稳增长的重要引擎。从出口商品品类来看，机电产品出口占比近6成。2021年，广西机电产品出口1744.5亿元，增长18.2%，占同期广西外贸出口总值的59.4%，其中自动数据处理设备及其零部件出口352.7亿元，增长24%。这里以北部湾经济区自动数据处理设备及其零部件为案例分析北部湾港供应链企业的产业图谱。

从自动数据处理设备及其零部件的供给层来看，北部湾港市场的最主要商品为汽车及其零部件、生产车间半导体设备精密零部件、计算机及其零部件等。民营企业稳居供给自动数据处理设备及其零部件的主体。2021年，民营企业进出口3664亿元，增长13.4%，占同期广西外贸进出口总值的61.8%。同期，外商投资企业进出口1030.1亿元，增长31.7%。

从自动数据处理设备及其零部件的需求层来看，2021年广西对新兴市场增势显著。2021年，对RCEP其他成员国进出口3209.1亿元，增长18.9%，占进出口总额的54.1%。其中，对东盟进出口2821.2亿元，增长18.8%。同期，对新兴市场进出口增势显著，对拉丁美洲、非洲分别增长50.4%、32.1%，分别较同期广西外贸整体增速高28.6个、10.3个百分点。广西特色优势产业出口潜力逐步释放。随着广西传统优势产业不断发展壮大，产业优势逐步转化为出口优势。2021年，广西出口汽车76.9亿元，增幅高达189.6%；2021年，广西出口汽车零配件46.6亿元，增长34.7%。北部湾港集团公告显示，2021年越南等东盟国家的汽车企业自中国采购汽车零配件的力度不断加大，需求进一步提升。

从产业链的中介层来看，北部湾港集团、北部湾经济区规划建设办、“北港网”智慧服务平台是其主要的港口运营与监管商。从平台层与场景层来看，广西物产投资发展集团有限公司、广西柳钢物流有限责任公司、广西玉柴物流股份有限公司等本地物流企业为自动数据处理设备及其零部件产品的出口提供了物流运输服务支持。与此同时，北部湾经济区建设了智慧港口的门户服务平台——“北港网”。“北港网”以客户服务为中心，将发挥互联网扁平化、交互式、快捷性优势，推出更精准、更高效、定制化的客户服务产品，提供可视化物流跟踪服务。建成“货运一单制、信息一网通”的港口智慧管理系统，以及“数据一个库、监管一张网”的港口安全监管体系。

从场景层来看，北部湾经济区在建设供应链金融体系方面也在不断做出尝试。2019 年，《广西北部湾经济区对接粤港澳大湾区建设实施方案》发布，其中指出，要大力发展北部湾现代金融业，加强与广州、深圳、香港的跨境金融交流与合作，提升南宁跨境金融服务功能，加快建设面向东盟的金融开放门户南宁核心区，依托南宁市五象新区高标准高质量高水平打造中国—东盟金融城。发挥崇左作为沿边金融改革试验区的优势，吸引粤港澳地区金融机构在崇左边境地区设立银行、证券、保险、金融租赁等跨境金融业务。2020 年 6 月，北部湾银行完成第一笔边贸供应链金融业务，成功为边民互市产品收购企业开立 1620 万元银行承兑汇票，实现边贸供应链金融业务新突破，后期将陆续完成 7.8 亿元用信。2021 年 9 月，广西北部湾银行签署供应链物流金融三方合作协议，在国家高水平共建西部陆海新通道和建设面向东盟的金融开放门户背景下，北部湾银行充分发挥“广西自己的银行”的独特优势，运用供应链思维创新发展物流金融业务，加强与供应链核心企业、物流监管平台、信息平台的全面合作，为广西北部湾港建设供应链金融系统贡献积极力量。

第二节　国内港口供应链金融的产业图谱及供求分析

供应链金融是从供应链产业链整体出发，运用金融科技手段，整合物流、资金流、信息流等信息，在真实交易背景下，构建供应链中占主导地位的核心企业与上下游企业一体化的金融供给体系和风险评估体系，提供系统性的金融解决方案，以快速响应产业链上企业的结算、融资、财务管理等综合需求，降低企业成本，提升产业链各方价值①。而港口供

① 2020 年 9 月，央行、银保监会等八部委发布的《关于规范发展供应链金融 支持供应链产业链稳定循环和优化升级的意见》对供应链金融的定义，该文件被业内视为中国供应链金融的纲领性文件。

应链金融是对以港口及港口物流为核心的港口供应链进行的资本化运作和金融化管控，是港口企业金融服务的创新手段，以港口物流与资本的交互融合协同赋能，有效集聚产业链上港航物流、金融贸易、船货代理等多元企业主体的要素资源，提高资金使用效率，降低中小港口企业融资成本，形成港口经济强大驱动力，服务国家战略、口岸经济和腹地经济的发展。本节内容主要立足港口供应链产业图谱，从港口供应链金融需求和供给来分析港口供应链金融行业发展现状。

一、港口供应链金融的产业图谱分析

从港口供应链金融的产业链图谱来看，支撑港口供应链金融的主要来自港口商品供给企业群（供给层）、港口商品需求企业群（需求层）、港口运营及监管服务（中阶层）、智慧化港口（平台层）以及港口供应链金融系统（场景层），五个层次构成了港口供应链金融的“产业图谱”（见图2－11）。

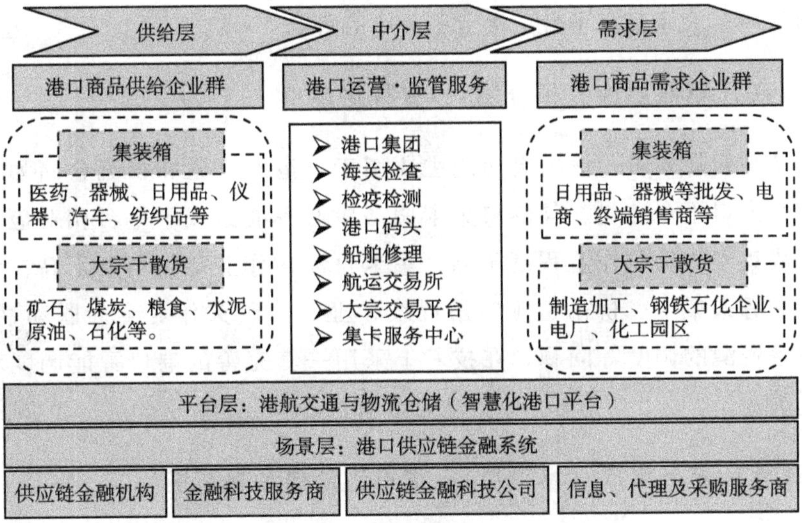

图2－11　港口供应链企业产业链图谱

（一）第一层次（供给层）：港口商品供给企业群

该层次包括港口商品的进口和出口两个维度，主要分为集装箱和大宗干散货两类，集装箱主要用于医药、器械、日用品、仪器、汽车、纺织品等商品企业进出口；大宗干散货主要用于矿石、煤炭、粮食、水泥、原油、石化等原料物资的企业进出口。

（二）第二层次（需求层）：港口商品需求企业群

该层次同第一层结构基本一致，也包括港口商品的进口和出口两个维度，主要分为集装箱和大宗干散货两类，集装箱主要用于医药、器械、日用品、仪器、汽车、纺织品等商品批发、跨境电商、终端销售商等进出口。大宗干散货主要用于制造加工企业、钢铁厂、石化企业、电厂、化工园区等原料物资的进出口。

（三）第三层次（中介层）：港口运营及监管服务

该层次主要是链接港口商品供给与需求的纽带，属于港口供应链的中介层，主要职能在于港口运营及监管服务，主体包括港口的市场主体——港口集团、港口海关检查、检疫检测、港口码头、船舶修理、航运交易所、大宗交易平台、集卡服务中心等。

（四）第四层次（平台层）：智慧化港口

从平台层来看，该层次功能主要用于以港航交通和物流仓储为主的智慧化港口平台建设，与港口集卡服务中心等实景线下平台相对应，主要解决集卡自动化作业程度不高，集卡自动化作业定位精度不高，无人集卡和有人集卡、桥吊、龙门吊混线作业，多码头作业全局联动性低，多设备资源的调度等问题，在技术上采用一套完善的港口智能调度和操作系统。

（五）第五层次（场景层）：港口供应链金融系统

该层次主要是港口供应链金融系统平台，属于应用场景层，主要包括：供应链金融机构、金融科技服务商、供应链金融科技公司、信息、代理及采购等服务商。该应用场景层主要为港口商品交易的企业、港口运营及监管服务以及智慧化港口等提供综合金融服务，包括投融资、财务顾问、国际信用证、国际保理、应收账款售卖、国际福费廷、国际承兑汇票等金融服务。

二、港口供应链金融需求主体现状分析

港口供应链金融生态圈是基于市场互利共赢的基础上按照金融供给与需求平衡构建的港口供应链生态体系。从港口供应链金融特征来看，港口供应链金融是适应新的港口生产组织体系的全方位金融性服务，不仅单纯局限于资金融资服务，还应包括商品流、资金流、物流和信息流等大数据对客户行业的整体评价，同时，港口供应链金融服务本质上还是金融，必须设计闭环式资金业务流程及其监管制度以强化金融风险控制。但是构建港口供应链金融生态圈首先需要形成稳定且互利共赢的港口供应链商业生态系统①。

（一）港口供应链企业

传统港口供应链企业之间资金往来主要是由于预付、赊销、存货等情况形成了基于港口贸易企业商品买卖双方信用的资金“应收应付”关系，从金融属性来看，传统金融服务只关注企业和企业的组织信用以及偿付账款能力个体信息，同时，传统企业管理上立足于基于企业财务报表优化的竞争性战略安排。但是在港口供应链场景下，审视企业的会计制度会发生颠覆性改变，会从权责发生制以及现金往来收支的核心财务管理制度转变为港口企业和企业之间的金融资源流动为核心的财务管理制度，注重的是商品流、物流、现金流和信息流的叠加价值，港口企业与企业之间的竞争性关系会转变为供应链上下游之间的相互协作性关系，信息搜集从对单一企业的关注转向对港口供应链企业间金融协作信息的关注。因此，产生港口供应链金融需求的前提在于企业由于生产、贸易、

① 参阅：宋华．供应链金融［M］．北京：中国人民大学出版社，2015。书中指出“缪尔（Moore，1993）定义商业生态系统是以组织和个人的相互作用为基础的经济联合体，是供应商、生产商、销售商、市场中介、投资商、政府、消费者等以生产商品和提供服务为中心组成的群体”。宋华教授强调在商业生态系统中，参与者互利共存，资源共享，注重社会、经济、环境的综合效益，共同维持系统的延续和发展。同时，商业生态系统参与者相互之间还有有效分工。

物流、仓储或者资金的原因，形成了预付、应收或存货等资金临时性沉淀，企业因而形成了被临时沉淀且能产生未来现金流等相对劣质资产，该资产可以通过输入资金方式激活。因此，与传统金融服务不同的是，港口供应链金融可以基于商品流、资金流、物流和信息流等大数据对企业和个人客户进行分析，可以为不同行业、不同类别的客户量身定制金融综合服务方案。基于图2－11港口供应链企业产业链图谱构成框架来看，港口供应链金融需求主要来自基于贸易商品供给层与需求层的港口供应链企业、港口供应链服务企业、港口船运企业、港口仓储企业以及港口集卡运输企业等中阶层市场服务主体（见图2－12）。

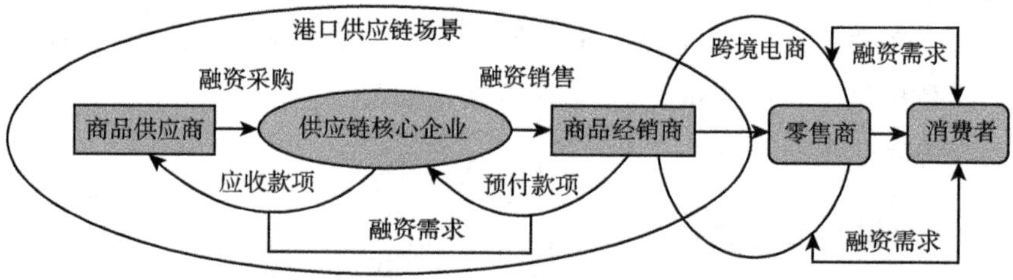

图2－12 港口供应链企业的金融需求

（二）港口供应链服务企业

港口供应链服务企业属于港口供应链的中阶层，是港口供应链的重要分支，主要提供全球智慧化港口供应链服务系统、智能港口一体化、智慧仓储等中介服务企业群，其核心功能在于用供应链综合系统的功能整合从“发货人”到“收货人”的整个物流服务过程，使港口贸易商品物流的“门—门”得到优化（见表2－5）。

（三）港口集卡物流行业企业

港口集卡物流行业企业除了传统散杂货货运企业之外，在集卡运输领域有针对智能集卡及无人集卡运输领域，以智慧化港口的需求为导向，已初步形成了港口物流行业重要的一个分支——集成5G、6G技术、北斗技术、物联网、新能源和智慧港口元素的无人集卡物流企业，成为智慧港口和智慧物流最重要的陆地运输工具（见表2－6）。

表 2-5 港口供应链服务企业情况

序号	企业名称	企业业务定位	序号	企业名称	企业业务定位
1	华为	智慧绿色供应链管理	21	美的集团	智能供应链一体化
2	海尔智家	供应链管理与实践	22	怡亚通	四流合一供应链
3	格力物流	智能家电供应链管理	23	中航供应链	核心协作和专业开放
4	京东	电商供应链及大数据	24	东软集团	运输调度港口仓储
5	阿里巴巴	零售智慧供应链平台	25	康德环宇	全球智能供应链
6	中联重科	CIFA 供应链中国基地	26	联诺信息	智能供应链金融技术
7	盒马生鲜	供应链及物流一体化	27	菜鸟网络	数智化供应链
8	百度	供应链控制塔	28	康先达	医疗物资智能供应链
9	字节跳动	智慧供应链服务平台	29	九州通	物流一体化集成管理
10	旷世科技	智慧物流和零售大脑	30	中科供应链	全程供应链整合
11	东北亚煤炭	煤炭网上交易及金融	31	上海医药	上药供应链平台
12	科大智能	工业智能和联手京东	32	金创股份	全套智能供应链
13	夏晖物流	餐饮供应链服务系统	33	富士康	产融结合供应链
14	思科中国	个性化智能价值服务	34	福耀集团	智能制造供应链
15	联想	技术与业务结构服务	35	航空器材	航空智能供应链
16	小米科技	一体化智能供应链	36	埃夫特	供应链一体化
17	云南白药	配送物流一体化	37	明匠智能	智能一体化系统
18	卓志供应链	四流合一供应链服务	38	蓝思科技	智能一体化系统
19	白汽福田	全球智能供应链服务	39	大族激光	激光设备智能供应链
20	唯智信息	仓库信息管理服务	40	大唐联仪	通信仪器智能供应链

表 2-6 典型港口智慧集卡物流行业相关企业情况

序号	参与企业名称	对应港口	集卡车型
1	日照港集发公司、中国电信日照分公司	山东日照港	重卡车
2	中远海运港口、东风商务车、中国移动通信	宁波舟山港	智能集卡车
3	招商国际信息、中科云杉、中国重汽、三一重工	妈湾智慧港	重卡车、无人集卡
4	湖北三环、湖北联通、武汉港务、武汉小狮科技	武汉花山港	智能无人集卡车
5	中国重卡、主线科技、天津港集团	天津港	无人驾驶电动卡车
6	唐山移动、唐山港集团、中国重卡、经纬恒润	唐山港	无人集卡车
8	上汽、上港集团、中国移动、图森未来、陕重汽	上海洋山港	重卡车
9	西井科技、合记港口	深圳盐田港	新能源无人集卡车

续表

序号	参与企业名称	对应港口	集卡车型
10	图森未来、陕重汽	曹妃甸港	重汽卡车
11	智加科技、一汽解放	青岛港	无人驾驶集卡车
12	珠海港、西井科技	广东珠海港	高端重汽集卡车
13	比亚迪、北部湾港集团	北部湾港	新能源智能集卡车

资料来源：作者阅读资料整理而成。

三、港口供应链金融供给主体现状分析

港口供应链金融本质上还是金融，金融的本质功能在于服务实体经济，为实体经济提供资金融通服务，但作为区块链技术赋能下的港口供应链特色场景，金融除了提供资金融通服务外，还需要可以颠覆性地创新出一个富有效率的“试验场”，在风险可控的前提下，按照金融沙盒监管原则能创新出可应用化的金融产品及场景成果，为港口供应链企业提供便利化的支付结算、融资中介、信息咨询和风险防控。

（一）以港口供应链金融为重点的银行及财务公司

2020年9月，中国人民银行等部门联合发布《关于规范发展供应链金融 支持供应链产业链稳定循环和优化升级的意见》之后，各商业银行借助各自优势开展供应链金融业务创新。在港口供应链金融领域，中国工商银行、中国建设银行、中国银行、中国邮储银行、中国平安银行等商业银行机构率先践行，推出了供应链金融产品及服务（见表2-7）。

表2-7　典型以港口供应链金融为重点的商业银行机构情况

序号	机构名称	特色业务及战略定位	合作港口
1	中国工商银行、港e链、日照港租赁保理公司	以港e链金融服务平台为载体，打造“产业+平台+金融”一体化供应链金融系统解决方案，中国工商银行通过数字信用凭据融资产品践行港口场景融资合作。	日照港
2	中国建设银行	集成人工智能、区块链、云计算、物联网、大数据等科技手段打造的全流程在线、全产品服务、全场景覆盖的供应链综合服务平台。	连云港

续表

序号	机构名称	特色业务及战略定位	合作港口
3	中国银行	联合线上贸易撮合平台、跨境电商、外贸综合服务平台、商业保理公司、大型租赁公司、金融科技公司等市场主体，共同搭建供应链金融集成服务中心。	天津港
4	中国邮储银行	“邮易链”线上供应链金融服务平台以及基于区块链等前沿金融科技打造的U链供应链金融服务平台。	深圳港
5	中国平安银行	国内较早践行“供应链金融”，如平安好链，之后推出“星云物联网平台”，在智慧制造、智慧车联、智慧能源、智慧城建、智慧物流等产业实现落地。	宁波舟山港
6	中国交通银行	推出了“快易贴”“快易收”和“快易付”等产品，打造了“蕴通e链”的一系列供应链融资产品。	连云港
7	兴业银行	“兴享供应链”平台与核心企业、供应商形成数据互联互通，辅以外部征信、工商、历史交易等大数据分析，形成供应链智能风控模型。	无锡港
8	蓝海银行	通过电子仓单融资、现货质押融资等供应链金融特色化服务，打造港口综合供应链金融服务。	日照港
9	广西北部湾银行	“供应链金融应收类”“预付类”“存货类”三大类业务产品的港口供应链金融服务平台。	北部湾港
10	广州港财务公司	集成资金归集平台、资金监控平台、资金结算平台、金融服务平台四个平台功能的港口特色供应链金融。	广州港

资料来源：作者阅读资料整理而成。

（二）以港口供应链金融为导向的航运保险公司

航运保险是以海上财产及其利益、运费和责任作为承保的一种保险，航运保险的标的有船舶、运输货物、钻井平台、运费和保险责任等，主要险种有：运输险、货物险、责任险、离岸能源险等①，同时每个险种都有基本险和附加险，基本险分为平安险、水渍险及一切险等，附加险还涉及一般附加险、特别附加险和特殊附加险。国内航运保险尚处于起步

① 郑庆寰，闫寒．国际航运保险市场的发展特征及对上海的启示［J］．上海保险，2012（05）：5－10．

阶段，需要建立广泛的理赔服务网络，现阶段各保险公司仅开展航运细分保险产品（见表2－8）。

表2－8　典型以港口供应链金融为重点的航运保险公司情况

序号	机构名称	开展相关保险产品情况介绍
1	人保财险	2015年12月，尝试走航运保险专业化道路，作为发起人参与了东海航运保险的组建，尝试航运保险专业化经营。
2	平安产险	港口码头综合保险，包括码头建筑物及其设施保险、码头机械设备保险、营业中断保险、雇主责任保险、码头营运人责任保险和通用条款。
3	太平洋产险	港口码头运营责任保险，保障涉及各类港口、码头作业期间的装卸货物、搬运、存仓、转运等过程，保障在港口、码头作业期间各类综合风险。
4	中国人寿财险	开展了港口码头及其损坏险、建工类保险等。
5	大地财险	大地港口财产基本险，主要针对火灾、爆炸、雷击、飞行物体及其他空间运行物体坠落引起的保险标的损失。
6	太平财险	船舶污染责任险是以保险船舶上的燃油、所载运的油类或者保险船舶与其他船舶发生碰撞，致使其他船上的燃油、所载运的油类泄漏，依法由被保险人承担赔偿责任的保险。
7	东海航运保险	由人保财险、宁波舟山港集团有限公司、上海国际港务股份有限公司、宁波开发投资集团有限公司等4家大型企业共同发起组建，是国内首家航运保险法人机构。
8	华泰财产保险股份有限公司	港口码头综合保险，其被保危险是所有造成以外性物质损失、破坏或损害之风险（地震除外），包括保险期限内发生的遭遇海事碰撞所致之损害。

资料来源：作者阅读资料整理而成。

（三）以港口供应链金融为特色的金融科技企业

以港口供应链金融为特色业务的金融科技企业代表着未来港口供应链金融业务发展趋势，国内信息软件公司纷纷与商业银行等金融机构合作开发特色金融产品及服务，发起设立金融科技企业（见表2－9）。

表 2-9　典型以港口供应链金融为重点的金融科技公司情况

序号	机构名称	开展相关业务情况
1	宁波保税区跨境供应链管理与结算科技公司	与中国民生银行合作打造基于全球港口供应链金融底层结算支付科技的一站式综合数字金融服务商，面向港口物流企业、出口加工商、跨境电商等企业，并推出熊猫跨境金融结算卡。
2	蚂蚁金服	构建可信的价值流转基础设施，已在公共服务、供应链服务、金融服务、财税服务、零售服务等实现落地应用及技术布局，通过“小程序、链机连接”的方式服务于 B 端、C 端用户。
3	苏宁金融	将区块链技术应用于动产质押、存货质押融资，解决缺乏可信监管等问题。苏宁金融库融动产质押系统于 2018 年 8 月上线并成功运行，2019 年 4 月，获评金融科技创新联盟“CITE 2019 区块链应用创新优秀案例”。
4	布比科技	成立于 2015 年 3 月，专注于区块链技术和产品创新，拥有自主知识产权的高性能区块链基础服务平台，开发了“区块链 + 供应链金融”平台，提出了布比壹诺金融模式[①]。
5	飞洛供应链	飞洛供应链金融平台是趣链科技有限公司打造的基于自研区块链底层平台超链（Hyperchain）的链上供应链金融平台，业务包括应收账款、资产证券化、信用保险、数字仓单、物流供应链等。
6	北京道口金科	专注中小微企业智慧信贷，通过人工智能与大数据技术，提供营销、全量数据、智能风控、资产监控、运营服务等全流程信贷解决方案。
7	普洛斯金融	打造以科技为驱动，验真型风控为核心的数字供应链金融科技服务平台，为各产业链上的核心企业及上下游中小微企业提供一站式数字供应链金融产品解决方案，并为金融机构提供场景验真、数字运营、资产管理等供应链金融科技支持。
8	江苏开鑫科技	利用 ABCD（AI、区块链、云计算、大数据）等技术，基于数据整合、数据建模、实时计算等数字化风控能力，为产业链上下游企业提供一站式供应链金融科技解决方案。
9	联易融数字科技	通过科技和创新来重新定义和改造供应链金融，成为全球领先的供应链金融科技解决方案提供商，聚焦于 ABCD 等先进技术在供应链生态的应用，以线上化、场景化、数据化的方式提供创新供应链金融科技解决方案。
10	天道金科	推出了基于区块链的智能供应链金融产品“天链”以及信用穿透、链接企业、极速融资的“天票”。

资料来源：作者阅读资料整理而成。

① 布比壹诺金融是基于区块链等技术的分布式供应链金融网络，利用区块链不可篡改、多方共享的分布式账本特性，创新性地将区块链技术与供应链金融相结合，把传统企业贸易过程中的赊销行为，用区块链技术转换为一种可拆分、可流转、可持有到期、可融资的区块链记账凭证。

第三节 区块链前沿技术进展及在金融中的应用趋势

中共中央总书记习近平在主持中央政治局第十八次集体学习时强调，“要把区块链作为核心技术自主创新的重要突破口，着力攻克一批关键核心技术”。从本质上而言，区块链技术是属于分布式共享账本、密码算法、共识机制、激励层、合约层、数据层、网络层技术等计算机技术集成的应用，并与人工智能、大数据、云计算、物联网等技术交融发展。区块链技术的去中心化、可追溯、不可伪造、不可篡改、权威性保证等优势功能助推了区块链技术的商业应用，尤其是在供应链金融、智慧港口、物联网、数字资产交易、智慧城市治理、智慧医疗等领域商业模式的开发应用被市场被关注。区块链技术历经了以比特币等数字货币为代表的1.0时代、以联盟链上的数字资产和智能合约技术为代表的2.0时代以及以商用分布式设计区块链操作系统（EOS）等区块链平台系统技术为代表的3.0时代，覆盖区块链底层技术、跨链技术、交换技术、软硬协同技术、关键密码学技术被广泛采用，但也存在多个区块链工程技术难题有待破解，同时，区块链技术被量子计算攻破会引发金融安全，这些客观因素的存在也滞阻着区块链技术在金融领域的应用。

一、区块链前沿技术研发的最新动态

（一）国内外区块链前沿技术

1. 智能合约技术

智能合约技术是一种构建在区块链框架上包含智能合约语言、运行环境、执行方法的完整计算系统，是属于以联盟链为代表的区块链2.0时代的核心技术，是区块链从虚拟货币、金融交易协议到商业通用工具的必要结果。智能合约语言是现实应用场景中各种业务与智能合约平台的中介，包括脚本型智能合约、通用型智能合约、专用型智能合约[①]。智能合约已在以太坊和超级账本等区块链技术平台上实现其应用价值。从具体结构而言，智能合约主要包括数据层、传输层、合约主体、验证层、执行层和应用层。在现有区块链系统中，智能合约的实现技术按照智能合约运行的环境划分，主要分为嵌入式运行、基于虚拟机运行和容器式运行三类（见表2－10）。

表2－10　　区块链系统的智能合约案例[②]

序号	区块链系统	应用类型	智能合约运行环境	智能合约语言
1	Ethereum	通用应用	EVM虚拟机运行	Solidity，Serpent，Mutan
2	Hyperledger	通用应用	Docker运行	Golang，Java
3	Bitcion	加密货币	嵌入式运行	Golang，C ++
4	Zcash	加密货币	嵌入式运行	C ++
5	Quorum	通用应用	EVM虚拟机运行	Golang
6	Parity	通用应用	EVM虚拟机运行	Solidity，Serpent，Mutan
7	Litecoin	加密货币	嵌入式运行	Golang，C ++
8	Sawtooth	通用应用	嵌入式运行	Python

2. 区块链跨链技术

区块链跨链技术是实现区块链技术互联互通，提升区块链之间互操作性和互可交互性的关键技术[③]。区块链技术的广泛商业应用需要多个市场主体之间的协同配合，而多个区块链应用平台之间由于底层架构、安全机制、业务模式、监管规则等不同形成了链与链之间的“异构化”，很难相互跨链融合，阻碍着区块链技术在更大领域的商业应用，因此，需要有“支持异构多链互通的新型跨链体系关键技术”去克服链与链之间的异构化并实现区块链之间的数据流通和价值转移。在跨链技术研发过程中，跨链的事务管理、跨链交易验证、锁定资产管理和多链协议适配、

① 朱岩，王静，郭倩，等．基于区块链的智能合约技术研究进展［J］．网络空间安全，2020，11（09）：19－24．

② 范吉立，李晓华，聂铁铮，等．区块链系统中智能合约技术综述［J］．计算机科学，2019，46（11）：1－10．

③ 曾诗钦，霍如，黄韬，等．区块链技术研究综述：原理、进展与应用［J］．通信学报，2020，41（01）：134－151．

跨链网络之间的安全性和链接的健壮性、跨链网络之间的恶意行为预警和制止、跨链交易中的目的链的死循环、母链分叉等技术问题有待解决[①]，出现了“底层架构不同，互通难；数据结构不同，互认难；接口协议不同，互链难；安全机制不同，互信难；交易规则不同，交易难；业务模式不同，互访难”等难题，从国内跨链技术研发情况来看，早期的跨链技术更多关注资产转移，中后期跨链技术更多关注链状态的转移，目前已开发出诸多跨链应用技术（见表2－11）。

表2－11　　典型区块链跨链技术成果

序号	所在机构名称	成果名称	情况简介
1	Ripple公司	InterLedger技术协议	不同支付账户的安全交互场景应用。
2	Tendermint公司	跨链交互技术	跨链交易和资产交互场景应用。
3	Fusion公司	Fusion技术	跨链的加密金融智能合约平台，适合分布式控制权限管理及签名应用。
4	以太坊公司	Polkadot技术	支持多种链结构的异构跨链交互平台，以以太坊为主，实现与其他链交互。
5	微众银行	WeCross架构技术	支持多链互操作、异构链间互操作等多维跨链交互场景应用，属于开源协议。
6	趣链科技	BitXHub技术	支持异构链资产交换及信息互通场景应用。
7	网录科技	Wanchain技术	跨链的基础底层公链项目，通过类联合锚定，多方计算和门限密钥共享机制，完成跨链锁定账号的分布式密钥管理。
8	百度	XuperChain技术	开源的区块链底层技术，拥有链内并行技术、可插拔共识机制、一体化智能合约等多项领先技术，适合全球化场景应用。
9	18家单位[②]	陆羽跨链协议	通过定义一致的API适配接口来实现不同区块链之间的互联互通。

资料来源：作者阅读资料整理而成。

---

① 何帅，黄襄念，陈晓亮．区块链跨链技术发展及应用研究综述［J］．西华大学学报（自然科学版），2021（03）：1－14.

② 18家单位为：中钞区块链技术研究院、微众银行、溪塔科技、中国工商银行、中国银行、中国银联创新中心、招商银行、浦发银行、浙商银行、杭州银行、中国科学院计算技术研究所、清华大学计算机科学与技术系、北京航空航天大学网络空间安全学院、中国信息通信研究院、山东区块链研究院、中关村区块链产业联盟、分布式数字身份产业联盟、杭州亦笔科技有限公司。

以微众银行的微众跨链（WeCross）架构技术为例，由微众银行自主研发并完全开源的区块链跨链协作平台，致力于促进跨行业、机构和地域的跨区块链信任传递和商业合作，WeCross 最初由微众银行提出的“公众联盟链”概念逐步深化创新而来。WeCross 以融合连通各大主流区块链平台为目标，首先 WeCross 对主流区块链体系进行数据层、交互层、事务层的标准化抽象。在系统架构上，WeCross 有跨链分区、跨链理由、跨链适配器、跨链资源、跨地域互联等组件，设计了可信交互流程。在技术上，具有通用区块链接口、异构链互联协议、可信事务机制、多边跨域治理等核心技术。从 WeCross 技术在金融中的应用前景来看，可用于数字资产交换、支付清算，尤其是在供应链金融及数字票据领域，可以建立一个联盟多链的涵盖金融机构、核心企业、上下游供应商的网络，通过大数据等信息评估信用状况来有效解决中小微企业融资难和融资贵问题（见图 2－13）①。

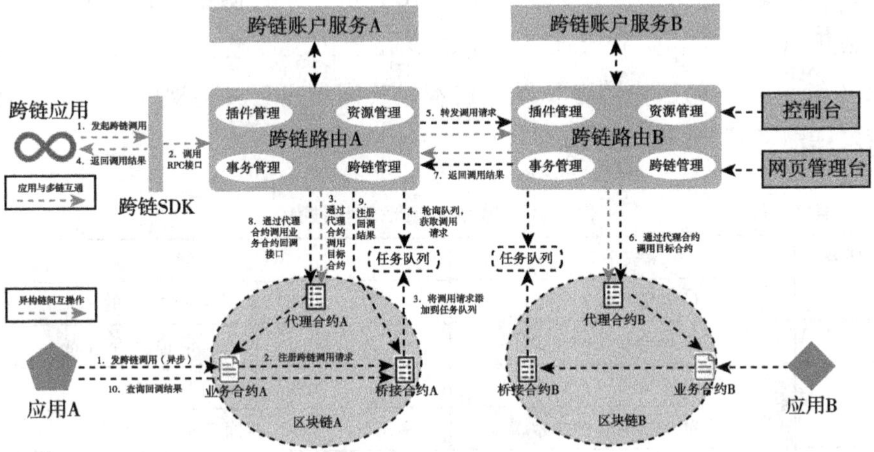

图 2－13　微众银行的 WeCross 技术架构

3. 数据安全和隐私保护技术

区块链技术的数据安全和隐私保护主要涉及数据存储安全、数据访

---

① 参阅：微众银行技术团队编著的《WeCross 技术白皮书（2020 年）》。

问安全、数据共享安全以及数据隐私保护四个方面①。首先，数据存储安全可以通过重复比例调节算法等技术实现链上存储以及通过分布式哈希表、动态区域分配等技术实现链上链下协同存储。其次，数据访问安全可以通过分布式 PKI 系统以及以证书的签发机构（CA）为中心的 PKI 系统实现身份认证，同时，通过智能合约实现访问控制。接着，在数据共享安全上，可通过单方面数据可查、多方数据安全共享和数据隐蔽传输来保障。单方面数据可查可通过哈希指针树型索引结构、分片技术、多集合加密累加器以及智能合约技术实现，而多方数据安全共享需要同态加密、可搜索加密等技术，同时，数据隐蔽传输需要对数据进行动态标签和隐写技术并通过秘密通道进行。最后，在数据隐私保护上，涉及身份隐私和数据隐私，身份隐私上采取混合中心、盲签名、多伦签名、环签名等技术通过中心化混币机制和去中心化混币机制来实现，而数据隐私需要依靠哈希值上链和密文上链来保障，在隐私保护技术上主要有两种，一种是基于未消费交易输出（UTXO）的区块链隐私保护技术，其优点在于追踪交易、交易验证迅速，缺点在于扩展性差；另一种是基于账户（Account）的区块链隐私保护技术，其优点在于可扩展性强，适合比较复杂的场景应用（见表 2－12）。

表 2－12　　代表区块链技术隐私保护技术

序号	技术成果名称	应用案例
1	UTXO 隐私保护技术	零知识证明技术 zk－SNARK 的 Zcash
2	UTXO 隐私保护技术	使用 Mimble－Wimble 技术的 Beam
3	UTXO 隐私保护技术	使用环签名的门罗币 Monero
4	UTXO 隐私保护技术	多用户同时使用相同金额进行混币 Mixcoin
5	Account 隐私保护技术	使用安永发布的 EYBlockchain
6	Account 隐私保护技术	以太坊上的匿名支付协议 Zether
7	Account 隐私保护技术	结合同态证明和零知识证明提供的 AZTEC
8	Account 隐私保护技术	bulletproof 零知识证明提供的 PGC

资料来源：作者阅读资料整理而成。

① 梁秀波，吴俊涵，赵昱，等．区块链数据安全管理和隐私保护技术研究综述［J］．江大学学报（工学版），2022（01）：1－15.

区块链技术基础架构的数据层、网络层、共识层、合约层和应用层，每一层均有自身隐私保护技术，例如合约层一般会采用霍克（Hawk）框架技术[①]，网络层会采取基于洋葱（Tor）网络的洋葱路由、基于I2P网络的大蒜路由与安全通道技术的隐私保护，而数据层和应用层一般采用混币技术和基于密码学的技术。2019年之后，区块链隐私保护技术不断得到优化，例如，海尔曼（Heilman，2016）提出的一种依赖可信第三方的链下匿名支付方案，后来又完善改进为不倒翁币（TumbleBit）方案，TumbleBit方案优点在于不需要交易方与其他用户交互，交互只发生在交易双方和转杯器（Tumbler）之间，可以将发给一方的许多交易聚合为两笔链上交易，并且这些交易不需在区块链上存储或验证，因此可以扩展区块链的交易量。接着，本·萨森等（Ben－Sasson，et al.，2019）提出极光（Aurora）方案，该方案把计算机验证问题转换为多项式相等验证，不需要可信第三方来初始化全局参数，协议的扩展性和效率大幅度提升。之后，微软（Microsoft）公司2020年推出一种高效且通用的零知识证明技术斯巴达（Spartan）方案，该方案能在更短时间内以更高效的方式实现简洁非交互的零知识证明（zkSNARK），是首个无须做可信设置的zk-SNARK方案。但是区块链技术无论如何改进，量子技术也会攻破其防线，后来北京航空航天大学牵头的研发团队已研发出新型密码算法库SMPQLIB，被誉为全球首个融合国密全体系、抗量子计算密码以及隐私保护密码工具的实用算法库，属于世界领先的第四代抗量子计算安全的公钥密码体系。

（二）区块链技术的国际标准

国际标准作为参与全球化和技术全球传播的重要方式，区块链的国际标准主要目的在于统一和规范区块链系统的数据结构、分类、属性与格式规范，指导区块链技术相关的数据库及系统应用场景的开发设计，支持区块链系统与其他相关信息系统间的数据交换与共享，提升不同平台的一致性和互操作性，为构建整体的区块链生态提供规范的基础框架。深度参与区块链技术国际标准的发布有助于提升中国在区块链领域的话

---

① Kosba A，Miller A，Shi E，et al. Hawk：the Blockchain Model of Cryptography and Privacy－Preserving Smart Contracts [J]. IEEE Symposium on Security and Privacy，2016：839－858.

语权，经过多年努力，中国区块链技术相关企业已率先发布了一批区块链技术领域的国际标准（见表2－13）。

表2－13 中国发布的区块链技术国际标准成果

序号	发布单位（时间）	标准名称	情况简介
1	中国电子技术标准化研究院（2020）	《区块链系统的数据格式标准》	IEEE国际标准，标准规定了区块链和分布式账本技术相关数据结构、数据分类、数据元素属性及数据规范。
2	蚂蚁链、中国信通院（2021）	《基于TEE的区块链隐私计算》	该标准获得国际电信联盟（ITU）立项，是全球首个区块链链通用数据隐私保护国际标准。
3	中国信息通信研究院（2021）	《DLT平台功能测评方法》	该标准获得国际电信联盟（ITU）立项，主要衡量DLT平台是否满足相关功能与性能要求。
4	中国信息通信研究院、分步科技、联合科技（2021）	《DLT互操作技术框架》	该标准获得国际电信联盟（ITU）立项，将DLT互操作分为链间互操作、应用层互操作和链上链下互操作三个方向推进互操作标准化。
5	中远海运集运等8家全球知名集装箱运输公司（2022）	《区块链海运电子提单数据交互流程》	国际标准化组织（ISO）立项，规范区块链电子提单系统的架构、功能要求、业务流程、接口及数据格式等，为海运电子提单通过区块链系统进行流转等操作提供规范指引和标准依据。
6	IEEE和上海树图区块链研究院（2021）	《区块链系统应用接口规范》	定义并规范了区块链层和应用层之间的交互接口，定义应用程序接口集合，规范应用程序接口的编码传输格式、请求响应规则等；明确在入侵防护、恶意代码防护等方面的技术要求。
7	中国联通集团科创部、联通数字科技	《去中心化环境下的物联网设备身份标识和认证融合服务框架》	国际电信联盟（ITU）立项的首个区块链分布式数字身份的国际标准，提出了一种适用于去中心化业务环境的支持海量物联设备标识解析和身份认证能力。
8	中国人民银行数字货币研究所	《金融分布式账本技术应用指南》	国际电信联盟（ITU）立项的首个金融区块链国际标准，开展金融区块链国际标准体系的规划布局，增加参考架构、风险控制、安全和隐私保护、各领域金融区块链业务规范等子标准。

资料来源：作者阅读资料整理而成。

（三）区块链技术的国内标准

国际标准旨在规范区块链技术的全球规范和降低技术应用的风险，但除了国际标准之外，国家都会根据自身经济技术发展的需求，制定国内标准，即国家标准、团体标准、地方标准和企业标准。在 2019 年 10 月，区块链技术上升到中国国家战略之后，国家发改委于 2020 年 4 月将区块链列为新型基础设施建设的范围。在此背景下，区块链技术标准迅猛发展，据《中国区块链产业发展普查报告》统计数据显示，截至 2021 年底，中国已发布 153 项区块链标准，其中包含 8 项国家标准、3 项行业标准、18 项地方标准、70 项区块链团体标准以及 54 项企业标准。其中，2021 年新增 82 项区块链相关标准，占现有区块链标准总数的 53%。其中，2021 年共新增 5 项国家标准、1 项行业标准、3 项地方标准、44 项区块链团体标准以及 29 项企业标准。2022 年 4 月，中共中央、国务院发布了《关于加快建设全国统一大市场的意见》再次强调了“优化政府颁布标准与市场自主制定标准结构，对国家标准和行业标准进行整合精简。强化标准验证、实施、监督，健全现代流通、大数据、人工智能、区块链、第五代移动通信(5G)、物联网、储能等领域标准体系”（见表 2－14）。

表 2－14　区块链技术国内标准部分成果

序号	发布单位（时间）	标准名称	情况简介
1	CESA、蚂蚁小微金服、深圳前海微众银行（2017）	《区块链参考架构》	属于团体标准，区块链领域重要的基础性标准，规定了用户视图、功能视图；用户视图所包含的角色、子角色及其活动等内容。
2	中国电子技术标准化研究院（2017）	《信息技术区块链和分布式账本技术参考架构》	给出了区块链相关的重要术语和定义，规定了区块链和分布式账本技术的参考架构以及典型特征和部署模式，系统描述了区块链的生态系统及生态系统涉及的角色等构成的功能视图。
3	17 家起草单位[1]（2018）	《区块链平台基础技术要求》	规定了区块链平台的基础技术要求，主要包括总体要求、区块链数据、共识机制、加密机制、智能合约、账户管理、API 及扩展能力。

① 17 家起草单位是：赛迪（青岛）区块链研究院、中国软件行业协会区块链分会、工业和信息化部计算机与微电子发展研究中心（中国软件评测中心）、北京天德科技、北京太一云科技、华为软件、苏州超块链信息科技、北京奇虎科技、北京信任度科技、齐鲁工业大学、深圳市前海微密网络技术、南京壹证通信息科技、上海分布信息科技、北京东软望海科技、广州广电运通、打零工（上海）互联网科技、北京筑龙信息。

续表

序号	发布单位（时间）	标准名称	情况简介
4	12家起草单位①（2018）	《区块链隐私保护规范》	标准规定了隐私保护的原则、关注点、管理要求以及监管和审计要求。
5	11家起草单位②（2018）	《区块链智能合约实施规范》	规定了区块链智能合约的实施规范，包括智能合约构建、触发、运行和评估过程。
6	12家起草单位③（2019）	《区块链技术安全通用规范》	适用于区块链的设计、开发、维护及测试等。

注：根据作者阅读资料整理而成。CESA是中国电子工业标准化技术协会联合万向区块链。

二、区块链技术在供应链金融中的应用趋势

（一）多技术融合使用赋能化趋势

从科技革命演进历史长廊来看，区块链必然会从单一技术走向融合技术阶段，作为产业互联网的底层基础设施技术，需跟人工智能（AI）、云计算、大数据、边缘计算、物联网（IOT）等技术不断融合，才能满足供应链上下游实体产业的多种发展诉求，为其创造更大的企业价值。而供应链金融的持续发展需要供应链产业协同与供应链的信息化，需要供应链上下游企业间的信息交换、信息整合和信息共享，从而来判断企业质量。期初为解决跨系统的信息传递问题，研发提出了电子数据交换（EDI），随着信息技术发展，后来陆续推出了企业资源计划系统（ERP）、订单管理系统（OMS）、仓库管理系统（WMS）、物流运输管理系统（TMS）等信息化系统，这些信息系统均是为了满足企业单一组织内的设计、采购、生产、运输、仓储、分销、退货、贸易、财务等多方面供应链的需求，但无法解决

① 12家单位是：深圳前海微众银行、中国电子技术标准化研究院、上海金丘信息科技、上海复星高科技（集团）、北京京东尚科信息技术、中国平安保险（集团）、上海万向区块链、永辉超市、浙江蚂蚁小微金融服务集团、普华永道、易见供应链、厦门安妮。

② 11家单位是：众安信息技术、中国电子技术标准化研究院、深圳前海微众银行、厦门安妮、上海复星高科技（集团）、上海金丘信息科技、京东集团、易见供应链管理、浙江蚂蚁小微金融服务集团、中国平安保险（集团）、普华永道。

③ 12家单位是：上海市信息安全测评认证中心、上海区块链技术研究中心、上海市软件行业协会、同济大学、复旦大学、华东理工大学、上海银行、中移在线、中国银联电子支付研究院、中远海运科技、上海金融信息行业协会、上海软家商务信息咨询。

企业组织与组织之间在保护企业隐私的信息交换、信息整合和信息共享，如果没有跨系统的基础设施底座技术支撑，港口供应链金融很难产生稳定的商业模式。随着ABCDEFG①技术的出现，供应链金融持续发展需要构建新的发展范式和理论框架，需要供应链企业跨界经验和跨组织的信息"沟通"。宋华教授（2019）提出了"融合式ABCD"的理论内涵与框架，融合式ABCD包括两层含义：一是各类现代信息通信技术是相互关联的整体，强调ABCD不仅是技术本身，更是技术手段在不同阶段、不同环节、不同状况下通过相互之间关联、配合并发挥作用。二是ABCD技术协同作用于供应链业务和运用场景，实现技术和商业之间的互相促进。宋华教授还指出"融合式ABCD"是立足供应链全过程的感知层、数据层、流程层和模式层四层架构，认为"融合式ABCD"带来了可视性、透明性、可追溯性和可信性功能的变化，还提出了需要物联网（IOT）、边缘计算、云计算、人工智能（AI）和区块链技术五项关键技术支撑。

从供应链金融理论沿革历史来看，"融合式ABCD"理论框架的提出，对"区块链+供应链金融"发展提供一个最佳的理论解释框架，对金融科技领域的理论研究具有标志性意义。随着新一轮技术革命逐步深入和数字经济时代下市场主体的多元化、个性化需求的增加，新的技术手段和技术标准不断涌现，例如，在面临可控的区块链基础平台技术、新型跨链技术、隐私保护技术、人机物多域对抗技术、联盟链监管技术等陆续被突破和人脸分析技术、5G、6G技术等技术广泛应用后，技术手段更加多元，对融合的要求越来越高，融合式ABCD内涵、外延和功能就需要进一步扩展。从理论演进逻辑而言，需要抽象化为"多技术融合使用和应用场景赋能化的迭加并能创造出企业价值"，即"赋能型ABCDEFG②"，现有金融创新场

---

① ABCDEFG：A是人工智能；B是区块链技术；C是云计算技术；D是大数据；E是边缘计算；F是人脸分析技术；G是5G、6G技术。

② 融合式ABCD的观点说明区块链技术不能独立于其他技术而存在，作者认同此观点，同时，作者认为区块链技术还需要"搜索功能"以及"重组创新"特征，能够以技术开源和开放姿态吸纳更多市场主体参与，为此，提出"赋能型ABCDEFG概念"，赋能型ABCDEFG概念区别于融合式ABCD，作者认为体现在三个维度：一是能通过技术搜索和重组创新能够颠覆传统技术应用路径依赖，会对供应链企业组织产生技术变革并提升技术应用效率和价值。二是技术重组创新不仅可以增加技术赋能型平台的自身价值，还具有激励其他参与主体的能力，具有技术外部溢出效应带来供应链上下游企业价值的提升。三是赋能型技术能在尊重企业组织隐私的基础上，具有获取、挖掘和分析信息公共信息的能力。

景的开发，仅仅依靠 ABCD 技术的融合、技术和商业的互促以及五项核心关键技术还不足以让“区块链 + 供应链金融”产生更大价值，需要更广的技术手段融合、技术使用后的赋能化以及科学闭环的金融监管规则等，正如蚂蚁集团副总裁、智能科技事业群总裁蒋国飞（2021）在世界人工智能大会区块链分论坛的演讲观点：“以客户价值为先，多技术创新融合，解决商业中的现实问题，成为产业区块链技术发展的主流趋势”。

（二）多元主体参与协同开发趋势

从理论逻辑上而言，“区块链 + 供应链金融”的生态体系构建需要构建一个闭环运行并且安全可靠的金融虚拟“利益共同体”场景，既可以为金融机构提供一个新的服务模式，又可以解决供应链上下游企业的“融资难”和“融资贵”问题，还可以发挥供应链核心企业的领头羊作用，更可以通过区块链等先进的技术手段来加强金融监管，“区块链 + 供应链金融”的难点不在于区块链技术本身是否可以突破，而在于多极化、分散化、异质化需求背景下的供应链金融相关市场主体、行业协会、政府部门等主体如何组织管理协同实现“利益共同体”目标。在虚拟“利益共同体”场景下，供应链金融相关企业业务活动更加复杂多元，同时“虚实结合”，在供应链金融关联实体企业除了传统的设计、采购、生产、运输、仓储、分销、退货、贸易、财务之外，还有支付结算、投融资、保险、风险管理、退税等各类金融活动，商品流、物流、资金流、信息流等复杂交织，相互之间会因时间和空间的错位产生赊销应收和采购预付以及贸易中的在途资金等情形，企业组织之间的信息不对称现象更加严重，供应链金融风险更加凸显。

构建一个闭环运行并安全可靠的金融虚拟“利益共同体”场景就十分必要。从技术手段和理论实现路径来看，就需要在金融需求与金融供给平衡的基础上依托区块链“联盟链”载体去创新金融场景[①]，但这仅仅是区块链金融的较低级金融层次，仅限于传统融资功能，功能上有点类

---

① 马翔．区块链技术赋能港口供应链金融的知识图谱分析［J］．广西社会科学，2022（03）：124－133.

似闭环运行的“资金互助社”，金融功能比较单一。随着区块链跨链技术的日益成熟，以“联盟链”为载体的创新金融场景可以逐步增加跨境支付结算、国际汇兑、国际投融资、退税、保险功能以及传统企业设计、采购、生产、运输、仓储、分销、退货、贸易、财务的智慧化管理功能，在港口供应链场景下，还可以增加代理、货运代理、船务代理、清关、报关等功能。因此，需要多元主体协同开发和金融科技专业组织化手段来解决。前者是针对区块链技术研发及技术标准起草，强调需要多元主体协同开发趋势，后者强调采用专业化组织来过滤、整合和传递信号，并用信号连接供应链中的中小微企业和金融机构（宋华，2019）。从理论上看，金融科技公司可以通过多元主体参与并作为主发起人方式来设立，也体现了多元主体协同开发特征。但是金融虚拟“利益共同体”场景是依靠传统金融机构发起嵌入模式优还是依靠发起设立金融科技公司模式优，这点也是值得探索的话题，依据信号理论观点，金融科技公司可以有效降低信息的传递成本、操作成本和惩罚成本，可以吸引更多的金融机构加入“朋友圈”，使得借贷成本下降，金融服务质量大度提升，又会吸引供应链企业加入，从而使得供应链上聚集大量高质量的供应链企业和金融机构。正如龚强等（2021）的观点：“当供应链上的上链企业数量和上链信息的质量达到一定水平时，区块链的共识机制所揭示的企业相关信息将逼近于真实信息，才使得银行能够在有效控制风险的情况下为供应链上的企业提供可及性足够高、成本足够低的融资服务。反之，当上链企业数量较少或者上链信息的质量无法得到保证时，银行更适合通过传统的线下尽职调查等方式来防控风险”。

（三）多园区虚实平台交互化趋势

从历史演进过程来看，产业园区是区域产业探索新旧动能转换和推动产业转型升级的重要聚集区，是区域经济发展的微观空间载体。产业园区正经历多年发展后，现处于工业4.0技术时代，该时代显著特征表现出几个变化：一是产业园区发展模式会从生产制造型产业聚集区模式向“生产制造型+制造服务型”并重的产业聚集区转型，并在未来建立一个高度灵活的个性化和数字化的产品与服务的虚实结合产业园区模式，并能体现工业4.0技术特征，具有智能工厂、智能生产和智能物流等智能产业园区元素。二是在园区管理模式上，由传统产业园区的集中式控制向园区“虚实结合”分散式增强型控制的基本模式转变，集中式控制体现在地理空间的聚集，产生规模效应与降低产业链、供应链的信息沟通成本。分散式增强型控制不同于集中式控制，强调不同企业组织的信息流入不同的控制中心，不同的控制指令由不同的控制中心发出，并能够破解信息不完整和整体协调困惑的增强控制。三是在园区企业组织的价值创造上，会从单个企业组织价值链创造（value chain）① 已历经经济全球化的价值链阶段，再转向虚拟信息化的全球价值链阶段，这种价值链具有基于企业组织间信息交流后的价值链和强调系统资源及活动信息交织的价值构型（value configuartion）特征，但需要安全且运行稳健的“赋能型ABCDEFG”基础设施建设和更加科学且有应用前景的区块链技术，如云应用（Saas）、跨链技术、隐私保护技术等。

结合区块链技术特征和港口供应链金融的本质属性来看，多园区虚实平台交互化是一个必要选择，一方面可以通过产业园区的空间属性满足供应链金融在“监管沙盒”中实践，有利于金融监管；另一方面可以通过区块链技术赋能构筑虚拟产业园区，通过该平台有效串联智能工厂、智能生产和智能物流等元素，衍生了众多创新场景，形成系统化的服务价值网络。从区块链技术预见来看，现有区块链技术去中心化、可追溯、不可伪造、不可篡改、权威性保证等特征以及跨链、隐私保护技术手段等突破，可以为构建多园区虚实交互化平台提供可能。在该平台上，银行等金融机构借助平台可以直接了解产业园区企业真实信息，能和企业保持互动，提供更加丰富、便捷化的金融产品，例如投贷联动、反向保理、中小微企业集合票据等产品，还可以引入海运保险、资本市场等产品服务，同时，也可以及时获取信息加强金融风险防范。对多园区虚实交互化平台的设立，需要建立在多市场主体专业分工和相互信任的基础上，单一银行主导的供应链金融、核心企业主导的供应链金融都会存在“服务困惑”，为此宋华教授（2019）提出了基于价值网的智慧供应链金

① 价值链是哈佛迈克尔·波特（1985）提出概念是针对垂直一体化公司，强调单个企业的竞争优势。

融和基于业务链的智慧供应链金融模式。因此，多园区虚实平台交互化是未来区块链技术赋能下的港口供应链金融发展趋势。

三、港口供应链金融发展的技术预见

（一）区块链底层技术：从系统吞吐量（TPS）到草莓糖（CyberMiles）的转变

从系统吞吐量（Transaction per second，TPS）到草莓糖（CyberMiles）的转变是从单组织系统到跨组织系统的转变，也是点对点的信息交流到服务价值网的信息交流的转变，这种转变有助于区块链技术的商业应用。区块链底层 TPS 技术本质上属于区块链底层技术基础比较早期的技术，主要目的在于探索如何提高 TPS 技术，TPS 可以视为计算机系统的网络吞吐量，如果网络吞吐量不足会影响区块链技术系统平台应用的用户体验。在区块链技术系统平台里，计算机中央处理器（CPU）是区块链的“虚拟机”，对比早期的以太坊虚拟机，CyberMiles 虚拟机云服务器（CVM）性能提升了 2 万倍，TPS 提高了 100 倍，基本算法提高了 10—200 倍，还可以兼容以太坊虚拟机。CyberMiles 技术的应用可以解决“如何通过智能合约跨链验证比特币交易”等技术难题。作为莱特币（Litecoin）使用加密算法，Scrypt 操作在 CyberMiles 上只需要 51 毫秒就能完成，这为区块链技术在商业领域的应用提供了可能。CyberMiles 作为全球首家以链接商业场景为核心的区块链平台，兼有区块链和智能合约的功能，重视代表着区块链底层技术的技术预见与转变。

（二）区块链跨链技术：从资产转移到跨链智能合约

早期跨链技术包括以瑞波（Ripple）公司的跨账本（Interledger）协议（2012）和比特币跨链（BTC Relay，2016）为代表，更多关注的是不同金融组织之间的资产转移。Interledger 协议旨在制造全球统一支付标准，创建统一的网络金融传输的协议，连接不同账本并实现它们之间的协同，适用于所有记账系统、能够包容所有记账系统的差异性。而 BTC Relay 可以看作区块链里的一个可信预言机，通过 BTC Relay 引入的比特币（BTC）交易信息是完全可信的。BTC 交易虽然解决了信任问题，但是本质上还属于侧链[①]技术，很难做到跨链智能合约并实现金融功能。后来各个研究机构开始进行新的技术探索，富声（Fusion，2020）作为区块链互操作性协议，与展光（Chainlink）技术合作，可提取时间机制、打破数据孤岛和智能合约实现金融自动化，大幅增强了去中心金融（Decentralized finance，Defi）应用创新的能力，可以产生丰富的跨链金融应用。后来以太坊公司的波卡（Polkadot，2021）和宇宙（Cosmos，2022）中继技术开始更多关注跨链基础设施系统开发。Polkadot 架构主要由中继链和平行链构成，中继链是主链，负责平行链的共识，为所有平行链提供共享的安全性，而平行链和平行链之间通过跨链信息交互协议（XCMP）进行信息互通，Polkadot 的“中继链 + 平行链”架构为区块链技术在供应链金融发展应用提供了良好的基础设施系统支持。

（三）港口数字孪生技术：区块链与数字孪生技术联合

在智慧化港口建设的诉求下，需要有一个更密集的“人机物互动”、更高的自动化信息化要求和更强的信息物理需求融合的港口应用场景，在城市信息模型（City Information Modeling，CIM）、建筑信息模型（Building Information Modeling，BIM）、物联网（IOT）、数字孪生（Digital Twin）[②]、5G、6G 等技术不断应用背景下，国内港口纷纷探索以“区块链 + 数字孪生”为主导的智慧港口建设。数字孪生技术的高级阶段应用在于构建镜像世界，用于港口运营管理就是在于构建镜像港口，而区块链技术的不可篡改等技术特征可以实现数字孪生体与物理体一一映像。数字孪生技术在港口运营上，可以实施客货滚装港口数字孪生智慧运作模式，实现安检计重、船舶配载和票务的智能化管控（魏世桥等，2020）；集合 CIM 融合小场景的 BIM 模型、大场景的地理信息系统（GIS）信息和 IOT 的感知信息构建信息模型可以用于港口数字孪生建设（石磊等，2022）；基于

---

① 侧链是以锚定某种原链上的代币为基础的新型区块链。

② 2003 年由密歇根大学迈克尔·格里夫斯（Michael Grieves）教授和美国航空航天局约翰·维克斯（John Vickers）提出概念，后来，2012 年美国国家航空航天局（NASA）定义了数字孪生，认为数字孪生是指充分利用物理模型、传感器、运行历史等数据，集成多学科、多尺度的仿真过程，它作为虚拟空间中对实体产品的镜像，反映了相对应物理实体产品的全生命周期过程。

智慧港口运营管理、设备作业、信息系统三位一体的自动化集装箱码头数字孪生系统（杨荣等，2022）。在港口数字孪生技术平台搭建上，主要包括物理层、模型层、平台层和应用层四个层次。物流层主要是港口的设备、设施等物理实体、物流空间场景以及设备设施。模型层主要是结合 BIM 和 CIS 的数字虚拟港口，BIM 模型定义和记录了港口作业的行为、规则等数据信息，通过决策模型和仿真优化，实现港口作业的模拟、分析、优化和决策。平台层是通过平台能使数据管理、数据建模等技术为各港口作业系统提供数据服务，提升作业效率。在应用层上，可以实现智慧码头作业的自动化、智慧口岸实现通关一体化、智慧物流实现全程可视化和智慧商务使得服务便利化。

（四）港口大脑融合技术：未来港口供应链金融的战略谋划

随着赋能型 ABCDEFG 技术不断融合、数字人民币应用场景广泛采用和以“智能合约”为代表的立法和规则的逐步完善，新技术呈现和价值应用会渐渐从“点”到“面”，由“面”及“网”的迭代升级，必然会面临港口全方位价值链的重构，就会逐步勾勒出“港口大脑[①]”的治理框架技术路线图，从而实现了港口供应链金融的场景从点状技术到融合技术，从联盟链到跨链，从多元算法到应用软件，从应用软件再至港口大脑的必经路径。从本质而言，港口大脑是赋能型 ABCDEFG 技术在港口特殊场景中融合应用和迭代创新的技术综合体。“港口大脑”目前尚停留在认知上，理论界尚没有权威文献对港口大脑的内涵进行定义和系统研究，也没有比较有代表性和说服力的应用案例呈现，“港口大脑”的实现还需要更多的理论探索和技术瓶颈的突破。从智能复杂系统的内在逻辑上看，港口大脑是全面感知、泛在链接、智能决策、敏捷响应和智能进化的系

---

① 目前对港口大脑的内涵解释，最有代表性的是交通运输部水运科学研究院罗本成和张永明（2020）在《水运科技》内刊的定义，即港口大脑是在现代科技进步与港口业务创新相结合的大背景下，基于物联网、云计算、大数据、人工智能（AI）等新一代信息技术在港口中的深度融合应用，逐步形成的具有类脑功能的人工智能系统。在不断进化与完善中，“港口大脑”逐步形成自己的中枢神经系统（云计算）、港口感觉神经系统（物联网）、港口神经纤维系统（通信技术）及港口神经末梢（边缘计算），从而形成港口的智慧与应用（大数据与人工智能）。具体而言就是：港口通过泛在感知系统，智能地获取各种运行状态信息，通过“港口大脑”对这些信息进行综合处理，并作出敏捷地判断或决策，从而实现更聪明、更智慧的运营与服务。

统集成，全面感知是要实现动态获取港口各种状态信息，智能感知港口状态变化和态势需求；泛在链接是要实现港口内人、机、物及环境所需无缝、安全和即插即用的联结；智能决策是对海量数据处理，通过算力和算法实现港口自学习、自适应和自主智能地判断及预测实现自主决策；敏捷响应是实现对港口中物、事和环境的敏捷智能反应；智能进化是通过机器学习、深度计算等手段赋能港口并成为有思考、交流、学习和进化的“有机生命体”。本质而言，全面感知、泛在链接是底盘基础，智能决策是重要体现，敏捷响应和智能进化是内在要求（罗本成和张永明，2020）。从“港口大脑”应具备的核心要素来看，“港口大脑”需要具有海量数据、算力和算法、人工智能、模型构造以及业务模块。

第四节　区块链技术赋能港口供应链金融的问题剖析

区块链技术赋能港口供应链金融已得到学术和行业的广泛认知，但目前仅仅停留在“认知并美好憧憬着”阶段，在国内部分港口型城市开始尝试在自贸区或保税区平台上采取金融监管沙盒方式试验金融科技公司，也尝试利用区块链技术建立贸易金融跨银行账户及跨平台的快速转账支付系统，承载自贸试验区内以及跨境金融资产交易与结算等。区块链技术赋能供应链金融模式无论在区块链跨链技术上，还是在金融科技、智能合约的立法以及“朋友圈”的组建上都存在一定的难度。从发展中长期趋势上看，在未来的某个高级阶段，区块链技术赋能港口供应链金融发展是基于市场双重导向同时能提供丰富化、便捷化和个性化金融服务产品的多元主体参与、高安全边际、强大服务网络和易监管的价值异构，在该价值构型场景中可以实现信息交换、信息整合和信息共享，同时也是基于赋能型ABC-DEFG技术、数字孪生等关键技术叠加使用的必然结果[①]。港口供应链金融

① 与宋华教授（2019）提出的融合式技术概念观点一致，主张技术不是单一技术，而是ABCDEFG技术融合后加速供应链金融组织间的信息交换、信息整合和信息共享，最终通过信息和信号赋能参与各个供应链金融平台组织并产生价值。

本质还是金融，必须按照金融机构应当有的规则进行跨链基础设施系统、供应链金融服务标准化、供应链金融产品化、金融数据备份以及金融监管制度安排。

一、港口供应链金融发展的技术难题

从区块链技术等技术研发进展来看，区块链技术已步入跨界融合和价值增值和价值获取阶段，同时，区块链技术开始与其他技术融合应用于港口供应链金融场景。但从港口供应链金融发展对硬件技术要求来看，还存在以下技术难题。

（一）区块链底层关键密码技术难题

随着量子计算机等技术的快速发展，区块链技术应用于金融领域的安全性被国内外专业质疑，认为量子计算机技术可能会威胁区块链技术，代表如：戴夫·阿加瓦尔等（Divesh Aggarwal，et al.，2017）、中国科学技术大学中国科学院量子信息重点实验室教授韩正甫（2020）等，但中国人民大学袁勇教授（2020）认为量子计算机技术的确存在威胁，但可以克服，区块链可以通过切换共识协议来解决，他提出了两个应对方案：抗量子区块链和量子区块链。抗量子区块链的主要发展方向是融入目前的公有区块链体系，而量子区块链由于需要分布式的节点，还需要一定的量子能力，更适用于联盟链的体系。在抗量子区块链技术领域，现阶段主流的抗量子密码方案包括：基于哈希的密码学方案（哈希的签名方案 Leighton－Mical、扩展默克尔签名方案 XMSS、基于哈希的后量子签名最优化算法 SPHINCS、索引算法 NSW 等）、基于编码的密码学方案（调度算法 CFS、任务调度 QUARTZ 等）、基于格的密码学方案（并行算法 GPU、数字签名方案 RING－TESLA 和 DILITHIUM 等）、基于多元变量的密码学方案（数字签名方案 RAINBOW 等）以及基于超奇异椭圆曲线同源密码方案等，还有如区块链化的后量子签名方案 BPQS（Blockchainized Post－Quantum Signature）等。因此，在区块链底层关键密码技术领域，构建应对量子计算机与量子算法的威胁的账户与交易安全防御机制，探索基于模块化、可插拔、可复用的细颗粒度密码算法的重构模型，构建融合国际密码算法标准的多模式综合密码基础库，构建适配区块链公钥和签名体系需求的新型账户公钥密码与签名体系等成为系列技术难题。

（二）区块链跨链体系关键技术难题

区块链跨链技术是实现区块链技术互联互通实现价值的关键技术，现有技术解决了区块链底层架构不同互通难、数据结构不同互认难、接口协议不同互链难等问题。港口供应链金融本质上还是金融，应遵循金融运行的安全边际要求，在区块链技术赋能下会面临着区块链跨链带来的便捷性、信息真实性、服务直达性等“好处”与跨链安全冲击、隐私安全隐患等“坏处”的权衡，现实中往往存在“去中心化”“安全性”和“可扩展性”的“三元悖论”，只能兼顾其中的两者。同时，区块链技术跨链后会出现供应链金融事务管理难题，即跨链后交互的事务“谁来管”“如何管”“管什么”等问题。跨链技术在实现链间资产转移或兑换时，交易或兑换活动必须同时成功或者失败，还必须保持交易双方信息的一致性和交易的原子性，在技术上存在难点①。同时，区块链跨链技术还面临金融资产的锁定和解锁技术问题，需要在区块链技术上设定锁定和解锁的条件，还需要确保锁定资产的安全性和隐私性，区块链智能合约、联盟链以及现有跨链技术还不能完全解决。此外，区块链跨链技术还面临跨链协议适配和兼容问题，开发适合不同应用场景的跨链技术等，同时跨链交互的安全性也是关键技术难题。因此，异构多链互通的新型跨链体系关键技术成为技术难题，具体如：研究新型区块链跨链架构；支持多条同构（异构）区块链间的数据流通与合约调用；研究应用层跨链互操作、链间跨链互操作、链下数据跨链互操作机制等。

（三）区块链金融基础设施平台关键技术

在国际清算银行支付结算体系委员会（CPSS）和国际证监会组织（ICOSCO）发布的《金融市场基础设施原则》（Principles for Financial Mar-

---

① 何帅，黄襄念，陈晓亮．区块链跨链技术发展及应用研究综述［J］．西华大学学报（自然科学版），2021（03）：1－14．

ket Infrastures，PFMI)[①] 基础上，中国人民银行和中国证监会发布了中国《金融市场基础设施原则（2013)》，支出金融基础设施主要包括支付系统（PS）、中央证券存管（CSD）与证券结算系统（SSS）、中央对手方（CCP）、交易报告库（TR）以及证券、期货、黄金等交易场所、保险行业平台等金融市场基础设施。同时，还指出国内具有金融市场基础设施性质或类似性质的科技平台开发和设计，需要参照并遵循该原则，以提高安全性和合法基础。2019 年 9 月，中央全面深化改革委员会第十次会议审议通过了《统筹监管金融基础设施工作方案》，进一步明确要统筹金融基础设施的监管框架和监管体系、监管规则和行业标准、数据统计和信息规范以及国内外监管协调。但将阿里巴巴、腾讯等大科技公司、支付宝、微信钱包等互联网支付系统等视为属于重要组成部门或参与者，纳入统筹监管范畴。从未来趋势上看，随着金融科技快速发展，会出现“区块链新型金融基础设施”类型。如以太坊公司的波卡（Polkadot）和宇宙（Cosmos）开始更多关注跨链金融基础设施系统开发。区块链金融基础设施本质上体现了区块链融合性技术和现实增强型技术特征，必须需要绝对安全系数、普适性基础设施服务能力、广泛客户参与和便捷化的客户体验感等要求，在技术实现上还需诸多技术难题：例如支撑大规模高频次交易的共识算法研究、通信协议和分布式高可信存储机制等关键技术；区块链高扩展分片及多链技术研究；账户身份、交易数据、内容数据分离及数据隐私保护技术研究；构建可支撑数据获取传递分析处理、隐蔽传输、隐私保护、高可信存储共享等多应用场景业务生态的区块链技术平台研究。

二、港口供应链金融发展的制度阻碍

技术是数字化场景的内在规则，而法律是数字化场景的外在规则。

---

① 该《金融市场基础设施原则》（Principles for Financial Market Infrastures，PFMI）原则是 2012 年由国际清算银行支付结算体系委员会（CPSS）和国际证监会组织（IOSCO）制定发布，认为金融基础设施包括支付系统（Payment System）、中央证券存管（Central Securities Depository）、中央对手方（Central Counterparty）、证券结算系统（Securities Settlement System）、交易数据库（Trade Repository）。

区块链技术赋能港口供应链金融塑造了一个代码自治的区块链金融新场景和新构型，区块链技术应用的每个链接按照代码规则运行，技术背后更需要系统化的金融制度安排。因此，赋予充分的、明确的、透明的和可执行的法律依据是关键。2021 年 8 月，中共中央、国务院印发的《法治政府建设实施纲要（2021—2025 年）》，要求“加强重点领域立法，及时跟进研究数字经济、互联网金融、人工智能、大数据、云计算等相关法律制度，抓紧补齐短板，以良法善治保障新业态新模式健康发展”，具体体现在：

（一）区块链技术相关法律规则缺乏

区块链技术作为新技术，其快速发展对合规性立法提出了巨大挑战，现有法律虽然具备了对区块链技术的总体框架和基本脉络，但针对区块链技术的直接规范还比较缺乏。例如：区块链技术可以实现商业票据的拆分和流转，但是，现行的票据法不允许商业票据拆分支付行为，因此，当前以通证、商证等电子票据代称的形式进行拆分流转的商业票据在法律层面上仍不具备合法地位。显然，面对区块链及其应用的高速发展，现有法规体系仍然缺乏针对性、全面性，仍然需要紧跟行业发展情况及时补充、完善。但从现有立法来看，区块链技术是对既有互联网、计算机等信息技术升级换代，区块链相关立法离不开信息技术及计算机技术相关的法律体系。

从基本法律来看，适用区块链刑法有“侵犯公民个人信息罪”“拒不履行信息网络安全管理义务罪”“非法利用信息网络罪”“帮助信息网络犯罪活动罪”等罪名。能适用于区块链一般民事法律规范，主要有《民法总则》关于个人信息安全及网络财产、民事责任条款。从其他“法律”来看，有《中华人民共和国网络安全法》《电子商务法》《电子签名法》及全国人大颁布的相关决定。从行政法规层面上，相关立法有《计算机信息系统安全保护条例》《互联网信息服务管理办法》等。部委规章层面上，主要有央行的《金融消费者权益保护实施办法》、网信办的《区块链信息服务管理规定》。司法解释方面涉及最高法《关于互联网法院审理案件若干问题的规定》，其中对区块链等电子证据认证进行了规定。从行业研究报告来看，主要有：2016 年和 2018 年工信部信息化和软件服务业司、国家标准化管理委员会工业标准二部指导的《中国区块链技术和应用发展白皮书》《区块链参考构架》《区块链数据格式规范》等，具体分析了数据存储、加密算法、共识机制、智能合约、网络协议、隐私保护这六个区块链核心技术。

针对区块链最直接、最全面的部门法规就是 2019 年 2 月 15 日网信办发布的《区块链信息服务管理规定》，该法规共有 24 条，明确根据《中华人民共和国网络安全法》《互联网信息服务管理办法》和《国务院关于授权国家互联网信息办公室负责互联网信息内容管理工作的通知》制定。针对区块链信息服务提供者的具体法律释意主要有：第五条，要求应当落实信息内容安全管理责任，建立健全用户注册、信息审核、应急处置、安全防护等管理制度；第六条，要求具备相应的专业技术条件；第七条，要求制定管理规则和平台公约，并与区块链信息服务使用者签订服务协议；第八条，确立了实名制，要求对使用者进行真实身份信息认证，使用者拒不提供真实身份可拒绝向其提供服务；第九条，要求区块链服务提供者在开发上线新产品、新应用、新功能之前，向网信办申请安全评估；第十条，禁止利用区块链从事危害国家安全及违法犯罪；第十一条第一款，要求在国家"区块链信息服务备案管理系统"上履行备案手续方可经营；第十三条，要求在区块链服务的相关互联网站、应用程序的显著位置标明其备案编号；第十六条，要求区块链服务提供者对违法或违约的区块链使用者采取警示、限制功能、关闭账号等处置措施，并向有关主管部门报告。

（二）数据权属及数字资产缺上位法

数字经济快速发展，行业和学界对数据、网络虚拟财产以及区块链数字资产概念还没有理清，相关立法更是空白。《民典法》第一百二十七条仅提到"法律对数据、网络虚拟财产的保护有规定的，依照其规定"。从法律性质上看，该条规定属于准用型规范，为今后数据、网络虚拟财产的保护立法留有余地，同时也说明现有关于数据、网络虚拟财产的保护立法缺失。因此，《民典法》第一百二十七条需要进一步细化适用。但从已有研究来看，区块链数据包括：账户数据、区块数据、事务数据、实体数据、合约数据和配置数据等，区块链中的数据权属仅指用户上链的特别数据即事务数据、实体数据和合约数据的归属问题。而区块链数字资产不同于传统的网络虚拟资产和实体资产，区块链数字资产具有诸多新优势，包括透明与可信性、加密安全性、可编程性、降低交易的成本和时间、简化权利管理、允许部分所有权等。从共同特征看，区块链数字资产具有无形性、加密验证属性、使用分布式账本、去中心化、共识机制特征，满足这些特征的数字资产主要有：以比特币等加密货币为特征原生数字资产和关联链外权利的数字资产两类资产。因此，数据包含着网络虚拟财产、区块链数字资产。

从法律意义上看，财产须具备管理可能性、转移可能性和客观价值性三个特征，但数字资产的管理可能性和转移可能性特征是明确的，其是否具有客观价值性特征仍存在争议，但主流观点认为区块链数字资产具有客体性，符合物权特征。同时，无形财产的归属和支配日益成为数字社会最重大的法律问题之一，打破这种完全封闭的物权体系，确定有体物之外的某些无形财产得成为物权之标的，完全是民法的一种进步[①]。借助区块链，各类资产都可以转变为可以线上流通的数字通证（digital token），在现行物债二分体系下，将区块链数字资产纳入物权保护范围是可行且合理的方式，相应的权利人对其区块链数字资产享有所有权，包括占有、使用、收益、处分等。同时，区块链数字资产表现为“数字通证”，由公钥和私钥表示，公钥即公共参数部分，包含该资产的编码信息，对全世界或系统参与者公开；私钥即私人参数部分，是区块链上的随机参数，由持有者私下掌握，允许持有者针对该资产的转让或其他交易行为，通过数字签名以加密安全的方式进行确认。因此，有必要重新审视既有财产权理论，厘清区块链数字资产的法律地位。

（三）智能合约的法律属性有待重构

区块链智能合约是区块链技术发展的2.0阶段，除了与区块链技术同

---

① 腾讯集团副总裁、腾讯研究院院长司晓撰文“区块链如何在数字世界中重塑所有权？”中的观点。

样的技术属性，还具有传统合同的法律属性，是依托区块链技术，具有合同属性且会自动执行的技术合约。与传统合约相比，区块链智能合约具有不可撤销、不可篡改、自动执行等优势，合约各方当事人无法违约，一旦写入代码合同立即生效。同时，区块链智能合约双重属性特征及其拓展性决定着其在区块链金融的重要应用价值，但区块链智能合约还没有正式进入法律领域，主要原因在于：区块链智能合约与传统合约在履约机制上存在较大差异，区块链智能合约不可撤销、不可篡改特点与传统合约的合同无效、可撤销、可变更的法律种类存在冲突，区块链智能合约代码写入，即使违反法律法规，也要自动执行，无形中增加了合约当事人面临诉讼风险的概率，同时现有法律框架中对区块链智能合约意思表示一致性、电子签名效力等也缺乏相应的法律规定。具体而言：

《民法典》第三编第一章第四百六十四条指出“合同是民事主体之间设立、变更、终止民事法律关系的协议”，同时第一章第五条指出“民事主体从事民事活动，应当遵循自愿原则，按照自己的意思设立、变更、终止民事法律关系”以及第六章第五百四十三条指出“当事人协商一致，可以变更合同”。可见，合约各方当事人要知晓合同内容，是否拟定合约，当事人具有自主权，同时在某种情形下，可变更、终止合约，也存在除外情形，但在区块链智能合约下面临着不可撤销、不可篡改的技术挑战。此外，《民法典》第三编第二章第四百六十九条指出“当事人订立合同，可以采用书面形式、口头形式或者其他形式。书面形式是合同书、信件、电报、电传、传真等可以有形地表现所载内容的形式。以电子数据交换、电子邮件等方式能够有形地表现所载内容，并可以随时调取查用的数据电文，视为书面形式”，可见对合同订立形式上仅止步于电子数据交换、电子邮件等方式能够有形地表现所载内容，对区块链智能合约形式订立合同并未提起。

传统合约均是不完备合约，区块链智能合约很难处理不完备合约除外情形，对生效时间也存在差异性。《民法典》第三编第三章第五百零二条指出“依法成立的合同，自成立时生效，但是法律另有规定或者当事人另有约定的除外”，区块链智能合约与传统合约一样承载着合约当事人真实意思表示，但在合约生效时间上存在差异性，传统合约生效时间只要当事人意思表示一致即可作为生效时间，而区块链智能合约是需要合约发布时间作为生效时间。同时，传统合约缔约当事人需为具有民事行为能力人，然而区块链智能合约由于是线上进行使得缔约当事人的民事行为能力很难辨认，倘若缔约合约当事人不具有民事行为能力，传统合约很容易获得法律救济，但在区块链智能合约场景下，法律救济很难进行。当然随着区块链技术的完善，可以设置行为能力验证环节来规避不具有民事行为能力人参与合约签订。

三、港口供应链金融发展的管理困惑

区块链技术赋能下港口供应链金融的高级阶段是基于赋能型 ABCDEFG 与港口供应链金融活动及相关企业组织经营交互并能构建区块链金融基础设施平台的生态系统，因此，需要区块链技术能与其他技术交融之外，还必须具有整合数据、信息管理和治理协同的能力，才能实现区块链技术“赋能”。在统一认知、不同主体、不同技术、不同规制、不同诉求、不同业务流程、不同地域、不同系统等异质情况下，现阶段出现一些管理困惑。

（一）数据整合的困惑

数据作为新型生产要素，日益成为新一轮科技革命背景下的重要战略资源，也是港口供应链金融创新发展的核心要素，中国政府已将数据明确列为生产要素并写入国家政策文件。数据要素具有经济性、技术性等特征，在成熟的技术设施、明确的市场标准、完善的市场机制以及深度的跨界融合前提条件下会产生价值。但区块链技术赋能下港口供应链金融的数据整合处于：“前景很美好但现实很骨感”状态。现有参与面向供应链的“区块链新型金融基础设施”的主体来自不同行业和不同政府部门，面临的困惑是不同行业之间、不同政府部门之间、行业与政府部门之间的数据均是垂直化管理，尤其是政府部门，在数据标准、数据定价、数据确权等细则还没有成形之前，很难实现跨行业、跨部门之间的数据共享机制，数据的孤岛和鸿沟现象依然存在。国内已推动的典型的区块链赋能港口供应链金融发展案例显示，庞大的数据库虽已设立，但数据基本是错乱无序的大数据，没有经过数据加工清洗和标准化处理，部分数据即使有清洗，但也没有形成动态地从异构数据中搜集、整理、清洗、分析等工作机制，很难通过构建模型处理形成数据的可视化，区块链技术“赋能”港口供应链金融的作用就很难发挥。

（二）信息管理的困惑

信息是数据加工清洗后的内容呈现，而数据是信息的载体，只有将数据转换为供应链金融及其相关企业决策的可视化信息时，数据才能产生价值。针对港口供应链金融的信息管理，就需要构建与商流、物流、资金流等相统一的信息化管理体系，并配套运行稳定的“区块链新型金融基础设施”平台。在平台搭建中，最理想的模式是需要设立平台类金融科技公司，采用金融科技公司来承担信息中介，通过对港口供应链中小微企业不为控制、可控制的网络信息以及无意识的行为信息来进行管理决策，这些信息均为资金提供方提供客观呈现，为其融资业务决策提供参考依据。这些过程的实现需要诸多前提条件，往往这些条件或在实践中很难具备，或引致金融科技创新的法律风险。具体而言：一是对供应链金融的资金提供方而言，资金流信息获得是基于供应链的商流、物流等信息基础上产生，商流、物流的海量大数据需要经过持续的搜集、清洗、整理、集成、分析等才能转换为可视化的动态有用信息，一方面，需要知识复合型员工从事相关工作；另一方面，还需要能够对动态有用信息进行金融产品设计、风险预测和评估、数字资产定价等才能提供供应链融资决策信息。二是对供应链金融的资金需求方而言，供应链企业与企业之间的业务往来活动是人、财、物等的客观体现，形成的大数据需要转换为可视化信息，才能为供应链金融的资金提供方提供价值信息，帮助资金提供方更好地设计金融产品和控制风险。三是金融科技公司获得大量难以被外部人所理解的信息，会面临着平台经济“垄断呈现”以及信息安全管理的“法律风险困惑”。

（三）协同治理的困惑

港口供应链金融协同治理是要规范港口供应链金融场景中的主体关

系，强化供应链金融规则重建和体系重构，同时关注长远制度性安排，治理下的供应链金融环境实现协同发展，既要考虑供应链上企业的自我利益实现，又要兼顾与其相互依存的供应链企业之间的平衡发展关系。但由于现实供应链场景中各企业提供的数据、信息和资源不同，导致所处的竞争地位和优势也不同，因而他们相互依赖的地位和权力也不对等，在早期阶段以金融机构或供应链金融核心企业为主导的港口供应链金融出现“攫取金融①”问题，即“自我利益”与其他供应链企业利益取舍时会选择“自我利益”的实现。在中期阶段会出现资源共享、利益分配、行为许可、风险治理等更加复杂多元的协同治理冲突，得到协同治理的行为、主体参与不确定性、平台业务边界模糊等问题，使得治理难度加大。此外，按照宋华（2019）提出的“供应链金融效应”概念，即要实现供应链决策智能化、供应链服务生态化、供应链活动服务化、供应链管理可视化。这些金融效应的实现需要供应链企业业务流程、各个利益主体、物流和资金流、商流和资金流等协同治理，同时，在可视化方面，也需要采集、传递、储存、分析、物流、仓储等协同治理，但在实践中完全实现存在较大难度。

（四）异构监管的困惑

区块链技术赋能下的港口供应链金融是一种跨系统和跨界的价值异构，从本质上而言，港口供应链金融无论是商业银行等传统金融机构、小额贷款、保理公司、融资租赁公司、财务公司等类金融机构参与的供应链金融产品和服务，还是界定为创新推出的“金融科技公司”，本质上均属于金融，需要构建相适应的金融监管规则。从现有监管规则来看，2020 年 9 月，中国人民银行联合工业和信息化部等部门发布了《关于规范发展供应链金融 支持供应链产业链稳定循环和优化升级的意见》（银发〔2020〕226 号）（以下简称“226 号文”），从“强化支付纪律和账款确

① 攫取金融即金融的攫取性，较早由张昌文等（2015）在其所著《从攫取到共融：金融改革的逻辑》一书中提出了“攫取性金融体系”说法，陈述的是金融的攫取性会导致初次分配扭曲和资源要素脱实向虚，导致经济系统的配置效率下降，对创新及经济增长产生负影响。在本书中，攫取金融还表现为在供应链金融框架中企业与企业之间，金融机构与企业之间的“利益侵占”产生的“攫取”。

权、维护产业生态良性循环、加强供应链金融业务监管”三个维度强调了“严格对供应链金融的监管约束”。226号文提出要把商业承兑汇票、供应链应付账款等与债券融资挂钩纳入供应链企业信用，规范了核心企业行为①。对类金融机构要求“不得以各种供应链金融产品规避国家宏观调控要求、不得无牌或超出牌照载明的业务范围开展金融业务、各类第三方供应链平台公司不得以供应链金融的名义变相开展金融业务，不得以供应链金融的名义向中小微企业收取质价不符的服务费用”。226号文监管规则强调了“牌照管理”。同时，从最高人民法院发布的《关于审理民间借贷案件适用法律若干问题的规定》看，对信息中介或助贷机构，规定只能从事主业“信息撮合等服务”，不得提供增信服务或变相增信服务，不得放贷或联合放贷。可见，对于新形态金融，中国监管部门采取了审慎监管的原则，在政策层面，对于区块链技术赋能港口供应链金融的金融科技发展存在监管带来的“困惑”。

---

① 226号文指出核心企业“不得封闭循环和限定融资服务方”，如果核心企业、第三方供应链平台公司以供应链金融的名义挤占中小微企业利益的，相关部门应及时纠偏。

第三章 经验借鉴与案例比较

从区块链技术赋能港口供应链金融视角来看，国际代表如美国、英国、德国、瑞士四个国家无论在技术研发、应用场景开发，还是监管政策、市场规则和商业模式创新来看，均具有较成熟的先行先试经验，可以借鉴。国内如金融职能部门、海关、港口、银行、供应链企业以及科技企业已从不同维度和局部碎片化视角开始了区块链技术、供应链金融和智慧港口等领域技术研发、智慧供应链集成系统以及商业模式探索，已具有一定的应用研究基础。区块链技术赋能港口供应链金融是一个集区块链技术、港口、供应链及其金融服务等元素于一体的复杂应用场景。本章从国际国内技术研发、系统开发、应用场景、商业模式、监管规则、金融功能以及智慧港口等多视角归纳国内外先行先试经验，分析比较典型案例，为区块链技术赋能港口供应链金融理论框架的构建和金融模式创新提供丰富的经验借鉴和启示。

第一节 国外应用成果与典型案例

从全球新一轮科技革命沿革来看，美国依然充当着全球区块链创新创业的领头羊，以英国、德国为首的欧盟国家以及日本等国均启动了区块链国家战略，丹麦是世界上第一个使用区块链技术在船舶登记处注册的国家，瑞士区块链优势领域为投票选举和银行业，荷兰启动区块链研究国家计划，新加坡提出打造区块链亚洲中心战略。可见在新一轮科技革命背景下，各国在区块链技术于金融领域应用赛道上频频发力。

一、美国：全球区块链创新创业的领头羊

美国是全球较早开发应用区块链技术于金融场景的国家之一，是世界区块链技术领域创新创业的领头羊，是全球虚拟货币交易额最大的国家，代表如纳斯达克、穆格、微软、沃尔玛、IBM、摩根大通、联合健康、德勤、甲骨文（Oracle）等主体较早研发应用区块链技术，拥有区块链创业和投融资“圣地”硅谷，有全球知名的虚拟货币交易所比特币交易所（Coinbase），有总融资居首的 ICO（Initial Coin Offering）、有区块链和虚拟货币行业极具研究深度的非营利机构数字货币研究和倡导中心（Coincenter）、有一批专供区块链技术领域的风险投资资本等，在区块链金融创新大趋势下，美国联邦和各州监管坚持实用主义政策导向，鼓励和稳步推进行业创新，在超前谋划和制度基础设施建设领域有可学习之处。

（一）构建区块链技术监管政策体系和标准化委员会

美国国土安全部（DHS）一直在探索区块链和分布式账本技术的应用，DHS 科学技术局设立了区块链专项研究项目，资助区块链安全性、隐私保护、互操作性和标准化等领域的技术研发。2019 年 7 月，美国国防部（DOD）发布的《国防部数字现代化战略》中提到，DOD 正在试验

基于区块链技术的网络安全保护。DOD的关键研发部门——国防高级研究计划局（DARPA）已将区块链技术作为颠覆性技术。随后，美国能源部和美国国家科学基金会开始支持区块链技术的扩展性、公平性和多行业应用研发。接着，美国国会逐步建立了比较清晰的监管政策体系，先后颁布了《2019年令牌分类法》（Token Taxonomy Act of 2019）、《2019年数字分类法》（Digital Taxonomy Act of 2019）和《2019年区块链促进法》(Blockchain Promotion Act of 2019)，这些法律为美国数字资产市场监管增强了明确性①。

美国联邦立法与州立法相互并行，在联邦层面监管机构主要有美国证券交易委员会（SEC）、商品期货交易委员会（CFTC）、美国国内税务局（IRS）和金融犯罪执法网络司（FinCEN），从分工上看，SEC是直属联邦独立准司法机构，具有准立法权、准司法权和独立执法权，负责美国证券的监管工作。CFTC主要负责美国商品期货、期权、金融期货等监管；IRS主要负责虚拟货币等业务税收监管；FinCEN主要负责对虚拟货币交易中的洗钱及恐怖主义等行为进行监管。对区块链技术应用创新的监管思路上，美国政府既没有全盘否定，又没有全面鼓励，对区块链技术领域新兴事物也不会采取"一刀切"的做法，而是在稳步推进过程中不断进行风险观测和监管。在联邦层面，针对区块链相关风险的监管，美国的监管特征是若干机构之间协作监管。各机构间主要根据自身的职责进行监管工作安排和分配。从出台政策历程来看，IRS于2014年12月较早出台了《关于虚拟货币交易的税收指南》，之后FinCEN出台了《银行保密法》。接着，2018年1月，美国SEC和CFTC出台了《关于虚拟货币采取措施的声明》对证券、期货进行穿透式监管。之后的2月，CFTC设立了虚拟货币委员会和区块链委员会分别关注虚拟货币行业，同时也加强区块链技术在金融领域的应用。据不完全统计，2018年美国联邦政府及州还先后出台了《2018年联合经济报告》《区块链：背景和政策问题》《区块链和在政府应用中的适用性》《区块链技术概述》等，阐明了区块链技术发展的基本思路及监管政策。2018年12月，美国田纳西州最

① 郭滕达．美国推动区块链发展的主要做法及启示［J］．世界科技研究与发展，2020，42(05)：558－566.

新通过了一项法案，承认区块链技术和智能合约在进行电子交易方面的法律权威。2019 年，美国证券交易委员会（SEC）为 token 发行人发布了新的监管指南。

在区块链技术标准化层面，美国为抢占区块链技术的国际主动权，并推动由国际标准委员会（ISO）于 2016 年开始着手定义区块链参考架构、分类和本体，作为 ISO 的唯一美国代表，美国国家标准协会（ANSI）承担了 80% 的 ISO 关于区块链技术的研发工作。2019 年，美国电气和电子工程师协会（IEEE）发起设立了区块链标准委员会，并下设基础工作组、技术工作组、应用工作组、资产工作组、服务工作组和数据工作组。后来，美国一些政府部门和行业协会也加入了区块链标准化工作，例如全球金融区块链联盟 R3 旨在通过行业内标准的确立，打造良好的生态系统。

（二）纳斯达克：股权时间轴视图与区块链经济指数

纳斯达克（National Association of Securities Dealers Automated Quotations，NASDAQ），是美国的一个电子证券交易机构，是由纳斯达克股票市场公司所拥有与操作的世界最大的股票市场之一。在区块链技术应用领域，纳斯达克代表性成果有两个：股权时间轴视图和区块链经济指数。股权时间轴视图解决了区块链技术企业股权交易的可视化，区块链经济指数成为区块链技术企业景气度的风向标。

2015 年，纳斯达克宣布推出基于区块链的股权交易平台纳斯达克领克（Nasdaq Linq），该平台创新性地提出了区块链技术创新企业“股权时间轴视图”，通过区块链技术支持企业向投资者私募发行“数字化”的股权，为投资者和企业家提供了一个直观的用户体验，在 Nasdaq Linq 平台上，初创型企业发行人在登录后可以看到 Nasdaq Linq 对其的估值，所有股份数字，包括尚未分配的股份，都通过可视化的颜色块来代表，纳斯达克称该数据为“股权时间轴视图”。那些已经发生的交易将会在时间轴上显示为“灰色”，企业发行人、受让股权交易者等还可以看到箭头，说明该股份是如何被转移和划分的，颜色编码的方式，能够非常直观地通过开放资产协议（Open Assets protocol），来显示区块链技术是如何通过相应条款和条件来创建独一无二的资产。Nasdaq Linq 力求企业家能够更简单地通过对资产表格进行数据分析，来提供更直观的可视效果，否则很容易会被电子表格所淹没。创业者可以在交互式股权时间轴上，显示个人股份证书是如何发给投资者的。有效的证书和取消的证书都有不同的现实效果，前者还会显示诸如资产 ID，每股价格等信息。初创公司使用平台还可以通过时间发行日期来查阅证书，包括查看最多或者最近的证书，同时，可以查看企业内持有最多股份的股东。创业企业可以评估某单一投资者在企业中所持有的股份。投资者可以面对类似于事务 ID，对正在追踪初创公司进展的投资者提供足够的透明性，还强调他们使用了新技术来创建证书。Nasdaq Linq 的目标是让整个流程变得更加简单，区块链技术能够让它变得更加灵活和方便，并且获得更广泛的应用，创造结构化流动性，在整个过程中减少摩擦，使客户获得更多的流动性。其次，关于区块链经济指数，2017 年 11 月，投资市场实现分享（Reality Shares）与纳斯达克（Nasdaq）联手推出一项指数，以追踪区块链领域的创新型企业，该指数被命名为“smart - beta 指数”，全称为“Reality Shares 纳斯达克区块链经济指数”，该指数成为今后区块链领域的创新型企业景气度的风向标。

2016 年，纳斯达克推出金融框架系统（NFF），为其在全球范围内的金融基础设施客户提供端到端的解决方案，以及基于区块链的各项服务。之后，纽约互动广告交易所（Nyiax）于 2017 年 3 月宣布与纳斯达克合作。纳斯达克为 Nyiax 提供区块链技术支持，支持其为出版商、广告客户以及媒体广告投放商提供基于区块链的广告交易平台。由此，Nyiax 将成为首个建立在云端并在区块链上运行的交易所。2017 年 5 月，纳斯达克与花旗银行通过区块链，将两行间的支付处理自动化。纳斯达克通过区块链来确保私营企业股票发行的安全性。纳斯达克的区块链平台 Nasdaq Linq 可以为花旗银行的贸易业务提供解决方案，后者每年在全球处理数万亿美元的交易。据美国证券交易委员会（SEC）发布的文件显示，纳斯达克于 2017 年 7 月与瑞士证券交易所（SIX）签署协议，为 SIX 的场外交易（OTC）产品业务提供基于分布式账本技术的解决方案。

（三）穆格公司：全球区块链智慧供应链系统与3D打印

穆格（MOOG）公司是全球设计、制造精密运动控制产品和系统集成商，穆格生产高性能系统控制的军用和商用飞机、卫星和航天器、运载火箭、导弹、工业机械和医疗设备。在传统的供应链管理模式下，公司运营面临存在最大困惑：设备的操作、生产和维护记录存储在单一、孤立的管理系统中，一旦出现安全和生产事故，企业、设备厂商和安全生产监管部门难以确保记录的真实性与一致性，也不利于后续事故的防范及设备的改进，管理的信息化程度比较低。为了解决问题，穆格决定采用区块链技术，区块链技术能够将制造企业中的传感器、控制模块和系统、通信网络、ERP系统等连接起来，并通过统一的账本闭合链，形成M2M网络，让企业、设备厂商和安全生产监管部门能够长期、持续地监督生产制造的各个环节，提高生产制造的安全性和可靠性。同时，区块链的可追溯性和不可篡改性也有利于企业审计工作的开展，便于发现问题、追踪问题、解决问题和优化系统，极大地提高了生产制造过程的智能化管理水平。

除此之外，穆格公司在全球不同的地方部署了3D打印机，并由穆格公司对制造流程、最终产品质量等关键信用环节做担保，同时开发了穆格分步交易（Moog VeriPart）系统，在零部件打印过程中，直接将二维码和防伪标识打印到产品上，用户通过手机扫描就能获得所有关于产品的信息。产品在订购、制造、流通、使用、维修、回收等环节的所有信息都会通过区块链技术被同步到各个节点，让这些3D打印的零部件在全生命周期内都有迹可循（见图3-1）。举例说明，身处德国的客户可以从美国弗吉尼亚的制造商那里获得飞机零配件的数字图纸，在德国本地打印，省掉仓储、物流等成本的同时，还完全不需担心产品质量。区块链技术能够成为融合连接数据信息流的“安全层”和“中间件”。产品生产所需的所有相关文件，都可以通过智能合约来达成，以此形成信任关系。作为交易的一部分，通过使用区块链技术的智能合约即时完成，客户可以在穆格的供应链中诉诸需求，由智能合约生成订单，产品由图纸到成品的生产过程中，由区块链记录制造的每一个环节，以应对可能发生的任何问题，供应方、需求方甚至监督方都可以随时审阅，当产品完成验收时，由智能合约执行交易。这样的生产模式打破了传统，随着制造业对互联网和安全的要求越来越高，区块链技术将成为智能制造业发展及供应链管理的基石。最后，在区块链技术下由智能合约完成支付交易。

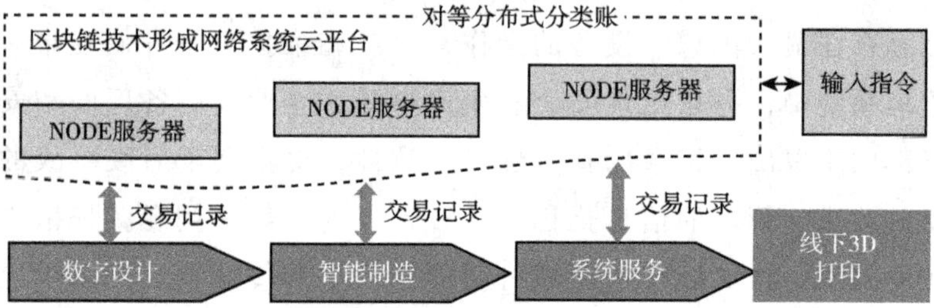

图 3-1 穆格的全球区块链智慧供应链系统与 3D 打印

（四）微软：Azure 区块链即服务（BaaS）计划

从某种意义而言，云计算 + 区块链就等于“区块链即服务（Blockchain as a Service，BaaS）”，是将区块链框架嵌入云计算平台，利用云服务基础设施的部署和管理优势，为开发者提供便捷、高性能的区块链生态环境和生态配套服务，支持开发者的业务拓展及运营支持的区块链开放平台，主要包括设备接入、访问控制、服务监控和区块链平台四个部门。微软（Microsoft）成立于 1975 年，是一家位于美国的跨国科技企业，是世界 PC（Personal Computer）软件开发的先导，以研发、制造、授权和提供广泛的电脑软件服务业务为主。最为著名和畅销的产品为 Microsoft Windows 操作系统和 Microsoft Office 系列软件，是全球最大的电脑软件提供商。2015 年 11 月，微软启动“Azure 区块链即服务（BaaS）”计划①，将区块链技术引入 Azure 云计算平台，使金融业用户可快速创建公、私及混合的区块链开发环境。2017 年 6 月，微软表示支持国际公私合作联盟 ID2020，该组织致力于通过区块链技术为缺乏合法身份的全球居民提供身份证明。为此，微软与专业服务公司埃森哲以及托管服务供应商埃维

① Parablu Baas Solution Launched to Offer Advanced Data Protection，Managed in Microsoft Azure [J]. M2 Presswire，2022.

诺（Avanade）合作，共同开发基于区块链的身份原型，该技术由Microsoft Azure提供。2017年10月，微软成为加密资产与合约倡议（IC3）成员。通过加入该组织，微软预计推出企业级区块链，并计划与团队成员在博弈论、分布式系统、编程语言和系统的安全性等方面展开合作。2018年6月，微软与印度银行联盟（包括印度国家银行和ICICI银行）合作，后者通过Azure Blockchain，开发各类区块链项目。之后，2018年9月，摩根士丹利阿姆林（MS Amlin），韦莱韬悦（Willis Towers Watson）和信利保险（XL Catlin）等公司与微软合作，推出全球首个航运保险区块链平台，旨在简化海运保险的操作流程。

专栏3.1　美国"区块链+供应链"应用领域典型案例

——"IBM：区块链支付系统"。IBM是全球最大的信息技术和业务解决方案公司，IBM于2018年9月为其研发的区块链支付系统（Blockchain World Wire）推出测试版，该项目通过恒星共识（Stellar）协议帮助金融机构在几秒钟内清算和结算国际支付。2018年11月，IBM与哥伦比亚大学合作推出两个旨在孵化区块链应用程序的孵化器。IBM区块链孵化器和哥伦比亚区块链创业孵化器将分别支持10家初创公司。

——"摩根大通：基于环球同业银行金融电讯协会（SWIFT）的区块链系统"。摩根大通集团2000年12月由J.P.摩根公司和大通—曼哈顿公司合并而成，是美国主要的商业银行。摩根大通于2018年8月申请了基于区块链的银行间支付专利。当银行想要进行跨境支付时，需向其他银行和结算机构发送大量信息，而这或可延迟交易。使用区块链可以跟踪审计流程，并使银行能够实时处理交易事务。2018年12月，摩根大通加入由SWIFT推出的基于区块链的新系统，该系统旨在解决由支付信息错误而产生的支付延迟问题。

——"德勤：基于智能合约的贸易融资系统"。德勤（Deloitte）于1845年成立于英国伦敦，是全球领先的专业服务机构，世界四大会计师事务所之一。2016年5月，德勤会计事务所与包括康森斯（ConsenSys）和密码块（BlockCypher）在内的5家区块链公司展开合作，共同开发出20种区块链运行模型。其中，贸易融资概念证明德勤水星（Deloitte Mercury）使用智能合约确保金融机构间的信贷和融资担保。

——“甲骨文（Oracle）：基于区块链即服务（BAAS）的区块链云服务系统”。甲骨文公司是全球最大的企业级软件公司，其BaaS产品——区块链云服务系统（Blockchain Cloud Servic）允许企业使用DLT进行概念验证。Oracle推出Blockchain Cloud Service预览，该产品可与其软件即服务和平台即服务应用进行集成，方便用户构建自己的应用和智能合约，如意大利橄榄油生产商通过Oracle区块链云服务追踪橄榄油从生产到销售的整个供应链环节。

二、英国：启动了区块链国家战略

作为历史上的全球金融中心的英国，在区块链技术革命初期，英国政府就紧跟美国步伐，较早地启动了区块链国家战略，并于2016年3月发布《分布式账本技术：超越区块链》白皮书，肯定了区块链的价值，评估区块链技术的潜力，减少金融欺诈和降低成本，重点推广在金融、保险、能源、交通、教育等领域的应用。

（一）英国金融行为监管局：监管沙盒与数字加密资产

金融科技的“监管沙盒（Regulatory Sandbox）”概念最早于2013年由英国提出，是从事金融创新的机构在确保消费者权益的前提下，按照英国金融行为监管局（FCA）特定的简化审批程序，提交申报取得授权后，允许金融科技创新机构在授权的真实环境范围内进行测试，FCA会对试点运行情况进行评估，以判定是否给予正式授权。英国FCA设立了创新项目（Project Innovate），并增设创新中心（Innovation Hub），为创新企业提供与监管对接、帮助取得有限授权等各种支持，最终于2015年设立“监管沙盒”制度，并增设相应部门。“监管沙盒”项目为金融科技、新金融等新兴业态提供“监管实验区”，支持区块链技术领域的初创型企业发展。2016 年 3 月，英国政府发布《分布式账本技术：超越区块链》白皮书，肯定了区块链的价值，评估区块链技术的潜力，减少金融欺诈和降低成本，为区块链技术在多个领域应用提供了“顶层设计”的发展框架。2017 年 11 月，FCA 将 BlockEx、Disberse、Nivaura、Nuggets、OKLink、Oraclize、Paylinko、Sabstonc 和 ZipZap 创业公司纳入“监管沙盒”试点。从程序上来看，FCA 首先要将纳入监管沙盒的区块链创业企业进行筛选，然后根据拟参与企业测试的创新金融产品和服务选取合适的消费者，并辅助消费者保护计划，最后再根据 FCA 要求允许参与测试企业向客户推出创新金融产品和服务。在数字加密资产领域，英国政府也通过立法政策监管有序推进。2018 年，英国财政部、金融行为监管局和英格兰银行共同组建“加密资产专项工作组”。同年 10 月，英国政府发布了一系列关于区块链行业的监管措施，将加密货币视为财产，加密货币交易所必须在英国金融行为监管局（FCA）注册，并禁止提供加密衍生品交易，通过对加密交易利润征收资本利得税。之后，2019 年，英国金融监管机构金融市场行为监管局（FCA）发布了一份名为《加密货币资产指南》的文件。文件指出，根据国家监管活动令（RAO）或金融工具指令Ⅱ中市场监管的“金融工具”，加密货币资产可被视为“特定投资”。

（二）赋予了区块链技术初创公司极其优惠的政策

英国政府已将区块链技术应用到了金融、能源、电力、医院等领域，成为欧洲区块链技术研发最活跃的区域，英国政府为了吸引区块链技术初创型公司在英国创业，赋予了极其优惠的创业政策。英国本土的区块链初创公司数量也越来越多，较具代表性的有路德系统（Luther Systems）、区块链银行（BABB）、易葳录（Everledger）、电子（Electron）、全球资本（Globacap）、慢雾镜像（Genomes. io）、尼瓦拉（Nivaura）等区块链技术公司，其中 Electron 主要将区块链用于革新电力系统，现已获得东京电力公司（TEPCO）、英国能源公司欧芳能源（OVO Energy）等企业的投资；Everledger 则主要利用区块链技术帮助企业追踪钻石珠宝和追溯葡萄酒等产品的来源，提供区块链供应链解决方案。同时，英国通过发展航运金融和海事服务，保持了全球航运定价中心和管理中心地位。

伦敦是国际海事组织、国际海运联合会等国际航运机构总部所在地，也是全球国际金融中心。这些先决条件决定着英国政府会对以区块链技术为核心的金融科技发展。除了监管沙盒和数字资产的规则之外，具体支持政策有：第一，英国政府支持社会组织、孵化器、基金公司等主体为区块链技术公司提供资金赞助或支持。第二，对英国区块链技术初创型公司进行税收减免。

例如，英国首家获国际小型支付授权的区块链公司特拉蒙克斯（Tramonex）。从定位来看，英国区块链创业公司（Tramonex）是一个国际金融服务提供商。2016 年 9 月，Tramonex 与全球交易服务提供商盛宝支付（Saxo Payments）合作，提供 25 种货币的隔离客户账户和外汇流动性。Tramonex 为了摆脱传统银行业务并提供管理国际现金流新方法愿景的重要方向，该公司已加入盛宝支付银行业务圈，能为客户提供个人、实体和虚拟账户以及他们自己独特的国际银行账户号（IBAN）。之后，Tramonex 经过努力，于 2017 年 2 月获得英国政府监管机构金融市场行为监管局（FCA）批准，在英国地区推出基于区块链的货币，这意味着 Tramonex 取得了 FCA 的小型电子货币机构（EMI）授权许可证，同时，接受 FCA 的沙盒监管，根据 FCA 要求，获得 EMI 授权的初创公司需要提供定期的“信息报告”，以遵守 FCA 监管要求，履行报告义务。本质上而言，EMI 为中小型企业（SME）建立了一个现金管理解决方案平台，包括营运资金管理，外汇现金管理和运营管理。同时，Tramonex 开发了“数字钱包”，主要专注于 SME 的国际支付，可以开始发行、转移和兑换电子货币，其工作原理在于：该系统的工作原理是将“镜像”国家货币放在以太坊区块链上，并将真实货币用作抵押品，这种设置有助于稳定价值，并允许区块链公司完全存在于现有的金融系统中。

专栏 3.2　英国“区块链 + 港口供应链”应用领域典型案例

——“英国劳氏船级社：首次船舶登记区块链平台”。英国劳氏船级社（Lloyd's Register，LR）成立于 1760 年，是世界上成立最早的船级社，是国际公认的船舶界权威认证机构。LR 与英国区块链公司利用区块链技术来提高航运基础设施和个人的信息安全，并减少船只注册所需的时间，允许各方迅速将有关船只的信息相互传递，并允许“更动态地提供融资、保险和付款，该区块链平台是首次将区块链技术用于船舶登记注册的原型平台。之后LR设立了基金会，又与开放合作区块链实验室（Blockchain Labs for Open Collaboration，BLOC）宣布联合成立基金项目用以建立“海事区块链实验室（MBL）”，探索区块链技术在保障全球海事行业关键基础设施建设的安全性及推动新业务模型中的应用，目的在于建立一个海事领域的区块链生态系统，以促进区块链从业者和行业参与者之间的创新和协作，分享知识和最佳实践，共同定义问题，并塑造开放和可互操作的解决方案。

——“英国联合港口：区块链技术用于港口协同作业系统”。英国联合港口（Associated British Ports，ABP）是英国最大的港口运营商，承担英国25%的港口运营，拥有遍布英格兰，苏格兰和威尔士的21个港口的独特网络，包括英国最繁忙的港口伊明翰（Immingham）和南安普敦（Southampton），分别是英国第二大、最高效的集装箱港口以及英国第一大汽车和邮轮港口。ABP与数字物流提供商（Marine Transport International，MTI）签署合作协议，开发区块链技术用于港口物流，提升港口效率和衔接性。从现实运行情况来看，利用区块链技术改变现有的航运运作模式。港口整个供应链上每一环节参与方，比如贸易商货主、港口运营商、货物承运人、港口仓储等，都有各自的一套运转系统。然而，这些系统之间存在孤岛现象。因此，MTI将通过区块链技术，在所有不同的系统之间提供一个安全的链接，从而改变原有运行低效率的局面。

三、德国：启动了区块链国家战略

德国是全球第一个承认数字货币合法地位的国家，对区块链技术在金融领域的应用持开放态度，区块链技术发展基本与英国步调一致，2019年3月，德国也启动了关于电子债券立法，同时，通过立法实施监管以保护投资者并解决反洗钱问题。之后，德国还为能源部门建立一个跨区块链技术试点实验室。同年 9 月，德国经济与能源部和财政部启动了《德国区块链国家战略》，尝试在能源、金融领域开始区块链技术应用场景开发。

（一）德国政府：创造区块链技术创新框架条件

2019 年 3 月，德国联邦政府发布了《电子证券和加密通证监管处理要点》文件，启动了关于这一主题的磋商进程①。除了立法，还检查区块链技术应用在国际仲裁机构的适用性、可行性和潜力，并全面尽调和审查区块链技术的使用情况，研究区块链技术是否可以提高官方的法律保障证据的作用等，具体而言：第一，开放德国相关法律为“证券上链”铺平道路，并起草新的方案确保在监管环境下开展活动。第二，德国遵守欧盟《通用数据保护条例》和积极参与区块链技术国际标准制定，论证了区块链在电子存证、版权保护、股份管理、智能合约等领域应用的法律效力。第三，德国政府还资助后量子密码开发创新的密码算法和协议，用于区块链技术，实现数字金融的自主与安全。

之后，2019 年 9 月，德国启动《德国区块链国家战略》，该战略描述了德国联邦政府对区块链技术的整体看法、发展目标和原则，是德国未来区块链技术应用发展和监管的重要依据，初步提出了创造区块链技术创新框架条件，主要包括：确保稳定和促进金融领域技术创新、推进区块链创新项目和监管沙箱、形成清晰可靠的框架条件使投资成为可能、构筑数字化公共管理服务等。首先，在确保稳定和促进金融领域技术创新方面，具体包括：电子证券立法、规范加密代币的公开发售、加密交换和保管人创造法律确定性等，同时，确保加密代币不能替代国家货币。其次，在推进区块链创新项目和监管沙箱维度，资助面向实践的区块链技术能源部门研究、开发和示范，并要求试点项目具有可持续性，提高社会附加值，此外还试行一种基于区块链的能源设施与公共数据库的链接，设立一个跨技术试点实验室，促进建立一个开发和应用安全数字业

---

① 孙浩林．德国国家区块链战略［J］．科技中国，2020（05）：96－98．

务流程的测试环境。

德国政府还拓展区块链技术在能源、公共管理服务等领域应用，在能源领域研究设立智能合约登记册以及引入智能合约认可认证程序，并积极参与区块链技术的国际标准制定，从信息安全和创新密算法提升安全保障。在数字化公共管理服务领域，联邦政府促进各州数字身份与区块链应用程序链接，并测试个人安全数字身份，集成各州区块链基础设施。

（二）德国联邦银行和德意志交易所：区块链支付账户与多边监管系统

2018 年 2 月，基于区块链的支付服务提供商比特瓦拉（Bitwala）公司宣布，发布一款针对德国客户的新型“区块链银行账户”。该新型账户将为客户提供用于比特币和其他数字货币交易及支付的综合钱包，还将支持正常银行转账和信用卡的使用，实现加密货币业务和传统金融业务的融合。德国存款保险公司将为消费者提供最高 10 万欧元的风险赔付，目前已有 35000 名用户预先注册了这项即将推出的服务。该公司已就此向德国联邦金融监管局提出了正式申请，目前尚处于审批流程中。

2018 年 8 月，德国第二大证券交易所布尔塞斯图加特（Boerse Stuttgart）宣布，将建立一个“多边监管的加密货币交易所”，旨在推进 Token 发行的标准化与透明化，提供数字加密货币和代币交易场所（ICO），为加密货币投资者提供托管服务。同时，该证券交易所计划创建 ICO 平台，发行用于企业融资或代表权利和资产的数字货币，将加密货币业务拓展至一级和二级市场[①]。该证券交易所正在收集投资者和投资机构对加密货币交易的监管以及可靠性的需求和建议，并与德国的金融监管机构进行密切的沟通。之后，2018 年 10 月 25 日，由德国证券市场的组织者德意志交易所（DB）发布的报告显示，德国联邦银行和德意志交易所成功完成了在清算领域使用区块链解决方案的试验，开发了基于区块链的初步结算模型，可实现基于区块链技术的支付结算、转让证券所有权、处理

① 张伟，董伟，张丰麒，等．德国区块链技术在金融科技领域中的应用、监管思路及对我国的启示［J］．国际金融，2019（09）：76－80．

证券购买的结算与支付的同步进行、债券息票支付和赎回到期证券。

专栏3.3　德国“区块链+金融”应用领域典型案例

——“德国安联集团：基于内部代币的区块链支付生态系统”。德国保险业巨头安联集团（Allianz Global Corporate & Specialty AG，AGCS）是欧洲最大的保险公司，全球最大的保险和资产管理集团之一。2016年，AGCS同荷兰全球人寿保险公司（Aegon）、苏黎世保险集团（Zurich）、慕尼黑再保险公司（Munich Re Group）和瑞士再保险公司（Swiss Re）共同组成了“区块链保险联盟（B3i）”，研究区块链在保险业的可行性以及保险内部代币。接着，2017年，安联推出了一款以“专属自保”保单为重点的区块链原型，通过这类产品，公司可以基本实现为其自身及其子公司进行投保，而不用购买更传统的保单。2018年4月，安联宣布测试一种“内部代币的区块链支付系统”，用于全球子公司之间的转移资金，以降低法币兑换成本并提高各部门间的运转效率。该系统有望简化企业客户的国际保险支付流程，为安联企业客户的跨境保险支付提供便利。例如航班延误险、巨灾风险互换、飓风或地震保险尝试用区块链智能合约。区块链初创公司安德烈（Adjoint）协助开发了“安联代币（Allianz token）”，为该项目创建了一个专有的区块链。

——“RWE和ZF：区块链技术在‘车联网+支付’领域应用”。电动汽车快充和共享充电桩目前是区块链技术在车联网方面应用最广、操作性较强的领域。2016年，瑞士银行、德国电力公司莱茵集团（RWE）与汽车技术公司采埃孚（ZF）合作，为电动汽车创造区块链电子钱包。这使得车主的电力收费、停车收费，甚至高速公路收费在身份验证和支付过程都能自动完成，而不需第三方人工确认完成。今年这项解决方案已经被美国加州初创公司氧气倡议（Oxygen Initiative）引入，致力在该州推广。RWE目前正在尝试在无人驾驶电动汽车领域应用区块链技术：用户身份信息得到认证，当车主不需用车时，将其租出，通过电子形式就车的使用达成协议，再将协议编码成智能条约，用车完成后，自动向用车人收取费用，向车主支付费用。无人驾驶电动汽车共享服务的车主和用户间的结算、交易信息将同时更新，这将最大限度地降低交易成本，而这一切操作都没有第三方参与。

四、瑞士：完善区块链金融立法及监管体系

金融是瑞士的支柱产业，长期的中立国定位、稳定的瑞士法郎、严格的金融保密制度、完善的私人银行系统以及优越的地理位置使瑞士成为全球金融资产最安全的存储中心。但区块链技术革命下，全球各国加密资产迅猛发展严重冲击了瑞士现有金融产业，为保持瑞士金融产业的核心竞争力和可持续发展能力，瑞士联邦委员会认为亟须营造区块链金融发展的框架条件并确保区块链等金融科技处于全球领先和核心地位。2018 年 12 月 16 日，瑞士联邦委员会发布《瑞士分布式账本技术和区块链的法律框架：以金融部门为重点视角》。该法律框架成为瑞士区块链金融发展的根本之法。在典型案例上，瑞士联合银行（USB Bank）、瑞士再保险（SWISS RE）在区块链技术金融应用领域走在行业前列。

（一）瑞士政府：通过“业务授权 + 市场准入”立法监管

根据瑞士联邦银行和储蓄银行法案的规定，提供公众存款的涉及期限转换的专业服务，行为人需要获得瑞士金融市场监管局（FINMA）的“银行授权”或“金融科技授权”。FINMA 整合联邦私人保险管理办公室（FO-PI）、瑞士联邦银行业委员会（SFBC）及瑞士反洗钱控制委员先前的职能，全面负责对瑞士所有金融监管。同时，区块链应用中涉及《金融机构法》的产品仅为加密资产。《金融机构法》为投资组合经理、受托人、集合资产经理、基金管理公司和证券公司统一制定了准入监管制度。此外，利用区块链记录集合投资计划、将加密资产纳入集合投资计划投资范围等问题涉及《集合投资计划法》（CISA）。瑞士联邦委员会认为，《集合投资计划法》规定的四种基金类型中，只有“用于其他另类投资基金”（Other

Funds for Alternative Investment）可适用于区块链领域[①]。可见，瑞士政府通过“业务授权＋市场准入”的方式，一方面为区块链技术在金融领域应用提供成长空间，另一方面可以类似监管沙盒进行有效监管。

（二）瑞士各州具有完善的发展的税法政策

瑞士实行分级税收体系，分为联邦直接税、州税和镇税。瑞士各州可以在联邦税法的范围内自行制定州税标准和确定税率水平，涉及金融交易的税务分为财产税、所得税和增值税。①财产税。在瑞士大部分州，加密货币都被认为是净资产的一部分，因而要像传统外币一样征收财产税。但是在不同的州，该部分资产计入不同分类。例如，在瑞士圣加仑、卢塞恩、伯尔尼和楚格州，它被列入证券类。在巴塞尔城市州，加密货币被归入“现金，贵金属和其他资产”。与其他资产一样，比特币和其他加密货币的所有权必须向税务机关申报。在瑞士苏黎世州、楚格州和卢塞恩州等地发布了个人为加密货币缴纳财产税的指南，加密货币中的个人存款需缴纳财产税，但不征收所得税。②所得税。除财产税外，个人纳税最重要税种之一是所得税。每个在瑞士居住或工作的人每年都必须交纳一次所得税。在瑞士，数字货币持有和交易无须缴纳所得税。③增值税。在瑞士，加密货币被定义为货币，故不需要缴纳增值税。

专栏3.4　瑞士“区块链＋”在银行保险领域应用典型案例

——“联合银行：基于区块链技术的多功能支付结算系统”。瑞士联合银行（USB Bank）是欧洲最大的金融控股集团，由瑞银华宝、瑞银机构资产管理与瑞银瑞士私人银行三大分支机构组成，核心服务是资产管理、投资担保、科学研究以及商业零售等服务。2016年8月，USB开始使用区块链技术开发一种能让国际贸易支付和结算交易更迅捷的数字货币系统，采用分布式账本和区块链智能合约，并开发出“多功能结算货币（Utility Settlement Coin，USC）”。之后，2017年1月，USB又与德国能

---

① 柯达．瑞士区块链金融监管制度对我国的启示［J］．审计观察，2019（04）：92－96．

源公司 innogy SE、汽车技术公司采埃孚（ZF）合作创建一种基于区块链的电动汽车电子钱包（Car eWallet）。UBS 先后在区块链金融应用领域开发了“金融交易、国际支付结算、智能债券、电子钱包”等 20 多项成果。例如区块链金融应用成果，在传统使用信用证结算的国际贸易业务流程中，买方银行往往需要使用信用证来降低商品卖方在国际贸易中的风险敞口，USB 采用基于区块链技术的超级账本和智能合约构成了国际贸易支付结算系统，走流程时间仅需 1 小时。

——“瑞士再保险：全球区块链 + 再保险系统”。瑞士再保险有限公司（SWISS RE）为保险区块链联盟（B3i）成员之一，该组织推出了一款针对房地产智能猫眼（Cat XOL）合同的智能合约管理系统模型，其为巨灾保险的再保险类型。每份再保险合同由智能合约编写，当飓风或地震等灾情发生时，该合约会评估参与者的数据源，并自动计算向受灾方支付的赔偿。

——“瑞士银行：区块链数字加密系统”。俄气银行（瑞士）（GazpromBank）于去年 12 月宣布将与初创企业阿瓦洛克（Avaloq）以及加密公司买塔克（Metaco）展开合作，采用针对银行和金融管理机构的加密资产解决方案，管理 31 亿瑞士法郎的总资产（31.2 亿美元）。该解决方案旨在管理所有资产类别的投资组合（包括加密数字货币）。

第二节 国内应用成果与典型案例

根据国务院发布的《“十四五”数字经济发展规划》要求，区块链技术作为“十四五”规划七大数字经济重点产业之一。2021 年 11 月，国务院发布的《提升中小微企业竞争力若干措施》提出支持金融机构深化运用区块链、大数据、人工智能等技术手段，改进授信审批和风险管理模型。同年 12 月，国家发改委发布《“十四五”推进国家政务信息化规划》，提出推进政务区块链共性基础设施试点应用。国内已有诸多企业和政府部门率先在区块链技术研发和应用上发力。代表企业有四类：趣链科技、布匹、众享金联等技术服务商；腾讯、蚂蚁、苏宁、华为、小米、京东、众安科技等科技公司或金融科技公司；中国建设银行、中国平安银行等传统金融机构或金融服务商；美的、苏宁等核心供应链企业或仓储企业。在上市公司群中，易见股份、海联金汇、远光软件、金财互联等一批上市公司在"区块链+供应链金融"领域不断研发创新提出区块链技术系统集成平台。本节主要选择趣链科技、京东科技智臻链、美的集团、中国建设银行、海关总署天津口岸、众享金联和聚量集团联合为典型案例进行重点剖析。

一、趣链科技：打造"区块链+供应链"的生态体系

趣链科技是国际领先的区块链技术及解决方案提供商，致力于为政府及企业客户加速实现数字化转型。公司成立于2016年，总部位于杭州。趣链科技拥有全球首个区块链3.0全栈全生态能力体系，涵盖国际领先的底层技术能力、开箱即用的运维及研发能力、开放互联的跨链能力及高效的数据共享和隐私计算能力等，助力客户实现高效率、低成本地布局应用区块链。趣链科技孵化设立多家生态子公司，如产链、链城、聚义岩等，与海尔智家、中企云链、树兰集团等行业领军企业合资成立了如甘道智能、云趣数科、数钮科技、中招公信链、红洞数藏等公司，并投资参股了众企安链、安杰科技（Blocksec）、易马达等。

（一）形成了较完整的"区块链+供应链金融"技术框架

趣链科技坚持自研、自主、自控的区块链技术，打造形成了趣链开箱即用的区块链服务平台（趣链 BaaS）、区块链数据协作平台（BitXMesh）、异构链开源跨链平台（BitXHub）、趣链区块链底层平台（Hyperchain）等区块链技术框架。具体而言：一是趣链 BaaS。BlocFace 平台是由趣链科技为企业及开发者全新推出的区块链服务平台，作为飞洛 BaaS 的升级版，支持一键部署联盟链、可视化监控运维和智能合约研发等一站式研发服务，帮助用户更专注于核心业务的研发和创新，实现业务快速上链。二是 BitX-

Mesh 作为跨机构数据共享和隐私计算平台，致力于破解数据孤岛、数据确权、数据隐私等难题，为企业提供可信的大规模数据存储以及可控的数据共享环境，促进产业互联网和数字经济领域的协同创新。三是趣链跨链服务平台 BitXHub，采用中继机制提供安全高效的跨链服务，解决了跨链交易的捕获、传输以及验证等核心难题，为区块链互联网络的形成与价值孤岛的互通提供可靠的底层技术支撑。四是趣链区块链平台 Hyperchain。该平台以其成熟的云计算技术、轻量级容器技术和分布式管理技术为基石，以使用 SVP 的记账节点准入机制、基于 RBFT 的共识机制、基于 AHRE 交易数据分级加密和智能合约执行引擎 HyperVM，能够为数字资产清算、数据可信存证和实现点对点交易等去单一中心化应用提供优异的底层区块链支撑技术平台和便捷可靠的一体化解决方案①。

（二）构建了“应收账款 + ABS + 转口贸易”等五个业务模块

依托区块链技术框架，趣链技术构建了供应链金融的应收账款、资产证券化（ABS）、转口贸易服务、了解客户（KYC）信息共享和银证互联金融综合服务五个业务模块。具体而言：一是在供应链应收账款领域，通过区块链联合多方构建多中心的 ABS 管理平台，将企业应收账款转化为标准化数字资产凭证，在平台中实现应收账款的灵活流转、拆分和融资。实现基于核心企业信用的应收账款凭证在供应链上的多级流转，支持拆分、转让和融资，有效惠及除一级供应商外的多级供应商，实现了核心企业信用的多级传导，通过引入外部金融机构，为应收账款提供低成本融资利率。二是 ABS 领域，通过区块链联合多方构建多中心的 ABS 管理平台，实现对供应链基础资产全生命周期的管理。基于区块链技术构思资产证券化业务管理平台，实现资产证券化项目管理、参与方管理，以及项目文件的上传、反馈、历史文件管理等功能，探索基于区块链的资产证券化应用场景。三是转口贸易服务领域，通过区块链技术将银行、货运商、贸易商三方贸易信息和实时流程上链，打通单据流、货物流、资金流。业务数据上传区块链，单据使用信息记录入库上链，实时核实

---

① 郑刚，林文丰．趣链科技：用底层核心技术链接一切［J］．清华管理评论，2018（10）：104 - 108．

货权单据情况，链上多方验证，真实性交叉验证，保证数据的可信、可溯源，支持全业务全流程查看及下载。四是 KYC 信息共享。解决了银行异业间对数据求而难得、享而不能的难题。保护信息提供商的会员机构数据隐私安全，信息共享自动化、智能化；提升银行间市场风险防范能力，打造 KYC 行业标准，对区块链中的数据和查询操作记录进行全流程监管。五是银证综合服务领域。趣链科技联合政府，银行打造金融综合服务平台，企业信用沉淀，让区块链技术成为数字经济新引擎。利用数据服务基础平台构建可信分布式数据交换网络，实现数据可信传递，最大限度地便民利民，为城市管理、社会治理提供支撑，建成真正的信用社会①。

（三）采用了以技术为寄托的联盟链治理参考框架

经过对联盟链业务场景的统计分析，开放共赢的业务协作逐步成为一种新型的商业模式，而联盟治理框架正是其背后底层的基础设施技术底座，主要包括：开放设施层、权责体系层、参与方评价层、收益分配层四个层次。其一，开放设施层。联盟参与方因定位、地域、角色、参与程度等不同，需要设计多类型区块链节点来承载不同的职能，体现其节点特殊性能力。其二，权责体系层。基于开放设施层建设情况，需要针对不同类型的节点参与的权利、责任、收益进行明确的边界性说明，包括但不限于交易写入的表决权、网络的运维责任以及收益的分成模式。其三，参与方评价体系。基于联盟参与方权责体系规则说明，需要构建可量化、可衡量的参与方评价体系对联盟参与方进行综合性评价，在技术运用上，通过节点评价机制，进行有效服务性检测、节点运行状态检测和多类型节点检测②。

二、京东科技智臻链：区块链核心技术领军者

智臻链是京东数字科技旗下的区块链技术与服务专业品牌，专注于面向企业需求打造值得信赖的企业级区块链服务，基于区块链底层技术，提供全方位、全生命周期的企业级区块链应用解决方案，积极搭建区块

---

① 资料来源：趣链科技网站。

② 资料来源：区块链科技发布的《联盟链运营治理框架》。

链联盟链以解决供应链、金融、公益、医疗健康、公共事务、数字版权、精准扶贫、电子商务基础设施、二手商品买卖、技术合作等多领域多应用场景的数据管理与存证难题，共享区块链可信价值。2019 年 8 月，智臻链数字存证平台荣获“2019 年中国优秀区块链解决方案”；区块链 ABS 标准化方案“中信证券 9 号京东白条应收账款债权资产支持专项计划”荣获“2019 中国区块链优秀应用案例”。

（一）形成三层立体式区块链技术与服务架构

京东数科智臻链已形成以开源区块链底层引擎京东区块链（JD Chain）技术与咨询服务为核心，以能够帮助供应链机构、企业快速搭建区块链环境的智臻链区块链即服务平台（智臻链 BaaS 平台）为基础，以供应链溯源、数字存证、数字金融、监管科技、客户（C）端应用创新等丰富的软件级平台为应用层的三层立体式区块链技术与服务架构，不断在商品追溯、数字存证、信用社会、金融等行业领域探索推进区块链技术应用，在食品及医药防伪溯源、增值税专票电子化、电子证照、数字身份、企业通用账号、信用租赁、资产证券化、供应链金融等场景中取得了大量可供业界借鉴的突破性实践成果（见图 3－2）。

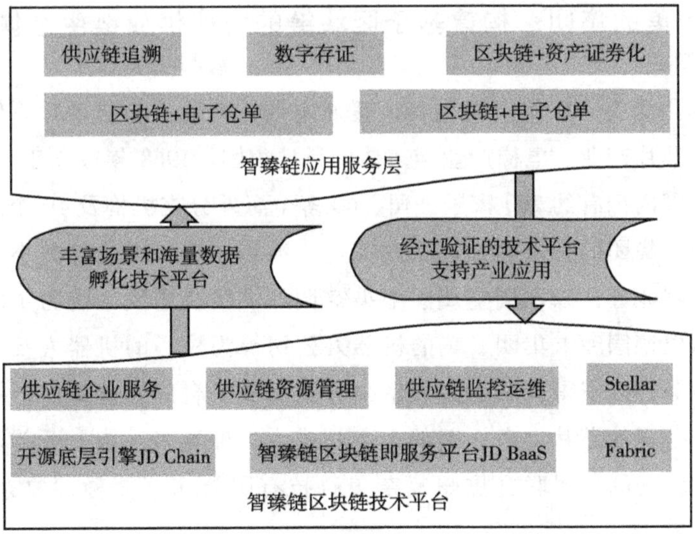

图 3－2　京东智臻链三层立体式区块链技术与服务架构

（二）形成供应链管理和数字金融两大应用场景

"供应链管理"和"数字金融"是京东智臻链重点推进区块链应用创新的两个场景。从可信供应链到数字金融创新，京东数科将会凭借在零售电商、自建物流、数字金融的生态服务能力，联结合作伙伴共创数字经济增长新范式。具体经验做法包括：第一，注重融合式技术深度应用。在技术上，智臻链区块链技术平台注重推进区块链与物联网、人工智能、大数据、云计算等前沿技术的深度融合。第二，在技术平台的可信任性上，区块链的可信任需要在系统设计和实现上遵循安全原则、数据可审计原则，以及满足不同地区和场景的标准与合规要求，保障信息处理可满足机密性、完整性、可控性、可用性和不可否认性等要求。第三，信息和数据标准化。区块链作为一种点对点的信息和价值交换的"桥梁"，通过定义一套标准的操作接口和数据结构，能够提升多方业务对接的效率，降低应用落地的复杂度。遵循数据和信息标准化原则，要求在系统设计时数据模型及操作模型独立于系统实现，让数据"系于链却独于链"，可在链下被独立地验证和运用，更好地支持企业进行数据治理，提升区块链系统的灵活性和通用性。

三、美的集团：构建基于区块链的智能供应链生态体系

美的集团是一家集消费电器、暖通空调、机器人与自动化系统、智能供应链、芯片产业、电梯产业于一体的科技集团。1968 年成立于中国顺德，在世界范围内拥有约 200 家子公司、60 多个海外分支机构及 10 个战略业务单位。美的集团的业务包括以厨房家电、冰箱、洗衣机及各类小家电为主的消费电器业务；以家用空调、中央空调等供暖及通风系统为主的暖通空调业务；以德国库卡集团、美的机器人公司等为核心的机器人及工业自动化系统业务；以安得智联为集成解决方案服务平台的智能供应链业务；美仁半导体公司的芯片业务。美的业务规模大、种类多，与上下游业务往来多，因此，美的集团联合杭州复杂美科技有限公司（简称"复杂美"①），

① 复杂美是全球领先的区块链底层技术提供商。

通过“复杂美”区块链核心底层技术“Chain33 区块链平台”，致力于构建以核心企业连接的上下游区块链生态系统，主要解决上下游的赊销、赊购信用问题。

（一）六大系统目标

第一，分布式监管。区块链多中心共识网络，核心企业、资金方、平台、公证部门等，可以互相监督，共同维护区块链。

第二，身份认证。平台内所有参与的角色，都拥有独享的私钥和公钥，其中私钥用于签署合同和确认操作，公钥用于证明用户身份；所有用户都需要完成实名认证，然后将用户的身份信息与公钥一起交给第三方电子认证 CA 机构进行绑定，确认身份。

第三，电子合同签名。在涉及合同、协议的签署时，即使不面签，也无须担心内容被篡改，因为每份合同、协议都有唯一的哈希值，一旦内容更改，哈希值就变化；同时也不用担心数字签名的真伪，因为只有对方私钥可以完成数字签名，且该签名不能被再次使用。

第四，隐私保护。每一步操作，都有一个共享密钥，只有参与方或者获得授权的第三方可以查看详细的内容。对于未经授权的用户，只能在区块链上看到登记的加密记录。

第五，智能合约。智能合约自动执行、自动结算、自动统计；跨区域、跨市场去信任交易，提高企业融资效率，同时大幅降低平台人工运营成本。

第六，数据存证。用户的公钥地址与 CA 认证记录在区块链上，可作为身份证明；合同哈希、操作记录都写入区块链，作为双方签约和交易的证明；交易哈希、合同哈希和区块哈希经过第三方鉴定中心签名后，备份在多条区块链上，可在发生纠纷时轻松实现司法鉴定（见图 3 – 3）。

（二）六大应用流程

步骤一：所有参与方在授信融资平台中需注册登录，实名认证，绑定公钥完成 CA 认证。

步骤二：核心企业和融资企业都可上传应收账款和合同给对方确认，对方查看应收账款信息和合同对其进行签名确认，双方均签名则合同生

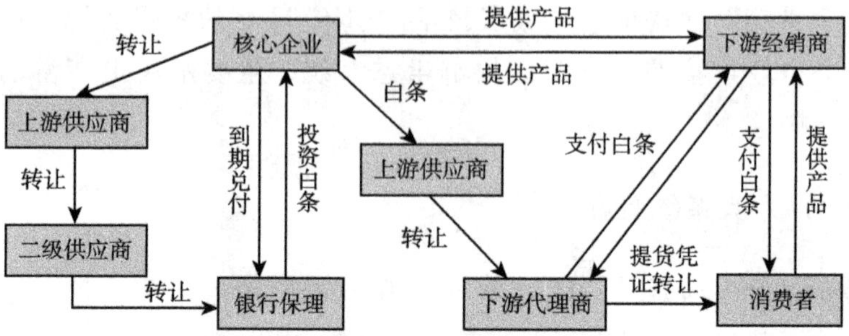

图 3-3 美的集团的“区块链+白条”智能供应链生态系统

效。应收账款关键信息（债权企业、债务企业、账款日期、应付日期等）及合同哈希值写入区块链。

步骤三：生效的应收账款记录自动提交平台审核，由平台调查其真实性，确认无误后审核通过，向融资企业发放应收账款代币。

步骤四：融资企业向资金提供方申请融资，可选择推送范围：定向企业、好友列表、全部。

步骤五：资金提供方为其报价（填写放款金额、放款日期、利率等信息），融资企业确定与哪家企业成交。

步骤六：达成协议后，融资企业通知核心企业应收账款债权已转让，资金提供方为融资企业放款，到期核心企业支付应收账款给资金提供方（见图 3-4）。

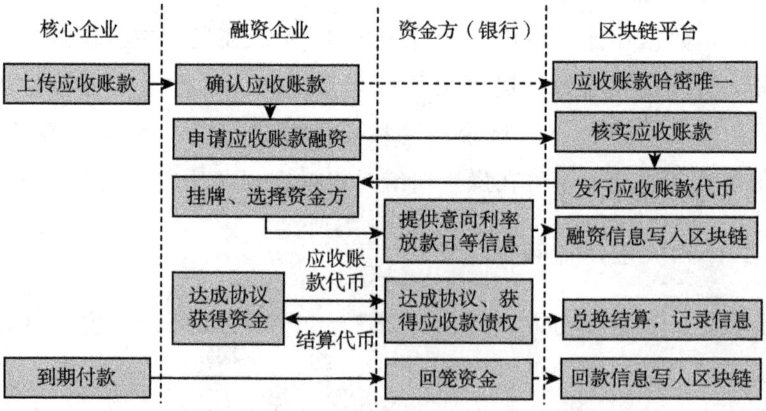

图 3-4 美的集团“区块链+供应链”系统平台融资示意图

四、中国建设银行：构建基于区块链的贸易金融平台

中国建设银行是中央管理的大型国有银行，主要经营领域包括公司银行业务、个人银行业务和资金业务，在29个国家和地区设有分支机构及子公司，拥有基金、租赁、信托、人寿、财险、投行、期货、养老金等多个行业的子公司。近年来，福费廷同业间合作越发紧密，但相关的询价、报价、电文传递、单据传输等仍依赖电话、传真、邮件等传统方式，效率较低、安全性不高、操作风险较大。区块链分布式记账、点对点传输、加密算法、交易共识可追溯等机制，可以将福费廷买入行、卖出行有机连接在一起，实现交易在线撮合、流程在线操作、电文和单据在线传输，时效性、安全性、便捷性得到大幅提升，真正发挥了区块链公开透明、同步互信的优势。

中国建设银行总行建设基于区块链的贸易金融平台，该平台集在线业务撮合、往来信息交互、文本资料线上传输于一体，已吸引20余家国内同业参与，包括交通银行等国有大行也加入该平台，与多家外资金融机构达成合作意向，完成了国内信用证、福费廷、国际保理等三大功能的商业化应用。区块链技术支持多方参与、交易可追溯、数据安全保密的巧妙设计，使彼此之间的信任关系变得简单，其技术特点与贸易金融应用场景深度契合，解决了贸易金融领域一直以来难以解决的业务痛点问题：参与方众多、业务资料繁杂、单据流转通道不统一、交易参与方之间信任问题等。目前，福费廷业务参与机构近40家，同业签约20余家，交易金额已超过4000亿元。在保理业务领域，区块链贸易金融平台将基础贸易的双方同时纳入，并通过智能合约技术实现了对合格应收账款的自动识别和受让，全程交易达到可视化、可追溯，有效解决了当前保理业务发展中面临的报文传输烦琐、确权流程复杂等操作问题，对防范传统贸易融资中的欺诈风险、提升客户体验具有重大且积极的意义。在信用证业务领域，区块链贸易金融平台开立的信用证基于区块链密码学及共识机制，将代开信用证中设计的各种纸质凭证、合同、发票、报关单等信息上链，利用区块链信息不可篡改的特性保护其信息安全性，

掌握真实的贸易背景。同时，随着代开信用证联盟链参与节点的不断增加，逐渐构成了一套多方参与、多节点、安全完整的信用证据链，打破传统贸易金融服务时间、空间及视角限制，为建设银行打造无界限、融入真实贸易场景的客户体验，以及推动金融科技创新发展提供了有力的技术支撑（见图 3-5）。

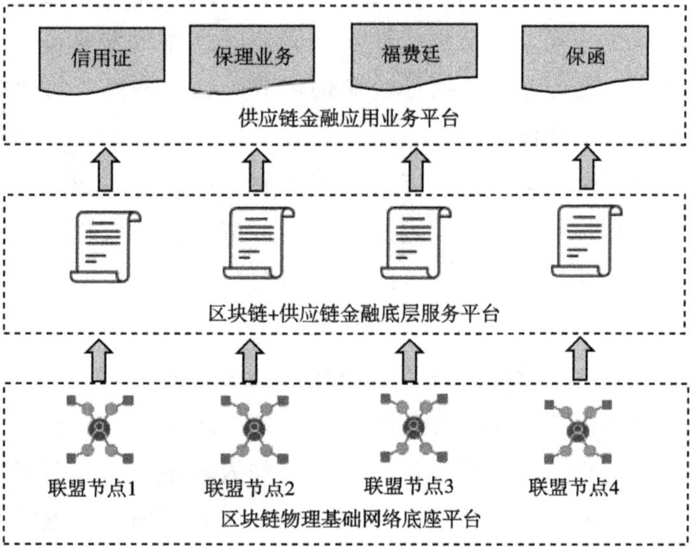

图 3-5 中国建设银行“区块链+贸易金融”系统平台

五、海关总署天津口岸：打造“区块链+通关”系统

海关总署建设的首个跨境贸易区块链试点项目于 2019 年 4 月正式上线，天津海关将区块链技术与国际贸易各业务环节应用系统有机结合，通过技术创新，实现进出口企业和监管部门提高效率、提升效益的目标。

该“区块链+通关”系统验证成熟后实现全链条部署，串联起了海外企业、贸易企业、物流企业、金融机构、货代企业、口岸部门、进出口国家监管机关等环节，充分发挥区块链技术的信息数据可追溯、不可篡改、公开透明的特性，实现链上单位的数据共享和互相验证，从而自动形成所需信息的抓取和比对，最终简化通关申报，降低监管部门的查核成本，提高企业资信地位，从而获得较高的通关效率，甚至便利企业在金融机构的融资和担保。区块链技术提升了复杂贸易相关方数据共享的效率，建立起各方间的信任机制[①]（见图3-6）。

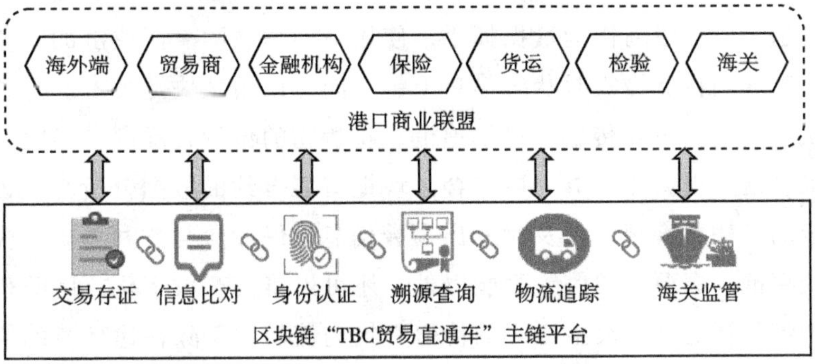

图3-6　海关总署天津口岸区块链交易平台

六、众享金联联合聚量集团：打造"区块链+物联网"管控系统

（一）易融云仓物联网运踪系统

江苏众享金联科技有限公司（简称众享金联）成立于2016年，是南京第一家注册成立的专注区块链技术研发与应用落地的公司，是最早一批加入超级账本（Hyperledger）开源社区的成员，全球首批五家Hyperledger认证服务提供商之一。2020年发布首批通过人民银行JR/T0184—2020金融分布式账本技术安全规范的企业级区块链平台——黄金链（Golden-Chain），形成独特的"传统产业+区块链"解决方案，并受到国际区块链组织超级账本（Hyperledger）的高度赞扬。例如，建设银行区块链贸易金融平台；中信银行的国内首个区块链信用证传输系统；江苏银行区块链票据跨行贴现系统；聚量金融区块链供应链金融平台；苏宁国内首个基于区块链技术的黑名单共享平台；江西国储区块链仓储管理系统；江苏电力区块链智能部署、运维及监控平台；中国海关总署天津口岸区块链贸易直通车、聚量物联网+区块链控货管理平台；福建农信区块链

① 傅一旋．区块链背景下推进海关监管的路径研究［D］．上海：上海海关学院，2022．

金融试点项目等。

众享金联联合聚量集团推出了基于“物流+物联网+区块链”的物流追踪产品易融云仓物联网运踪系统。该系统基于物联网、区块链、微服务架构打造，以物联网作为数据抓手，使用新型物联网+区块链的物流追踪模式，物联网将货物实时状态信息上链，同时使用区块链技术进行货物信息的实时同步、可靠传输、可信追溯，将货物的位置、温度、湿度等信息数据准确地上报给相关方。再结合区块链智能合约的数据分析与验证，匹配制定的货物预警规则，及时发出预警信息，保障参与方利益。区块链除了实现存证、溯源、增信等赋能以外，还可以将资产数字化，借助智能合约实现流程智能化以及生态间的价值交换与流转，消除在途环节的信任风险，从而打造出了贯穿流程的信任生态。客户可通过网站及APP实时监控货物在途状态、预计到达时间等，将客户体验的提升落到每一个细节。

易融云仓物联网运踪系统利用物联网手段加区块链技术，将物流信息转变为可信的数字资产，为货物贸易过程中在途环节提供金融属性，建立在该系统基础上，利用众享金联为聚量科技打造的易融星空“Tech+”平台服务为物流和贸易客户提供金融解决方案，提升物流和贸易企业全产业链的资金周转效率（见图3-7）。

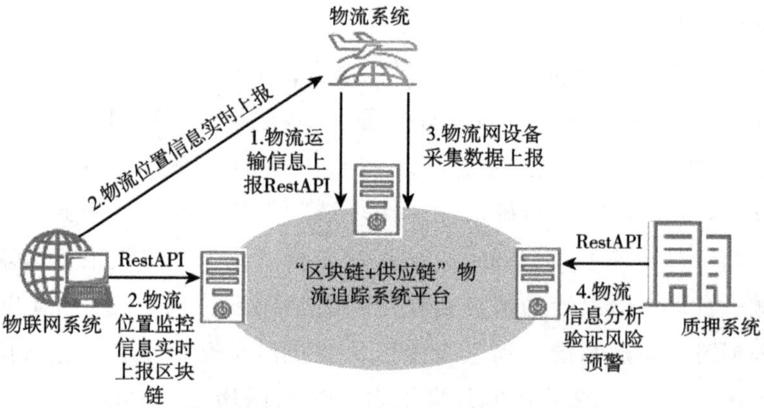

图3-7 易融云仓物联网“区块链+供应链”运踪系统

（二）易融云仓“物联网+区块链”仓库控货系统

聚量集团推出了基于区块链的物联网仓储监管项目，该项目构建了易融云仓物联网＋区块链仓库控货系统，通过物联网技术能够对仓库内的货物进行实时感知、无缝监管、信息封装与动态登记，将货物的物理状态与对应区块链上的货物信息绑定，确保货物的客观真实存在、货物与仓单的一一对应和登记对象信息的唯一性。再通过区块链技术的实时同步、真实存储、历史追溯的特点，记录货物从入库到出库（或者到当前时间）中各个时间点的位置、重量等物理信息以及照片、监控录像等图像信息，确保货物在仓储过程中有证可信、有据可查、查而无漏。通过仓储与物联网、区块链的结合，实现库存商品价值的真实上链和数据动态展示，库存成为供应链流转的一个过程，将系统内应用区块链架构应用于整个仓储的触控系统，让库存更加透明，为行业客户提供仓单质押、金融融资等方面可靠、安全、高效的服务（见图3－8）。

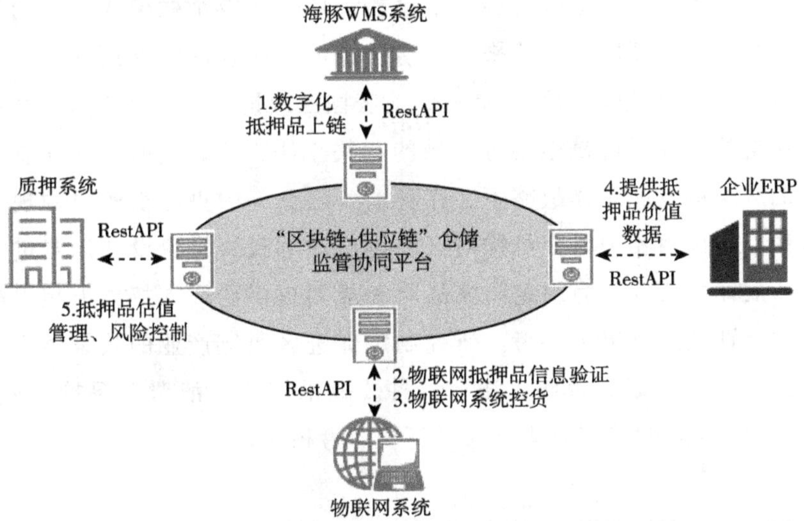

图3－8　易融云仓"物联网＋区块链"仓库控货系统

第三节　国内外经验的总结与启示

结合国际国内先进经验和港口供应链金融客观实际，总结剖析国际国内典型案例，综合发现区块链技术赋能港口供应链金融模式创新的"未来呈现"一定是"系统谋划，开放创新，审慎推进，生态有序"的必然遵循，是ABCDEFG多元化技术深度融合的必然趋势，是解决港口供应链中小微企业融资难和融资贵问题的必然路径，是供应链平台线上治理和线下治理完美结合的必然产物，是区块链技术颠覆传统港口供应链金融模式并进行价值异构的必然结果。具体而言：政策立法要“开放化友好型”，算力算法要“可实现较适宜”，底座平台“能开放可开源”，数据信息“能共享保隐私”，技术应用“兼容化标准化”，技术异构“融合型赋能型”，治理机制“系统化颗粒化”，监管体系“合意性完备性”。本节主要对国内外经验进行总结和启示分析。

一、构建区块链发展“开放化包容性”立法和政策体系

立法和政策体系是区块链技术赋能港口供应链金融模式创新的重要保障。从美英德瑞四国经验来看，在区块链产业发展的立法和政策体系上均秉承“开放化包容性”。因此，对我国区块链产业发展而言，建议启动区块链技术在供应链金融等领域的相关立法工作，同时，在现有国家确定的区块链发展总体战略下，完善国务院及各中央部委颁布的现有政策体系，建议由相关研究机构对区块链产业的投资、建设和运营进行系统性、规律性研究，为制定国家战略和规划提供研究支持，为相关项目的立项、评估提供决策参考。研究制定促进区块链产业的政策体系，具体包括财政、金融、税收、法律、科技成果转化、消费者保护等政策，同时研究建立与区块链产业相关的评价、考核体系。

二、匹配供应链金融合适且能实现的算力和大数据算法

从国内外典型案例比较研究来看，区块链技术应用平台的应用需要合适且能实现的算力和大数据算法。算力是比特币网络处理能力的度量单位，区块链系统的安全性和不可篡改性是由PoW共识机制的强大算力所保证的，算力的困惑在于：一方面，极高的算力有助于提高安全性，但也增加了区块链技术应用的成本，过高的成本无疑会阻挡港口供应链中小微企业加入区块链技术平台业务端，同时也会阻挡平台“主发起人”

的区块链技术研发应用积极性。如何平衡区块链技术平台的安全性和商业应用的成本成为关键。另一方面，区块链技术平台对量子冲击具有脆弱性，必须在区块链技术平台嵌入反量子技术，这无疑也会增加研发应用成本。同时，共识算法是区块链重要核心技术，但存在区块链节点规模、性能、容错性三者之间难以平衡的问题。

三、均研发了功能强大并能生态开源的区块链技术底座

从国内技术服务商、科技公司或金融科技公司、传统金融机构或金融服务商、美的以及核心供应链企业等四类主体典型案例来看，功能强大并能生态开源的区块链技术底座是区块链技术赋能港口供应链金融模式创新的先要条件。例如，趣链区块链底层平台 Hyperchain、智臻链开源区块链底层引擎 JD Chain、美的集团采用的“复杂美”区块链核心底层技术“Chain33 区块链平台”、众享金联的 Golden - Chain 底座平台等，均是功能强大并能生态开源的区块链技术底座。从构造内容上看，区块链系统底座平台具备“主链 + 平行链”的特色架构，主链可拥有全网存证数据，保障网络安全，并利于验证、共享与监督，而“平行链”则拥有自我独立的数据网络，相互不影响，又跨链互通。

四、需要具备成熟稳健的区块链异构跨链和信息共享技术

从国内外典型案例比较研究来看，异构跨链和信息共享技术是区块链技术赋能港口供应链金融模式创新的必要条件。在区块链技术平台中，解决异构数据同步的问题被称为异构跨链，异构链跨链解决方案中以中继链或者桥为中心，其他区块链都可以加入，通过部署，具备智能合约的链之间可实现跨链调用合约和资产互转，而无智能合约的链能实现资产互转。同时，异构跨链还需要实现两个不同异构区块链之间的数据迁移，相当于在两个异构区块链之间打开一个安全通道，允许安全的数据迁移，通过应用数据迁移机制，可以很好地保证迁移数据的机密性、完整性和安全性。此外，从典型案例来看，还需要解决区块链信息共享和

隐私保护难题，例如，采用区块链分布式数字身份、联邦学习等技术来根治信息共享和隐私保护难题。

五、需要“链上—链下—联盟链—跨链”的区块链治理

从国内外典型案例来看，需要从“链上—链下—联盟链—跨链”四个维度进行区块链治理。区块链治理是典型的分布式治理，其参与者就改变区块链系统、特性、共识策略和经济分配做出决策，可以称为一种对区块链“共识的共识”。从纵向来看，区块链治理主要分为链上治理和链下治理，从横向来看，区块链治理主要分为跨链治理和联盟链治理。具体而言：第一，链上治理即将治理规则、协议写到代码中，区块链管理员通过链上发起提案和投票达成共识，表决通过后自动进行相关变更以完成相关治理。第二，链下治理需要区块链开发者、使用者在真实世界中围绕链的治理问题，成立相应组织，以这些组织作为代表互动，决定对链上一些问题的处理方案及链的功能、参数等的调整。第三，联盟链治理需要从开放设施层、权责体系层、参与方评价层、收益分配层四个层次进行。第四，跨链治理需要兼顾异构跨链的兼容性和信息共享性等。

六、需要形成行业统一的区块链技术规范和技术标准化

从美英德瑞四国经验来看，各国均十分注重区块链技术规范和技术的标准化。一方面各国极力通过制定规范和标准抢占全球区块链技术规范和标准的“制高点”，获取技术的“主动权”和影响力。另一方面，通过制定规范和标准提高区块链异构跨链的兼容性和信息共享性，更有利于区块链技术在更大范围的运用。制定统一的区块链技术标准，将有助供应链企业及相关监管部门准确识别、去伪存真，减少行业乱象，保护供应链企业和金融机构合法权益。同时，区块链行业若缺乏规范共识，有限的研发力量得不到有效集中，将无法满足区块链应用开发市场的需求。此外，国际化标准的制定旨在规范区块链的应用，能够在全球范围

内有效打通不同国家、行业和系统之间的认知和技术屏障，防范应用风险，为全球区块链产业发展提供重要的标准化依据。

七、需要制定完善的区块链港口供应链金融监管体系

区块链技术赋能港口供应链金融模式创新本质上属于金融，具有金融的基本属性和功能，本质是金融就需要按照金融进行“牌照化管理”，就需要制定完善的金融监管体系以确保金融运行的安全性。从美英德瑞四国经验和国内典型案例来看，均佐证了“区块链 + 金融”应用场景需要制定完善的金融监管体系。例如，英国和德国采用了区块链技术研发应用的“监管沙盒”做法，瑞士采用了“业务授权 + 市场准入”立法监管方式、国内美的集团联合“复杂美”案例中采用的分布式监管做法，这些典型做法均值得借鉴学习。从发展趋势来看，区块链技术赋能港口供应链金融模式创新过程必然是多元化技术、多价值链异构跨链、多主体数据信息的深度融合和不断迭代升级，在这样的应用场景下，传统金融监管理念和方式已不适应港口供应链金融领域金融科技创新的需要，必然要在宏观维度上采取沙盒式监管，在科技维采取科技型监管，在区块链技术平台维度采取分布式监管，在港口供应链金融业务维度采取穿透式监管。

第四章
理论阐述与机理分析

为解决港口供应链中小微企业的“融资难”“融资贵”和“融资慢”问题（简称“三难问题”），港口供应链金融融资模式应运而生。然而，港口供应链金融中存在着企业交易真实性难以验证、信息无法共享、履约风险无法有效控制等诸多问题。区块链技术与供应链金融在本质上相互匹配，有助于发挥港口供应链金融普惠金融作用。本章基于当前港口供应链金融存在的痛点，立足区块链技术赋能港口供应链金融的基本原理，结合基于港口供应链金融中经济订购批量模型、合作博弈模型和合作演化博弈模型三种经验模型的优缺点，构建区块链技术赋能港口供应链金融的三方演化博弈模型，为研究区块链技术赋能港口供应链金融提供理论支撑。

第一节 区块链技术赋能港口供应链金融的理论逻辑阐述

一、区块链技术赋能港口供应链金融的痛点分析

在港口供应链金融体系中，中小微企业“三难问题”一直很难根治，在叠加世纪疫情、国内经济“三重压力”和复杂国际形势的氛围下，难上加难。同时，港口供应链核心企业对中小微企业应收应付过程中的“攫取行为”屡屡发生。传统金融机构由于风险控制要求，对供应链中小微企业存在“不敢贷、不愿贷、不能贷”。同时，传统港口供应链金融业务中存在着供应链企业交易真实性难以验证，信息相互割裂、无法共享，履约风险无法有效控制等问题。供应链金融亟须数据穿透和信息共享，通过融合资金流、信息流、物流等，提升信息的真实性和信任的可传递性，从而提升港口供应链金融的融资效率和现金流的穿透性，降低融资成本和监管成本。

（一）微观企业信息孤岛滞阻着供应链融资信息的验证

港口供应链企业信息孤岛情况普遍，一方面，缺少具有港口供应链“话语权”和“影响力”的港口供应链金融信息管理平台，能够让港口供应链核心企业和中小微企业主动参与和数据信息上传。另一方面，中小微企业在主观上也不情愿主动公开企业内部经营数据，担忧商业信息和商业隐私泄露。同时，由于许多港口中小微企业因内部管理不完善、信息化技术应用程度不高、对港口供应链金融业务和产品不熟悉、内部经营不规范等问题，也极大影响着中小微企业参与的积极性。各参与主体处于相对运营独立闭环和具有均等地位的独立单元，相互之间交互行为和价值共创的耦合未有效形成。

此外，国内部分港口企业监管体系不完善，金融机构缺乏中小微企业的可信数据。港口企业在供应链金融中处于核心、中心环节，承担了

监督管理的主要职责，为金融机构提供及时、准确的各类相关信息，发挥了比较关键的作用。但在现存的风控体系下，无法证实中小微企业的贸易关系。而且传统供应链金融中不能自动完成清结算，容易出现拖款、违约等情况。尤其涉及多级供应商结算时，不确定性进一步增加①。供应链金融服务涉及的参与方较多，港口企业在供应链体系的相互衔接性不足，“彼此信任，信息共享，风险共担”的一体化运作氛围不明显，各供应链企业未能全面深入有效合作。因此，港口业务能力的拓展和增强需要依托运用成熟的新技术、新手段建设统一的港口供应链金融信息管理平台。例如，在港口大脑或港口数字孪生框架下打造基于区块链等技术底座的系统集成平台，并利用数字人民币试点支付的政策优势，共同构建港口供应链金融信息管理平台。

（二）跨部门跨企业跨行业之间数据缺乏横向共享机制

从港口管理部门和现有金融机构管理模式来看，均采取垂直化业务管理模式，不同部门、不同金融机构、不同企业和不同行业之间的横向数据收集、信息横向共享机制很难被打破而重新规制。同时，现有金融机构业务又细分存贷款业务、支付结算、委托代理、资金池、信用证、保理、股权投资、资产证券化、福费廷等，按照现有监管体系来看，还是“分业经营、分业监管”的阶段，需要有创新载体、创新模式、创新机制、创新监管、创新立法、创新政策等一揽子系统方案来破解。作为当下信息技术“风口”的一个信用机器，区块链等融合型技术可以解决多级港口供应商业间信息不对称和信用无法传递的问题，可以将以前的信息孤岛变成全链条的信息打通，从传统的港口供应链核心企业只能覆盖一级供应商，变成能够覆盖多级供应商，处于港口供应链核心企业远端的中小微企业也可以得到交易验证、资产确权和信用背书，在区块链技术支持下的多级供应商融资体系，甚至可以通过将商业票据拆分而使

① More D, Basu P. Challenges of supply chain finance: A detailed study and a hierarchical model based on the experiences of an Indian firm [J]. Business Process Management Journal, 2013, 19 (4): 624-647.

得供应商获得融资，间接降低供应链整体的成本。从基于加密数据的交易确权、基于存证的交易真实证明、基于共享账本的信任传递和基于智能合约的合约执行，形成回款封闭可控、穿透式监管、全链条数据打通的新生态。区块链技术为供应链金融赋能，解决了供应链金融风控问题以及产业链中企业无法构筑信任之墙等问题，助力于解决中小微企业融资难融资贵问题。

（三）单个核心企业或金融机构很难对供应链全局掌控

从发展趋势上看，区块链技术赋能港口供应链金融应用场景越来越从单一业务向多业务交叉，从单一供应链向多供应链，从传统供应链交易网络向现代服务价值网络趋势发展。参与的主体日益多层级化和多样化，包括行业协会、港口集团、港口海关检查、检疫检测、港口码头、船舶修理、航运交易所、大宗交易平台、集卡服务中心等部门参与，必然使得所有交易活动变为分散化和序列化，在现代服务价值网络情景下，依靠单个供应链核心企业或者单个供应链金融机构无法对港口供应链的所有交易细节进行全部掌控，表现在两个维度：其一，现代服务价值网络不仅仅是地理区域的聚集，更多的是虚拟网络的供应链产业集群，供应链的技术研发、供产存销等供应链业务活动以及支付结算、投资、保险等金融活动发生了巨大变革，全局掌控难度较大；其二，区块链技术赋能港口供应链金融模式创新需要合适的算力算法、安全稳健的区块链技术底座、协同的“联盟链—跨链—链上—链下”的治理机制、完善的金融监管体系等系统安排，这些要素不是单个核心企业或金融机构能够全局掌控的。因此，区块链技术能够有效赋能港口供应链金融，必须在专业化金融科技组织①进行破题，依靠多主发起人联合发起的港口供应链金融科技公司②来解决系列问题。

---

① 宋华教授在其撰写的《智慧供应链金融》专著中也认为“要实现供应链金融的有序发展，就必须实现组织创新，通过专业化的组织（金融科技公司）来解决问题”。

② 多主发起人联合发起的港口供应链金融科技公司，作者建议纳入传统金融机构、技术服务商、港口集团、若干港口核心企业共同作为港口供应链金融科技公司的主发起人。

二、区块链技术赋能港口供应链金融的基本原理

（一）信号传递理论

信号传递理论是在信息不对称的条件下，研究如何通过信号传递解决逆向选择和道德风险等问题的信息经济学理论。较早的信号传递模型是迈克尔·斯宾塞（Michael Spence）在阿克洛夫（Akerlof）模型①基础上于1973年提出的信号发送理论，其基本原理在于：在信息不对称市场中，具有高质量信息优势的卖主，向信息劣势的卖主送出一个信号，将自己与低质量的卖主区分开来。之后，较早提出信号传递理论的是巴恰塔亚（Bhattacharya）于1979年借鉴Michael Spence的信号模型思想构建了第一个股利信号模型，认为企业内部管理者拥有更多的内部信息，可以通过股利政策向外部投资者传递信号以影响股价。从信号传递结构来看，主要涉及三个层次：信号传递者、信号和信号接受者。在信号传递过程中，信号环境至关重要，信号环境可以调节信号传递对信息不对称的影响程度②（见图4-1）。后来，信号传递理论被广泛运用于组织管理、战略管理、企业社会责任、金融等领域，例如企业和企业之间的信息不对称问题研究可以用信号传递理论进行解释。

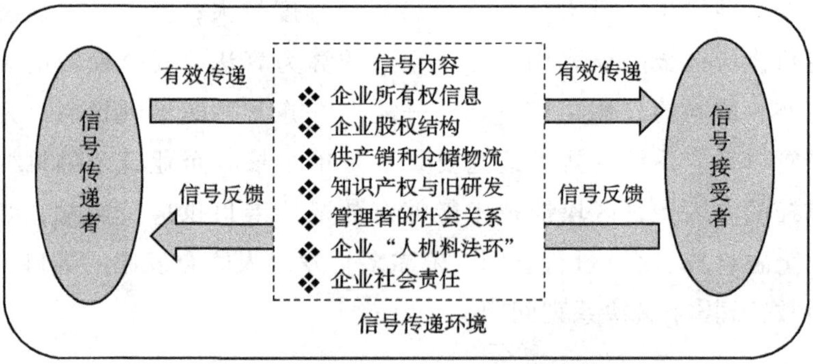

图4-1 信号传递理论的整体研究框架

---

① 阿克洛夫模型又称柠檬（lemon）模型，是Akerlof于1970年提出的。

② 范培华，吴昀桥．信号传递理论研究述评和未来展望［J］．上海管理科学，2016，38（03）：69-74.

（二）复杂系统管理理论

以区块链等多元化技术引领的新一代信息技术发展使得港口供应链金融参与个体的关联更加复杂化，系统内部的个体间的交互行为日益增多，需要对复杂系统管理进行降解和分析。该研究对象涉及主体数量大、层次多、结构复杂、因素众多，需要复杂系统管理理论及方法科学“拆零实验”。复杂系统由若干元素组成，元素间相互作用从而产生了整合系统的行为特征，由于系统行为特征不是简单元素个体行为的线性叠加，需要采用复杂系统理论去探索内在机理，并用计算机建模方法去研究动态复杂系统。复杂系统的研究较早出现在詹姆斯·格雷克 1987 年出版的《混沌》专著中①，后来逐步衍生出“复杂适应系统理论”和“综合集成管理理论”。首先，“复杂适应系统理论”的基本思想就是“适应性造就复杂性，系统中的成员之所以具有适应性，就是在于能够与环境以及其他主体进行交流，不断积累经验推动整合系统演变或进化②”。其次，“综合集成管理理论”产生于重大航天工程的应用实践，该理论的基础思想是：“改变工程复杂性状态的决策行为遵循着‘探索—吸收—分解—承担’为决策主线的‘复杂性降解’过程，与之相对应，改变工程整体性状态的决策行为遵循着‘叠加—相容—固化—重构’为决策主线的‘整体性中和’过程”③。

（三）颠覆性创新理论

美国经济学家克里斯坦森（Christensen）早期提出了颠覆性创新理论，该理论不仅包括技术创新，还包括产品和商业模式的创新。在颠覆性创新模式上，克里斯坦森提出了低端颠覆性创新和新市场颠覆性创新两类模式，前者是创新者根植于原有价值网络的低端市场颠覆策略。后者是面向新的价值网络，当新产品性能达到原有价值网络要求后，再颠覆

① 汪寿阳，胡毅，熊熊，等．复杂系统管理理论与方法研究［J］．管理科学学报，2021，24（08）：1－9．

② 方美琪，张树人．复杂系统建模与仿真［M］．北京：中国人民大学出版社，2011．

③ 麦强，陈学钏，安实．重大航天工程整体性、复杂性及系统融合：北斗卫星工程的实践［J］．管理世界，2019，35（12）：190－198．

原有价值网络的策略。传统颠覆性创新理论认为颠覆性创新本质在于后发企业通过打造新的价值体系颠覆既有的价值体系，同时取代在位企业及其产品。后来国内学者明星等（2020）提出了跨界高端颠覆性创新原理，认为颠覆性创新可以理解为某一行业的后发企业通过采用与该行业主流技术不同的新技术，提供满足消费者需求的产品，使得该行业市场消费者转向新产品，促使竞争规则改变，导致该行业在位企业难以适应，从而失去市场地位的过程，新技术能否产生颠覆性作用是相对行业而言的。新技术是维持性创新还是颠覆性创新，是低端颠覆性创新还是高端颠覆性创新，与其所在行业有密切关系。同时，还存在跨界高端颠覆性创新模式，与低端颠覆性创新相反，高端颠覆性创新技术往往来源于行业外部，表现为一个行业对另外一个行业的颠覆。网络嵌入和制度嵌入及其两者相互联动往往是颠覆性创新的动因，同时，“包容性制度”和“跨界整合”驱动高跨界（水平）颠覆，而“行业专家主导”和“积极制度主导”则催生高垂直颠覆①。

三、区块链技术赋能港口供应链金融的理论框架重构

从赋能的基本思路来看，区块链技术赋能港口供应链金融是通过区块链等融合型技术手段，经过信号中介、技术赋能、价值异构、系统治理等，创新出具有信号中介和“垂直化+横向化”信息集成平台功能的金融科技公司，使其发挥对改善供应链各参与者的财务绩效和风险容量，从而规范化港口供应链金融性服务和活动②，以提高整个供应链运营效率，最终提升整个港口供应链的国际竞争力（见图4-2）。

---

① 参阅：余维臻，斯晓夫，严雨姗．中国情境下新创企业如何实现颠覆性创新？［J/OL］．科学学研究［2022-08-08］：1-19。包容性制度需要以规范和认知为主导，辅助规制驱动，但包容性制度往往与现有制度存在冲突；跨界融合是以异质嵌入为主导，辅助规范和认知驱动，以社会和市场异质性网络嵌入为主导。行业专家主导型是以同质嵌入为主、辅助规范和认知驱动；积极制度主导型是以规则为主导，辅助规范和认知驱动。

② 规范化包括参与主体生态化、技术底座开放化、技术规则标准化、供应链活动服务化、管理可视化、决策智能化和金融监管系统化。

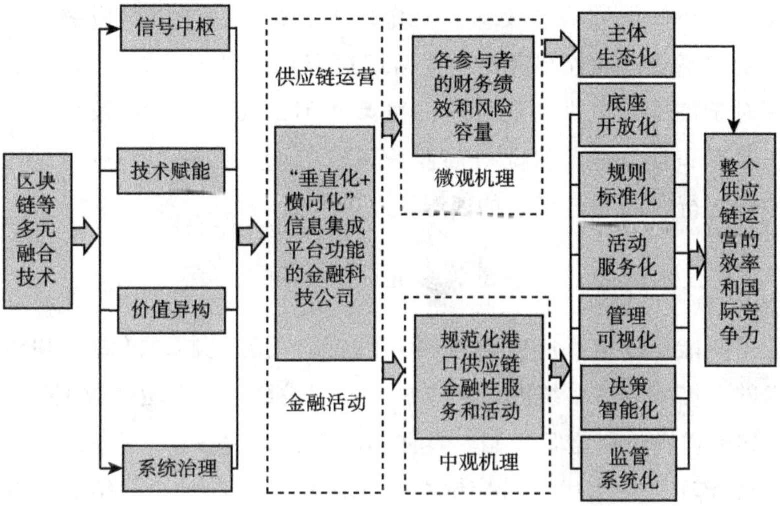

图 4-2　区块链技术赋能港口供应链金融的理论框架

（一）信号中枢：港口供应链金融科技公司

根据迈克尔·斯彭斯（Michael Spence）提出的信号传递博弈模型，当出现信息不对称而导致的逆向选择问题，可以采取信号传递的方式来解决，信号内容在一定的信号环境下从信号传递者传递到信号接受者。这种传递信号可以是强信号，也可以是弱信号，可以是高质量信号，也可以是低质量信号。但在完全市场机制前提下，强有力的激励机制是促进高质量信号的关键，只有当信号传递者传递真实信息才能给自身企业带来良好的回报。事实上，产生信号之前还需要依托高质量的数据，需要进行数据搜集、录入、清洗、过滤、加工等环节，同时，信号内容从信号传递者传递到信号接收者，信号接受者取得了信号内容，经过解读和运营信号做出决策。在区块链技术赋能港口供应链金融创新应用场景中，究竟什么样的专业组织一方面可以有效覆盖这些市场成本，另一方面还可以设计强有力的激励机制。多主发起人联合发起的港口供应链金融科技公司可以扮演"信号中枢"作用，覆盖数据到信号再到决策的"创新成本"，同时，还可以向行业发出强有力的信号。具体而言：第一，能够多主发起人联合发起的港口供应链金融科技公司本身就是一个强有力的信号，由金融科技公司来经营管理信号传递，可以有效覆盖市场成本，还可以降低信号传递成本和操作成本。第二，港口供应链企业在金融科技公司平台下相互提高的商业信用对资金提供方具有信号传递作用，但企业对于接受和提供商业信用的决策并不是孤立的，会根据港口供应链市场状况和自身财务状况对商业信用进行期限匹配，即对应收账款和应付账款进行时间和金额上的匹配①。

（二）技术赋能：区块链等多元化技术融合

技术赋能是港口供应链金融模式创新的关键机制，随着区块链等多元技术的深度融合，传统港口供应链金融模式会发生颠覆性改变，并重塑了相应的治理机制和监管机制。具体体现在：第一，点对点网络（peer-to-peer，P2P）技术优化供应链金融风险敞口。点对点网络通过减少网络传输中的节点降低了资料遗失的风险。点对点网络是无中心服务器、依靠用户群（peers）交换信息的互联网体系②。临近节点能够验证各个节点数据的有效性，并进行全网传播，形成一种独特的传播协议和验证机制。P2P网络的分布特性能够在多节点上复制数据，提高了预防故障的健壮性，无须中心索引服务器，从而大大降低了单点崩溃的风险。第二，分布式技术能够兼顾信息共享和隐私保护。分布式、集体维护的存储方式提高了交易信息的透明度。分布式账本，即分布在网络的多个节点共同完成记账，且其中各个节点都存储着完整的账本，通过数据的分布式加密存储，区块链的账本由所有参与者共同维护，数据全体可见，有效保障了数据的不可篡改性和完整性。第三，共识技术解决了供应链分布式场景下节点的一致性问题。共识机制能够约束去中心化网络中的每一个分散的节点，维护系统的运作顺序与公平性，使每一个互不相干的节点能够验证、确认网络中的数据，进而产生信任，达成共识③。共识机制既是更新数据的方法，也是防止造假和篡改的手段。共识机制能够提高

---

① 江伟，曾业勤．金融发展、产权性质与商业信用的信号传递作用［J］．金融研究，2013（06）：89-103.

② 丁勇，相恒奎等．基于区块链的论文评审及追溯系统［J］．南京信息工程大学学报（自然科学版），2019，11（05）：551-558.

③ 贺元香，夏甜，史宝明．区块链核心技术探究［J］．兰州文理学院学报（自然科学版），2020，34（06）：92-98.

网络效率、减少资源浪费及提升各节点的一致性，进而减少了商业摩擦，促进经济活动的开展。

（三）价值异构：创新港口区块链金融价值

从传统价值理论来看，价值的载体是通过一系列协同的活动所创造出来的产物。按照这个逻辑，区块链技术赋能港口供应链金融场景是复杂异构数据高度集成和多元化主体协同创新并重塑业务结构和信息化结构，最终提升供应链网络运营效率和构建价值网络的产物。从某种意义上而言，探索与港口供应链服务化战略相匹配的协调创造价值模式是港口供应链金融模式创新的基础。但是价值网络的创造不是依靠单个企业来实现，而是依靠众多不同供应链企业之间、不同金融机构、不同政府部门之间的协同完成。首先，异构数据是一种创新组织模式的工具要素①，改变了传统港口供应链金融模式、服务理念和风控模型，使得港口供应链的管理者能够立足整个供应链从决策、执行、监管等全过程提高供应链管理绩效。在港口供应链金融科技公司和区块链等多元化技术赋能情景下，异构数据会产生价值异构。其次，在区块链等多元化技术赋能下，价值异构是基于深度密集型的技术和知识不断迭代的结果，需要构建不同供应链企业之间、不同金融机构、不同政府部门之间的“联邦学习”机制。在该“联邦学习”机制下，价值异构会基于开放、互补、稳定、安全的技术底座形成的标准化业务模块，逐步形成港口供应链价值网络，这种价值网络不仅可以反馈促进众多不同供应链企业之间、不同金融机构、不同政府部门之间的协同，还可以提升参与企业的竞争力，实现价值增值。

（四）系统治理：港口供应链金融颠覆变革

在区块链技术赋能港口供应链金融场景中，不仅仅停留于异构数据集成和价值异构层面，更多的是港口供应链金融系统治理的颠覆创新。对区块链技术赋能港口供应链金融的未来发展需要系统治理理念，覆盖数据层、网络层、共识层、激励层、合约层和应用层，从赋能型 ABC-

---

① 于文轩，魏炜．数据的敏捷治理：价值重塑与框架构建［J/OL］．广西师范大学学报（哲学社会科学版）［2022－05－05］：1－16.

DEFG、网络节点、智能组件[①]、行业规范、技术标准、模式创新、业务流程、整体风险管理、“联盟链—跨链—链上—链下”治理、金融监管等领域进行顶层设计和系统治理。具体体现在：第一，赋能型ABCDEFG需要系统治理，设置模式层、流程层、数据层和感知层，其赋能型ABC-DEFG技术体系的建立和应用需要立足商业价值、商业流程和系统架构的价值增值过程，分析基于价值增值的多元化技术服务需求，并充分考虑市场需求。第二，企业节点需要系统治理。节点的存在就是区块链分布式的表征，也是区块链的魅力所在，节点就是价值，将港口供应链的人、团体、企业、项目、设备、软件、工厂、产品等节点互联，突破传统工业时代有形空间限制，系统治理可通过“节长制”赋权和“节点经济”赋能。第三，智能组件需要系统治理。智能组件不仅要考虑区块链技术，还需要兼顾人工智能的深度融合，将智能真正嵌入智能合约中，实现从智能合约（Smart Contract）到智能合约者（Smart Contractor）的飞跃，而动态配置的智能组件更需要新算法、新机制和新策略等系统安排。第四，行业规范、技术标准、模式创新、业务流程、整体风险管理、“联盟链—跨链—链上—链下”治理、金融监管均需要系统治理[②]。数字人民币的试点，通过智能合约以及各区块链技术应用平台的端口，实现港口供应链金融系统的“支付定制化”，更加促进对系统治理的迫切要求。

第二节 区块链技术赋能港口供应链金融的经验模型借鉴

一、经济订购批量模型

随着港口供应链管理的发展，绝大部分企业的零部件都不再由自己

---

① 参阅：袁勇，欧阳丽炜，王晓，等．基于区块链的智能组件：一种分布式人工智能研究新范式［J］．数据与计算发展前沿，2021，3（01）：1-14。文中对智能组件的解释为：“基于区块链的智能组件是一种融合人工智能算法的、可插拔的、去中心化自主执行的区块链系统核心功能模块。智能组件以运行于区块链上的智能合约为主要载体和表现形式，通过将人工智能技术优化后的算法、机制、策略等要素内嵌到智能合约中，由区块链系统所有参与者验证且分布式存储，即可形成针对特定业务场景和目标任务的标准化、规范化的智能组件”。

② 由于其他章节相关内容有所涉及，这里不再阐述。

全部生产，而是采购于港口供应链的合作企业。由于相关需求属于具有较强稳定性且可准确预测的时变需求，因此，零部件采购批量与批次的确定，主要取决于采购成本和库存成本[①]。库存管理是现代企业短期资产管理的重要环节。特别是对存货占短期资产比重较高的生产型企业，存货利用效率对企业财务状况的影响较大[②]。企业过多的存货不但占用了大量流动资金，而且增加了企业的仓储成本；反之，如果存货不足，则会影响生产和销售、损害企业的信誉，导致企业经营风险增大。因此，如何确定合适的订货量，保持最优存货水平对企业来讲至关重要。

1915 年，哈里斯（Harries）在研究企业库存问题时首次提出经济订购批量模型（Economic order quantity，EOQ）[③]；1935 年，威尔逊（Wilson）同样在研究该问题时采用另一种方法也得到与 Harrie 相同的结论。随着供应链管理的进一步发展，传统 EOQ 模型广泛应用于制造、贸易、物流等企业中。经济订购批量模型（EOQ）作为经典库存控制理论中的一个纯经济模型，以订货成本和储存成本之和最小化为目标来确定最优订购量，其公式为：

$$Q^* = \sqrt{\frac{2DS}{H}} \tag{4.1}$$

其中，Q^* 为经济订货批量；D 为年需求量；S 为单位订货成本；H 为单位储存成本[④]。

依据港口企业的供应链特征和其在供应链金融业务中的地位，当前港口供应链金融商业模式可分为以港口企业为核心供应链金融模式和以金融机构为主导的供应链金融模式。以港口企业为核心的供应链金融模式，即作为供应链中实力较强的港口企业将其冗余的信用、产业资本转换至金融领域成为投资、产融资本，为供应链成员企业提供所需的资金

---

① 王嗣琦．基于安全存货的 EOQ 模型及其应用［J］．宿州学院学报，2016（11）：28－31＋49.

② 荆新等．财务管理学［M］．北京：中国人民大学出版社，2014.

③ 刘斌等．EOQ 模型的一个注记［C］．第八届全国青年管理科学与系统科学学术会议论文集，南京：河海大学出版社，2005.

④ 张国锋．基于 EOQ 法和 S－M 法的订货策略比较研究［J］．科技经济导刊，2019（27）：2.

融通或融资担保等金融业务，实现自身利益增长和供应链整体的合作共赢。以金融机构为主导的供应链金融模式是金融机构通过掌控产业链上下游的资金流、物流、信息流等，为核心企业的上下游提供应收账款质押融资、反向保理、流动资金贷款、开立信用证、支付结算等多元化的融资服务。港口企业的供应商可以通过金融机构实现货款及时收达的便捷性，同时为港口的上下游企业提供融资服务。

以港口企业为核心的供应链金融模式为例介绍 EOQ 模型。港口供应链核心企业为了降低支付成本、延缓现金的流出，通常获取上游供应商货物并完成销售之后才支付货款。而供应商由于无法及时收回货款，对再生产的资金投入产生巨大压力。当供应商资金短缺无法完成核心企业订单时，核心企业就无法实现销售，从而双方利益均受到损失。此时，核心企业配合金融机构完成供应商应收账款的转让确认，将应收账款转变为金融机构承兑汇票，供应商能够进行原材料采购等再生产，也促使核心企业获取充足的货物，增加了供应链各方利润。在这种供应链金融模式中，核心企业常常以赊销的方式向其上游供应商进行采购，但是往往上游供应商的资金实力有限，无法满足核心企业的订单需求，因此，核心企业为扶持供应商发展，用自身授信额度为上游供应商提供融资支持，融资定向用于为其核心企业供应产品的订单的原材料生产及采购费用。

（一）模型假设与符号说明

为建立 EOQ 模型，我们首先作以下假设：

假设 1：生产率和需求率均为固定常数，且生产率大于需求率；

假设 2：时间是无限的；

假设 3：模型中只有单一品种产品，且单一买家和卖家；

假设 4：供应商和核心企业可以信息完全共享；

假设 5：不允许缺货；

假设 6：供应商资金机会成本大于利息收入。

EOQ 模型的基本思路是，首先建立供应商和核心企业利润函数，然后以核心企业利润最大化为目标确定核心企业单次订货批量，再根据自有资金的情况，以供应商利润最大化确定其生产批量（生产批量必须是单次订货批量的整数倍），得出供应商的最优生产决策模型。根据供应商的自有资金数额和金融机构提供的信用期长短，通常有三种行为决策选择情形：

情形 1：供应商自有资金充足，可以满足对核心企业产品的供应需求；

情形 2：供应商自有资金不足，向金融机构贷款，在最长信用期内收回所有货款；

情形 3：供应商自有资金不足，向金融机构贷款，但在最长信用期内未收回所有货款。

EOQ 模型参数说明如表 4－1 所示。

表 4－1　　EOQ 模型参数说明

符号	含义	符号	含义
D	市场需求量	A_S	生产启动成本（元/次）
z	生产率	A_C	订货启动成本（元/次）
Q_S	供应商生产量	i_S	供应商资金机会成本
t_0	信用期	K_S	供应商融资成本率（开票手续费）
i_e	单位资金利息收入	h_C	核心企业单位库存持有成本
l_S	最大融资担保率	h_S	供应商单位库存持有成本
B_S	供应商自有资金	p_C	供应商销售给核心企业的单位产品价格
p_S	单位产品生产成本	n	供应商生产量关于单次订货量的倍数
c	核心企业销售单价	Q_{CN}	供应商不贷款时，核心企业单次订货批量
Q_{CY}	供应商贷款时，核心企业单次订货批量		
Q_{SY}	供应商贷款时，供应商生产批量		

（二）模型建立与分析

1. 情形 1 的模型建立与分析

在第一种情形下，供应商拥有充足的资金。核心企业将根据市场需求量制订订货计划，与上游供应商签订订单合同，供应商根据订单情况制订生产计划，并用自有资金完成生产。核心企业在供应链中处于领导地位，通常以赊销的形式获取货物，在货物销售完成之后再支付上游供应商货款，因此，核心企业在此过程中可会获取额外的利息收入。

很显然通过简单计算得知，单位时间核心企业所获得的额外利息收入为$\frac{i_e c Q_{CN}}{2}$，从而核心企业的利润函数为：

$$\prod_{C1} = (c - p_c)D - \frac{A_C D}{Q_{CN}} - \frac{h_C Q_{CN}}{2} + \frac{i_e c Q_{CN}}{2} \tag{4.2}$$

对Π_{C1}关于 Q_{CN}求一阶导数，并令导数为 0，可得：

$$Q_{CN}^* = \sqrt{\frac{2A_C D}{h_C - i_e c}} \tag{4.3}$$

此时，供应商用自有资金进行生产以满足核心企业的订货需求。当$B_S < Q_{CN}^* p_S$时，供应商的自有资金无法满足核心企业的最优订货批量，核心企业只能根据供应商的最大生产能力进行订货，故核心企业的生产批量为：

$$Q_S = Q_{CN} = \frac{B_S}{p_S} \tag{4.4}$$

此时供应商的利润函数为：

$$\prod_{S11} = (p_C - p_S)D - \frac{A_S D}{Q_{CN}} - \frac{D}{2z}Q_{CN}\, h_S - \frac{D + z}{2z}Q_{CN} i_S p_S \tag{4.5}$$

当 $B_S \geqslant Q_{CN}^* p_S$时，可计算供应商的利润函数为：

$$\begin{aligned}\prod_{S12} = {} & (p_C - p_S)D - \frac{A_S D}{nQ_{CN}} - \frac{2D + nz - nD - z}{2z}Q_{CN}\, h_S \\ & - \frac{2D + (n + 1)z}{2z}Q_{CN} i_S p_S\end{aligned} \tag{4.6}$$

则在供应商使用自有资金组织生产，不考虑贷款的情况下，最优生产批量受供应商资金实力的影响，最优成产批量①为：

$$Q_{SN}^* = \begin{cases} \dfrac{B_S}{p_S} & B_S < Q_{CN}^* p_S \\ \left\lfloor \dfrac{B_S}{p_S Q_{CN}^*} \right\rfloor Q_{CN}^* & Q_{CN}^* p_S < B_S \leqslant n_1^* Q_{CN}^* p_S \\ n_1^* Q_{CN}^* & B_S > n_1^* Q_{CN}^* p_S \end{cases} \tag{4.7}$$

① 温宗良，陈嘉茵，周永务，等．基于供应链金融的供应商链式融资策略研究［J］．运筹与管理，2017（03）：10.

其中：$\lfloor\cdot\rfloor$和$\lceil\cdot\rceil$分别表示上整数和下整数，$n_1=\sqrt{\dfrac{2A_{SDz}}{[(z-D)h_S+z\,i_Sp_S]Q^2_{\{CN\}}}}$，

$$n_1^*=\begin{cases}1 & n_1<1\\ \lfloor n_1\rfloor & n_1\geqslant 1\text{ 且}\prod_{S12}(\lfloor n_1\rfloor)>\prod_{S12}(\lceil n_1\rceil)\\ \lceil n_1\rceil & n_1\geqslant 1\text{ 且}\prod_{S12}(\lfloor n_1\rfloor)\leqslant\prod_{S12}(\lceil n_1\rceil)\end{cases}\tag{4.8}$$

2. 情形 2 的模型建立与分析

在情形 2 中，假设核心企业依照市场需求情况制定采购计划，然后每隔固定的时间向供应商发出相同订货量的订单。上游供应商则根据核心企业的采购计划制定自身的生产计划，而且由于其生产资金不足，决定向金融机构贷款。此时，金融机构充当的资金流监管角色，将对核心企业和供应商与该笔业务相关的资金流进行监管，核心企业销售回款实时扣划到供应商账户在金融机构的指定账户①。并假设在金融机构提供的最长信用期前，供应商能够收回该次生产批量的所有货款。

因此，在这种情形下核心企业单位时间的利润与不贷款时核心企业的利润相比，不再有额外的利息收入。核心企业单位时间的利润函数为：

$$\prod_{C2}=(c-p_C)D-\frac{A_CD}{Q_{CY}}-\frac{h_C\,Q_{CY}}{2}\tag{4.9}$$

对$\prod_{C2}$求关于Q_{CY}的一阶导数，并令导数为 0，可得：

$$Q^*_{CY}=\sqrt{\frac{2A_CD}{h_C}}\tag{4.10}$$

当供应商向金融机构贷款后仍无法满足核心企业单笔订单时，即$B_S<Q^*_{CY}p_S\ (1-l_S)$时，核心企业只能依据供应商的最大生产能力进行订货，故供应商的生产批量为：

$$Q_S=Q_{CY}=\frac{B_S}{P_S(1-l_S)}\tag{4.11}$$

当$B_S<Q^*_{SY}p_S\ (1-l_S)$时，可计算供应商的利润函数为：

① 温宗良，陈嘉茵，周永务，等. 基于供应链金融的供应商链式融资策略研究［J］. 运筹与管理，2017（03）：10.

$$\prod_{S21} = (p_C - p_S)D - \frac{A_S D}{Q_{CY}} - \frac{DQ_{CY}}{2z}h_S - \frac{B_S^2 z + 2DB_S Q_{CY} p_S}{2z p_S Q_{CY}} i_S + \frac{p_C i_S}{2Q_{CY}}\left(Q_{CY} - \frac{B_S}{p_S}\right)^2 - \left(p_S k_S - \frac{B_S k_S}{Q_{CY}}\right)D \tag{4.12}$$

当$B_S \geqslant Q_{CY}^* p_S(1-l_S)$时，供应商在向金融机构贷款下的最优生产批量应该为核心企业最优订货批量Q_{CY}^*的整数倍。

此时，供应商的利润函数为：

$$\prod_{S22} = (p_C - p_S)D - \frac{A_S D}{nQ_{CY}} - \frac{2D + nz - nD - z}{2z} Q^*{}_{CY} h_S - \frac{B_S^2 z + 2DB_S p_S Q_{CY}}{2nz p_S Q_{CY}} i_S + \frac{p_C i_S}{2nQ^*{}_{CY}}\left(Q^*{}_{CY} - \frac{B_S}{p_S}\right)^2 - \left(p_S k_S - \frac{B_S k_S}{nQ^*{}_{CY}}\right)D \tag{4.13}$$

记n_2满足$\prod_{S22}'(n_2) = 0$，$A_0 = \dfrac{p_S^2 D(i_S Q_{CY}^* - zk_S)^2}{2z^2(i_S P_S - i_{eP_c})}$，则有如下结论[①]：

结论1：当$A_S > A_0$时，使得$\prod_{S22}(n)$取得全局最优解的n应为：

$$n_2^* = \begin{cases} 1 & n_2 < 1 \\ \lfloor n_2 \rfloor & n_2 \geqslant 1 \text{ 且} \prod_{S22}(\lfloor n_2 \rfloor) > \prod_{S22}(\lceil n_2 \rceil) \\ \lceil n_2 \rceil & n_2 \geqslant 1 \text{ 且} \prod_{S22}(\lfloor n_2 \rfloor) \leqslant \prod_{S22}(\lceil n_2 \rceil) \end{cases} \tag{4.14}$$

结论2：若供应商单次生产批量在银行提供的信用期t_0内完成销售，即：

$Q_S \leqslant D\left(t_0 - \dfrac{Q_{CY}}{z}\right)$，则供应商向银行贷款的最优生产批量为：

$$Q_{SY1}^* = \begin{cases} Q_L & 0 < B_S < B_1 \\ Q_{S2}^* & B_1 < B_S \leqslant B_2, n_{SY1}^* = \dfrac{Q_{SY1}^*}{Q_{CY}^*} \\ Q_U & B_S > B_2 \end{cases} \tag{4.15}$$

---

① 温宗良，陈嘉茵，周永务，等．基于供应链金融的供应商链式融资策略研究［J］．运筹与管理，2017（03）：10.

其中：(B_1, Q_1) 是$Q_{S2}^* = n_2^* Q_{CY}^*$与$Q_S^* = \dfrac{B_S}{p_S(1-l_S)}$的交点；$(B_2, Q_2)$是$Q_{S2}^* = n_2^* Q_{CY}^*$与$Q_S^* = \dfrac{B_S}{p_S}$的交点；

$$Q_L = \begin{cases} \dfrac{B_S}{p_S(1-l_S)} & 0 < B_S < p_S Q_{CY}^*(1-l_S) \\ \left\lfloor \dfrac{B_S}{p_S(1-l_S) Q_{CY}^*} \right\rfloor Q_{CY}^* & B_S \geqslant p_S Q_{CY}^*(1-l_S) \end{cases} \tag{4.16}$$

$$Q_U = \begin{cases} \backslash & 0 < B_S < p_S Q_{CY}^* \\ \left\lceil \dfrac{B_S}{p_S Q_{CY}^*} \right\rceil Q_{CY}^* & B_S \geqslant p_S Q_{CY}^* \end{cases} \tag{4.17}$$

3. 情形 3 的模型建立与分析

在情形 3 中，我们假设供应商自有资金不足，此时为了生产的需要，向金融机构贷款。但是核心企业在最长信用期时仍未销售完单笔生产批量，而供应商从核心企业处收回的货款已经能够偿还贷款。

当供应商向金融机构贷款后仍无法满足核心企业单笔订单时，核心企业只能根据供应商的最大生产能力进行订货，故核心企业的订货批量为：

$$Q_S = Q_{CY} < Q_{CY}^* \tag{4.18}$$

如果供应商的生产批量受最大贷款额度所限，即$B_S < Q_{CY}^* p_S(1-l_S)$，则：

$$Q_S = Q_{CY} = \frac{B_S}{p_S(1-l_S)} \tag{4.19}$$

如果生产批量受在t_0时供应商回收的货款能够归还贷款，即$Q_S p_S \leqslant B_S + D\left(t_0 - \dfrac{Q_S}{z}\right)p_C$，则：

$$Q_S = Q_{CY} = \frac{B_S z + D\, t_0 p_C z}{p_S z + p_C D} \tag{4.20}$$

可以计算当$Q_S = Q_{CY} < Q_{CY}^*$时，供应商的利润函数为：

$$\prod_{S31} = (p_C - p_S)D - \frac{A_S D}{Q_{SY}} - \frac{D\, Q_{CY}}{2z} - \frac{B_S^2 z(z+2D)}{2z\, p_S\, Q_{CY}} i_S$$

$$
-\frac{p_S i_S}{2Q_{CY}}\left[Q_{CY}-D\left(t_0-\frac{Q_{CY}}{z}\right)\right]^2+\frac{p_C i_e}{2Q_{CY}}\left[D\left(t_0-\frac{Q_{CY}}{z}\right)-\frac{B_S}{p_S}\right]^2
$$

$$
-\left(p_S k_S-\frac{B_S k_S}{Q_{CY}}\right)D \tag{4.21}
$$

如果供应商在向金融机构贷款下的最优生产批量为核心企业最优订货批量Q_{CY}^*的整数倍，即$Q_S=n\,Q_{CY}^*$时，可计算供应商的利润函数为：

$$
\prod_{S32}=(p_C-p_S)D-\frac{A_S D}{Q_{SY}}-\frac{DQ_{CY}}{2z}-\frac{B_S^2 z(z+2D)}{2z\,p_S\,Q_{CY}}i_S
$$

$$
-\frac{p_S i_S}{2Q_{CY}}\left[Q_{CY}-D\left(t_0-\frac{Q_{CY}}{z}\right)\right]^2+\frac{p_C i_e}{2Q_{CY}}\left[D\left(t_0-\frac{Q_{CY}}{z}\right)-\frac{B_S}{p_S}\right]^2
$$

$$
-(p_S k_S-\frac{B_S k_S}{Q_{CY}})D \tag{4.22}
$$

记n_3满足$\prod'_{S32}(n_3)=0$，从而有如下结论①：

结论 3：供应商向银行贷款且在信用期t_0时未完成销售但具备还款能力的利润函数$\prod_{S32}(n)$取得全局最优解的 n 应为：

$$
n_3^*=\begin{cases}1 & n_3<1\\ \lfloor n_3\rfloor & n_3\geqslant 1 \text{ 且} \prod_{S32}(\lfloor n_3\rfloor)>\prod_{S32}(\lceil n_3\rceil)\\ \lceil n_3\rceil & n_3\geqslant 1 \text{ 且} \prod_{S32}(\lfloor n_3\rfloor)\leqslant\prod_{S32}(\lceil n_3\rfloor)\end{cases} \tag{4.23}
$$

$\prod_{S32}(n)$对应的最优生产批量为$Q_S^*=n_3^*\,Q_{CY}^*$。

结论 4：供应商向银行贷款且在信用期t_0时未完成销售但具备还款能力，即：

$D\left(t_0-\frac{Q_{SY}}{z}\right)\leqslant Q_S\leqslant\frac{B_S}{p_S}+\frac{D\left(t_0-\frac{Q_{SY}}{z}\right)p\_C}{p_S}$，则供应商的最优生产批量为：

$$
Q_{SY2}^*=\begin{cases}Q_L & 0<B_S<B_3\\ Q_{S3}^* & B_3<B_S\leqslant B_4,\ n_{SY2}^*=\dfrac{Q_{SY2}^*}{Q_{CY}^*}\\ Q_U & B_S>B_4\end{cases} \tag{4.24}
$$

---

① 温宗良，陈嘉茵，周永务，等. 基于供应链金融的供应商链式融资策略研究［J］. 运筹与管理，2017（03）：10.

其中：Q_L与Q_U的定义分别如式（4.16）和式（4.17）所示，（B_1，Q_1）是$Q_{S3}^* = n_3^* Q_{CY}^*$与$Q_S^* = \frac{B_S}{p_S(1-l_S)}$的交点。

根据上述分析，得到了当供应商自有资金B_S变化时，三种情形下的供应商最优生产批量和核心企业最优订货批量。然后根据生产启动成本、最长信用期、最大融资担保率、自有资金和供应商融资成本率的变化对三种情形对应的最大利润进行对比，即可得出不同情况下全局最优订货策略。

二、合作博弈模型

传统博弈论的发展由非合作博弈和合作博弈两部分组成。非合作博弈能够比较明确地理清现实生活中主体竞争与合作之间的关系，探寻可能存在的合作模式，而合作博弈则更多关注合作过程中产生的成本或收益的分配问题，旨在为持续合作构建相对稳定的机制。不同主体存在合作博弈的前提是个体理性，即不会对个体利益造成损害，合作博弈的目标是整体理性，即实现合作主体的利益最大化。在供应链金融的模式下链上所有企业作为一个整体，纵向之间不再只是交易的买卖双方，还是长期的战略合作伙伴，决策时遵循集体利益最大化的原则，追求各方的互利共赢和整个链条的增值①。这正契合了合作博弈统筹兼顾的思想。

合作博弈的立足点在于合作方式和收益分配方式的探索。在合作博弈中最经常使用的方法是：核心法、最大最小成本法（MCRS 法）、纳什讨价还价法以及沙普利（shapley）值法，表 4－2 对比了四种方法的优缺点。

---

① 王丛，张在旭，孙燕芳．供应链金融利益主体的多阶段博弈研究［J］．财经理论与实践，2018，39（04）：32－37.

表 4-2　　合作博弈条件下各种利益分配方法比较

利益分配方法	优点	缺点
核心法①	分配结果比较稳定，每个成员都没有反对意见，能很好地执行。	计算困难，不能保证收益分配方案存在且唯一。
MCRS 法②	计算简单，可精确得到计算结果。	完全的数学模型，没有考虑太多的实际情况。
纳什讨价还价法③	易于操作，适合合作企业成本相近、实力相近的情况。	适用于两方博弈。
Shapley 值法	以企业成员对合作联盟所做的额外贡献大小为依据，结果相对比较公平。	前提是每个企业所面临的情况以及所处的位置和自身状况一致，与现实情况不符。

根据对往年文献总结，shapley 值法是在利益分配中用得最多的，结合表 4-2 中对各种合作博弈下利益分配方法优缺点的总结，本节介绍 shapley 值法下的供应链金融合作博弈模型，并结合文献对 shapley 值法的修正方法进行修正。

（一）Shapley 模型建立

为解决多个局中人在合作过程中因利益分配而产生矛盾的问题，Shapley 认为一个工作联盟中的成员从事具有经济效益的活动后获得利益不同，而且每个成员通过不同方式组成联盟后获得的利益需大于其单独工作的利益之和。据此，1953 年沙普利（Shapley）提出了 Shapley 值法，即按照成员对联盟总目标的贡献程度计算利益联盟中各成员利益分配的方法。相比资源配置效率及资源投入价值的分配方法，Shapley 值法体现

① 核心法将合作对策的核心作为利润分摊方案，从满足整体和个人合理性的合理分配集中选择一组进行合理分配。核心法还可分为最小核心（Least Core）法，弱最小核心（Weak Least Core）法和比例最小核心（Proportional Least Core）法。

② MCRS 法利用最高和最低收益的加权平均作为分配利益结果。简化的 MCRS 法中将各个企业的理想收益和单独行动收益分别作为其最高和最低的收益分配量，参阅：李波，杨灿军，陈鹰．基于合作对策的行业联合采购费用分摊研究［J］．系统工程理论与实践，2003（11）：65-70.

③ 讨价还价（Bargaining）也称为议价或谈判，参与人（也称为局中人）双方通过协商方式解决利益的分配问题。

了价值利益链在联盟中各成员相互博弈的过程，从而分配结果更具公平性与合理性。准确预测对利益分配联盟中的各成员在不同的组织方案下的工作产出是采用 Shapley 值法的前提，而且不同的组合方式下预测结果不同。

经典的 Shapley 值法数学表达式为：设集合 N：1，2，…，n，如果对于 N 的任何一个子集 s（表示 n 个成员集合中的任一个联盟）都和一个实值函数 $V(s)$ 对应，且满足条件

$$V(\varphi) = 0, V(S_1 \cup S_2) \geqslant V(S_1) + V(S_2), S_1 \cap S_2 = \phi \tag{4.25}$$

$[N, V]$ 称为 n 个成员的合作对策，V 是对策的特征函数，$V(S)$ 则是合作 S 的收益[①]。X_i表示集合 N 中 i 成员从最大的合作收益 $V(I)$ 中分配到的收益额，$X = (X_1, X_2, X_3, \cdots, X_n)$ 表示 n 个成员合作对策分配额的集合，成功合作满足的条件为：

$$\sum_{i=1}^{n} X_i = v(I), \text{且 } X_i \geqslant v(i), i = 1, 2, \cdots, n$$

当记 $\phi(v) = (\phi_1(v), \phi_2(v), \cdots, \phi_n(v))$ 为合作定量时候，$\phi_i(v)$ 则表示在合作成员中第 i 个成员的收益分配（Shapley 值），其公式表达为：

$$\phi_i(v) = \sum_{s \in S_i} W\left[|s| \left(v(s) - v\left(\frac{s}{i}\right) \right) \right] \tag{4.26}$$

其中：$i = 1, 2, 3, \cdots, W(|s|) = \dfrac{(|S| - 1)!(n - |S|)!}{n!}$，$S_i$ 表示集合中包含成员的所有子集；$|s|$ 为联盟中的成员个数；n 为集合中的元素个数；$W(|s|)$ 为加权因子，$V(S)$ 为子集 S 的收益，$v(s_i)$ 为子集中除去成员后可取得的收益。

（二）Shapley 模型的修正

在实际应用过程中，Shapley 值法过度强调了效益分配的平等性，忽略了联盟中各企业在技术创新、风险承担以及资源投入等方面的加权因素，而且成员之间可能由于存在以往合作导致具有联合依赖。因此，计

---

① 杨伶俐．Shapley 值法改进模型在跨境电商环境下供应链联盟利益分配中的应用研究［J］．物流工程与管理，2018（12）：105－107．

算结果可能存在误差，最终导致难以实现企业之间的合作模式选择以及供应链效益。在港口企业运作过程中，涉及供应链运作各环节的企业由于对供应链运作任务的执行力不同，因此企业的资源投入也不同，投入产出比高的企业资源投入较大但利润却不高，反之，投入产出比较低的企业可能获得较高的利润。为了联盟企业投入产出与获利公平，杨伶俐[①]在原有的 Shapley 值计算方法的基础上，将投入资源因素作为产出利润分配的考虑因子，对原有计算模型进行优化。设 $R(S)$ 为供应链集合的资源投入因子，$F = \{F_1, F_2, \cdots, F_n\}$ 为选定的资源投入因素集合；$W = \{W_1, W_2, \cdots, W_n$ 为资源投入因素的评分，则：

$$R(s) = \sum_{i=1}^{n} F_i w_i,\ v'(S) = v(S) + R(S) = V(S) + \sum_{i=1}^{n} F_i w_i \quad (4.27)$$

在此基础上优化后的 Shapley 值法模型为：

$$\phi_j(v') = \sum_{s \in N, i \in S} \frac{(|S|-1)!(n-|S|)!}{n!}[v'(S) - v'(S_i)] \quad (4.28)$$

三、合作演化博弈模型

史密斯（Smith）和普里斯（Price，1973）首次提出演化稳定策略（evolutionary stable strategy）的概念，标志着演化博弈理论的正式诞生。演化博弈理论以演化和动态的视角研究经济规律，它主要运用有限理性假设来分析社会学、经济学、管理学以及生态学领域的局中人群体行为的动态过程。与经典博弈论强调双方共同知识和完全理性假设的静态均衡不同，演化博弈论强调更为实际的有限理性的动态均衡，参与博弈活动的群体能够不断调整其策略以达到博弈收益最大化的目的，此时参与群体的演化博弈也处于均衡状态。本节以核心企业与中小微企业的合作博弈为例，介绍区块链应用下供应链金融合作演化博弈模型。

---

① 杨伶俐．Shapley 值法改进模型在跨境电商环境下供应链联盟利益分配中的应用研究［J］．物流工程与管理，2018（12）：105－107．

（一）模型假设

模型假设博弈双方是核心企业和作为供应商的中小微企业，而且双方都是理性的，并追求自己的利益。

中小微企业的策略可以选择“守信”和“违约”，当中小微企业守信时，金融机构依据核心企业签发的应收账款票据给予贷款，在一定利率下控制了信贷风险，核心企业也延缓了还款期限，可以用来再投资，并取得收益；当中小微企业违约时，金融机构会转而诉诸核心企业，核心企业应承担金融机构账款。

核心企业可以选择“还款”和“不还款”，由于之前应收账款延缓支付，转而进行再投资，提前还款，将不再有投资收益，核心企业可能选择不还款。

最后，金融机构可以根据观察，选择是否对中小微企业进行贷款服务，企业间的关系往往都有着长期合作，中小微企业的违约行为和核心企业的不还款行为将导致金融机构的不贷款决策。因此，中小微企业的违约将造成核心企业不再与它们合作，金融机构将不再放贷；核心企业的不还款行为，也会降低其在金融机构的信用记录，影响之后的合作，也就是说，中小微企业和核心企业都存在违约成本。

（二）模型建立

博弈模型引入区块链平台应用，假设中小微企业的应收账款为 R，由于区块链的安全性及智能合约，取消了应收账款质押，即可贷款金额为 R，投资收益率为 b_1，并假设正常交易能共享区块激励 G，包括数字货币等虚拟收益，其中核心企业占比为 k，否则由守信一方获得，失信方则要受到违约惩罚，其中中小微企业违约惩罚为 $p_4(p_4>c_2>0)$，c_2为未引入区块链时中小微企业的违约成本；核心企业违约惩罚为 $p_3(p_3>c_1>0)$，c_1为未引入区块链时核心企业的违约成本。核心企业可进行额外投资，投资收益率为 b_2，金融机构贷款利率为 b_3，假如中小微企业守信且核心企业还款，供应链正常运作良好，双方均能得到额外收益，总收益为 W，其中核心企业收益占比为 r。另外，应用区块链技术会给博弈双方均带

来信息汇报成本 C，同时也会提高效率，核心企业和中小微企业分别为 E 和 e。

根据以上假设，本文得到区块链技术应用下的合作博弈模型的收益矩阵，如表 4-3 所示。其中，核心企业在 t 时刻选择还款的比例为 x_3，则不还款比例为 $1-x_3$；中小微企业在 t 时刻选择守信的比例为 y_3，则违约的比例为 $1-y_3$（见表 4-3）。

表 4-3　　区块链技术应用下合作博弈模型收益矩阵

区块链应用下的合作博弈		中小微企业	
		守信 y_3	违约 $1-y_3$
核心企业	还款 x_3	$Rb_2+rW+KG+E-C$, $R(b_1-b_3)+(1-r)W+(1-k)G+e-C$	$G+E-C$, $R(1+b_1)+e-C-p_4$
	不还款 $1-x_3$	$R(1+b_2)+E-C-p_3$, $R(b_1-b_3)-R+G+e-C$	$R(1+b_2)+E-C-p_3$, $Rb_1+e-C-p_4$

根据表 4-3 的博弈收益矩阵，计算核心企业不同决策时的期望收益并得到其综合期望：

$$E_{x_3}=y_3(Rb_2+rW+KG+E-C)+(1-y_3)(G+E-C) \tag{4.29}$$

$$E_{1-x_3}=y_3[R(1+b_2)+E-C-p_3]+(1-y_3)[E-C-p_3] \tag{4.30}$$

$$\overline{E}_{x_3}=x_3E_{x_3}+(1-x_3)E_{1-x_3} \tag{4.31}$$

同样计算中小微企业不同决策时的期望收益并得到其综合期望：

$$E_{y_3}=x_3(R(b_1-b_3)+(1-r)W+(1-k)G+e-C)+(1-x_3)(R(b_1-b_3)-R+G+e-C) \tag{4.32}$$

$$E_{1-y_3}=x_3[R(1+b_1)+e-C-p_4]+(1-x_3)[Rb_1+e-C-p_4] \tag{4.33}$$

$$\overline{E}_{y_3}=y_3E_{y_3}+(1-y_3)E_{1-y_3} \tag{4.34}$$

根据演化博弈理论和以上结果，得到核心企业和中小微企业的复制动态方程：

$$F(x_3)=\frac{dx_3}{dt}=x_3(E_{x_3}-\overline{E}_{x_3}) \tag{4.35}$$

$$F(y_3)=\frac{dy_3}{dt}=y_3(E_{y_3}-\overline{E}_{y_3}) \tag{4.36}$$

从而可以得到如下二维动力系统：

$$\frac{\mathrm{d}x_3}{\mathrm{d}t}=x_3(1-x_3)[y_3(rW+Rb_2+kG-G)+G+p_3-R(1+b_2)] \tag{4.37}$$

$$\frac{\mathrm{d}y_3}{\mathrm{d}t}=y_3(1-y_3)[x_3(1-r)W-kGx_3+G+p_4-R(1+b_3)] \tag{4.38}$$

（三）演化博弈策略分析

由此可以将整个合作博弈模型用上述二维动力系统 S 表示。对此二维动力系统进行分析，研究核心企业和中小微企业策略选择的动态变化，探索合作博弈中双方的演化路径及规律，这里定义：

$$x_3^*=\frac{R(1+b_3)-G-p_4}{(1-r)W-kG},y_3^*=\frac{R(1+b_2)-G-p_3}{rW+Rb_2+kG-G}$$

则有如下结论：

结论 1：二维动力系统 S 的均衡点为（0，0）、（0，1）、（1，0）、（1，1）；若 $0<x_3^*$，$y_3^*<1$，则（x_3^*，y_3^*）也是系统 S 的均衡点。

同时根据二维动力系统 S 的 Jacobi 矩阵，分析核心企业和中小微企业的决策选择的动态变化过程，可得如下结论：

结论 2：当 $rW+Rb_2+kG-G>0$ 时，当 $y=y^*$ 时，核心企业不会改变最初的决策；当 $y<y^*$ 时，核心企业会选择不还款；当 $y>y^*$ 时，核心企业会选择还款。当 $rW+Rb_2+kG-G>0$ 时，当 $y=y^*$ 时，核心企业不会改变最初的决策；当 $y<y^*$ 时，核心企业会选择还款；当 $y>y^*$ 时，核心企业会选择不还款。

结论 3：当 $(1-)rW-kG>0$ 时，当 $x=x^*$ 时，中小微企业不会改变最初的决策；当 $x<x^*$ 时，中小微企业会选择违约；当 $x>x^*$ 时，中小微企业会选择守信。当 $(1-)rW-kG<0$ 时，当 $x=x^*$ 时，中小微企业不会改变最初的决策；当 $x<x^*$ 时，中小微企业会选择守信；当 $x>x^*$ 时，中小微企业会选择违约。

在区块链应用的条件下，进一步分析五个均衡点的情况，可以知道此合作演化博弈模型存在两个演化稳定决策：①核心企业选择还款，中小微企业选择守信；②核心企业选择不还款，中小微企业选择不守信。

核心企业和中小微企业各自对应的惩罚如果较小，则不具有威慑力，此时就会产生违约的决策，反之惩罚较大，则决策方不会因此冒险，而会选择守信的决策；守信带来的效用如果较小，则不会对决策方产生吸引力，因此决策方可能选择违约获取更大的利益。因此，产生了（0，1）或（1，0）的演化稳定决策，即一方违约一方守信；当惩罚力度均不足时甚至产生（0，0）的演化稳定决策，即双方均违约，这对市场发展和供应链合作会造成短期和长期的负面影响；应设置合理的惩罚力度和市场激励，引导核心企业和中小微企业的合作演化博弈朝（1，1）的双守信稳定决策发展。

探究参数变化对合作演化的影响，可得到如下结论：

结论 4：当核心企业再投资的效益 b_2 越大时，核心企业守信合作的概率越小，中小微企业守信的概率越大。当账款 R 越大时，核心企业守信合作的概率越小，中小微企业守信的概率越大。当核心企业违约受到的惩罚 p_3 越大时，核心企业守信合作的概率越大，中小微企业守信的概率越小。当中小微企业违约受到的惩罚 p_4 越大时，核心企业守信合作的概率越小，中小微企业守信的概率越大。

四、经验模型的借鉴与启示

通过上面的分析，我们可以发现，上述三种模型研究的侧重点有所不同。传统的 EOQ 模型仅是一方从自身利益出发作出的决策，属于非合作博弈内容。非合作博弈则研究人们在利益相互影响的局势中如何选决策使自己的收益最大，即策略选择问题。固定订货批量的 EOQ 法存在灵活性和灵敏度不足的问题，不足以反映市场快速的变化，如果一条供应链上的企业都采取 EOQ 法，则会造成整条供应链成本过高，柔性不足。合作博弈则更多关注合作过程中产生的成本或收益的分配问题，旨在为持续合作构建相对稳定的机制。而演化博弈模型则侧重于分析供应链金融中各主体策略形成的影响因素以及解释其形成过程。在演化博弈论中，参与演化博弈活动群体可以不断改变博弈主体的基本行为博弈策略，从而使其自身的博弈收益达到最大化。港口供应链金融各主体之间的关系复杂，国内外学者现有的研究大多是从金融机构、港口企业和二级中下游企业两两之间来研究博弈关系，我们可以构建三方演化博弈模型，分析和掌握港口供应链金融中参与主体之间的博弈关系。

第三节　区块链技术赋能港口供应链金融的系统模型构建

一、系统模型原理及界定

演化博弈论（Evolutionary Game Theory）最初源自拉马克的遗传论和达尔文的生物进化论，它与经典博弈论的基本假设条件有所不同。演化博弈论的重点是基于双方共同知识和完全理性假设的静态均衡上，着重强调的是更为实际的有限理性的动态均衡。在演化博弈论中，参与演化博弈活动群体可以不断改变博弈主体的基本行为博弈策略，从而使其自身的博弈收益达到最大化。突变和选择是构建演化博弈模型的重要基础。突变泛指某些特定个体随机性地选择与其他群体策略不同的策略，选择则是群体中的某些个体选择较高的支付策略，此后将被参与者广泛使用。根据演化博弈论中的突变和选择理论，复制动态方程和演化稳定性策略共同构成了演化博弈模型的核心部分。

港口供应链金融博弈模型中有多个主体，包括供应链上的核心企业和供应链长尾端的中小微企业，以及提供融资贷款服务的金融机构，金融机构一般为港口金融科技公司或传统商业银行。实际生产交易过程中，中小微企业常常由于达不到银行等金融机构的贷款要求，存在融资困难的问题，而核心企业相对中小微企业，具有更大的规模、更高的信息技术水平以及更好的社会信誉，能够通过以真实贸易为担保，以应收账款融资作为供应链金融的主要形式，将应收账款票据转让给金融机构，为合作伙伴中小微企业申请金融机构的贷款，以解决供应链资金流的问题。

假设参与港口供应链金融的金融机构、核心企业、中小微企业都是有限理性经济人，各自从自身的利益出发。中小微企业可以选择“守信”或者“违约”，当中小微企业选择守信时，金融机构根据核心企业的应收账款提供贷款，中小微企业额外偿还一定利息，核心企业也能延缓收款期限，在此期间还能进行其他投资获得收益；当中小微企业存在诈骗目的或经营不善的情况，则可能选择违约，金融机构无法收回贷款，则会要求核心企业承担应还账款。核心企业可以选择“还款”或者“不还款”。如果核心企业选择还款，交易过程中能得到再投资的利润和金融机构借贷优惠；如果核心企业选择不还款，则能收下贷款和再投资的收益，但存在声誉损失和惩罚，惩罚由金融机构获得。核心企业可能伪造交易信息和应收账款，对金融机构进行骗贷，成功骗贷的企业可能因此获得巨大利益，甚至携款跑路。区块链共识算法使链上数据自带时间戳，即使数据被篡改仍会留有痕迹，避免了多方信息不对称，因此在交易过程中，加入区块链技术之后核心企业无法伪造交易信息。金融机构可以选择“要求对接区块链平台”或者“不要求对接区块链平台”。

综上所述，供应链金融健康发展实际上是中小微企业、核心企业和金融机构三者之间不断进行博弈的结果。而且中小微企业、核心企业和金融机构作为博弈的参与方，都在随着环境的变化，不断调整自己的策略，从而使自身利益最大化。因此，在供应链金融中，关键在于如何随着环境的变化而选择最优策略，使得三方利益主体能够及时演化到稳定状态。本文将构建中小微企业、核心企业和金融机构三方演化博弈模型，通过分析和掌握供应链金融中参与主体之间的博弈关系，实现三方共赢。

二、模型假设

现对三方演化博弈模型的构建作出如下假设：

假设 1：假设博弈三方是金融机构、核心企业和作为供应商的中小微企业，而且三方都是有限理性决策者，并根据自身效用最大化进行决策。

假设 2：每个参与主体均有两个可供选择的策略。中小微企业的策略可以选择“守信”和“违约”，核心企业可以选择“还款”或者“不还款”；金融机构可以选择“要求对接区块链平台”或者“不要求对接区块链平台”。

假设3：当中小微企业守信时，金融机构根据核心企业签发的应收账款票据给予贷款，在一定利率下控制了信贷风险，核心企业也延缓了还款期限，可以用来再投资，并取得收益；当中小微企业违约时，金融机构会转而诉诸核心企业，核心企业应承担金融机构账款，同时核心企业伪造账款占比增加。此时，核心企业可以选择“还”和“不还款”，由于之前应收账款延缓支付，转而进行再投资，提前还款，将不再有投资收益，核心企业可能选择不还款。

假设4：如果核心企业违约，选择不还款会为其带来罚款，对接区块链后存在违约惩罚；而在未对接区块链情况下，还可能存在伪造账款惩罚；相应地，金融机构得到收益。

假设5：在对接区块链平台后，由于交易真实透明，核心企业无法伪造应收账款，均为真实应收账款；不对接区块链平台则核心企业将有可能伪造账款，且伪造账款比例越高，越容易被金融机构发现，此时金融机构严格审核的概率越大；当金融机构要求核心企业对接区块链平台时，取消应收账款质押，双方均产生信息汇报成本，核心企业守信还款会因其信誉带来好的社会效益，也能得到金融机构的优惠补贴等，并且获得区块链的区块激励。

假设6：金融机构可以根据观察结果，选择是否对中小微企业进行贷款服务。企业间的关系往往都有着长期合作，中小微企业的违约行为和核心企业的不还款行为将导致金融机构的不贷款决策。因此，如果中小微企业违约，核心企业不再与它们合作，金融机构将不再放贷；如果核心企业选择不还款，其在金融机构的信用记录将会降低，影响之后的合作，也就是说，中小微企业和核心企业都存在违约成本。另外金融机构还存在审核成本，曝光核心企业不守信行为成本。

三、参数设定

演化博弈模型的参数设定如表4－4所示。

表 4-4 区块链技术应用下三方博弈模型参数说明

符号	含义	符号	含义
R_1	供应链企业守信应收账款	H	金融机构提供优惠补贴
R_2	供应链企业伪造应收账款	p	区块链下核心企业违约惩罚
v_1	核心企业守信正面效用	p_1	核心企业违约惩罚（伪造）
b_2	核心企业额外投资收益率	P_2	核心企业违约惩罚（未伪造）
b_3	中小微企业额外投资收益率	δ_1	核心企业伪造账款占比水平
b_1	金融机构贷款利率	p_3	中小微企业违约惩罚（区块链）
C	信息汇报成本	p_4	中小微企业违约惩罚
c_1	金融机构严格审核成本	G	区块激励
c_2	金融机构放松审核成本	k	核心企业区块激励占比
c_3	金融机构严审曝光违约成本	δ_2	中小微企业违约时，核心企业伪造账款占比
c_4	金融机构松审曝光违约成本	v_2	核心企业守信正面效用
a	应收账款质押率		

四、模型建立

通过上述对中小微企业、核心企业和金融机构三者的博弈模型的假设，其三者的策略组合为（守信，还款，接入区块链平台），（守信，不还款，接入区块链平台），（守信，还款，不接入区块链平台），（不守信，还款，接入区块链平台），（不守信，不还款，接入区块链平台），（不守信，还款，不接入区块链平台），（不守信，不还款，不接入区块链平台），图 4-3 为本节构建三者演化博弈过程的博弈树。

根据以上假设，本节得到区块链技术赋能三方博弈模型的收益矩阵（见表 4-5），其中：在收益矩阵中自左而右分别对应金融机构、核心企业和中小微企业的收益。表中金融机构在 t 时刻要求对接区块链平台的比例为 z，则不要求对接的比例为 $1-z$；核心企业在 t 时刻选择还款的比例为 x，则不还款比例为 $1-x$；中小微企业在 t 时刻选择守信的比例为 y，则违约的比例为 $1-y$。

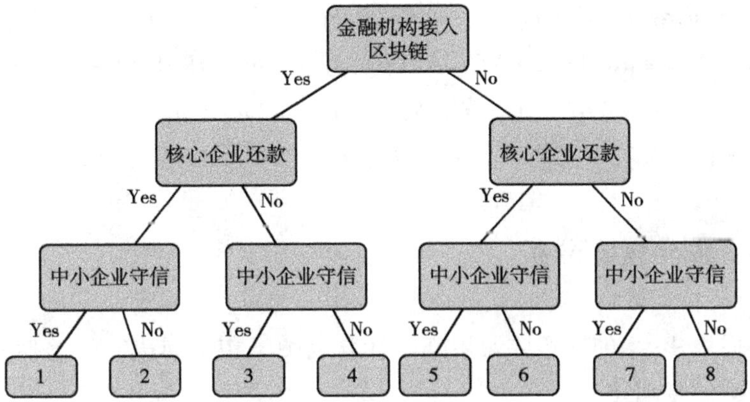

图 4－3　演化博弈模型的演化博弈树

表 4－5　区块链技术赋能三方博弈模型收益矩阵

区块链应用下的合作博弈		核心企业	中小微企业	
			守信 y	违约 $1-y$
金融机构	接入区块链技术应用平台 z	还款 x	ϕ_1,φ_1,ψ_1	ϕ_5,φ_5,ψ_5
		不还款 $1-x$	ϕ_2,φ_2,ψ_2	ϕ_6,φ_6,ψ_6
	不接入区块链技术应用平台 $1-z$	还款 x	ϕ_3,φ_3,ψ_3	ϕ_7,φ_7,ψ_7
		不还款 $1-x$	ϕ_4,φ_4,ψ_4	ϕ_8,φ_8,ψ_8

其中：

$\phi_1 = R_1b_1 - C - H$；$\phi_2 = p - C - H$；

$\phi_3 = \delta_1(ab_3R_2 - c_1) + (1-\delta_1)(ab_3R_1 - c_2)$；

$\phi_4 = \delta_1(p_1 - c_1 - c_3) + (1-\delta_1)(p_2 - c_2 - c_4)$；

$\phi_5 = R_1b_1 - C - H$；$\phi_6 = p - C - H$；

$\phi_7 = \delta_2(ab_3R_2 - c_1) + (1-\delta_2)(ab_3R_1 - c_2)$；

$\phi_8 = aR_1(1+b_3) + \delta_2(p_1 - c_1 - c_3) + (1-\delta_2)(p_2 - c_2 - c_4)$；

$\varphi_1 = R_1b_2 + v_1 + H + kG - C$；$\varphi_2 = R_1(1+b_2) + H - C - p$；

$\varphi_3 = \delta_1b_2R_2 + (1-\delta_1)b_2R_1 + v_1$；

$\varphi_4 = \delta_1[(1+b_2)R_2 - p_1] + (1-\delta_1)[(1+b_2)R_1 - p_2]$；

$\varphi_5 = R_1b_2 + v_1 + H + G - C$；$\varphi_6 = R_1(1+b_2) + H - C - p$；

$\varphi_7 = aR_1b_3 + \delta_2b_2R_2 + (1-\delta_2)b_2R_1 + v_1$；

$\varphi_8 = \delta_2[(1+b_2)R_2 - p_1] + (1-\delta_2)[(1+b_2)R_1 - p_2]$；

$\psi_1 = R_1b_3 + KG + v_2 - C$；$\psi_2 = R_1b_3 + KG + v_2 - C$；

$\psi_3 = R_1b_3 - aR\_1b\_1 + KG + v_2 - C$；$\psi_4 = R_1b_3 - aR\_1b\_1 + KG + v_2 - C$；

$\psi_5 = (1 + b_3)R_1 - p_3 - C$；$\psi_6 = (1 + b_3)R_1 - p_3 - C$；

$\psi_7 = (1 + b_3)R_1 - aR_1(1 + b_1) - p_4$；$\psi_8 = (1 + b_3)R_1 - aR_1(1 + b_1) - p_4$；

五、演化博弈分析

根据表4－5的博弈收益矩阵，计算金融机构不同决策时的期望收益并得到其综合期望：

$$E_z = xy\phi_1 + x(1-y)\phi_5 + (1-x)y\phi_2 + (1-x)(1-y)\phi_6 \quad (4.39)$$

$$E_{1-z} = xy\phi_3 + x(1-y)\phi_7 + (1-x)y\phi_4 + (1-x)(1-y)\phi_8 \quad (4.40)$$

$$\overline{E_z} = zE_z + (1-z)E_{1-z} \quad (4.41)$$

同样计算港口供应链核心企业不同决策时的期望收益分别并得到其综合期望：

$$E_x = yz\varphi_1 + z(1-y)\varphi_5 + (1-z)y\varphi_3 + (1-z)(1-y)\varphi_7 \quad (4.42)$$

$$E_{1-x} = yz\varphi_2 + z(1-y)\varphi_6 + (1-z)y\varphi_4 + (1-z)(1-y)\varphi_8 \quad (4.43)$$

$$\overline{E_x} = xE_x + (1-x)E_{1-x} \quad (4.44)$$

港口供应链中小微企业不同决策时的期望收益并得到其综合期望：

$$E_y = xz\psi_1 + z(1-x)\psi_2 + x(1-z)\psi_3 + (1-z)(1-x)\psi_4 \quad (4.45)$$

$$E_{1-y} = xz\psi_5 + z(1-x)\psi_6 + x(1-z)\psi_7 + (1-z)(1-x)\psi_8 \quad (4.46)$$

$$\overline{E_y} = yE_y + (1-y)E_{1-y} \quad (4.47)$$

根据演化博弈理论和以上结果，得到金融机构、港口供应链核心企业和中小微企业的复制动态方程：

$$F(x) = \frac{dx}{dt} = x(E_x - \overline{E_x}) = x(1-x)(E_x - E_{1-x}) \quad (4.48)$$

$$F(y) = \frac{dy}{dt} = y(E_y - \overline{E_y}) = y(1-y)(E_y - E_{1-y}) \quad (4.49)$$

$$F(z) = \frac{dz}{dt} = z(E_z - \overline{E_z}) = z(1-z)(E_z - E_{1-z}) \quad (4.50)$$

联立以上金融机构、核心企业和中小微企业的复制动态方程，得到三维动力系统。港口供应链的金融机构、核心企业和中小微企业三方会对自身的策略进行不断的调整，以期实现最大期望收益。根据微分方程的稳定性定理，如果博弈主体所采取的某一策略为稳定状态，则金融机构、核心企业和中小微企业选择该策略的概率 z，x，y 需要满足如下条件：

$$F(x)=0;\ F(y)=0;\ F(z)=0;$$

$$\frac{\partial F(x)}{\partial x}<0;\ \frac{\partial F(y)}{\partial y}<0;\ \frac{\partial F(z)}{\partial z}<0.$$

根据上述条件，即可得到金融机构、核心企业和中小微企业三方演化稳定策略。

显然，维动力系统恒有 8 个纯策略点，依次记为 $E_1=(1,1,1)$、$E_2=(1,1,0)$、$E_3=(1,0,0)$、$E_4=(1,0,1)$、$E_5=(0,1,1)$、$E_6=(0,1,0)$、$E_7=(0,0,1)$、$E_8=(0,0,0)$。众所周知，由三个变量两两组成的二元二次方程组至多有两组解。因此，三维动力系统可能存在至多两个混合策略纳什均衡，而且系统中通常只有一个混合策略解满足 $x,y,z\in(0,1)$。然后利用动力系统的方法和理论对演化博弈稳定策略进行分析。需首先构建 Jacobi 矩阵，将复制动态方程求得的策略解代入 Jacobi 矩阵进行计算特征值，然后根据李雅普诺夫稳定性条件判断是否具有演化稳定性，但在分析多群体非对称演化博弈过程中考虑到影响因素众多，且由于无法准确地对相关因素赋值，会导致对行列式和迹的大小及正负性难以判定，运用传统的稳定性分析方法不仅计算量巨大，而且计算过程非常繁杂，通过单纯的数学求导不能得到理想的结果。曾德宏学者在上述演化博弈稳定策略分析基础上对多群体演化博弈均衡策略稳定性分析方法进行了简化，给出系统的全部动力学行为，形成了一套确定演化稳定策略的方法和定理①，同时已经有学者对此进行了应用②。因此，在后续模式推演上，可借鉴曾德宏关于多群体演化博弈均衡的渐进稳定性分析方法的研究成果，具体不再详述。

---

① 曾德宏．多群体演化博弈均衡的渐近稳定性分析及其应用［D］．广州：暨南大学，2012．

② 马本江，蒋学海．三群体 2×2×2 非对称演化博弈稳定性分析［J］．运筹与管理，2022(01)：38－45．

第五章 模式创新与案例实践

港口供应链金融是港口型滨海城市发挥其港口和开放政策优势并破解中小微企业融资难题的有力工具，随着区块链等多元化技术深度融合和技术日趋成熟，区块链技术如何赋能港口供应链金融，最终颠覆创新出港口供应链金融的新模式、新机制和新的系统解决方案，成为理论和业界共同关心的话题。本章立足前面的研究思路和“区块链+港口供应链金融”内涵基础，创新构建了区块链技术赋能港口供应链金融模式创新的理论逻辑，在遵循“诱因—过程—结果”逻辑框架下，按照价值主张、价值创造、价值实现和价值网络“循环互馈互促”的机理，逐步从产品型港口供应链金融模式走向产业型港口供应链金融模式，再从平台型港口供应链金融模式最终走向生态型的港口供应链金融创新模式，此外还深度剖析了四种类型的典型实践案例，为区块链技术赋能港口供应链金融模式提供理论依据和案例参考。

第一节　区块链赋能港口供应链金融模式创新的理论要义

结合前文的论述，从本质上而言，区块链赋能港口供应链金融模式创新是基于区块链等多元化技术融合和金融科技共同推动的港口供应链金融“颠覆性创新”，是包容性制度安排和跨界融合的共同结果。为此本节主要阐述“区块链＋港口供应链金融”模式创新的内涵界定、前提条件、内在逻辑和路径选择。

一、模式创新的内涵界定

按照前文论述：港口供应链是在港口特色的地域情景下将港口供应链产品或服务嵌入国际国内供应链市场的企业联盟，是通过港口供应链上游和下游的联系，参与全球以产品和服务的形式向最终消费者提供价值的不同过程和活动的组织网络，包括国际国内供应链的原材料和零部件生产商、产品组装商、批发商、零售商和运输公司。而港口供应链金融就是以港口供应链组织网络为基础提供各种国际国内金融服务的金融业务。港口供应链金融不仅涉及金融管理，还必须整合物流管理和商业运作，金融机构、物流仓储企业、交易平台、生产商等多方共同参与业务运作，最终实现共同的价值创造和价值增值。传统港口供应链金融模式是以商业银行为金融机构作为资金提供方为单个港口供应链企业提供国际国内支付结算、应收账款融资、库存货物抵押融资、预付款融资、仓单融资、国际保理、福费廷、保险、基金、保函等融资产品或服务。商业银行等金融机构主要基于港口核心企业对上下游企业的信用进行分析，其风险控制手段也是基于港口供应链核心企业信用以及上下游企业的征信。

在港口场景和区块链等多元化技术赋能情景下，区块链赋能港口供应链金融模式创新改变了传统港口供应链金融模式的业务模式和风险控制模式，是依托港口金融科技公司的平台，以技术赋能、金融科技、监管科技等为主导推动的港口供应链金融服务模式。相比较传统港口供应链金融模式，区块链赋能港口供应链金融模式创新会发生颠覆性创新，体现在三个维度：第一个维度，对参与融资的企业而言，可以降低融资成本，提高企业风险容量，最终改变单个企业国际竞争力。第二个维度，对港口金融科技公司而言，金融科技公司的金融资源更具通达性、金融产品更加丰富化、金融服务主体更加多元化、金融服务模式更加数字化、融资决策更加智能化。第三个维度，港口金融科技公司和融资企业的国际竞争力提升会反馈引致整个港口供应链的国际竞争力提升，从而实现了区块链技术的有效赋能和港口供应链的价值增值和价值异构。以港口金融科技公司为例，内部管理具体会出现变化：其一，尽职调查方式更加数字信息化，更多需要企业与企业之间的互动行为感知和企业各自内部经营等产生的大数据搜集，通过对大数据加工处理产生信息即“数字信息”来判断企业信用。其二，定制化的金融服务更加精准。在系统集成的区块链技术平台下，金融科技公司能更加准确地预测港口供应链金融企业的经营状况，可以有效提高定制化金融服务或产品。其三，风险控制手段更加科技化。通过区块链去中心化、不可篡改、公开透明、保护隐私等特性，可以降低供应链金融的风险敞口，优化供应链金融的风险结构。

二、模式创新的理论逻辑

按照现代颠覆性创新理论观点：颠覆性创新是市场力量和制度力量多种条件协同、价值共创的结果。颠覆性技术应用的核心思想是充分利用颠覆性技术的破坏潜力，通过提供新产品、服务或革新价值创造方式等为企业创造价值优势（Utterback & Acee，2005；程鹏等，2018）。在应用颠覆性技术的情况下要通过重新配置价值主张的方式提高主流客户市场的接受度，获得价值优势（Bohnsack & Pinkse，2017）。按照这个逻辑，区块链赋能港口供应链金融模式创新应是属于高端颠覆性创新和高跨界（水平）颠覆创新，其创新技术来源于港口供应链行业外部，表现为港口供应链的一个行业对另外一个行业颠覆，网络嵌入和制度嵌入及其两者相互联动效应强度往往是其颠覆性创新的动因，同时，“包容性制度”和“跨界整合”驱动高跨界（水平）颠覆，而“行业专家主导”和“积极制度主导”则催生高垂直颠覆。从动因条件来看，有外在动因和内在动因。外在动因不仅需要包容性制度，区块链技术平台业务的各个主体，如港口供应链金融科技公司的定义、设立、业务、治理、绩效、监管、可持续发展等维度，还涉及区块链技术赋能港口供应链金融的政策和立法软环境；内在动因不仅包括跨界整合的强烈愿望，还包括区块链技术研发创新和应用的安全性和稳定性的兼顾以及成本和收益权衡。

可见，区块链赋能港口供应链金融模式创新是一个不断演化的“颠覆性创新”过程，也是区块链技术研发不断试错和修正的探索性过程，随着区块链等赋能 ABCDEFG 技术的深度融合、包容性制度体系日益完善以及跨界融合的正式体制被逐点突破，在遵循“诱因—过程—结果”逻辑框架①下，按照价值主张、价值创造、价值实现和价值网络“循环互馈互促”的机理，逐步从产品型港口供应链金融模式②走向产业型港口供应链金融模式③，再从平台型港口供应链金融模式④走向生态型的港口供应链金融创新模式⑤，最终提升港口供应链的价值优势和融资普惠⑥，并提升融资效率、降低成本和提升港口供应链竞争力。平台型模式以专业化的第三方平台服务商为主导，而生态型模式是以联合主发起的金融科技

---

① 杨蕙馨，张金艳．颠覆性技术应用何以创造价值优势？——基于商业模式创新视角[J]．经济管理，2019，41（03）：21－37.

② 产品型港口供应链金融模式是指以银政保等传统金融机构为主导，综合运用区块链等多元化技术，为港口供应链的企业定制提供灵活丰富的金融产品和服务。

③ 产业型港口供应链金融模式是指银政保等传统金融机构在自身的专业领域中，以港口供应链核心企业或港航物流核心企业为主导，综合运用区块链等多元化技术提供定制的灵活丰富融资方案。该定义借鉴了郑殿峰和齐宏专著《产业供应链金融》中对产业供应链金融的观点。

④ 平台型港口供应链金融模式是指以专业化的第三方平台服务商为主导，协同银政保等传统金融机构，综合运用赋能 ABCDEFG 技术提供定制化定制的灵活丰富融资方案。专业化平台服务商作为第三方提供金融信息服务。

⑤ 生态型港口供应链金融模式是指以联合主发起的金融科技公司为主导，协同银政保等传统金融机构，综合运用赋能 ABCDEFG 技术提供定制的“数字—服务—金融产品包”系统融资方案。

⑥ 宋华，卢强．什么样的中小企业能够从供应链金融中获益？——基于网络和能力的视角[J]．管理世界，2017（06）：104－121.

公司为主导，通过这样组织创新更有利于解决供应链中的“信任关系”①。因此，从某种程度而言，生态型的港口供应链金融创新模式就是获取了新价值优势的商业模式，具有战略、技术、创新、治理、灵活性、实验、价值创造、价值捕获、企业绩效、可持续性等方面价值优势②（见图 5－1）。

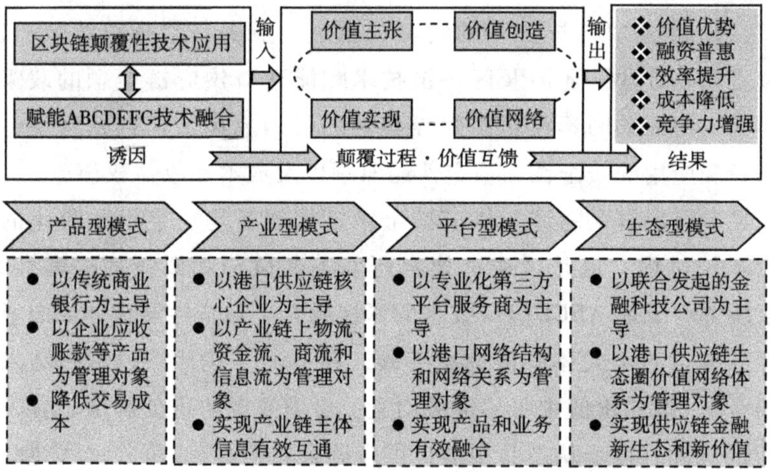

图 5－1 区块链技术赋能港口供应链金融模式创新的理论逻辑③

第二节 产品型模式：“区块链＋应收账款”模式及案例

产品型港口供应链金融模式是以银政保等传统金融机构为主导，综合运用区块链等多元技术，为港口供应链的企业定制提供灵活丰富的金

① 参阅：宋华，韩思齐，刘文诣．数字技术如何构建供应链金融网络信任关系？［J］．管理世界，2022，38（03）：182－200。按照作者研究结论：供应链金融中所必需的信任关系不是基于某个特定的参与者而确立的，也非仅源于资产控制的状况，而是来自作为网络核心行动者的金融服务提供商的推动与数字技术赋能。

② Hossain M. Business model innovation：past research，current debates，and future directions［J］. Journal of Strategy and Management，2017，10（3）：342－359.

③ 在图 5－1 中，产品型模式、产业型模式、平台型模式和生态型模式分别是产品型港口供应链金融模式、产业型模式就是产业型港口供应链金融模式、平台型港口供应链金融模式和生态型港口供应链金融模式。产品型模式、产业型模式、平台型模式和生态型模式并不是有完全的划分界限，有时候发展过程中还存在“共存现象”，仅仅表达出模式演进的递进关系。

融产品和服务。应收账款是供应链企业财务管理中最重要的组成部分，然而，传统应收账款管理往往面临资金回笼困难、信贷困难、票据不可拆分、应收账款票据多级流转成本高、贴现率低等问题。为提高中小微企业资金使用效率，商业银行基于区块链的应收账款有助于提高应收账款票据多级流转效率，对港口供应链上应收账款进行穿透式管理，为企业应收账款管理提供技术保障，在降低交易成本的同时有效缓解应收账款多级流转问题，从而缓解中小微企业融资难题，降低财务风险。

一、资产支持票据（ABN）和应收账款 ABN 模式

（一）资产支持票据（ABN）概述

资产支持票据（Asset - backed Notes，ABN），指的是“非金融企业作为发起机构为实现融资目的，采用结构化方式，通过发行载体发行的，由基础资产所产生的现金流作为收益支持的，按约定以还本付息等方式支付收益的证券化融资工具”①。基础资产是指符合法律法规规定，权属明确，能够产生可预测现金流的财产、财产权利或财产和财产权利的组合②。资产支持票据特征包括：①在银行间债券市场发行；②以基础资产的回款作为本息兑付的来源；③结构化安排证券化融资工具，可进行结构化安排；④通过发行载体发行资产支持票据；⑤发起人为非金融企业。表 5 - 1 罗列了资产支持票据的发行要求。

表 5 - 1　资产支持票据（ABN）发行要求③

项目	要求
基础资产	基础资产必须具有稳定现金流，且该现金流能覆盖资产支持票据的本金和利息支付。资产支持票据（ABN）的基础资产一般属于融资需求方，或者由发行人间接控制。

① 周丽莎，王国义，肖雪．混合所有制改革实操路径研究［M］．北京：中国商务出版社，2019.

② 根据中国银行间市场交易商协会于 2016 年 12 月 12 日发布的《非金融企业资产支持票据指引（修订稿）》第二条的定义。

③ 徐洋．运用资产支持票据盘活大型集团存量资产的研究与探索［J］．财经界，2014（27）：2.

续表

项目	要求
还款来源	基础资产的现金流是资产支持票据偿债资金的首要还款资金来源；然而，当基础资产现金流不足情况下，融资方自身经营收入为第二还款来源。
增信措施	资产支持票据增信主要采用内部增级方式，不强制要求外部担保，通常会设立基础资产现金监管账户，通过实现合约规定方式对基础资产进行保护隔离，基础资产的现金流流入资金监管账户，优先用于偿还资产支持票据。
期限、规模	资产支持票据的规模和期限取决于基础资产的现金流状况。

与其他证券化融资方式相比，资产支持票据（ABN）方式融资优势包括：①审批速度相对较快；②融资规模主要与基础资产的价值挂钩，不受净资产规模限制；③融资期限较长，一般可以达到3—7年；④资金用途上无明确限制，使用灵活；⑤融资成本低于同期银行贷款。由此可见，ABN可以明显降低企业融资门槛和融资成本，为企业开拓新的融资渠道。通过发行ABN，企业可以盘活存量资产，提高资产利用效率。对于很多民营企业来说，贷款、债券等传统的融资方式往往受到一定程度的限制，办理起来较为困难。但是很多民营企业都拥有优质的现金流、特定的财产或者财产权益，这些资产就可以作为基础资产发行ABN进行融资。因此，ABN自推出之日起就迅速发展。2021年，我国非金融企业ABN发行6454.36亿元，同比增长26%，占发行总量的21%[①]。

图5-2为ABN的业务结构，其核心在于选择合适的基础资产。当前较为常见的ABN基础资产主要包括收益类资产和应收账款类资产两大类，其中，收益类资产主要是指具有稳定的预测收入的收益权，包括市政设施收入收益、稳定的租金等，同时，应收账款类资产主要包括从融资租赁合同为基础的债券和应收账款等。其中，货物应收款类资产在企业供应链体系中大量存在，以应收账款为基础资产发行ABN产品是供应链金融的重要业务。

① 数据来源：中央结算公司中债研发中心发布的《2021年资产证券化发展报告》。

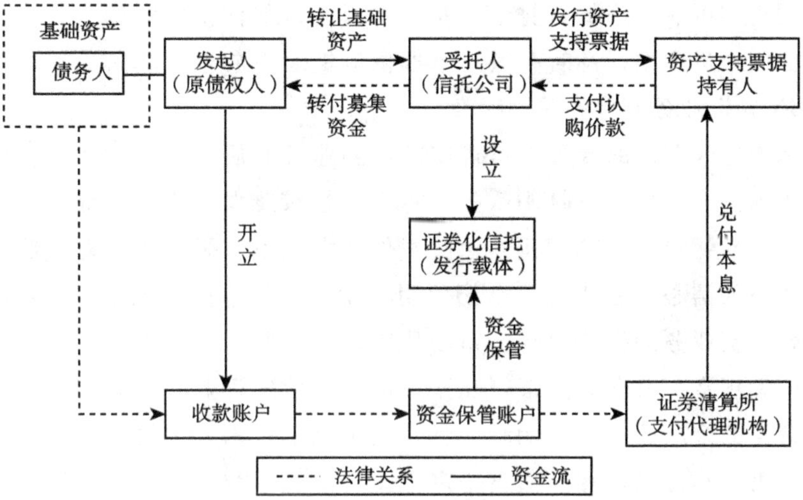

图 5－2　资产支持票据（ABN）业务结构

（二）应收账款 ABN 模式

在供应链金融业务中，应收账款融资是重要的业务模式①。这种模式如图 5－3 所示，是以核心企业的信用为信托依据，还未到期的应收款作为抵押物，来向金融机构申请融资。在供应链体系里，核心企业可以根据供应链的信息，比较充分地掌握上下游企业的财务情况，从而保证融资

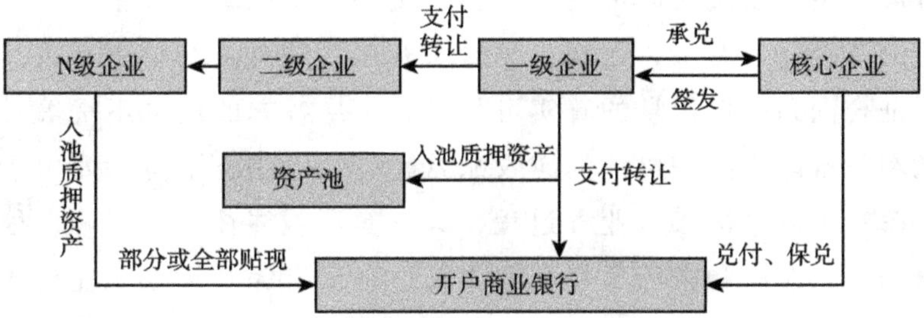

图 5－3　应收账款 ABN 融资结构

① 对于企业来说，应收账款 ABN 模式是打通债市的融资工具。例如，企业通过利用浙商银行应收款链平台，以企业持有的应收账款为基础资产，通过证券化产品设计，将基础资产的预期现金流转换成份额化的资产支持金融产品。对投资者来说，应收账款 ABN 也是一款风险小、收益好的债券。

信息的真实可靠，降低自身信用担保的风险，促使供应链融资的成功完成。在这个过程中，及时高效地掌握供应链上下游企业真实可靠的信息是 ABN 融资业务开展的关键因素。

基于应收账款的传统港口供应链金融业务开展在实践过程中面临一些瓶颈问题，例如，应收账款的信息真实性较难鉴定，过往经验中也不乏伪造贸易背景骗贷的案例，该类案件的发生不但影响市场对应收账款融资业务的信心，还恶化了市场信用环境。为了防范恶意骗贷，规范应收账款融资业务的操作，降低市场风险，国家监管部门出台了一系列监管措施和规定，要求商业银行在开展应收账款融资业务时必须严格审查交易背景的合法性和贸易的真实性，其重点审查内容主要包括以下四个方面：①交易背景审查，主要是审查业务涉及的企业的真实信用水平和还款能力，要对企业真实资产和业务情况、历史真实交易记录和企业信用资质充分调查；②本次业务的真实性审查，要开展现场核查，确认本次交易是真实存在且是交易双方真实意愿的表达；③评估应收账款的质量，主要是评估应收账款的构成比例、平均金额、平均回收期、集中度，质押率等指标；④评估风险，主要是审查此项业务是否有足够的风险防范措施，比如是否有足够质押，资金如何监管，发生问题如何处置等。

虽然政府部门监管在一定程度上解决了应收账款融资操作不规范带来的高风险问题①，但是实践中仍然存在大量难题阻碍着应收账款融资业务的开展，主要表现在以下三方面：①交易信息的真实性很难保证。由于银行的核查能力有限，无法实时对所有交易信息进行核查，在技术上无法保证合同和票据信息的真实可靠。②交易各方的地位不平等导致弱势方的利益难以保障。传统的应收账款融资业务中，下游厂商由于相对弱势，基本难以直接参与业务过程，其真实利益往往难以保障，很容易出现合同信息造假和事后争议。③交易过程没有完整记录。在传统的技术条件下，应收账款融资的整个交易过程只记录规定的关键信息，而缺

---

① 例如，2017 年，为进一步加强和提高小微企业金融服务水平，推动金融机构和供应链核心企业支持小微企业供应商开展应收账款融资，人民银行、工业和信息化部、财政部、商务部等 7 部委印发《小微企业应收账款融资专项行动工作方案（2017—2019 年）》，之后 2022 年 5 月 28 日举行的国务院政策例行吹风会上关于支持中小微企业纾困解难健康发展有关情况中提到，通过应收账款资产证券化进一步流转盘活应收账款。

乏对所有交易相关操作的完整记录。这会导致在争议处置中，因为缺乏清晰明确的信息而陷入法律纷争。

由于以上问题的存在使得以应收账款为基础资产的 ABN 融资业务开展面临重重困境。由于核心企业无法及时有效地掌握上下游企业的供应链信息，为了防范风险，核心企业的信用往往只能传递到一级厂商，大量急需资金的二三级厂商无法参与 ABN 业务，这也限制了 ABN 业务的覆盖范围。

二、“区块链 + 应收账款 ABN”模式

将区块链技术引入 ABN 业务场景中，能有效构建一个高安全度的、信息真实可靠的供应链信息体系，使核心企业和金融机构可以及时高效地获取相关信息，保证相关基础资产的安全可靠，降低业务风险，缓解信息不对称问题，提高 ABN 产品的信用①。

区块链架构下的 ABN 模式主要依托于区块链技术下企业 ABN 的基础资产管理平台（见图 5-4）。以应收账款为基础资产的 ABN 为例，该模式首先在企业与银行间建立一个区块链技术下的应收账款平台，企业把经合同约定的应收账款信息上传至平台（上链），同时在合作银行开设专户管理。然后把基于区块链技术的“应收款链平台”作为底层技术支撑，以在该平台上登记的企业应收账款为基础资产发行 ABN。区块链技术可以有效提高基础资产的质量和信用，帮助 ABN 产品成功发行和融资。基于区块链技术的应收账款平台为业务核心内容，该模式利用区块链技术高安全性、不可篡改和集体共识的特性，将银行、上下游企业、核心企业、客户纳入平台中，通过该平台进行应收账款的签发、承兑、保兑、支付等业务。借助该平台办理的应收账款业务免去了传统业务模式中烦琐低效的各类人工检验和流程操作。银行则通过区块链技术下的应收账款平台及时掌握各融资企业的真实应收账款信息，并以此为依据对企业进行授信和放款。“区块链 + 应收账款 ABN”模式将所有业务参与方均纳

---

① “浙商链融 2018 年度第一期企业应收账款资产支持票据”是我国银行间市场首单应用区块链技术，直接以企业应收账款为基础资产的证券化产品。

入业务平台，所有交易信息全过程记录，各个操作环节互相协作，降低了风险管理的难度和成本，提高了作业效率。

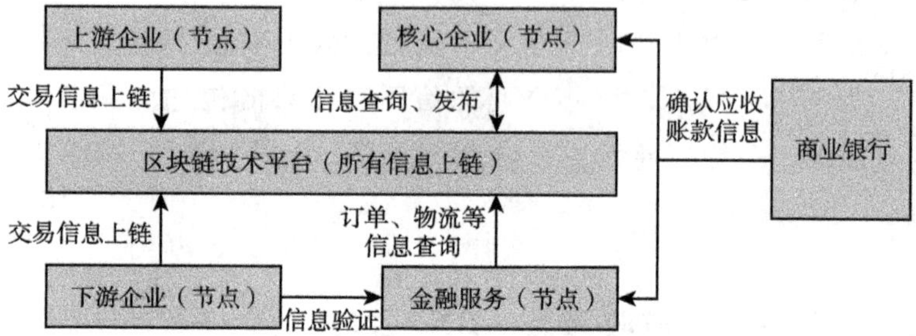

图 5－4 区块链应收账款平台架构

三、“区块链＋应收账款 ABN”模式价值分析

（一）“区块链＋应收账款 ABN”模式价值概述

“区块链＋应收账款 ABN”模式通过构建一个安全可靠的应收账款业务平台，将传统的手工处理单证、线下签章、单证集中保管的业务操作流程和内容上链，实现线上流转，在区块链上每个节点记录和存证应收账款交易和流转的业务信息，基于区块链的共识机制和不可篡改特征，实现交易的公开和透明，保障资产支持票据（ABN）的真实性和信息透明度。同时，该模式还有助于提升资产支持票据（ABN）信用评级和发行成功率①。

除此之外，“区块链＋应收账款 ABN”模式能有效整合供应链上下游企业的金融业务，以应收账款为例，企业可以通过应收账款票据向金融机构实现无担保或无抵押的企业融资，同时还能依托区块链技术实现应收票据的支付、流转、贴现、质押等金融业务，降低企业融资成本。同时，该模式还简化了应收账款流转手续，提高企业融资时效。企业可以根据实际业务需求灵活开展融资和延长应付账款信用期限，缓解资金占

① “区块链＋应收账款 ABN”模式下的信息共享平台有助于供应链核心企业、商业银行等机构接入区块链节点，共享开放信息，有利于监管部门实现穿透式监管。

用压力和回款压力。

与此同时，“区块链 + 应收账款 ABN”模式对供应链上的核心企业也颇有益处[①]：①“区块链 + 应收账款 ABN”模式有助于供应链上下游企业打造有效产业链生态环境，确保供应商资金流的稳定性，有效降低供应链上游企业的财务风险；②“区块链 + 应收账款 ABN”模式不但有助于核心企业有效发挥融资职能，帮助上游企业降低融资成本，还可以间接降低核心企业的采购成本；③比起传统的押账形式，“区块链 + 应收账款 ABN”模式通过核心企业的延期付款行为，降低对供应商的资金压力，能有效延长核心企业应付账款的还款周期，缓解企业短期账款还款压力；④“区块链 + 应收账款 ABN”模式有助于提升财务效益，核心企业应付账款的增加有助于改善资产负债结构，提高资金利用效率，增加企业价值。最后，“区块链 + 应收账款 ABN”模式也有益于银行开展金融业务创新。一方面，由于“区块链 + 应收账款 ABN”模式下供应链上企业签发和应收款流转规模不受限制，商业银行通过该模式放款的资金有利于突破表内外资金规模限制；另一方面，“区块链 + 应收账款 ABN”模式下的金融机构放款业务属于金融创新产品，有助于金融机构提高资产负债结构，增加资金流通效率和中间业务收入，提升金融机构自身价值。

（二）港口供应链场景下“区块链 + 应收账款 ABN”模式价值

港口作为物流枢纽，是大量企业汇集的物流中心，也是产业供应链的中心节点，汇聚着供应链上的货物、资金、贸易等信息，在港口贸易场景中应用“区块链 + 应收账款 ABN”模式[②]，通过构建应收账款平台，将传统的“1 + N”供应链网络模式（一个核心企业 + 多个供应商）转变为“N + N”（多个核心企业 + 多个供应商）模式，不但有助于货物监管、物流仓储和仓单等信息的流通，还能提高应收账款所对应的交易和贸易的真实性。在该模式下，供应链网络中的各企业业务信息可以相互印证，

---

① 唐榛，汪子怡，黄钰文．“链”金融在小微企业融资中的应用研究——以浙商银行为例[J]．时代金融，2021（03）：12 - 15.

② 港口企业在应收账款回收中往往面临客户信用度评判机制不准确、催款力度不够等问题。供应链上各方因谈判地位悬殊、交易规范化程度不高等问题，应收账款融资比例往往不高。

金融机构可以从多个不同维度来考察企业供应链信息的真实可靠程度，极大地提升了信息造假的难度，降低了业务风险。此外，金融机构可以通过多个供应链企业的应收账款信息来证实企业的资产价值，大量优质的中小微企业也可以通过交叉验证来证明自身企业的资产信用，而无须依赖单一核心企业的信用背书，有效降低了查验中小微企业信用的难度，为中小微企业开展 ABN 融资铺平了道路。

四、“区块链+应收账款 ABN”模式案例分析

浙商银行为发起机构代理人的“浙商链融 2018 年度第一期企业应收账款资产支持票据”在银行间市场发行，这是我国首单区块链应收账款 ABN 项目。该项目是以浙商银行 2017 年上线的“区块链应收账平台”为底层支撑平台，项目注册金额 50 亿元，发行利率 4.90%，到期一次性还本付息。本项目的成功发行，标志着债市资金可以通过金融科技，为供应链上下游企业提供融资，有助于企业盘活资金、降低经营风险。

（一）浙商链融 ABN 项目介绍

浙商链融 ABN 项目以企业在浙商银行应收款链平台上签发及承兑的应收账款为基础资产，由中铁信托有限责任公司担任发行载体管理机构，主承销商为浙商银行①。浙商银行作为发起机构代理人，为企业降低了注册发行成本，减少了手续办理时间。另外，由于发起机构均为应收款链平台的注册用户，由浙商银行担任资产服务机构，也可以大幅节约管理成本。项目基本情况如表 5-2 所示。

表 5-2 浙商链融 ABN 产品信息

产品名称	浙商链融 2018 年度一期企业应收账款资产支持票据		
产品简称	18 浙商链融 ABN001	产品代码	081800102
发行人名称	中铁信托有限责任公司	发行总额（亿元）	4.57

① 包慧．激活 13 万亿应收账款 浙商银行发行国内首单区块链应收款 ABN [N]．21 世纪经济报道，2018-08-21.

续表

产品名称	浙商链融 2018 年度一期企业应收账款资产支持票据		
发行价格（元/百元面值）	100	面值（元）	100
发行日	2018 - 08 - 16	登记日	2018 - 08 - 17
流通日	2018 - 08 - 20	流通结束日	2019 - 08 - 05
期限	354 日	到期（兑付）日	2019 - 08 - 06
产品评级	AAA	产品评级机构	联合资信
主体评级	无	主体评级机构	
计息方式	附息固定	票面年利率（%）	4900

资料来源：上海清算所。

本次 ABN 产品的基础资产为代理人所代表的发起机构持有的、符合合格标准的未到期应收账款债权，也就是浙商银行企业应收款链平台上登记并流转、已获得保兑人保兑的未到期贸易应收账款债权。本交易入池资产共涉及 5 笔贸易应收账款债权，入池应收账款本金余额为 48049. 64 万元，所有入池资产均被浙商银行评定为正常类贷款。

对于本次交易，交易的发起机构代理人浙商银行按照国家的相关法律法规，采用特殊目的信托载体机制①，通过中铁信托设立“浙商链融 2018 年度第一期企业应收账款资产支持票据信托”，该信托业务的基础资产为企业应收账款，通过发行资产支持票据进行企业融资，信托投资者通过购买并持有该应收展开票据获得收益。根据评级报告，本期项目的交易结构如图 5 - 5 所示。

（二）浙商链融 ABN 增信措施

增信措施方面，浙商链融 ABN 项目采用超额覆盖、最后兑付人、不合格资产赎回、信用触发机制等交易结构安排来实现增信。

第一，通过超额覆盖来增信。浙商链融 ABN 项目的发行规模为 45700. 00 万元，小于基础资产（应收账款）价值 2349. 64 万元，通过超额覆盖来

① 杨森. 基于区块链的小微企业应收账款融资模式研究［J］. 中国注册会计师，2021（09）：84 - 86.

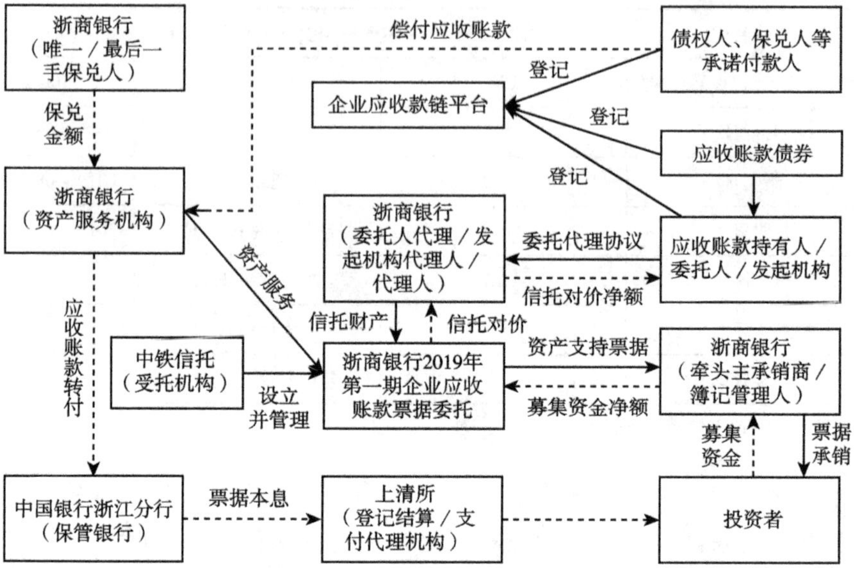

图 5－5　浙商链融 ABN 结构

实现资产支持票据的有效增信，确保在利率不超过 5% 的条件下，资产池资产的现金流收益能有效覆盖票据端本息费支出。

第二，最后一手兑付人。本交易约定，对于每一笔基础资产，浙商银行将作为其唯一的最后一手保兑人，承诺对应收账款的到期兑付承担无条件差额垫付责任。浙商银行的主体信用登记为 AAA，信用水平极高，违约风险很低。

第三，不合格资产赎回。本交易约定，如发现不合格资产，受托人应立即通知发起机构赎回该笔资产，如发起机构未按时履行赎回义务，代理人有责任赎回该笔不合格资产。如发起机构和代理人浙商银行均未赎回该笔不合格资产，则代理人应承担赔偿责任，且赔偿金额不低于无法及时回收的应收账款金额之和。

第四，设立信用触发机制。通过设置信用触发事件，如设置违约事件、权利完善事件来保障投资者的权益，在一定程度上降低了交易风险。

（三）浙商链融 ABN 项目意义

浙商银行基于区块链技术研发了应收款链平台①，参与主体包括港口供应链上与核心企业相关的供应商，浙商银行借助区块链技术的分布式记账、智能合约和不可篡改等特性，对核心企业和供应商进行增信，通过开展应收账款融资业务创新为核心企业的上游企业提供融资支持，能有效盘活流动资产，缓解企业“融资难”“融资贵”和“融资慢”的问题②。其意义在于：

第一，浙商链融 ABN 产品有助于盘活中小微企业应收账款。浙商链融 ABN 项目借助区块链技术，构建了链上多方主体间的信任机制，有效提高核心企业的收益，通过应收账款质押和盘活存量资产，提高上下游中小微企业生产周转效率和资金周转率，拓宽企业融资渠道③。

第二，浙商链融 ABN 产品有助于降低供应链企业的监管成本。基于区块链技术的应收账款平台，实现供应链链条上商业行为的追溯，打通企业、金融机构、政府监管部门之间的信息壁垒，减少虚假贸易发生率以及相关核验成本，在一定程度上缓解应收账款核验成本高、融资信息不完整、监管难度大等问题。

第三节　产业型模式：“区块链 + 电子仓单”模式及案例

产业型港口供应链金融模式是指银政保等传统金融机构在自身的专业领域中，以港口供应链核心企业或港航物流核心企业为主导，综合运用区块链等多元化技术提供定制的灵活丰富融资方案。电子仓单作为港口供应链中核心企业运行交易的提货电子信用凭证，相比传统纸质仓单，

---

① 2022 年 5 月 16 日人民日报报道了浙商银行南京秦淮支行创新区块链赋能下的供应链融资模式，基于区块链技术，浙商银行为云创大数据公司定制授信方案，提供 3000 万元信用融资额度。基于区块链技术下的应收账款保证了企业交易的真实性和安全性，降低金融机构放贷风险。

② 包慧.20 万亿应收账款盘活试水浙江探路 银行池化融资如何为企业财务开源节流［N］. 21 世纪报道，2018－08－24.

③ 李维高. 关于区块链及其技术应用和发展的梳理研究［J］. 财经界，2021（35）：3－4.

具有安全、透明、符合国际标准等特点，更适合作为核心企业进行大宗商品融资工具。基于区块链技术的电子仓单将实现电子仓单凭证的真实性、权威性、可靠性和可追溯性，赋予电子仓单公信力和金融属性，有助于解决传统仓单质押的业务难点，为金融机构更好服务小微企业融资提供创新的可能性。同时该阶段港口供应链核心企业或港航物流核心企业也会利用信用优势，为中小微企业提供信用担保或动态贴现的金融服务。本节将重点介绍电子仓单业务模块、区块链技术下的电子仓单业务结构及其价值分析，并基于大型综合物流企业中储发展旗下的中储京科“贷兑宝”平台进行案例分析。

一、核心供应链企业的电子仓单业务模块

仓储是港口供应链体系的核心业务环节之一，而仓单是仓储环节中仓储供应方签发给货物所有人或委托方的唯一合法物权凭证。《合同法》第三百八十七条规定：“仓单是提取仓储物的凭证。存货人或者仓单持有人在仓单上背书并经保管人签字或者盖章的，可以转让提取仓储物的权力”。与传统货物交易相比，仓单交易通过物流和商流相分离，具有交易数据标准化、使用方便，交易成本低，交易可靠性好，以及良好的流动性等优点。因此，仓单交易已成为港口核心企业现货商品交易的主要业务模式。随着仓单交易的普及，仓单逐渐衍生金融智能，应用于质押、融资、交易等多种类型的金融业务，是供应链金融业务最重要的交易工具之一。中小微企业可以利用仓单开展多种形式的融资，从而有效缓解因企业规模和资产不足导致的融资难融资贵的问题，促进企业的发展。

随着区块链技术的不断发展，纸质仓单逐渐被电子仓单所取代。仓单的电子化不仅可以提高业务办理效率，降低业务成本，而且还可以提高对交易的监管能力，降低业务风险[①]。然而，电子仓单凭证的发行需要监管、金融、物流仓储、交易商等多方参与，涉及的参与方和环节复杂

① 蒋东东，商玉林，田野，等．基于区块链的电子仓单流转平台建设［J］．西安工程大学学报，2017（06）：828－834．

多样，需要建立一个统一的电子仓单平台来办理业务①。此时该产业型模式下港口供应链核心企业往往具备区块链技术研发应用的财力以及在港口供应链的资源配置能力，开始谋划区块链技术应用平台及供应链金融模式。典型的电子仓单平台业务模块包括仓单操作（登记、审核、注销、提货和交易）、资产监管、金融业务等，如图 5－6 所示。电子仓单业务平台将“物流、资金流、商流和信息流”四流合一，使得货主、仓储企业、金融机构和监管机构等均参与到交易中，实现信息的有效互通。货物通过入库申请、验货鉴定、确认货物和审核等业务操作后生成符合要求的电子仓单。正式电子仓单可以在金融机构进行融资质押，也可在公开市场交易。

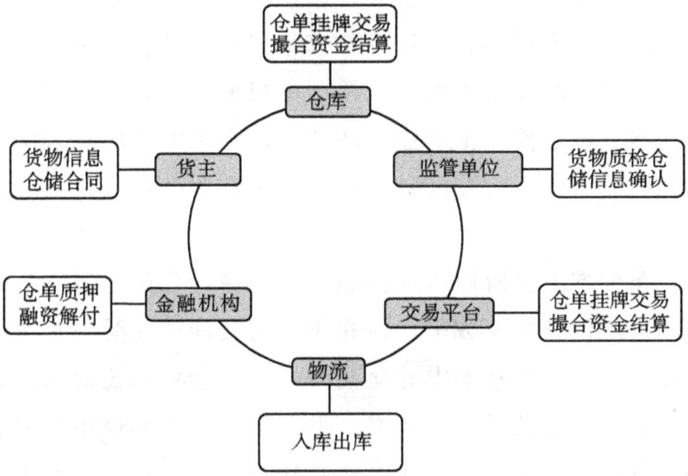

图 5－6　核心企业的电子仓单平台业务模块

电子仓单标准化程度高、信息交换效率高、业务成本低、信息时效性强的特点在很大程度上解决了纸质仓单所存在的问题，从根本上促进了仓单业务的发展。但是，电子仓单在实际业务中仍然面临一些问题②③：

① 传统贸易融资存在货权不清、监管困难等问题，容易产生虚假贸易融资甚至假仓单骗贷等案件，导致金融机构对外贸企业放贷信心不足。

② 周元健，秦冬梅，刘忆宁，等．基于区块链的可信仓单系统设计［J］．信息网络安全，2019（06）：84－90.

③ 蒋东东，商玉林，田野，等．基于区块链的电子仓单流转平台建设［J］．西安工程大学学报，2017（31）：828－834.

第一，电子仓单交易面临数据安全问题。电子仓单在通过现信息技术大幅度提高信息交换和存储效率的同时，也伴随着对信息系统的高度依赖，这带来了新的风险。传统中心化架构的电子仓单系统，其业务核心一般是一个第三方的信息平台，这个平台担负着信息交换和存储的作用，风险就高度集中于这个平台。中心化的平台如果因为人为、技术或其他意外因素影响而不能正常运行，平台上所有业务就会停转。如果存储在信息中心的信息出现损毁或篡改，整个业务体系就会面临巨大的风险。

第二，电子仓单信息真实性较难验证。中心化的电子仓单系统仍然不能解决信息可靠性的问题。中心化的模式下，仓单信息的录入和传递过程只是用户单方面操作，其他参与方难以有效监督。尽管一些最新的中心化电子仓单系统设置了第三方验证的机制，但是由于第三方本身的验证能力有限，难以覆盖全部业务环节，也不可能对所有种类的货物都进行有效验证。因此，这类机制的实际效果有限，反而降低了效率，提高了成本。

第三，第三方平台信用认证机制缺乏。中心化的电子仓单系统的可靠性和信用高度依赖第三方平台，其业务的发展往往受限于第三方平台的信用和业务能力。实际上中心化架构的电子仓单系统的信用来源很大程度上来自第三方运营平台的背书，平台的可靠性和信用度成为仓单信用的核心，一旦平台出现信用问题就会殃及仓单，这就导致中心化平台开具的仓单难以在平台之外的公开市场得到广泛认可，流通性大打折扣。

第四，电子仓单平台间存在信息壁垒。不同仓单平台的技术水平和信用度不尽相同，出于信息安全考虑，各平台之间的互联互通业务也顾虑重重。在实践中，一个供应链体系往往会涉及多个仓储物流中心，需要对接多个仓单系统，各个仓单系统的信息互不联通，信息传递效率低，数据可靠性也难以保证。

二、“区块链 + 电子仓单”业务架构

基于区块链技术所具有的不可篡改、难以损毁和共同见证等技术特

点，“区块链 + 电子仓单”有助于缓解电子仓单流转过程中的互信和交易安全等问题。考虑到电子仓单业务特征，采用联盟链式的区块链电子仓单模式可以有效构建去中心化的仓单流转模式①，如图 5－7 所示。该模式利用区块链技术的去中心化②、不可篡改、高安全性和共识机制，建立一个高度安全可信的信息交换和存储系统平台。在这个平台上，仓单以区块链的形式在平台上流转和存贮，所有仓单交易记录都将保存在区块链中。与传统电子仓单系统相比，区块链技术下的电子仓单信息由各方业务参与者共同监管和维护，不但确保了仓单交易信息不能被篡改和损毁，还可以保证仓单流转的安全性和去中心化，信息可靠性和安全性大幅度提高，可以有效地保护各参与方的合法利益③。

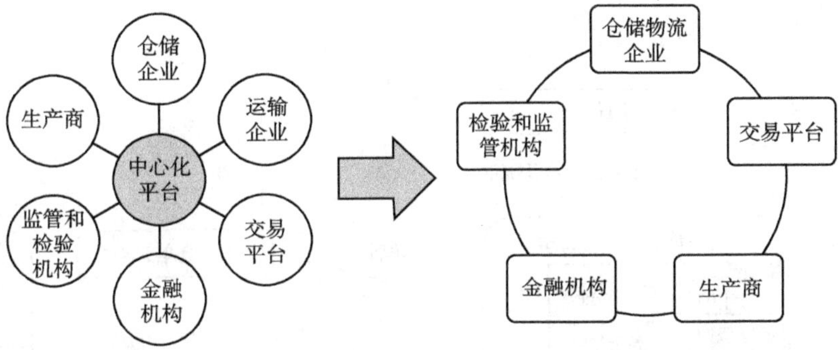

图 5－7　电子仓单平台由中心化平台向区块链平台模式转换

基于区块链技术重新架构的电子仓单模式在功能架构上可以分为区块链管理模块、仓单登记与公示模块、仓单监督模块、仓单交易模块和金融服务模块，如图 5－8 所示。区块链管理模块主要功能是提供底层区块链技术支持，生成区块链，把上层业务信息实时写入区块链，并管理区块链信息；仓单登记与公示模块主要功能是提供仓单的登记和注销服

---

① 例如，2021 年 12 月 1 日，浙江省海港集团、宁波舟山港集团首单区块链电子仓单质押融资业务在台州港头门港区成功落地，标志着该集团在深化产融结合，积极探索创新航运金融服务新模式的道路上迈出了重要一步。

② 区块链的去中心化并不是无中心化，而是多中心、集体共识和共同见证，每个业务参与方均可视为一个信息中心，直接参与系统信息的操作。

③ 蒋东东，商玉林，田野，等．基于区块链的电子仓单流转平台建设 [J]．西安工程大学学报，2017（31）：828－834.

务，以及仓单信息的追踪与公示，业务参与方可以通过该模块实时查询仓单信息和历史交易记录。本模块内产生的所有业务信息均实时写入区块链中；仓单监督模块主要功能是由线下的仓储方、质检及监管部门等对货物的实际情况进行检查确认，核实仓单信息，然后把相关信息在平台上如实记录。本模块的作用是保证仓单信息真实有效，并提供相关的合法性证明，本模块的信息是系统其他业务的基础；仓单交易模块和金融服务模块的主要功能是提供仓单流转和融资服务。使仓单的流通价值和金融价值得到充分利用，为仓单所有人提供更加灵活便利的金融服务。在业务流程上，区块链架构下的电子仓单与传统的电子仓单略有区别。如图 5－8 所示，新模式的业务模块主要包括区块链管理、仓单融资、仓单交易、仓单监管、仓单登记与公示五个部分。表 5－3 罗列了“区块链＋电子仓单”的业务内容。

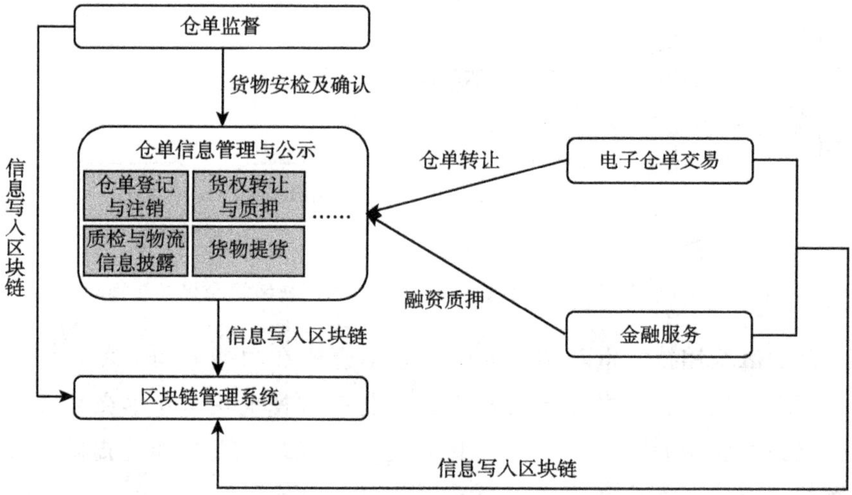

图 5－8 “区块链＋电子仓单”功能架构图

表 5－3 “区块链＋电子仓单”业务内容

序号	业务名称	业务内容
1	用户注册	用户通过注册成为正式用户，对用户的相关资质进行查验，以保证系统使用者的信息真实可靠，从源头降低风险，防止虚假信息进入系统。
2	查询和选择	用户可以在仓单登记与公示模块查看在系统内登记认证过的所有存货信息，选择需要申请仓单的货物。

续表

序号	业务名称	业务内容
3	仓单申请	用户根据存货内容申请发行电子仓单。
4	货物确认	用户发起仓单申请后，仓储企业对货物进行核验，核验无误后提交核验信息。
5	监管审核	由事先约定的第三方监管单位根据相关法律法规和合同约定对货物进行再次核验，确保货物合法合规。
6	平台复核	系统平台在监管确认之后，再次审核信息是否符合平台要求，确认之后正式通过申请。
7	仓单公示	平台复核之后，电子仓单正式生效，然后在仓单公示模块向所有用户公示。
8	数据同步	仓单的发行和撤销以及信息的更新，都必须实时通过平台系统写入区块链，保证区块链上的信息实时更新。
9	信息服务	仓单信息状态改变导致的区块链信息更新会通过系统的信息通知功能实时向链上所有用户发出通知，确保该所有相关用户能够及时了解仓单信息的变化。用户也可以在公示模块自主查询仓单的历史流转信息。
10	融资质押	正式发行的仓单可以在金融服务模块上选择合适的金融机构进行质押融资。
11	仓单交易	正式发行的仓单可以在仓单交易模块通过交易平台公开挂牌交易。
12	仓单注销	用户可以申请注销仓单，经平台审核之后，即可注销仓单。
13	仓单提货	仓单提货必须首先在系统公示模块进行出库预约，经平台和相关方审核通过后才会收到提货单，然后进行提货作业。

三、“区块链 + 电子仓单”模式价值分析

（一）“区块链 + 电子仓单”应用价值概述

基于区块链技术去中心化、不可篡改、集体共识、高安全性和高可靠性特征，“区块链 + 电子仓单”模式在技术层面上解决了传统电子仓单存在的一些问题：①区块链架构是去中心化的，不存在对单个中心节点的高度依赖，其信息的储存和操作是分散在各个参与节点上的，系统风险分散，可靠性大大增强。②区块链上的信息是不可篡改的，信息可靠

度高，且还支持对历史流转记录的查阅，使得仓单信息更加全面完整，用户可以更加充分地了解仓单信息，有利于提高信息透明度，防止恶意欺诈。③集体共识机制使仓单操作和流转过程受到所有业务参与方的共同监督，有效防止了误操作和恶意欺诈行为。④由于区块链技术的高安全性，使得金融机构、海关、质检等对信息安全高度敏感的单位愿意接入系统，不同交易平台之间信息互联的安全风险也大大降低，从而大幅度扩展了仓单业务的覆盖范围，改善了仓单的流通性。

区块链技术在仓单业务中的场景应用，不但提高了仓单业务的效率和市场普及率，还拓展了仓单在企业融资中的衍生功能，其具体优势主要体现在三个方面[①]：

第一，仓单业务在供应链金融市场的渗透率将大幅增加。传统仓单业务中，由于难以确认仓单信息的真实可靠，金融机构为规避风险，一般不接受合作平台之外的仓单作为质押品，仓单的流通范围受到很大限制。在使用区块链技术解决了信息可靠性和监管难题之后，仓单作为质押品得到金融机构的广泛认可，流通范围将会渗透到应收账款、ARIF 等业务领域。

第二，有效扩大市场规模。区块链技术加强了仓单的可靠性和安全性，又降低了操作成本，提高了作业效率，这就使得仓单业务使用安全性和便利性大大增加，大量传统上无法使用仓单的中小微企业也可以进入这一市场，市场的规模得到很大扩展。同时可靠性和安全性的增加也使得仓单在公开市场的接受度得到提升，增强了仓单的流通性，仓单流转速度的加快也放大了市场规模。

第三，降本增效。区块链技术的不可篡改技术能够解决传统仓单及现货交易的信用问题，不再需要第三方平台背书信用和加强监管，减少大量重复的单证审查，简化人工审核的难度和复杂性，有效节约降低运营和监管成本，实现交易数据的真实性、安全性和可靠性[②]。

---

① 段伟常．区块链架构下标准仓单融资机理研究［J］．金融理论与实践，2018（06）：54－58．

② 李冰琨．“区块链＋存货质押”的供应链金融创新发展研究［J］．会计之友，2022（05）：155－160．

（二）“区块链＋电子仓单”在港口业务场景中的应用价值

港口是仓单业务最典型也是最重要的应用场景，对港口仓单业务进行改进优化，能够解决融资困难、信息化孤岛等问题，可以极大地促进数字金融、供应链管理、数字资产交易、港口航运等领域的发展，其主要的应用模式有两类：

第一，港口贸易场景下的“区块链＋电子仓单”在大宗商品交易和服务领域具有广阔的市场空间。大宗商品具有货物一致性好、检验监管标准统一、市场流通性好等特点，极其适合开展以仓单为基础的现货和期货交易，也很方便开展质押融资等金融业务[①]。区块链架构的电子仓单模式在解决了传统仓单模式存在的相关弊病后，可以建立一个得到广泛信任的仓单流转交易体系，形成以区块链电子仓单为基础的大宗商品交易和服务市场。

第二，“区块链＋电子仓单”有助于港口供应链提质增效。港口是供应链体系的中心节点，作为国际货贸海陆中转服务中心和综合物流平台，在国家经济发展中占据着突出的地位[②]。因此，港口天然就是联系产业链上下游的中心枢纽，产业链的信息、资金和货物都在港口交汇。以港口为依托，运用区块链“分布式记账”技术理念，把单一的线性供应链联系为网状的供应链网络，实现了货物全程保税、全程监管，货物信息真实有效、不可篡改。利用区块链技术为基础的仓单系统在解决信息互信问题之后，可以把传统上依赖一个核心企业的“1＋N”供应链金融模式转变为“N＋N”模式，即多个核心企业加多个供应商，极大地增加了仓单业务的灵活性和覆盖范围[③④]。

现阶段，依托区块链仓单系统，可以开展以下业务：①现货和期货

---

① 朱海洋，陈梁．基于区块链技术的大宗商品现货仓单融资与交易研究［J］．网络空间安全，2019（10）：26－31．

② 刘之豪，徐昱．港口铁路深化改革专项攻坚探索［J］．中国港口，2022（03）：31－33．

③ 应容余．港口名城离不开区块链技术赋能［J］．宁波经济（财经视点），2021（01）：27－28．

④ 汤玮，张耿霖，徐建美．港航业区块链技术应用实践及思考［J］．集装箱化，2020（12）：13－16．

仓单交易。以区块链架构的高可信仓单为基础，可以在港口等物流仓储枢纽开展现货仓单交易。在建立了成熟可靠的现货仓单交易体系之后，期货交易也可以在这个基础上发展起来。例如，天津自贸试验区采用“数字仓库 + 可信仓单 + 质押融资 + 大宗商品市场 + 场外风险管理”五位一体供应链金融创新体系[①]。②仓单质押融资。“仓单质押融资”的动产担保模式在国外已经发展多年，得益于成熟完善的仓储物流服务、严密可靠的信用交易体系和信誉良好的第三方监管机构，西方发达国家已经建立起对仓单进行质押担保的成熟交易体系，合规的仓单可以作为抵押品在公开市场抵押融资。我国由于市场发展时间较短，各方面配套机制还不完善，仓单质押融资业务一直难以广泛开展。区块链技术从技术层面解决了传统仓单业务的痛点，为仓单质押融资业务的发展扫清了道路。

四、“区块链 + 电子仓单”案例：中储京科“货兑宝”

“货兑宝”隶属于中储京科供应链管理有限公司，而中储京科的控股股东是中储发展股份有限公司，该公司的实际控制方是中国储运集团，可以说是覆盖全国主要城市的全球主要经济区域核心企业。“货兑宝”平台通过协同云、智库云、仓单云、交货云、融资云“五朵云”为大宗商品流通领域在线仓储、安全交易、电子仓单融资等服务，“货兑宝”致力于建设数字化的全国大宗商品基础设施网络，打造“区块链 + 电子仓单”的产融结合新模式。

在解决大宗商品融资难融资贵问题上，仓单融资业务往往面临传统仓单不符合国际标准要求，有效性较难鉴定，转让仓单法律和商务条件限制等问题，使得仓单融资业务开展受限。例如，“青岛港融资骗贷”“诺亚财富踩雷事件”等负面金融事件影响了市场对大宗商品融资的信心[②]。为重塑信任机制和市场信心，中储京科“货兑宝”平台基于京东区块链“智臻链”BaaS 平台，从仓库数字化入手，推出大宗现货区块链电

---

① 战旗，张广艳．天津自贸试验区：挂牌七周年亮出成绩单［N］．滨城时报，2022-04-23.

② 吴科任．数字化改造提升大宗商品贸易活力［N］．中国证券报，2020-09-11.

子仓单系统，将用户的关键操作和关键单据上链，实现电子仓单的全生命周期管理。该平台不但实现了电子仓单的信任机制，确保电子仓单的安全性、唯一性、开放性、防篡改、可追溯，还将平台数据与银行等金融机构对接，帮助平台企业开展电子仓单质押融资业务[①]。目前，该数字化成果已在“货兑宝”青岛大宗商品供应链落地[②]。

“货兑宝”平台推出的区块链仓单质押融业务通过对接京东数科“智臻链”的区块链数字存证服务，将用户的关键操作和重要单据上链，并在广州互联网法院、北京互联网法院留存证据，是京东数科在深入分析动产质押风险漏洞基础上，从法律关系、技术应用、供应链管理等多个维度进行创新突破，推出的全新服务（见图5－9），其优势表现在以下三个方面：

第一，区块链技术确保仓单的真实性和有效性。仓单是法定的提货凭证，是仓储保管关系的证明，明确了仓储方的合理权责，保证了仓储货物的安全性和权利质押的有效性。利用物联网技术，对仓单项下货物进行数字化、在线化的实时管理，既保证了货物的安全，又提升了管理的效率和水平，为仓单的有效和安全提供了支撑。

第二，区块链技术为仓单融资业务提供保障。利用区块链、大数据、云服务等技术实现了仓单的数字化，保证了仓单的安全性和有效性。特别是直连广州互联网法院和北京互联网法院功能，更是为数据使用提供了司法取证的便利。

第三，区块链技术赋能仓单融资业务创新。通过打造区块链为基础的综合信息服务体系，“货兑宝”构建了一个新的生态体系，不但从横向构建成大宗商品数字化现货市场体系，还从纵向实现“产业数字化＋供应链金融”的超级链式体系，为数字化时代的构建贡献了自身的方案和价值。

---

① 李静宇．中储京科货兑宝平台区块链电子仓单质押金融解决方案［J］．中国储运，2022（02）：46－47.

② “货兑宝”平台由中储京科投资研发构建，早期仅仅是一个区块链研发项目，后来项目成熟后设立了平台，该平台以大宗商品的交易、交付安全为切入点，通过创立“天网＋地网”的产品模式，集成ABCDI高科技手段（人工智能，区块链，云计算，物联网，互联网，大数据），建立大宗领域仓储智能管理体系，提供大宗商品的物流仓储、交易、交付、金融、信息等综合服务，构建大宗商品供应链协同平台。

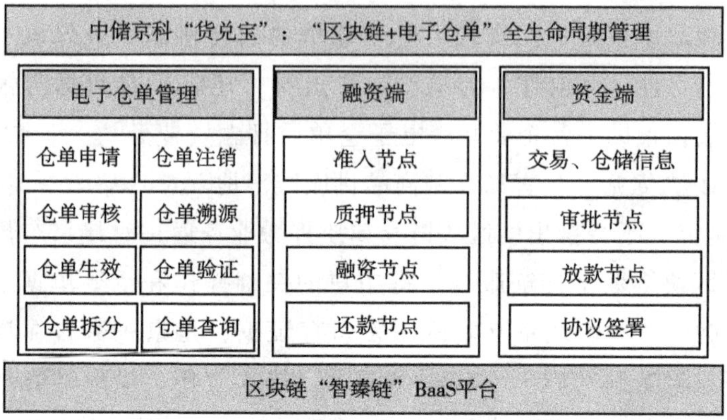

图5-9 “货兑宝”“区块链+电子仓单”系统功能架构

第四节 平台型模式：“区块链+供应链保理”模式及案例

平台型港口供应链金融模式是指以专业化的第三方平台服务商为主导，协同银政保等传统金融机构，综合运用赋能ABCDEFG技术提供定制化的灵活丰富的融资方案。不同于产品型和产业型模式，平台型更加强调第三方平台服务商的专业化水平，并逐步脱离了核心企业为主导产业型模式，是产品型模式的自然演进，该阶段开始采取了生态型模式的某些理念。保理业务本质上属于港口供应链金融应收账款融资模式下的金融创新产品，传统的保理业务与应收账款业务一样，能一定程度解决供应链上下游企业融资难题，但在实际操作中面临虚假交易、寻找核心企业难度大、票据流转不安全等问题制约了保理业务的发展。基于区块链技术的智能保理平台，在产品和业务模式上更加融合，更容易掌握港口供应链的中小微企业信息，其风险控制更加注重网络结构和网络关系。本节将重点阐述智能保理、区块链技术模式下的智能保理平台业务、价值分析及案例分析。

一、保理业务的内涵与特点

保理①是“以债权人转让其应收账款为前提的，集应收账款催收、管理、坏账担保及融资于一体的综合性金融服务”，根据其业务模式不同，可以分为正向保理和反向保理，其概念和特点见表5-4②。

表5-4 保理业务的概念和特点

保理业务	概念	特点
正向保理	销售商将其现在或将来的基于其与购货商（债务人）订立的货物销售与服务合同或因其他原因所产生的应收账款转让给保理机构，从保理机构获得商业资信调查、融资、应收账款管理等服务的金融业务。	(1) 能解决客户担保难问题，满足客户多方面融资需求。 (2) 有助于与客户保持良好、稳定的业务往来。 (3) 帮助客户改善资产状况，优化资产负债表结构。
反向保理	在供应链中，核心企业利用其较高的信用等级与金融（保理）机构合作，由金融（保理）机构为向买方供货的中小微企业提供保理融资。	(1) 主要服务主体是供应链上的中小微企业。 (2) 通过借助供应链上核心企业的信用背书为上下游企业融资增信。 (3) 核心企业选择较为讲究，一般由产业链上具有较好信用等级和资金实力龙头企业担任。

由于我国保理业务发展时间比较短，相关的法律法规和配套机制还不完善，行业内缺乏统一的信用信息交换体系，各业务相关机构受困于“信息孤岛”问题，无法保证保理业务信息的真实可靠，这就使业务风险大增。为了降低风险，在实践中保理业务的主要客户是信用良好实力雄厚的优质大中型企业。大量中小微企业急需资金支持，对保理业务的需求极为迫切，但是由于中小微企业信用评估困难，传统保理业务模式很

① 保理业务最早起源于14世纪英国毛纺工业，由出口代理交易演变而来。供货商将其现在或将来的基于其与销售/提供服务订立的合同所产生的应收账款转让给保理商，由保理商向其提供资金融通、买方资信评估、销售账户管理、信用风险担保、账款催收等一系列服务的综合金融服务方式。

② 邓爱民，李云凤．基于区块链的供应链“智能保理”业务模式及博弈分析［J］．管理评论，2019，31（09）：231-240.

难对其开放，这种情况对我国保理业务的健康发展产生了极大的制约。

正向保理与反向保理的核心本质都是应收账款的转让，属于供应链融资的不同业务形态。在传统的保理业务实践中，由于存在一系列难以克服的痛点，业务发展遇到了很大的困难①。这些业务痛点主要有②：

第一，交易数据真实性问题。在传统保理业务中，需要对大量纸质票据和交易合同进行多次验证。这些纸质凭据很容易造假，交易数据的真实性很难保证且验证工作的难度和成本都很高。

第二，信息孤岛问题。供应链保理业务不仅涉及供应链上下游多个企业，还有金融机构、商检、物流仓储企业等参与方，以及税务、海关等监管机构，各方之间信息无法及时有效地传递交流，形成了“信息孤岛”，保理机构往往很难得到所有必要的业务信息，信息交流不畅加大了业务风险。

第三，核心企业信用无法传递和拆分。在传统保理业务实践中，为降低业务风险，考虑到信用风险，一般情况下保理机构只为供应链上一级供应商提供服务，而对于二级、三级供应商的融资需求较难满足。

第四，业务参与方地位不平等，利益无法保证。在传统保理业务中，核心企业处于绝对核心地位，很容易利用保理业务来侵占供应链上的中小型企业的利益。这种情况打击了中小微企业参与保理业务的积极性。

第五，传统保理业务操作成本高。由于合规和风控的因素，现有保理业务的操作过程中存在大量的纸质材料需要反复验证和传递，操作成本很高。此外，传统保理业务中存在大量手工操作，效率低下。比如在实践中为了防止应收账款重复性融资的情形发生，一般会要求转让人或受让人或受委托的第三方于“中登网”将应收账款转让进行逐笔登记，以上操作均需银行客户经理和供应链相关方手工操作，当涉及的应收账款项较多时，需要反复手工上网登记，过程烦琐耗时，占用了大量人力。

---

① 保理业务风险主要来源于基础交易连续性、质量的不确定性、买卖双方的信用和交易风险、审查风险和法律方面的风险。保理业实质是一种“债权”的质押，一旦债权本身或质押效力出现问题，会导致银行增加实现债权的难度或无法实现债权。

② 丁辉．区块链技术在反向保理模式供应链金融中的研究与应用［J］．金融科技时代，2022，30（01）：68－70.

二、"区块链+供应链保理"模式

供应链保理不同于传统保理，是银行等办理保理业务的金融机构（保理商）和上游供应商（销售商）之间的一项综合制度安排，即银行和上游供应商之间通过商订协议，上游供应商据此协议将因对核心企业（购货商）供货产生的应收账款的债权转让给银行（保理商），而银行（保理商）则为其提供融资和应收账款催收、信用风险控制等服务[①]。为了解决传统保理模式中存在的问题，引进科技先进的第三方平台服务势在必行。区块链利用加密算法、共识机制、分布式储存等独特模式，带来了不可篡改，信息可溯源等特性，对于涉及多个交易主体的复杂交易场景有很高的应用价值，可以有效解决上述供应链金融保理业务中存在的痛点，促进保理业务快速发展，推动保理业务更好地为广大中小微企业服务[②③]。

基于区块链技术的供应链保理业务平台将用户信息、电子发票、合约信息、企业信用评级、供应商评级等信息上链，实现信息的安全传递，同时，其智能合约也有助于提高资金流转和信用评估的效率，其参与方包括供应链企业、保理机构、第三方机构、监管机构和银行等（见图5-10）。

根据区块链的技术特性和保理业务的相关规定，"区块链+供应链保理"业务的基本流程如下（见图5-11）：

第一步：供货方与购货方在线签署供销合同，购货方节点（或供货方节点）接受该电子合同信息并构建一个包含该信息的区块，然后将该区块写入区块链。

---

① 邓爱民，李云凤．基于区块链的供应链"智能保理"业务模式及博弈分析［J］．管理评论，2019，31（09）：231-240.

② Zheng K，Zhang Z，Gauthier J. Blockchain-based intelligent contract for factoring business in supply chains［J］. Annals of Operations Research，2020：1-21.

③ 保理业务作为银行信贷的补充，旨在满足中小微企业，尤其是处于供应链低端且信用等级相对较低企业的融资需求，扩大供应链金融的受益范围和资金供给能力，增加企业资金的流动性，帮助企业降本增效。

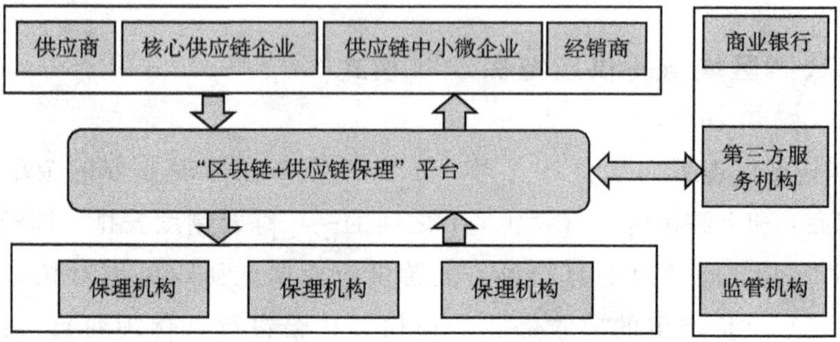

图 5－10 "区块链＋供应链保理"平台架构

第二步：在收到货物已交付物流方承运的信息后，供货方节点构建一个发货单区块，并写入区块链。

第三步：物流方同意承运并收到货物后，构建一个承运单区块，并写入区块链；在承运过程中，物流方根据货物物流信息的变化，把相关的物流信息构建为一个物流信息区块，并写入区块链。

第四步：收到货物后，购货方节点构建一个收货单区块，并写入区块链。

第五步：供货方节点发起保理融资申请，根据申请信息构建一个申请评估信息区块，并写入区块链。

第六步：智能保理平台根据前述所写入区块链的各区块信息，对保理融资请求进行评估，根据评估结果构建一个融资风险评估结果信息区块，并将之写入区块链。

第七步：保理机构节点根据风险评估结果信息区块，对融资请求进行融资评估，根据评估结果构建融资申请的受理意见区块，并将之写入区块链。

第八步：如保理机构同意保理申请，则保理机构发出融资付款指令，资金方节点（保理商自身或者银行等其他合作金融机构）根据收到的付款指令将相应款项打入供货方账户，并将相关信息构建一个资金支付信息区块，写入区块链。

第九步：供货方节点在收到相关款项后，根据收款信息构建一个收款信息区块，并写入区块链。

第十步：购货方在合同约定时间内将欠款归还资金方后，购货方节点构建一个还款信息区块，并写入区块链。

第十一步：资金方在收到欠款之后，资金方节点根据还款信息构建一个销账区块，并加入区块链。

在上述流程中如有需要，还可根据业务相关需求加入质检节点、保险机构节点、公证机构节点、税务海关节点和司法机构节点等区块链节点。“区块链＋供应链保理”的最大突破在于凸显了第三方平台服务商的专业化综合水平，包括数据采集、清洗、加工以及数据转换为信息等能力，同时，还利用区块链技术实现了核心企业的信用多级传递。如图 5－11 所示，通过智能合约技术，区块链数字保理凭证可以灵活拆分，根据业务需要进行多级流转。在这种模式下，大量原来无法使用保理业务进行融资的中小微企业可以根据需要办理保理业务，极大地缓解了中小微企业融资困难，拓展了保理业务的应用范围，还可以对港口供应链的中小微企业信用精准评估。

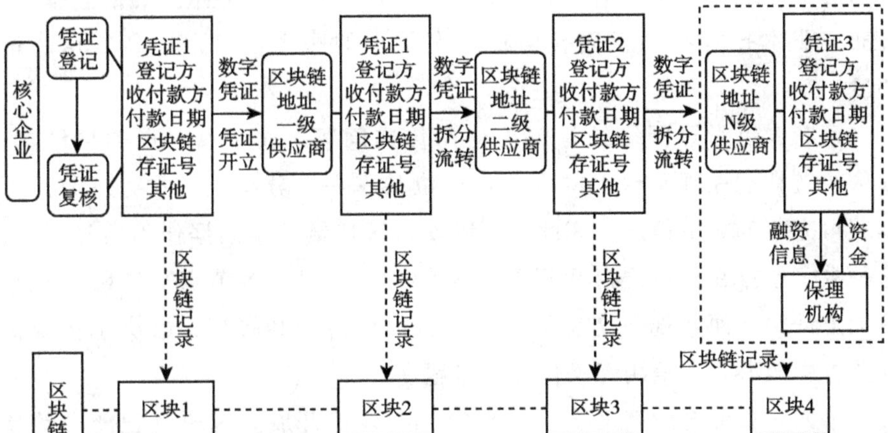

图 5－11　“区块链＋供应链保理”业务流程

综上所述，基于区块链技术的供应链保理不但将供应链上的信息实现可流转、可溯源，提高信息的真实性。基于该“区块链＋供应链保理”平台，保理机构可以有效地获取中小微企业信息流和资金流情况，实现金融业务内容和模式的创新，从而为中小微企业提供融资机会，降低融资成本，为中小微企业融资提供更多可能性[①]。

三、“区块链+供应链保理”模式价值分析

“区块链+供应链保理”模式通过以专业化第三方平台服务商为主导，引入区块链技术解决了传统保理业务中的大量痛点，有效促进了保理业务的发展[②]，其具体市场价值包括：

第一，区块链信息不可篡改和可追溯性可以有效解决数据真实性问题。对于任意节点写入区块链上的数据，保理机构可以随时进行查证，一旦发现数据有问题，可以迅速识别出发生问题的业务环节和企业。

第二，分布式账本有效打通供应链上的信息壁垒。基于区块链的分布式账本技术，“区块链+智能保理”模式使供应链上的企业资金、合约、信用等相关信息实现上链共享，有助于供应链参与主体及时获得相关信息，通过各方交易信息的互证来打通供应链参与主体间的信息壁垒。分布式账本技术有助于完整保存每个节点的账本信息，提高信息的透明度。

第三，点对点网络结构解决信用传递问题。通过点对点网络结构，在区块链智能保理平台上的各节点单位共享一个分布式账本，各节点可以获得完整的账本信息。因此，可以发行区块链数字票据作为债券凭证，这种数字票据在分拆之后仍保留完整的交易信息，各节点可以随时在平台上查证，从而实现在交易平台上进行灵活拆分和转移，解决了传统保理业务中核心企业信用无法传递的难题。

第四，智能合约有助于交易平等、高效地开展。区块链智能合约技术能通过自动结转和交易等模式实现资金有效，该模式不但提高保理业务的效率，还增强了供应链业务的可靠性。此外，在基于区块链的业务

---

① Hofmann E, Strewe U M, Bosia N. Supply Chain Finance and Blockchain Technology: The Case of Reverse Securitization [M]. Springer, 2017.

② 近年来，保理业务种类和规模在不断壮大，例如，2021年10月，全国首笔跨境人民币保理业务在天津自贸试验区成功落地，首次将央行数字货币通过商业金融机构完成贷款发放。截至2021年末，天津自贸区共有各类保理企业531家，商业保理资产规模达2840亿元，占全国的30%以上，其保理业务处于全国领先水平。

平台上，各注册用户的地位平等，业务只需要符合事先共同约定的合同规则和保理机构的要求即可自动开展，有效保护了中小微企业的利益。

港口是物流仓储枢纽，同时大量监管部门以港口为核心布局，港口场景承担着线下实物交易和监督的功能，是线上业务平台的物质基础和监管保证。因此，港口是"区块链+供应链保理"平台天然的业务承载场景。以港口为依托开展保理业务可以同时覆盖线上和线上交易，实现仓储物流和金融服务一体化，企业可以在一个平台同时办理所需的物流和金融业务，业务操作方便快捷。因此，以港口为核心可以构建覆盖多个供应链体系的供应链网络。在这个供应链网络里，企业的物流、资金、历史交易等信息可以相互验证，信息造假难度极大，有效地降低了欺诈风险。通过这个网络，保理机构不必再对单一供应链上的交易信息和企业运营信息反复实地查证，只需要核对网络中和该企业有联系的所有物流、资金和历史交易信息，就可以准确地鉴别企业信用状况，信用评估的准确度和效率都大大提升，业务风险大幅度降低。

四、"区块链+供应链保理"模式案例分析

湖南兆物信连信息科技有限公司2020年推出了基于区块链技术的供应链金融项目"兆票—兆物信连供应链金融平台"[①②]，该平台属于专业化第三方平台服务商，是由包括供应商、核心企业、保理机构、金融机构和外围服务监管机构等供应链主体参与，亦称为"多家核心企业+多家供应商+多家银行（N+N+N）"模式，其功能架构如图5-12所示。

"兆票""区块链+供应链保理"平台的基本业务功能有以下几个：金融机构向企业授信；各节点上传交易数据写入区块链；开立应付票据"兆票"；保理融资；结算付款等。基本业务流程如图5-13所示。

该平台通过发行基于区块链的数字票据——"兆票"，实现了信用和

---

① 曹源，陈友斌．区块链供应链金融平台建设实践及思考［J］．金融科技时代，2020(02)：42-48.

② 大数据、人工智能、区块链等新技术可以帮助商业保理企业全面了解客户资信情况，从而对风险进行有效识别、监控和预警，然而，金融科技并不是万能的，"区块链+保理业务"本质是为了金融科技更好服务保理业务，提高业务效力和风险管理水平。

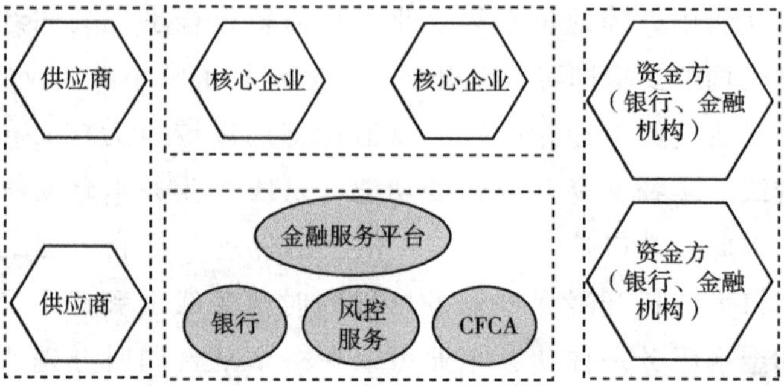

图 5－12　“兆票”“区块链＋供应链保理”平台功能架构

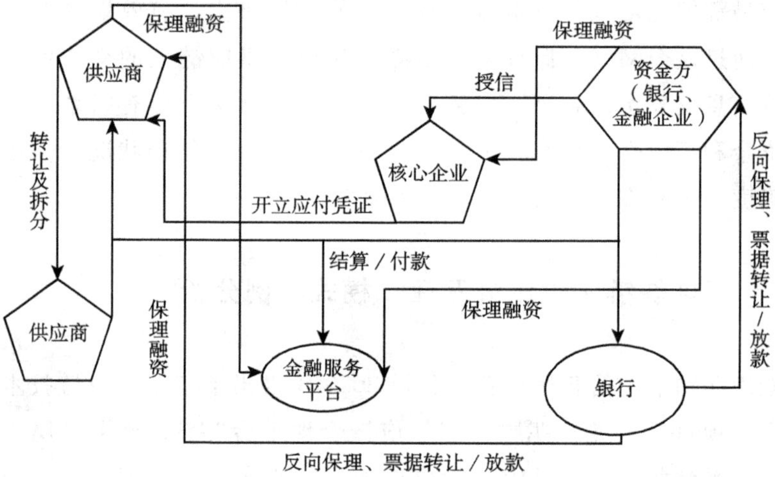

图 5－13　“兆票”“区块链＋供应链保理”平台业务架构

资金的多级分拆流转，“兆票”主要由核心企业开立，同时供应链供应商、核心企业、保理机构、金融机构和外围服务监管机构等主体参与。“兆票”平台的基本业务流程如下：首先核心企业在线下得到金融机构授信，然后核心企业把交易合同和应收账款凭证等数据上传至平台。金融机构节点确认相关数据并验证凭据，然后在平台上出具信用评估报告。信用评估合格之后，核心企业申请开立“兆票”，金融机构审批之后向企业发行“兆票”。在“兆票”平台上的所有交易信息均实时写入区块链中，业务相关节点共同见证，随时可以查询验证业务所有环节的数据，极大地提高了交易的安全性和可靠性。在平台的参与方逐步增加、业务网络完善之后，多个供应链集群可以形成供应链网络，和金融机构、外围监管服务机构共同构成了一个完善的信用体系。在这种情况下，金融机构根据过往交易数据和其他机构的信用数据即可确认平台上任一合格注册企业的信用资质，中小微企业同样可以申请开立“兆票”，而不一定必须是核心企业。

供应商节点上传交易数据和应收账凭据数据至平台，经平台验证后的“兆票”可以通过整体或者拆分的方式转让给下级供应商。同时，供应商可以在平台上向保理机构提出保理申请，并提交“兆票”，保理商节点在按规定审核通过后，在平台上通知资金方放款，同时“兆票”转移至资金方，资金方凭“兆票”向核心企业收款。凭借平台丰富的功能设置，保理机构可以在平台上开展正向保理和反向保理业务，也可以开展常规的应收账融资等供应链金融业务，所有业务均可在线上完成。主要交易环节还可以根据约定采用智能合约的形式自动交易，大幅度地提高了办理效率。由此可见，利用区块链技术构建新的供应链金融模式，彻底解决了以往困扰保理业务发展的诸多痛点，可以有效促进保理业务的发展。“兆票”平台不仅可以服务供应链核心企业，还可以通过供应链体系服务大量中小微企业，也可以为金融机构开展供应链金融业务提供便利，打通了金融机构服务中小微企业的渠道，为实现供应链的普惠金融发挥巨大的作用。

第五节 生态型模式：“区块链+资产证券化”模式及案例

生态型港口供应链金融模式是指以联合主发起的金融科技公司为主导，协同银政保等传统金融机构，综合运用赋能 ABCDEFG 技术提供定制的“数字—服务—金融产品包”系统融资方案。不同于平台型模式，生态型模式参与者开始意识到设立金融科技公司的重要性和必要性，区块链技术赋能港口供应链金融是通过金融科技公司进行赋能。同时，资产证券化（ABS）作为结构性产品，由于其交易结构的复杂性和交易主体的多样性等特点，与生态型港口供应链金融模式具有天然的耦合性，如何破解底层资产稳定现金流的限制，就需要探索如何通过金融科技公司应用合适技术颠覆性创新模式。但值得强调的是，“区块链+资产证券化”模式仅仅是生态型模式的早期阶段，与平台型模式还存在一定交叉性。未来港口供应链金融模式必然是基于区块链技术赋能港口供应链金融以金融科技公司为主导型的新生态系统①。本节将重点介绍生态型模式早期阶段，利用ABS如何逐步形成新生态系统，为此主要阐述资产证券化（ABS）的概念、“区块链+ABS”模式、市场价值及其典型案例分析。

一、资产证券化（ABS）模式基本结构

资产证券化（ABS）将基础资产的未来现金流进行结构化设计来实现信用增级②，其发行过程的基本结构如图5-14所示。ABS的基础资产是指“符合法律法规规定，权属明确，可以产生独立、可预测的现金流且可特定化的财产权利或者财产”③，常见的基础资产包括财产权利（应收账款、租赁债权、信托受益权等）、不动产及其其他证监会认可的财产权利。需要指出的是，以供应链上下游企业的交易为基础资产的资产证券化（ABS）被称为供应链ABS，一般由保理商和商业银行为企业提供融资服务。ABS的最大优点在于实现了主体评级和债项评级的分离，使得中小机构只要拥有优质的资产，也可以通过ABS获得低成本融资，拓宽中小微企业融资渠道④。

---

① 参阅：陈剑，刘运辉. 数智化使能运营管理变革：从供应链到供应链生态系统［J］. 管理世界，2021，37（11）：227-240。作者认为供应链生态系统可以看作是广义商业生态系统的一个子集，围绕集成式、复合式、一站式的“数字—服务—产品包”，基于供应链关系，将原本不太相关的各类成员整合而成的相互依赖、具有供应关系的共同体，是由系统成员与环境构成的统一整体，系统成员和环境互相影响，即系统成员与环境之间是双向影响和双向输出的。后来李树文等（2022）提出构建人机协同的价值生态。

② 资产证券化给投资者带来更多优质资产选择的机会，通过风险隔离和信用增级的资产支持证券具有风险低、流动性强、收益高的特点。同时，资产证券化产品相对比较灵活，可以根据投资者资金实力、风险偏好等个性化特征设计不同信用等级的产品，其基础资产种类繁多。

③ 根据《资产证券化业务管理规定》第3条规定。

④ Dong C，Chen C，Shi X，Ng C T. Operations strategy for supply chain finance with asset-backed securitization：Centralization and blockchain adoption［J］. International Journal of Production Economics，2021：241，Article 108261.

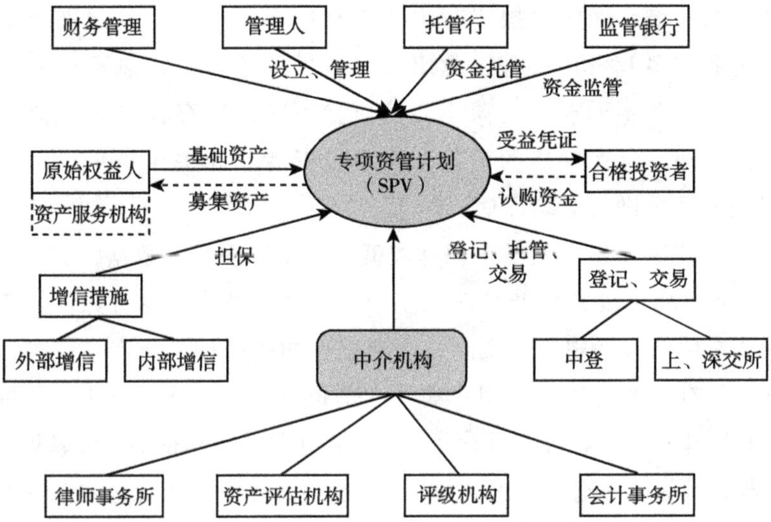

图 5－14　ABS 业务的参与主体和基本结构

1970 年，美国以抵押贷款组合为基础资产发行的房贷转付证券是最早的资产证券化（ABS）。此后，我国从 2005 年开始进行资产证券化的尝试，自 2014 年以来资产证券化产品和规模更是呈井喷态势①。据中央结算公司发布的报告显示，2021 年，我国共发行 ABS 产品 30999.32 亿元，同比增长 8%；年末市场存量为 59280.95 亿元，同比增长 14%。信贷 ABS 全年发行 8815.33 亿元，同比增长 10%，占发行总量的 28%；年末存量为 26067.53 亿元，同比增长 17%，占市场总量的 44%。当前，资产证券化正在成为金融体系的重要一环，通过将已有的信贷资产标准化、证券化再在金融市场上出售，金融机构可以加速信贷资金的回流，再把资金投入收益更高的资产上去，提高资金的使用效率。但是，在传统 ABS 业务快速发展的同时也逐渐显现了一些业务痛点：

第一，基础资产价值评估存在难度。在业务层面，ABS 的核心是基础资产，基础资产的质量在根本上决定了 ABS 产品的质量和信用度。长

① 由于 2008 年的次贷危机，我国的资产证券化曾一度处于停滞状态，直到 2012 年开始重新发行。根据中国债券信息网数据，2016—2020 年，我国资产证券化产品年末产品存量规模平均增速为 25%，新发行的资产证券化产品具有投资者范围扩大、投资标的数量增加和种类多样化的特点。

期以来，供应链金融的底层资产主要来自中小微企业，基础资产来源于中小微企业的多笔资产打包、重组所形成的资产池，信息不透明，资产池里面的资产并不同质，良莠不齐、质量不一，还存在市场价值不稳定问题。由于缺乏资产穿透的手段，对于投资者和相关机构来说，很难对基础资产的质量进行准确评估。

第二，传统 ABS 流转效率相对较低。在技术层面，数据的流转、共享是最大痛点。资产证券化产品涉及多个不同主体的大量财务数据、法律文书和业务文件，数据规模庞大。一个票据性的资产证券化产品，对如此海量数据进行有效的管理和运用，其难度是很大的。另外，ABS 发行过程中的财务和法律资料都是高度敏感的数据，由于缺乏可信的数据流转渠道，各业务参与方的信息交流和验证工作存在很大的困难。为了保证信息安全和业务合规，传统 ABS 以纸质文书资料传递和交流为主，过程烦琐且效率低下。

第三，传统 ABS 信息核验成本较高。在操作层面，资产证券化产品呈现出结构复杂、参与主体多、操作环节多、数据传递链条长的特征。随着资产证券化的不断创新，交易结构复杂化和结构化手段的不断叠加，使得信用中介链条和利益链条也随之拉长，交易系统间的资金清算和对账问题往往要占据大量人力物力。由于金融数据高度敏感，出于信息安全的考虑，各业务参与方的数据交流受到很大的限制，实践中往往需要大量人力反复手动对接查验，耗时费力。

在实践中，上述痛点极大地阻碍了传统 ABS 业务的健康发展。为了解决这些问题，须依靠专业化的金融科技公司增强信任机制，通过引入赋能型 ABCDEFG 技术突破传统 ABS 业务的局限性。

二、区块链架构下的资产证券化（ABS）模式

基于区块链技术的资产证券化（ABS）模式是利用联盟链为基础技术支撑和以生态圈的价值网络体系为导向的新业务模式①，它可以突破传

① 区块链的特点与资产证券化风险隔离机制的特征形成了耦合关系，使资产证券化的基础资产实现了资产数字化。基于区块链技术的资产证券化通过技术的背书实现数据溯源、传递和信息保真的目的，降低信息不对称，加强风险防控，提高资产的流动性。

统ABS对标的基础资产现金流要求的限制，实现资产智能筛选、资产智能定价、现金流智能分析、资产服务报告自动生成等功能。在未来生态型模式发展趋势下，如何通过区块链技术赋能ABS业务重塑港口供应链金融模式的生态圈，不拘泥于金融模式和组织模式的创新，未来可颠覆性创新出新的商业模式成为亟须思考的问题，当前需要对“区块链+ABS”模式进行深入分析，杨招军等（2020）更是深入提出了“区块链+两次ABS”模式，“两次ABS”为：第一次证券化以单个企业现金流为支持，设计企业证券卖给发起人，第二次证券化汇集发起人持有的中小微企业证券组建资产池，以资产池资产为支持设计资产支持证券卖给外部投资者①。

以“区块链+ABS”业务为例，业务各参与方都是联盟链上的节点，链上的每个节点都记录着资产证券化业务数据和信息，基于区块链的不可篡改属性，链上的信息具有安全、可靠的特征，业务参与主体可以实时查看和验证链上信息，有助于资产证券化业务各环节间的数据交流和传递，提高业务办理效率和资金流的穿透性，降低业务操作成本和监管成本。该模式核心是通过金融科技公司建立的一个基于“区块链+ABS”的业务平台，所有业务参与方在身份审查后注册成为平台用户，线上办理相关业务，所有业务信息实时写入区块链②。该业务平台在结构上可分为四层，即业务层、接口层、数据封装层和BaaS层，整体架构如图5-15所示。整个平台各参与方以联盟链节点的形式组成整个业务体系，所有应用数据通过应用接口实时写入区块链，可以实现“资源共享、隐私保护、安全高效和系统监管”。

第一，业务层。业务层是资产证券化各参与方直接进行业务操作的应用界面，每个参与方都是一个联盟链节点，所有操作均实时写入业务区块中，所有参与方都可见，数据同时在本地数据库备份保存。所有数据同时保存在区块链上各节点中，某一个节点的数据库出现问题并不会

① 杨招军，李仲飞．区块链资产证券化融资模式创新［J］．深圳社会科学，2020（06）：47-59．

② 管同伟．区块链在资产证券化风险控制中的应用研究［J］．新金融，2018（01）：27-33．

影响整个业务数据的完整性。

第二，接口层。接口层是整个模式的服务核心。资产证券化涉及大量高度敏感的金融数据，保密要求高，各参与方的信息管理系统和数据库不可能直接联结，必须通过一定的数据接口实现线上数据交流与传递。接口可分为交易业务类接口和查询类接口。交易类接口是资产证券化设计和发行的线上操作数据接口，查询类接口是信息查询功能的接口。这种设计主要是考虑到两类操作的数据敏感性和实时交互性要求有区别，通过分别设置可以提高数据安全性和信息处理效率。

第三，数据层。数据封装层是把应用部分的数据封装。一方面，数据封装后写入区块链中可以提高数据安全度，另一方面，也便于各参与方的技术人员在保证数据安全性的前提下调用这些动态数据接口进行海量数据处理、溯源和多元化数据分析。

第四，技术层。基础技术层（BaaS）是区块链服务平台，该平台将计算资源、通信资源、存储等转化为支持开发者拓展、编程和运营的区块链开放平台，包括设备接入、访问控制、服务监控和区块链平台等基本功能。

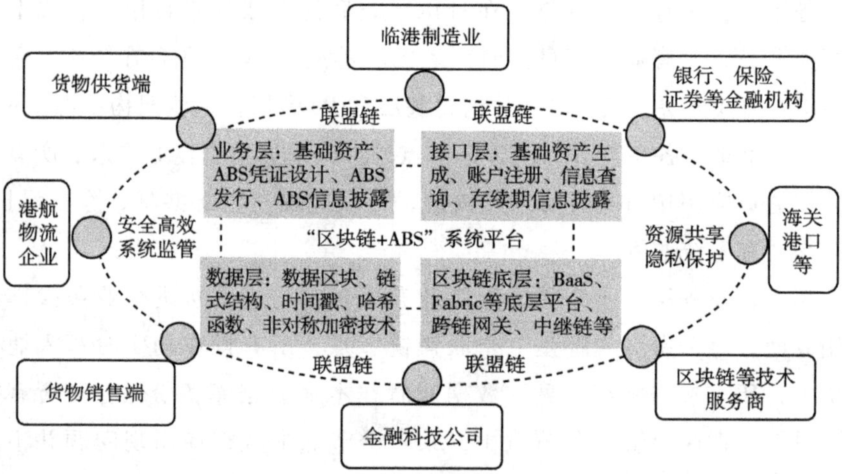

图 5－15 “区块链＋资产证券化”业务平台结构及生态圈

基于区块链的ABS业务平台在功能上可以实现业务流程信息“全程上链”，业务参与方根据链上信息开展业务操作，并采用区块链技术的联邦学习机制，既可以实现数据、信息等共享，还可以做得隐私保护。其显著特点在于：第一，上链主体互动和协同性强，这为供应链企业“行为感知”和“数据采集”提供了可能。第二，上链主体多元，区块链技术可以最大限度降低信息不对称问题。第三，“区块链 + ABS”可以突破底层资产碎片化和不稳定特点，能普惠中小微企业。第四，从趋势上看，该模式以金融科技公司为主导。第五，不同于产品型、产业型和平台型模式，其最大特点在于赋能型 ABCDEFG 技术颠覆性地创新了商业模式，实现了港口供应链网络价值增值。具体从基本业务结构来看，金融科技公司的区块链科技平台，体现出数据治理和安全、信息治理和安全、现金流治理和安全的“流量管理”（见图 5－16）。

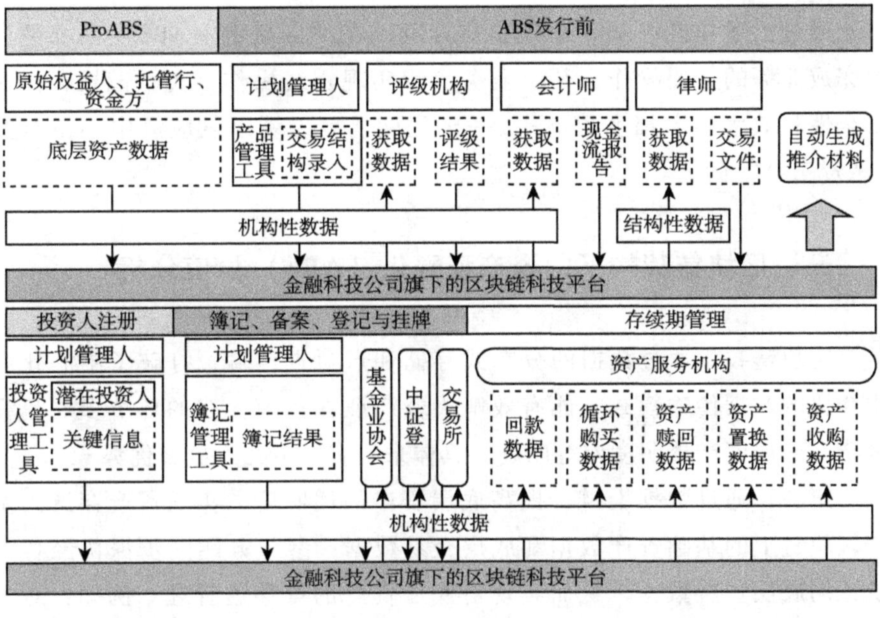

图 5－16 金融科技公司的“区块链 + ABS”生态圈业务结构

新模式的基本业务环节有[①]：

第一，基础资产管理。主要是原始权益人录入基础资产的相关信息，

① 熊雪冰．区块链技术在供应链金融领域的应用——以微企链为例［J］．商展经济，2022（06）：108－111.

让 ABS 业务参与方查询和评估这些信息。原始权益人是信息的发布人，通过这部分功能把基础资产的数据写入区块链，作为 ABS 业务的基础数据。

第二，ABS 凭证设计。主承销商使用该功能来筛选合适的基础资产，并设立基础资产池，然后以资产池内的基础资产预期产生的现金流为基础设计 ASB 的债券结构。

第三，发行 ABS 凭证。发行的 ABS 凭证需要包括投资者信息、交易信息等内容。

第四，存续期信息披露。主要是按相关规定披露债券存续期的有关信息并写入区块链上，供投资者和监管部门查询，以评估 ABS 凭证的风险。

通过上述功能，ABS 业务参与方可以在“区块链 + ABS”系统平台上完成业务的主要操作，整个业务流程实现在线操作，实时记录，操作安全性和效率都大幅度提高①，一定程度上可以缓解供应链中小微企业“融资三难”问题。

三、区块链架构下的资产证券化（ABS）价值分析

区块链技术通过数据的分布式存储和点对点传输，打破了中心化和中介化的数据传输模式，能有效解决资产证券化中存在的环节多、流程复杂、底层资产透明度差等问题。具体来看有以下几点显著优势②：

第一，通过数据上链，提高底层资产的透明度，实现资产穿透。基于区块链上的基础资产数据和底层交易数据，参与方能同步保留经各方认证的底层资产数据，从而实现对底层资产的可穿透管理。例如：对于 PRE - ABS 基金，可以运用区块链技术，资产证券化（ABS）业务参与者信息实现共享、互相确认，有效缓解交易双方信息不对称。

---

① 区块链技术下的资产证券化产品的结构性风险具有较强的适用性和安全系数，能有效降低信息不对称，消除中小微企业在资产证券化之后面临的委托代理问题，提高交易的效率。也就是说，基于区块链技术的资产证券化产品重构了“信用中介机制”。

② Chen X, Cheng Q, Luo T. The economic value of blockchain applications: Early evidence from asset - backed securities [R]. 2022, Available at SSRN 4077443.

第二，通过智能合约使信息流转和处理效率提升。首先，只要各参与主体事先就数据分享和交换达成一致，仅需在技术准备阶段一次性完成数据接口协议的设定，无须每次交易再重复协商数据交流问题。其次，在具体业务阶段，智能合约可通过条款设置，将 ABS 信用增级、资产清结算等各流程节点纳入其中，基于区块链上的智能合约，满足一定条件下，交易会自动执行。同时，业务数据实时同步更新，避免了参与主体系统对接问题。最后，所有智能合约的操作数据均同步实时上链记录，所有业务参与方都可以实时查阅验证，保证了交易的可靠性。

第三，通过智能化系统，帮助解决业务管理及监管问题。首先，通过利用智能合约实现 ABS 关键业务流程如基础资产现金流回收、分配等操作的自动执行，减少人工介入，从而大大降低操作失误、造假的可能，在一定程度上降低事中风险。其次，智能化系统有助于实现资产证券化（ABS）的全生命周期管理。基于区块链计算的智能系统不但可以对资金池中基础资产现金流实现全周期监控，还可以对资产证券化的内容进行全交易周期管理，有助于对动态资产池的质量和风险进行实时监控。

第四，基于区块链计算的资产证券化（ABS）有助于提高资产证券流通效率。区块链技术为资产证券化（ABS）业务的创新和变革提供了契机和底层技术支持，能有效降低前期尽调成本，提供 ABS 业务效率，加速资产证券流通。

现阶段 ABS 流程可以大致划分为两个阶段：发证期与存续期，其中发证期主要包括资产的筛选、尽职调查、产品设计、增信评级与产品发行，存续期则包括产品的上市、交易与对账。区块链技术在资产证券化的不同阶段可能产生不同的作用①。现阶段，区块链技术主要应用于场内资产，二级市场的流动性还显不足，因此，目前区块链在存续期的应用程度还不广泛，主要应用于发证期。在发证期，资产证券化业务涉及发证机构、证券交易所、律师事务所、会计事务所等众多参与主体，它们根据各自职能来完成一系列烦琐复杂的业务。区块链应用的最重要的意义之一就是能够通过数据上链和智能合约大大缩短机构之间的数据传送、

① 陈蕾，周艳秋．区块链发展态势、安全风险防范与顶层制度设计［J］．改革，2020（06）：44－57．

对账清算等流程，提高运行、管理、监管效率。

港口是供应链聚集的中心枢纽，在港口场景下大量交易、信息、物流和资金汇集，是供应链金融 ABS 的重要应用场景①。一方面，港口作为物流枢纽和贸易窗口，企业的真实交易和货物仓储均大量发生在此，是企业实际资产的聚集地。通过港口可以有效获取真实的企业经营数据和应收账款数据，这些信息是鉴别供应链金融 ABS 业务中基础资产质量的关键数据。港口可以作为“区块链 + ABS” 业务平台上的关键信息节点，为各参与方提供信用评估数据和资产监管服务。另一方面，港口汇集了大量的供应链，各供应链之间彼此联系，形成了一个巨大的供应链网络。从港口出发，可以有效地打破地理和行业屏障，实现对不同地区和行业的企业的业务辐射，这就大幅度地拓展了供应链金融 ABS 业务的服务范围，有效地促进业务发展。

四、“区块链 + 资产证券化（ABS）”案例：度小满金融

度小满金融，原名百度金融，2018 年 4 月，百度宣布旗下金融服务事业群组正式完成拆分融资协议签署，实现独立运营。度小满作为一家“金融科技公司”，开始借助人工智能、大数据和区块链等技术优势，打造领先的供应链金融科技平台。2018 年 12 月，“中泰天风—金保贝供应链金融第 1 期资产支持专项计划” 发行②。该“资产专项支持计划” 项目首次发行规模为 2.6 亿元，以保理公司受让的供应商向中国宏桥集团有限公司下属公司提供货物或服务而享有的未到期应收账款债权为基础资产。该参与人主要包括技术服务商（度小满金融）、原始权益人和资产服务机构（重庆魏桥金融保理）、销售机构（中泰证券）、管理人（天风证券）。技术

① 首先，港口企业往往具有稳定的、可预测性的现金流，同时，港口企业具有完整的历史记录数据，其资产信用程度较高，为开发资产证券化提供了可行性；其次，从投资者角度来说，基于港口供应链企业的资产证券化产品相对来说流动性和收益率较高，投资风险相对较低；最后，随着我国在资产证券化市场相关的法律法规不断完善、市场不断规范、中介机构市场的不断优化等为港口企业开展资产证券化融资提供了基础条件。

② 陆歌皓，杨丹妮．区块链即服务的发展现状与展望［J］．计算机与现代化，2020（10）：31－35.

服务商将区块链作为独立的底层数据存储和验证技术，通过 BaaS 将各参与主体数据上传至联盟链各节点上，使得链上数据实现去中介化、防篡改、可溯源的目的，由参与主体共同维护节点上的数据。此外，基于区块链技术的资产证券化（ABS）业务可以从源头上防止数据被篡改；通过大数据分析交叉验证，可以验证上下游之间贸易关系的真实性，从而提高资产辨识能力与资产服务效率。该项目的区块链 BaaS 技术共包括网络层、PaaS 平台服务层、SaaS 应用（产品）服务层，该平台架构不但有助于实现 BaaS 的场景应用，还能通过各服务层之间的有机体系，实现通用应用、平台服务和通用网络在内的多种功能。BaaS 平台架构如图 5－17 所示。

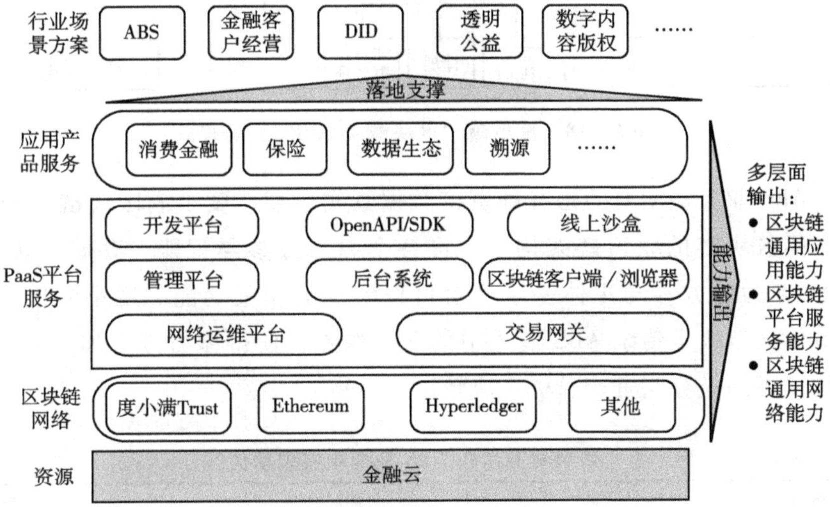

图 5－17　度小满的 BaaS 平台架构①

该项目的“区块链＋ABS”模式对资产证券化业务实现事前、事中、事后的全流程管理，实现链上信息的透明度、真实性和高效性。基于该模式的供应链金融服务能有效拓宽中小微企业的融资渠道和降低融资成本。该模式的业务流程如图 5－18 所示。

---

①　度小满开发的“BaaS”区块链开放平台主要依托度小满自主研发的 Trust 区块链技术框架，通过部署接入、去中心化信任机制，同时，配套相关的技术服务、运维，帮助企业快速搭建区块链网络及场景应用，旨在通过区块链技术实现资源共享和提升生产效率，属于区块链技术服务实体经济的场景服务平台。

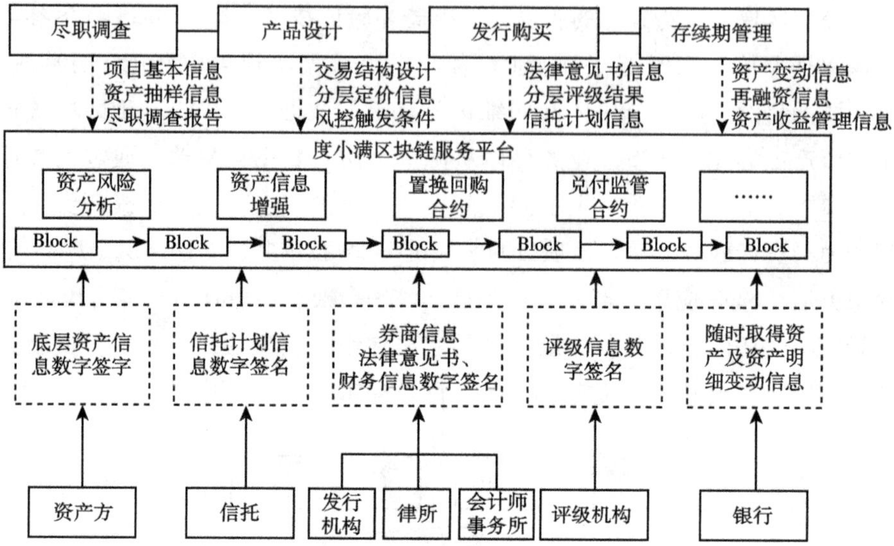

图 5－18　度小满"区块链＋ABS"业务模式

ABS 业务最重要的是基础资产数据真实可靠，度小满区块链 ABS 方案采用区块链的联盟链架构，允许各个参与方参与记账、存储和传输，表 5－5 为各方参与主体基于平台可以实现的相关功能。度小满区块链 ABS 方案解决了传统 ABS 模式中的业务痛点，使得参与方更加透明，信息披露更加充分，资产、资金流转更加容易。

表 5－5　　各参与主体在 ABS 业务中实现功能

参与主体	实现的功能
管理人	系统化和流程化地归集、审核、分析、检测基础资产数据。
资产服务机构	通过线上电子化确权，大大降低了线下人工对底层资产归集的烦琐工作，同时系统可以通过自动匹配发票和合同来审核贸易背景的真实性，对资产的还款和违约情况一目了然。
评级机构	可以在不增加工作量的情况下，实时监测每笔资产的状况更具有实操性，相较于传统的 ABS 业务模式更能确保每笔资产的质量和安全。
律师机构	区块链技术能保证数据存证保留，对电子合同、关键数据、身份信息等有据可循，更能把握整个资产池的法律风险。
投资者	投资者不但能有效评估 ABS 业务基础资产的价值，还能提高票据的流通性和安全性。

第六章 风险识别与风险管理

金融的核心在于风险管理，区块链技术赋能下的港口供应链金融本质还是金融，其风险管理要义是在分析区块链技术改变港口供应链风险结构基础上识别金融风险来源和可能性，针对各个风险来源和可能性在供应链活动过程中面临的技术集成、资源匮乏、管理复杂和环境不确定性，选择最优的风险处理策略来确保供应链金融安全。在赋能型ABC-DEFG技术及复杂融合系统应用场景下，传统供应链金融风险会面临技术融合和系统集成引致的新风险，在区块链缓解信用风险、造假风险、操作风险和环境风险的同时，会伴随着新技术、新系统、新场景等应用带来的技术、法律、政策等新风险，风险敞口与风险结构会发生变化。如何在“去中心化”和金融“中心化”管理中取得最佳平衡，在契合国家监管规则和实施“监管沙盒”总体方针下，构建新型系统集成的供应链金融风险管理一般理论框架，识别区块链技术赋能下的港口供应链金融每一个风险源，并采取针对性的措施保障港口供应链金融安全成为一件极具挑战性工作。为此，本章从构建港口供应链金融风险管理的一般理论框架入手，提出了全面风险管理（TRM）思想，在识别了区块链技术赋能下的港口供应链金融风险来源及其类型基础上，分析区块链技术对港口供应链金融风险结构的影响，评估区块链技术对港口供应链金融风险敞口，构建风险预警机制，提出能契合国家金融监管总体方针下港口供应链金融风险管理的应对策略。

第一节　港口供应链金融风险管理理论框架的构建

一、港口供应链金融风险管理理论框架的构建

（一）供应链金融风险传递的信息管理理论

从本质上看，信息是数据加工清洗后的内容呈现，在供应链金融决策中，涉及需求、库存、定价、成本、运输、数量、质量等复杂集成信息，对复杂集成信息需要进行定义、处理、提炼等步骤后，供应链中的信息传递才成为可能，当供应链中的信息质量足够高，同时，供应链企业数量达到了一定的规模，此时，供应链金融风险会随之降低。供应链金融风险传递的信息管理理论是由一系列相关有序的环节组成，包括信息需求分析、信息收集、信息加工、信息储存、信息检索、信息传递、信息利用和信息反馈等环节，强调的是优质的信息质量（Wang & Strong，1996；Lee，et al.，2002；Pedroso & Nakano，2009），从信息的准确性、及时性、一致性和完整性方面关注数据内在要求，同时，从信息的关联性、价值增加性、总量、可信度、可及性以及数据的声誉方面关注数据的情景要求。同时，优质的信息需要具有类型正确、情况准确、传递及时、共享易得以及能隐私保护等特征。

（二）供应链金融风险传递的网络结构理论

供应链是影响社会价值的法律关系网络，其结构化网络是供应链金融资源及其转移的载体，是供应链金融活动的外在规范。供应链网络结构形成了“你中有我，我中有你”的相互交织的复杂关系网络和完善的产业链分工体系，网络结构节点众多，风险扩散具有不稳定性，因此，供应链金融风险较传统金融风险更为复杂，相互之间的风险传递风险会具有更大的破坏性。供应链金融风险传递的网络结构理论集中在复杂网络理论、社会网络理论以及风险因素诱导模型等，复杂网络理论强调网

络的内在结构决定着供应链金融的风险，识别供应链金融网络的结构特性是治理系统金融风险的基础，理解供应链金融网络子网拓扑结构、强化以核心企业为主体的风险控制，合理安排供应链金融结构授信来减少供应链金融风险[①]。而社会网络是复杂网络的一种类型，社会网络质量及其治理效能关系到供应链的整体竞争力，进而影响其抗风险的能力。从社会网络嵌入视角来看，区块链技术按照“数字信用共治—网络嵌入性—供应链金融绩效”基本理论模型[②]，主要通过市场环境引导机制、核心优势主导机制、企业交流引领机制、内外兼修维持机制影响供应链融资效率进而影响抗风险能力。同时，从诱因来看，环境因素、网络因素、管理因素会诱发供应链金融风险[③]。

（三）供应链金融风险的全面风险管理理论

早期，米勒（Miller，1992）从组织和整合视角提出了整合风险管理（Integrated Risk Management，IRM）的理念，IRM 强调风险的范围会进一步扩大，对企业单个风险关注的同时，要对企业整体风险进行整合。后来，随着社会学、心理学、经济学和计算机学科等学科深度交叉，IRM 理念逐步演进成全面风险管理（Total Risk Management，TRM）思想，TRM 认为价格、偏好和概率是风险管理的三要素。之后，2004 年，美国反虚假财务报告委员会下属的发起人委员会（COSO）提出了《企业风险管理——整合框架，ERM》[④]，并于 2017 年 9 月进行了修订完善，强调了风险和价值之间的关联性，增强了绩效和企业风险管理工作的协同效应，体现了企业风险管理支持更加清晰地做出决策，明确了企业风险管理和内部控制的关系，优化了风险偏好和风险承受度的概念。TRM 理论更加注重从系统性、全局性角度考虑综合的风险管理，在考虑风险损失的同

---

① 沈爱忠，郭进利．复杂网络理论视角下供应链金融风险分析与控制［J］．科技与管理，2013（05）：107－110.

② 杨红雄，陈俊树．区块链技术、网络嵌入性与供应链金融绩效——模糊集定性比较分析［J］．大连理工大学学报（社会科学版），2022（02）：13－23.

③ 李娟，聂勇．供应链金融风险诱导因素及其作用机理剖析——基于扎根理论［J］．财会月刊，2021（16）：146－151.

④ 张珂莹．风险管理理论在供应链金融风险管理中的应用——基于全面风险管理理论［J］．现代管理科学，2018（12）：112－114.

时，还注重风险溢价的影响。此外，风险管理的内容从防范信用风险和财务风险扩展到防范企业面临的全部风险。在风险工具的使用上，也开始关注大数据、区块链等现代信息技术的使用。

（四）供应链金融风险的系统整合管理理论

从供应链管理演变过程来看，供应链管理的竞争已经从供应链企业之间的竞争，历经了供应链之间的竞争，转向以服务链和价值链为核心的供应链之间的竞争。同时，供应链管理开始转向需求侧的供应链管理，更加注重客户体验和应用场景的创新。因此，供应链管理会从分散供应链到集成供应链的转变①②，会历经初创期、整合期、全球化、非核心业务服务外包专业化、供应链服务专业化和新科技革命下的供应链服务网络专业化六个阶段③。按照学者们对管理链管理分解为网络结构、交易流程和管理要素三个构成的逻辑思路，供应链金融系统整合管理理论框架应包括三个维度：网络结构和业务结构的“结构维”、交易流程和管理流程的“流程维”、信息治理和声誉资产的“信息维”④。供应链金融风险传递机制在于环境风险、网络风险和企业风险会通过结构、流程、要素维度以影响供应链金融的融资周期、融资规模和融资成本，最终对供应链金融绩效产生负影响。在供应链金融的融资过程中，就需要减少对供应链金融绩效负面的冲击以降低供应链金融风险，具体而言：在网络结构上，需要借助技术手段实现保障数据定义和使用的一致性、准确性和完整性的规范性，还要注重技术系统的相容性。在业务结构上，参与供应链金融的相关企业需要有清晰的功能定位与合理的业务范围。在流程设计上，需要供应链企业与企业之间相互配合来实现流程的顺畅性和供应链金融的完整性。在要素维上，需要通过提高信息质量和增加高声誉

---

① Stevens G C. Integrating the supply chain [J]. International Journal of Physical Distribution and Logistics Management, 1989, 19 (8): 3 - 8.

② Hesse M, Rodrigue J P. The transport geography of logistics and freight distribution [J]. Journal of Transport Geograghy, 2004, 12 (3): 171 - 184.

③ Jain J, Dangayach G S, Agarwal G, Banerjee S. Supply chain management: literature review and some issues [J]. Journal of Studies on Manufacturing, 2010, 1 (1): 11 - 25.

④ 宋华，杨璇．供应链金融风险来源与系统化管理：一个整合性框架［J］．中国人民大学学报，2018（04）：119 - 128.

资产来降低金融风险。

二、港口供应链金融风险管理环境

（一）政策环境

从政策环境来看，港口供应链金融风险管理还没有针对性政策依据，与ABCDEFG新科技革命背景下港口供应链金融风险新特征和新趋势下的金融风险如何管理还存在较大距离，国内现有政策均偏向于供应链金融如何发展以及应收账款、保理等具体业务产生的金融风险等环节，忽略了新技术革命会带来的变化，针对港口供应链金融风险的政策碎片化分散于各个供应链金融发展及金融监管政策中。虽对供应链金融发展的认知已比较统一，均认可供应链金融对稳定产业链供应链，解决中小微企业融资难融资贵等关键问题发挥着重要作用，但缺乏新技术融合集成和复杂多元环境下金融叠加风险管理的考虑。港口供应链金融作为供应链金融的特殊场景和载体，既承担着稳定国内产业链供应链作用，又缘于港口纽带功能，链接和支撑着国际产业链供应链发展。因此，从某种意义上而言，港口供应链金融理应成为构建国内国际双循环新发展格局的重中之重，其金融风险管理更需要顶层设计一套合理、精准的管理政策。

2019年7月，中国银保监会印发了《关于推动供应链金融服务实体经济的指导意见》，该政策的主要目的在于落实国家加强供应链管理部署，推动供应链金融创新，改善实体经济中的小微企业、民营企业金融服务，该政策为供应链金融发展提供了政策依据。接着，2019年10月，中国银保监会印发了《关于加强商业保理企业监督管理的通知》，要求规范商业保理企业经营行为，加强监督管理，压实监管责任，防范化解风险。之后，在2020年世纪疫情全面暴发时期，供应链金融对实体经济的稳定作用得到了广泛认知，2020年4月，商务部等8部门印发《关于进一步做好供应链创新与应用试点工作的通知》，强调建立跨区域、跨部门、跨产业的信息沟通、设施联通、物流畅通、资金融通、人员流通、政务联动等协同机制，通知重点要求推动供应链协同复工复产，强调利用供应链金融服务实体企业和“试点企业”的带头作用。

2020年5月，《中华人民共和国民法典》详尽规范了各类典型合同，保理合同被首次列为新增典型合同，之后，同年6月，中国人民银行发布《标准化票据管理办法》规范了标准化票据业务发展，这对供应链金融发展起到基础性作用。同年9月，中国人民银行等8部门又印发了226号文，这对供应链金融发展具有里程碑意义。226号文主要围绕准确把握供应链金融的内涵和发展方向，稳步推动供应链金融规范、加强供应链金融配套基础设施建设等6大部分出台了共23条细则。到了2021年1月，为解决应收账款规模过大的问题，上海票据交易所制定了《上海票据交易所供应链票据平台接入规则（试行）》，为应收账款提供强大的二级交易市场。同时，国内如深圳、浙江、山东、安徽等地均出台了供应链金融发展的支持政策。

（二）技术环境

技术赋能是通过新兴信息技术，形成一种新的方法、路径或可能性，来激发和强化行动主体自身的能力实现既定目标的创新，在技术创新应用实践中，技术赋能正形成一套以应用为基础的社会问题解决机制，这套机制成为优化治理主体间关系的新型驱动力，表现为从“权威驱动”转向“信息驱动”[①]。一方面，技术赋能会促进组织内部自治能力提升、组织形态虚拟化和边界的模糊化[②]；另一方面，技术赋能会产生“替代效应”和“挖掘效应”来影响社会福利，“替代效应”在于参与主体的不同组织转换，“挖掘效应”是对潜在社会福利的进一步开发，而用户扩张时会导致“正的外部性”和“负的外部性”并存，从而对社会福利出现先增后减的趋势[③]。在以“信息驱动”“替代效应”及“挖掘效应”特征的技术赋能环境下，港口供应链金融风险管理就面临“权威驱动”下降而引起管理失灵，或者因为“替代效应”和“挖掘效应”的存在，出现

① 关婷，薛澜，赵静．技术赋能的治理创新：基于中国环境领域的实践案例［J］．中国行政管理，2019（04）：58－65.

② 孟天广．政府数字化转型的要素、机制与路径——兼论“技术赋能”与“技术赋权”的双向驱动［J］．治理研究，2021，37（01）：5－14.

③ 刘征驰，邹智力，马滔．技术赋能、用户规模与共享经济社会福利［J］．中国管理科学，2020，28（01）：222－230.

个体组织的“创新收益”和“风险承担”之间不匹配的情形，这需要建立平台系统内的利益和风险分担及补偿机制，往往很难达成一致协议，因此，很容易导致港口供应链金融风险管理难度增大。

从技术赋能供应链金融趋势来看，赋能型ABCDEFG技术对港口供应链金融发展的作用已从单项技术赋能，转向ABCDEFG技术赋能及依托融合型技术的平台赋能阶段。每项技术均有自己的优势，大数据、AI对供应链金融的风控和决策提供重要支撑，5G及未来6G技术作为新型基建的底层技术，云计算、算法等大大降低了供应链金融体系内企业数字化线上化的成本等。跨系统价值异构的平台是一个多主体交互作用、数据和技术驱动的复杂适应性网络，具有结构复杂、行为复杂、功能复杂、治理复杂等特征，存在平台开放性和价值分配的“闭环性悖论”①。无论单项技术赋能、还是融合型技术赋能以及平台赋能，最终还是要实现产生商业和社会价值目的，但新技术在颠覆性创新的同时，也会带来“创造性破坏”，包括市场垄断、数据滥用、有害信息、侵蚀公共权力等危害。这些“创造性破坏”在技术平台的复杂性背景下，技术创新风险会加大，进而会触发港口供应链金融风险。

（三）市场环境

从理论逻辑而言，在市场效率提高的同时一般会伴随着风险的加剧，融资搜寻效率对市场利率有明显的影响，当搜寻效率不高时，市场利率水平会上升②。因此，按照这个逻辑推论，区块链技术赋能提升了港口供应链金融的融资效率，会因为市场搜寻效率的提高促进市场利率水平的下降，从而更有利于港口供应链上下游的中小微企业融资成本下降，降低由于市场利率定价引起的金融风险，但是新技术应用也会引致更加复杂集成的港口供应链金融风险，需要全面风险管理（TRM）思想及机制去管理供应链金融风险。

---

① 范如国．平台技术赋能、公共博弈与复杂适应性治理［J］．中国社会科学，2021（12）：131－152.

② 李建军，王德．中国分离均衡信贷市场的利率定价——搜寻效率和风险因素检验［J］．金融研究，2014（10）：1－14.

从市场环境来看，港口供应链金融会出现四个市场特征：一是愈发强调临港产业供应链场景的把握和金融风险管理，港口产业供应链场景的关键在于港口供应链金融风险管理，由于供应链上下游企业和商业银行、保理公司、小额贷款等大量公司参与产业供应链场景，在中早期会面临“虚假仓单”“自保自融”“套汇套利”“偷梁换柱”融资等行为，会放大供应链金融风险。二是多市场主体专业分工的供应链金融网络成为港口供应链金融风险管理的重要组织方式，参与市场的主体包括供应链上下游企业、平台服务提供商、综合风险管理者、风险承担者或资金提供者等，风险承担者或流动性提供者是供应链金融中直接提供金融资源的主体，也是最终承担供应链金融风险的组织。三是赋能型 ABCDEFG 技术也是融合型技术，港口供应链金融的赋能需要集成个体组织差异性，通过技术重组创新形成多元协作的跨组织生态系统，这就需要复杂集成的供应链金融风险管理机制。四是港口供应链金融是基于港口产业供应链的金融活动，可以优化港口产业供应链结构，从市场趋势来看，港口产业供应链生态和港口供应链金融生态融合是必然趋势，一方面，可以解决港口供应链上下游中小微企业的“融资难”“融资贵”问题，另一方面，可以通过缓释供应链企业融资约束来提升港口供应链企业乃至整条港口供应链的核心竞争力。

三、区块链技术赋能下港口供应链金融风险管理理论框架的提出

（一）港口供应链金融风险管理必要性

整个港口供应链参与市场主体是一个基于港口供应链的“利益共同体”，每个供应链企业是整个港口供应链网络的一个节点，每个节点企业拥有自己的业务战略、市场目标、绩效评价体系，需要金融机构来针对性地提供融资及咨询服务，更需要港口供应链金融风险管理机制，但实践中往往存在风险管理机制不完善、不健全、不适应等问题，港口供应链金融风险管理是指港口供应链融资以港口物流与资本的交互融合协同赋能，其内涵是以港口及其物流为基础和核心，对物流链环节上的关

联用户产品以“物流+信息流+资金流+商流”协同化地实施金融风险管理，处理因运输、贸易、工业、商业、融资等领域出现各种不确定因素引起的风险，这些风险会对供应链资金提供者及融资供应链企业产生严重后果。针对经营过程中面临的严重后果，选择最优的风险处理技术来确保供应链金融运行的安全性、稳定性与可持续性。同时，由于供应链中市场竞争的增加和客户需求的动态变化，使供应链中的潜在风险增加，对其资金提供企业造成威胁。因此，有必要识别供应链金融模式创新中隐含的风险，对港口供应链金融进行风险管理能够使供应链变得更加富有弹性，使港口供应链相关企业避免或者减少由于风险带来的损失。

（二）港口供应链金融风险的管理原则

港口供应链金融是对“物流+信息流+资金流+商流”协同化地实施风险管理，未来无论是传统港口供应链金融业务延伸，还是港口供应链金融新型金融科技公司进行业务试点，在港口供应链金融中的风险管理原则包括：①风险管理需在可承受范围内。风险管理需在资本、人力资源、风险管理控制及其他资源的允许范围内，稳妥地管理已经承担的风险，在风险承担和模式创新获得的收益之间取得适当的平衡，得到风险调整后的收益最大化。②风险管理满足全面风险管理（TRM）的要求。首先，风险管理业务在TRM的范畴内，依据各类供应链业务的相关性与其他公司业务等统一纳入供应链管理体系，对其复杂集成的风险进行控制与管理；其次，风险管理应对赋能型ABCDEFG技术风险、信用风险、政策风险、市场风险、操作风险等不同类型的风险通盘考虑，确保所有风险状况和反馈结果都有相应部门负责和管理。③风险管理满足独立性和垂直性要求。风险管理部门应独立于供应链的业务体系，保持职能的独立性，并适应业务体系的结构。风险管理部门应在供应链业务体系的各个层次设立独立的风险管理和评审体系，实现垂直化管理。④风险管理部门与业务部门保持跨条线的有效沟通。由于风险管理部门独立于业务体系并采用垂直化管理模式，风险管理人员可能缺乏对于业务的深入了解和市场意识。尤其对于港口供应链业务而言，管理人员对于业务风险的认识难免出现偏差，这就需要跨条线的沟通渠道和机制来保障风险控制的有效性。

（三）港口供应链金融风险管理理论框架的提出

风险因素、风险事件和风险结果是风险的基本构成要素，在目标设定和良好的内部环境下，进行“目标设定—风险识别 风险度量—风险预警—风险防控—事后评估”是风险管理的基本逻辑，针对复杂综合风险，需要应用全面风险管理（TRM）理念去管理金融风险（见图6－1）。

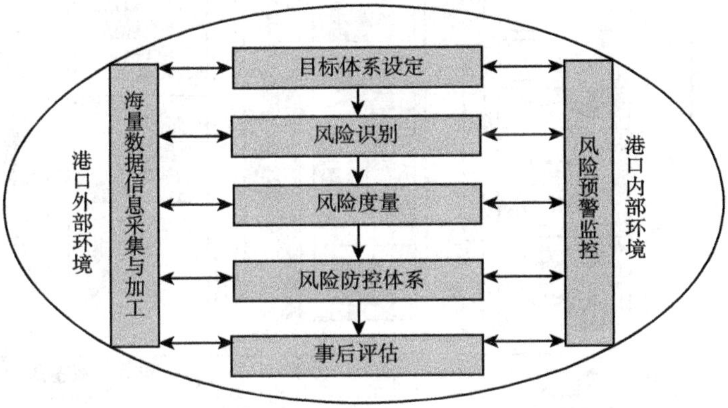

图6－1　港口供应链金融风险管理基本逻辑图

基于港口供应链金融运维的政策环境、技术环境与市场环境，面对港口供应链中出现的复杂综合风险不能依靠单一风险管理模型评估，而是需要构建合适的港口供应链金融风险管理框架。从逻辑上看，区块链技术赋能下港口供应链金融必然会形成“底盘基础客观化和末端业务的自治化”格局。从理论逻辑而言，需要从结构维度、流程维度和信息维度影响港口供应链企业的融资规模、融资周期以及融资成本，从而影响港口供应链企业绩效，触发港口供应链金融风险，从机理影响来看，主要从系统的客体要素和主体要素两个维度影响港口供应链金融绩效，在系统客体要素维度主要从网络结构、交易机制、信息治理来影响港口供应链金融绩效，从而影响港口供应链企业盈利能力、创新能力与治理能力，最终触发港口供应链金融风险。从另外逻辑路径来看，从网络结构和业务结构维度上增强港口供应链企业抵御金融风险的能力，从交易机制和管理流程维度上强化港口供应链企业现金流的安全性，同时，从海量数据的采集加工至信息治理以及声誉资产维度提升港口供应链提供资金机构的智能决策水平。因此，在区块链技术赋能环境下，需要“全面感知”港口供应链各个状态信息和“泛在链接”港口供应链中人、机、物、事及环境所需，在合适算力基础上运营各类算法对海量数据进行加工处理获取信息，结合既定管理目标，构建风险控制模型，实现港口供应链金融风险管理的智能评估、智能预警、智能决策和智能管控（见图6-2）。

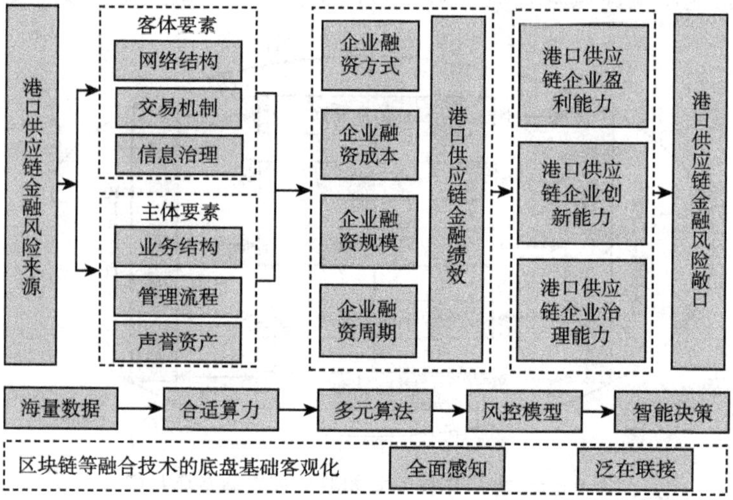

图6-2 区块链技术赋能下港口供应链金融风险管理框架

第二节 区块链技术赋能港口供应链金融风险识别

风险识别是指对供应链相关参与市场主体在各种风险事件发生之前或发生之后可能带来损失的风险因素加以判断、认识、分类与辨别，然后依据风险识别进行风险评估、风险预警与风险管控，任何风险评估、预警与管理的科学决策都需要基于正确的风险识别。因此，港口供应链金融的风险识别是区块链技术赋能下港口供应链金融风险管理的基础，有必要去识别港口供应链金融风险的特征及类型，在度量金融风险基础上进行金融风险预警与金融风险管理。

一、港口供应链金融风险识别的特征与类型

掌握港口供应链风险特征是风险识别的前提。由于供应链金融拥有产业供应链和供应链金融两大属性，而区块链技术要素参与使得块链技术赋能港口供应链金融会面临来自产业、金融、技术、市场、政策等领域的多重风险，因此，有必要理解港口供应链金融风险特征与类型。

（一）港口供应链金融风险的特征

1. 传导性与整体性

港口供应链是一个供应链上下游企业、金融机构以及各个政府部门等多元主体参与的整体合作、协调一致的复杂系统，同时也是一个集成的“利益共同体”。与单个企业相比，供应链金融服务有其内在脆弱性，体现为传导性和供应链相互之间的依赖性（宋华，2021）。在面对港口供应链金融风险时，只有通过多元主体组织金融风险管理协调性与供应链金融风险管理的整体性，注重全面风险管理（TRM），才能提高整条供应链金融及其参与主体的抗风险能力，“一荣俱荣，一损俱损”以及“你中有我，我中有你”成为港口供应链参与主体的显著表征。因此，传导性和整体性是港口供应链金融风险的基本特征。

2. 复杂性和动态性

复杂系统集成的平台本质上是基于技术搜寻下的赋能型 ABCDEFG 技术重组创新，平台集成了供应链相关的各类市场主体、行业协会及政府职能部门，供应链金融风险会叠加产业供应链风险、技术风险、政策风险、市场风险以及资金供求风险等复杂风险，此时供应链金融风险敞口及风险结构会发生改变，不再是传统金融风险或单一金融风险特征，而需要组合风险管理手段来分散和规避风险，所以具有复杂性特征。同时，由于港口供应链无时无刻不在面临着技术、管理、政策、法律、操作、市场、物流等市场需求以及服务方式的变化，港口供应链金融平台亦需要随着这种需求变化不断地筛选有实力的客户伙伴，因此，港口供应链

金融具有动态性。

3. 突发性和虚拟性

传统港口供应链金融风险具有航运金融风险、物流金融风险等共同表征，即有小额高频、自偿性和持续性特征，但在赋能型ABCDEFG技术以及跨链、智能合约、算法等技术使用下，信息共享、信息真实、不可篡改等性能降低了交易风险、操作风险和市场风险的同时，也促使传统供应链金融风险出现了结构性和风险权重的改变，金融算法也会导致资金流向存在指引作用，算法技术的不完备性和金融配套监管不充分会增加供应链金融突发性风险①。区块链技术赋能港口供应链金融场景作为一个虚拟存在的集成组织而并非真实存在的实体平台，风险结构开始转向虚拟性特征，其运作主要靠内部的节点企业彼此合作，在企业的共同配合下创造市场价值。

（二）港口供应链金融风险类型

1. 风险结构分析

港口供应链金融风险类型②可以划分为宏观风险、中观风险及微观风险，或者按照发生的层次分为政策风险、法律风险、环境风险、技术风险、市场风险、行业风险、供应链关系风险、运营风险、信用风险、操作风险等。

从宏观视角来看，国家政府制定的政策、法律以及信息化建设形成“塔基”环境会间接影响到港口供应链金融中包括如审核和监管等各个节点的协调配置状况，对港口供应链企业管理者如何配置协调资源等方面造成一定程度冲击。同时，由于赋能型ABCDEFG技术以及跨链、智能合约、算法等技术还不成熟，在技术融合和技术集成趋势下，会面临技术

---

① 王利军，赵佩婕．算法时代的金融风险及规制路径［J］．吉林工商学院学报，2022，38（01）：106－111.

② N P Barsky（2005）构建供应链金融融资风险分析模型，将供应链金融风险划分为融资过程风险、信息技术风险、人力资源风险、环境风险和基本结构风险。国内李毅学（2011）将其划分为宏观、行业和供应链系统的系统风险以及信用风险、存货变量风险和操作风险等非系统风险。而央行颁布的226号文件对防范供应链金融风险主要提到核心企业信用风险、供应链金融企业操作风险、虚假交易和重复融资风险以及金融科技应用风险四类风险。

风险带来的冲击。从中观视角来看，跨系统的系统集成是处于市场环境之中，那么供应链市场运行的不稳定性或不确定性，如货押融资、商品价格波动等，造成市场风险。同时，行业属性或不稳定性也会影响商务链从而影响资金链的安全性。从微观视角来看，由于港口供应链金融的对象包括众多港口供应链中小微企业的经营管理者，常采用授信资产支持技术进行各类授信资产管理，但在区块链技术赋能的场景下，跨链技术不稳定、基于智能合约的交易规则不完善等原因会导致无力偿还贷款等问题，容易诱发相应的经营风险和信用风险。此外，整个供应链基于市场的供需关系链分析，供应商、港口、零售商彼此之间的物流服务过程中会存在内部化的人员逆向选择或道德危害造成操作风险。为此，通过对供应链金融风险的识别，可以系统地构建控制风险评估体系，体系包括宏观、中观和微观三个层面，其中进一步将供应链金融风险识别分类的目标对象细分风险类型（见图6－3）。

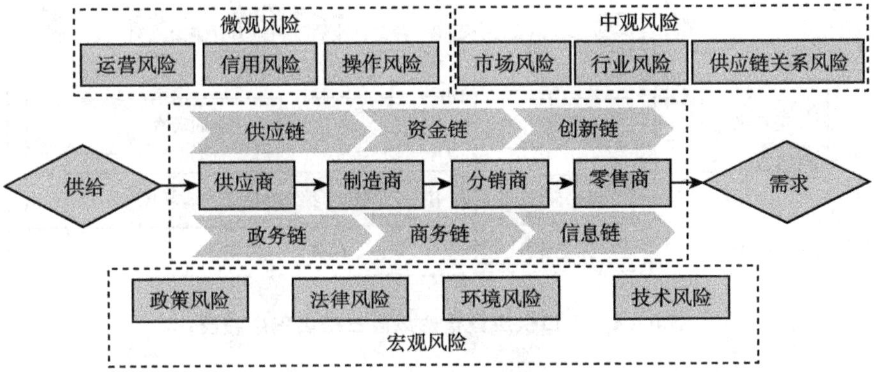

图6－3　港口供应链金融中宏观、中观和微观风险结构分析图

国内外学者对港口供应链风险的分类及影响因素分析的研究已比较成熟，但应用于港口供应链风险问题的研究较少。基于此，基于港口供应链金融中宏观、中观和微观风险结构，构建港口供应链风险因素体系框架（见图6－4）。

2. 主要风险类型

（1）政策风险。

政策风险是指在供应链建设期货经营期内，由于所处的经济环境和

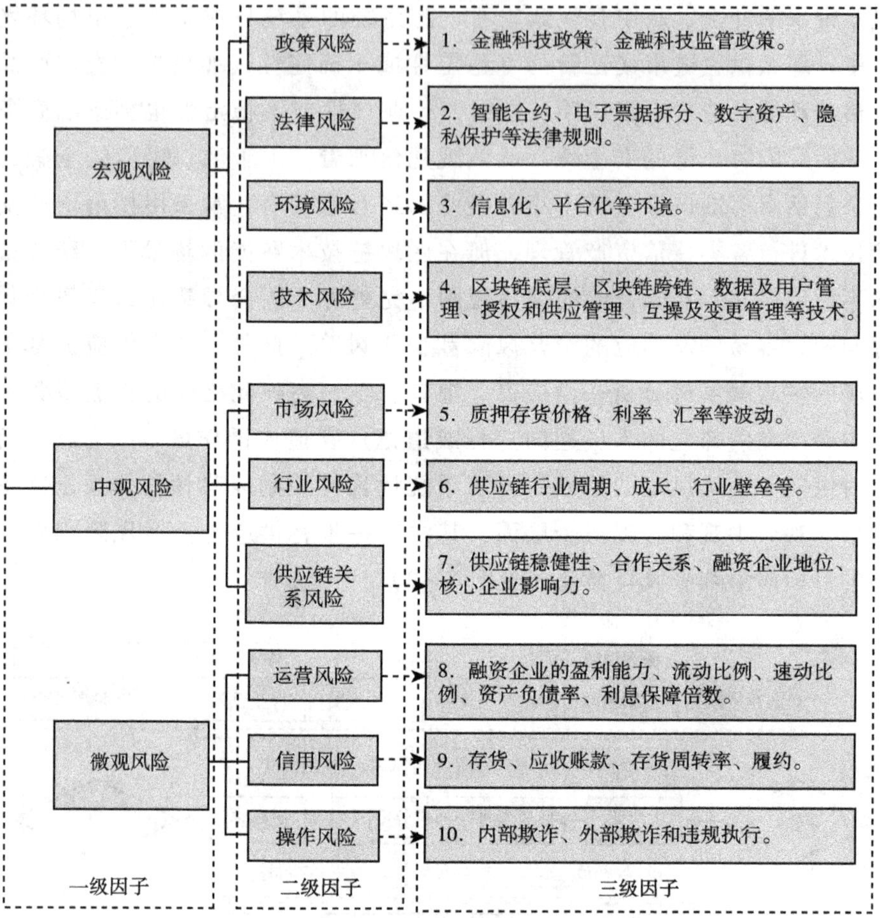

图 6－4　港口供应链金融风险三级因子层级图

经济条件的变化，致使实际的经济效益与预期的经济效益相背离产生的风险。政策风险防范主要取决于港口供应链金融市场参与者对国家宏观政策的理解和把握，取决于投资者对市场趋势的正确判断，主要包括金融科技政策和金融科技监管政策。

区块链技术赋能下的港口供应链金融发展存在两层含义：其一，传统港口供应链金融发展模式通过区块链技术进行管理优化和业务的延伸，不涉及金融组织创新，仅仅会改变传统金融机构的风险控制规制，从单一企业信用管理转向以核心供应链企业为主体的供应链金融风险管理。在这层含义的场景下，港口供应链金融依旧是传统金融机构提供资金及产品服务。其二，区块链等多元化技术、跨链技术等的深度应用，就需要对平台金融科技公司进行科学引导和包容审慎监管，平台金融科技公司本质上属于新型金融业态创新，缘由在于金融科技公司的信号中介作用可以港口供应链金融信息服务的规模经济性和服务范围经济性，实现供应链运营和金融资源的合理有效对接，这也是金融科技公司的必然[①]，由于金融均是牌照化管理，会面临对平台金融科技政策以及金融监管规制不确定性引发的政策风险。2022 年 1 月，中国人民银行印发了《金融科技发展规划（2022—2025 年）》，对金融科技公司进行了正面肯定，"金融科技作为技术驱动的金融创新，是深化金融供给侧结构性改革，增强金融服务实体经济能力的重要引擎"，这对于平台金融科技公司发展而言是一个相对较为全面的政策依据。因此，第一层含义在于强调区块链技术应用对传统供应链金融发展的影响，更多地倾向于技术风险[②]范畴。第二层含义在于强调平台金融科技公司的重要性，更多地倾向于政策风险。

从前面篇幅讨论的内容来看，国内供应链金融的战略性地位已有清晰的表述，并且强调了供应链金融的作用。例如，2017 年，人民银行等五部门发布《关于金融支持制造强国的指导意见》；2018 年，商务部等八部门发布《关于开展供应链创新与应用试点的通知》，2019 年 2 月 14 日，中办国出台"金融服务民营企业 18 条"意见，同年 2 月 18 日，《粤港澳大湾区发展规划纲要》发布，供给侧结构性改革、金融科技、风险防范等被写入纲要，标志着供应链金融的发展上升到了前所未有的高度。但作为区块链技术赋能下的港口供应链金融发展，还存在一些不确定因素，会滞阻金融科技公司等新型金融组织的创新，具体体现在：第一，对平台金融科技公司今后如何发展还存在不确定性，226 号文第二十条至第二

---

① 参阅：宋华．智慧供应链金融［M］．北京：中国人民大学出版社，2019。本书非常认同宋华教授的观点，仅仅依靠以核心供应链企业为导向的供应链金融创新模式会滋生"金融攫取"行为，而金融科技公司可以有效根治金融攫取行为，营造互助共赢格局，同时，金融科技公司可以发挥信号中介作用，搜集、处理、加工、清洗大数据和呈现有价值信息。从 2020 年 9 月中国人民银行联合工业和信息化部等部门发布的《关于规范发展供应链金融 支持供应链产业链稳定循环和优化升级的意见》中的内容来看，国家对供应链金融领域金融科技公司的设立采取的是审慎原则和监管沙盒。

② 技术风险放在微观风险里讨论。

十二条明确提出要严格对供应链金融进行监管："各类供应链金融服务平台应付账款的流转应采用合法合规的金融工具，不得封闭循环和限定融资服务方。核心企业、第三方供应链平台公司以供应链金融的名义挤占中小微企业利益的，相关部门应及时纠偏。同时，各类保理公司、小额贷款公司、财务公司开展供应链金融业务的，应严格遵守业务范围，加强对业务合规性和风险的管理，不得对无牌或超出牌照载明的业务范围开展金融业务。各类第三方供应链平台公司不得以供应链金融的名义变相开展金融业务，不得以供应链金融的名义向中小微企业收取质价不符的服务费用"。可见，央行颁布的226号文规定使得平台金融科技公司只能按照"监管沙盒"模式进行探索式设立。

（2）法律风险。

区块链技术与港口供应链金融结合本质上还是金融，需要接受金融的严格监管，区块链技术创新是一把"双刃剑"，既带来了港口供应链金融模式和应用金融场景的创新，同时也会因技术变革引致新的法律风险。在新科技革命背景下，由于区块链技术如智能合约、电子票据拆分、数字资产、隐私保护等缺乏法律标准及规范，更没有形成有效系统框架，必然会导致法律规则与科技创新不同步、不匹配的情况，因而会产生技术和商业模式创新的法律风险。如何构建相应的法律规则去治理区块链技术创新引起的风险成为金融科技创新的法律应因。由于相关法律的缺失和监管责任的划分不清，供应链线上融资参与主体的权利义务界定和质押物的物权不清晰，造成具体的问题和潜在的风险并没有进行责任到机构、部门，容易造成法律方面的风险。同时，在实践中，存在诸多不足，这些不足会引致法律风险的产生，例如，主体信息开放度低，消费端数据量大，但供应链企业端数据量还不足；线上场景数据多，线下场景数据不足；政府掌握数据量大，但部门数据割裂；个别分散度较高的行业数据沉淀已有一定规模；公共数据资源开放度不足，企业数据资源开发共享相关的法律法规、标准及商业机制还不够成熟。总之，供应链金融涉及多方参与主体，各方所处的领域法律法规有所不同，均会加剧法律风险的产生[①]。

---

① 由于在第二章对法律规则进行了详细解释，这里不再重复阐述。

（3）环境风险。

环境因素是能够影响港口供应链金融及其各行业商业情景的外在因素，环境风险[①]的相关科技发展给人们带来生活便捷，但也不可避免地产生与新科技伴随的各类风险，在司法运行机理上就需要在司法规则对象从现实损害到未来损害，司法规制的目标从事后救济到事前预防，而司法规则的规范依据从侵权法到规制性立法[②]。从系统环境风险视角来看，体现供应链复杂网络框架中的信息化和平台化两个维度，而信息化包括供应链信息化、流程自动化、交易工具化三个维度，有效的信息治理需要建立在信息可靠基础上，构建信息源和信息结构，同时实现信息的持续与全生命周期管理。此外，平台化特指主体平台化。具体而言：其一，供应链信息化程度关系到繁杂大数据转化为“可视化”决策信息的质量，通过网络结构影响业务结构，通过信息治理影响声誉资产，直接影响着融资规模和融资周期，最终影响供应链金融风险敞口。其二，流程自动化关系到供应链资金的交易流程，而交易流程会降低资金供求的搜寻成本和融资费率，提高复杂网络信息的决策效率，从而影响供应链金融风险敞口。其三，交易工具化有助于推动“底层交互的客观化”，通过便捷化的交易工具提高要素资源配置效率、降低融资费率，从而影响供应链金融风险敞口。其四，主体平台化通过信号中介作用，提高信息治理质量，影响融资规模和供应链金融风险敞口。

（4）技术风险。

技术本身既是金融科技发展的动力，又是金融科技的风险点，技术的应用也增加了金融机构的关联性和金融体系的复杂性[③]。央行 226 号文的相关表述为“供应链金融各参与方应合理运用区块链、大数据、人

---

① 环境风险具有不确定性特征，为了界定环境风险，这里按照“风险的空间尺度分为微观环境风险、系统环境风险、宏观环境风险”依据，同时区分政策风险等其他宏观风险，这里环境风险特指数字化经济时代下信息化、平台化后的系统环境风险，具有供应链信息化、流程自动化、交易工具化、主体平台化等显著环境特质。按照宋华教授的观点（2019）就是在技术呈现上，体现“底层交互的客观化和末端业务自治化”。

② 陈海嵩．环境风险的司法治理：内在机理与规范进路［J］．南京师大学报（社会科学版），2022（02）：14－24.

③ 皮天雷，刘垚森，吴鸿燕．金融科技：内涵、逻辑与风险监管［J］．财经科学，2018（09）：16－25.

工智能等新一代信息技术，持续加强供应链金融服务平台、信息系统等的安全保障、运行监控与应急处置能力，切实防范信息安全、网络安全等风险。”港口供应链技术是指利用各类先进的赋能型 ABCDEFG 技术手段，对传统供应链金融行业产品进行创新、升级和优化，使产品整体效率大幅提升，并降低运营成本。从理论研究和行业实践来看，单一技术创新或单一商业模式创新均存在可持续或成长性较弱的风险①，基于可持续性和成长性考虑，需要区块链技术、跨链技术、隐私保密技术、智能合约技术、密码技术、边缘计算、AI 等多元技术的有效融合。融合式技术必然会引致技术融合不通畅、不适宜和不稳定带来的复杂技术风险，同时，加密算法和协议、分布式系统等还存在底层技术漏洞，容易被量子计算所攻击。因而港口供应链的技术风险是指因技术创新带来的风险，是技术系统发生故障，导致金融服务中断、交易停滞、银证转账不畅，或在容量、运作等方面不能保障交易业务正常、有序、高效、顺利地进行，其中，还包括因软件设计缺陷，造成用户与金融机构的交易数据计算错误，用户交易数据被破坏、修改、泄漏、被入侵等产生的风险。关于技术风险管理，2009 年中国银监会发布了《商业银行信息科技风险管理指引》，明确要求商业银行建立有效的机制，实现对信息科技风险的识别、计量、监测和控制，提高信息技术使用水平。银行机构只有管理好移动金融服务的技术风险，给消费者提供安全可靠的服务，增强消费者对移动金融的信心，才能发展移动金融服务市场。显然，以设立金融科技公司为主体的平台开展港口供应链金融服务，更要参照商业银行出台相应的“技术风险管理办法”，管理好技术风险。

无论采取第三方平台金融科技公司模式，还是采用以核心供应链企业为主心的港口供应链金融模式，目的在于基于区块链等融合式技术形成复杂网络的信息管理以解决“融资难融资贵”问题，在实践中以下情形容易引致技术风险，包括数据管理、访问和用户管理、授权和供应管理、互操作性、可扩展性、变更管理、隐私及安全，这也是区块链技术

---

① Li, Xin. Solving Paradox by Increasing Technological Capacity: A Critique of the Concept of Business Model Innovation at TikTok [J]. Management and Organization Review, Cambridge University Press, 2022, 18 (1): 203 - 208.

的基本特征①。具体而言还包括：其一，技术意识不足。各个部门对区块链等供应链金融及其技术并未深入理解，导致对于此类项目的甄别能力有限，盲目地启动区块链技术赋能港口供应链金融项目会造成金融无序，在技术可靠性、商业利益分配机制与模式、市场认知、监管规范上都还没达到普及深度应用的程度。其二，动态实时数据获取和数据隐私保护能力弱。传统供应链金融的信息系统管理只关注单个企业及其静态数据的获取，而区块链技术赋能港口供应链金融的复杂网络情境下，需要在数据隐私保护基础上经数据搜集、清洗、整理、加工、分析等步骤转化为有效决策信息，传统的信息系统满足不了复杂网络下资金提供方与供应商、制造商在投融资互动、信息搜索和业务整合方面的技术要求。其三，技术难以落地。国外研究学者对供应链金融风险识别、企业融资行为和意愿的研究居多，但是并没有实际解决具有中国特色的中小微港口企业的融资问题，区块链技术解决供应链融资并未实现实地的应用场景。其四，硬件配置未及时更新，业务膨胀会造成“交易拥堵”、交易频率低和体验感差。为了满足客户量和交易量的增长以及融资方式的不断更新，平台需配置高技术的硬件和软件设备，需要及时进行更新和维护。网络环境的不稳定性和复杂性，使得新技术平台开发对于未来的各种突发状况不能完全充分预判，一旦交易量井喷，软件系统负载与处理能力不足会导致“系统交易拥堵”。

（5）市场风险。

市场风险是由于市场不确定性对企业实现其既定目标的不利影响或者由于同行竞争激烈导致的风险。在供应链金融业务中，由于市场环境不稳定造成的市场风险可能会导致整条供应链上的资金无法回笼。同时，健全的供应链销售网络、及时的售后服务以及高市场占有率等客观因素会降低港口供应链金融市场风险发生的概率。因此，港口供应链金融业务的市场风险主要有三个层面：其一，价格风险。在港口供应链金融业务中，价格风险体现最明显的是作为质押物的存货价格波动给资金提供方带来的风险，这种风险在存货融资模式下体现得尤为显著。在港口供

① 宋迎春，宁晓雅．区块链技术风险评估与控制［J］．财会月刊，2021（14）：124－130.

应链复杂网络中，商品价格波动是比较常见的现象，即使是石油等港口大宗商品，在某一特定时间内发生波动的可能也是比较大的。商品价格波动会导致港口供应链中断的可能性，从而影响供应链金融的持续性和稳定性。其二，利率风险。如果供应链企业以贷款作为启动和运作资金，贷款利率的调整很可能会增加供应链的利息负担，增加经营成本从而引致违约风险发生。其三，汇率风险。汇率的变动直接影响涉外企业的进出口贸易从而改变供应链运行绩效，最终引发市场风险，同时，汇率会通过应收应付账款改变资产净值和资产负债率，影响运行绩效，最终影响市场风险。

（6）行业风险。

行业风险是指由于一些港口供应链行业不确定因素的存在，导致对港口供应链行业生产、经营、投资或授信后偏离预期结果而造成供应链运营损失从而间接对供应链金融造成的负面影响。反映行业风险的具体因素包括投入要素的不确定、产品市场不确定、产品竞争程度、市场集中度、行业周期性波动、成长不持续性等因素，这些因素会影响整个供应链所有企业及部门，进而影响特色行业企业经营及其融资债权的偿还。行业风险具体表现在：其一，投入行业生产要素的不确定性，区块链技术赋能下的港口供应链金融发展需要集成产品、数据、资本、劳动、信息等生产要素，在资源约束条件下，市场主体在面临决策时，会优先配置有效要素资源到主营业务中，对参与应用场景的要素投入存在很大不确定性，尤其是供应链链条中的中小微企业存在“资源约束”。其二，供应链产品市场不确定，其首先危害的是供应链产品供应的稳健性，会直接影响供应链企业的生产规模，进而影响供应链企业抗风险的能力。其三，行业周期性波动会在宏观和微观视角冲击供应链行业生产和经营的稳定性，从而会产生负面影响。

（7）供应链关系风险。

供应链是一个网链结构，企业与企业之间是一种需求和供应的供应链关系，供应链关系是从供应视角考察供应链上下游关系，其风险主要考虑港口供应链关系网络中融资企业所在供应链的运作状况和合作性风险，本质上属于中观风险范畴。从内容上看，影响供应链关系的风险敞口主要包括五个维度：第一，供应链稳健性。未来市场竞争不再是单个企业竞争、单个产品竞争，而是整个供应链的竞争，因而供应链稳健性有助于提高整条供应链抗风险的能力。第二，供应链企业与企业之间的合作程度，具体而言，包括合作时间、合作频率以及合作质量。合作时间越久、合作频率越高、合作质量越好，供应链关系风险敞口越小。第三，融资企业的地位。从逻辑上看，融资企业的地位越高，供应链关系风险敞口越小。第四，核心企业的影响力。供应链核心企业的影响力、协调力、引领力对供应链企业间信任关系存在正向影响，也会影响供应链关系风险敞口。

（8）运营风险。

运营风险属于微观供应链企业面临的风险，在供应链运营的网络链条中，运营风险是对供应链企业运营及其金融的持续性和稳定性带来负面冲击的首要微观因素，运营风险管理是在供应链企业在财务、人事、生产、销售、仓储、信息、数据、技术等局部领域管理不当对供应链企业运营和发展产生的负面影响，需要对供应链企业的运营风险进行识别、衡量、监督、控制和反馈报告的过程。由于单个企业出现运营风险引致供应链运营局部中断会对整个供应链运营及其金融服务网络造成负面影响。由于供应链企业与企业之间、供应链企业与金融机构之间的交往密切且错综复杂，在底层技术交互的客观化前提下，形成了“你中有我，我中有你”的复杂供应链网络。从普适性规律来看，与单个供应链企业相比，供应链网络的管理及其金融服务有其内在脆弱性（宋华，2021），这种脆弱性会形成港口供应链网络运营风险的易传导性和整体性，单个供应链企业运营及其金融出现风险，必然会冲击整个港口供应链网络运营的持续性和稳定性。而每个供应链企业可能会嵌入多个港口供应链网络运营的场景中，所以一旦影响到某个港口供应链网络运营的持续性和稳定性，会对多个供应链网络的运营造成影响从而进一步放大运营风险。

（9）信用风险。

信用风险主要是指港口供应链融资方的违约、犯罪或无法履行合约义务给供应链金融的债权人所造成的经济损失风险，主要包括：融资企业的存货、应收账款、存货周转率以及历史履约记录等原因会容易引发信用风险。其一，融资企业的存货越多，说明企业市场需求疲软，容易引发现金流收支不匹配，造成流动性紧张从而导致债务违约。其二，应收账款越多，越能说明供应链供货企业的市场营销很大程度依靠赊销方式进行，应收账款越多造成债务违约概率越大，其信用风险越大。第三，存货周转率。存货周转率越快，供应链供货企业的市场销售越好，其信用风险越小。第四，历史履约记录。历史履约记录能在一定程度上反映融资企业的诚信状况。

在银行融资模式中，信用风险是指债务人由于各种原因造成其无法还款，从而给债权人带来一定经济损失。在港口供应链金融模式中，由于供应链融资的核心价值之一就是解决供应链中中小微企业的融资困难。其中，可能存在经营管理不善导致无力偿还贷款的情况，或者因仓单、票据造假、呆账、坏账、信息不对称及没有健全的信用评价体系等问题，出现“惜贷”现象。因此，央行226号文要求，完善供应链票据平台功能，推动动产和权利担保统一登记公示，优化供应链融资监管和审查规则，建立信用约束机制，加强核心企业信用风险等业务。区块链赋能港口供应链金融解决方案的价值主要体现为港口区块链系统上以电子凭证代替纸质票据、由RFID、AGV、视频分析等技术监测商品进出库等动态、读取商品信息并写入区块链系统，从而降低供应链各个节点企业存货管理造假作弊等信用风险。因此，在供应链金融业务中识别融资企业的信用风险，可在掌握供应链金融业务融资企业的特征上，结合以上方法来进行信用风险识别。

（10）操作风险。

港口供应链金融操作风险主要是内部欺诈、外部欺诈和违规执行引起的对供应链金融机构经营造成的损失①，具体而言：第一，操作风险的内部欺诈是指供应链金融机构内部人员参与的诈骗、盗用资产、违反法律法规的行为。第二，外部欺诈是指第三方供应链融资企业对供应链金融机构的诈骗、盗用资产、违反法律的行为，主要分为担保欺诈和财务报表欺诈。第三，违规执行是由于业务流程制度不健全、制度不完善、

① 周艳菊，彭俊，王综润．基于Bayesian－Copula方法的商业银行操作风险度量［J］．中国管理科学，2011，19（04）：17－25．

内部风险控制不当、信息传递不及时等造成的违规执行或不完全执行等风险[①]。按照巴塞尔银行监管委员会以及中国银监会等部门对操作风险的定义："由不完善或有问题的内部程序、员工和信息科技系统，以及外部事件所造成损失的风险，这一定义包括法律风险，但不包括策略风险和声誉风险"[②]。在港口供应链金融的运行过程中，对于互联网的依赖程度较高，互联网自身所存在的诸多特点，很容易产生风险安全问题。如：港口供应链金融模式能够使商业银行实时获取实物或资产质押情况、合同执行情况、核心企业运营情况等信息，从而将风向控制中心放在操作过程控制上，但与此同时，信息技术下的港口供应链金融可能存在程序错误风险、失控风险，带来信息采集合法性及信息安全隐患问题，导致金融监管成本增加，并对金融业就业岗位带来冲击，这无疑对操作的严密性和规范性提出了更高的要求。根据新巴塞尔资本协议第三次征求意见稿的定义，操作风险是"直接或间接由人或系统的不适当或错误的内部处理，或外部事件所造成的损失的风险"。同时，央行226号文关于供应链金融操作风险主要任务表述为："通过'金融科技+供应链场景'实现核心企业'主体信用'、交易标的'物的信用'、交易信息产生的'数据信用'一体化的信息系统和风控系统，建立全流程线上资金监控模式，增强操作制度的严密性，强化操作制度的执行力，防范供应链金融业务操作风险"。

第三节　区块链赋能港口供应链金融综合风险度量

复杂网络结构是区块链赋能港口供应链金融的主要表征，而区块链赋能港口供应链金融风险特征呈现出复杂综合风险特征，具有传导性、整体性、复杂性、动态性、突发性、虚拟性特点，对出现新型的港口供

① 李思昊．基于供应链金融的应收账款融资操作风险评价研究［J］．商业会计，2016（07）：84－86．

② 为了凸显法律风险的重要性，本文定义的操作风险不包括法律风险。

应链金融风险不能采取传统的风险度量方法，需要结合区块链赋能港口供应链金融风险特征，采取合适的风险度量方法。为此，探索区块链赋能港口供应链金融的风险度量方法是关注未来是否可以创新推出相应的创新应用场景的一个重要课题。本节在比较分析了各类供应链金融的风险度量方法的基础上，选取较科学的风险度量方法估测区块链赋能港口供应链金融风险，这有助于构建一套完善的风险管理体系。

一、港口供应链金融综合风险度量方法

（一）基于复杂网络的产品供应链风险传染模型

复杂网络理论是研究复杂供应链的有效方法。从内涵上而言，复杂产品供应链网络是一个庞大的层次网络结构，其中节点企业必然会对与其关联的节点企业产生影响，节点企业之间相互关联和相互竞合特质，形成了复杂供应链网络动态演化的复杂性。国内汪金洲等（2021）提出了基于复杂网络的产品供应链风险传染模型，该模型采用级联失效经典的“负载—容量”模型进行生动刻画，并引入“供应链风险流”“风险阈值”等概念，当供应链企业无法采取恰当的措施消除或转移风险时，风险流就会依附于企业间合作关系而在供应链节点上进行风险扩散，当节点企业受到风险冲击超过其抗风险阈值，此时超过阈值的风险就会进一步扩散，即供应链节点企业风险控制失效，产生级联失效状况。假设把供应链划分为零件供应商、部件供应商、一级供应商和主制造商四个层级。同时，上下两个层级之间存在合作关系，单个企业和上层或下层存在多个关联，不同层级不存在跨级合作关系。具体构建模型的过程为：网络初始状态设置网络初始节点 n 个，划分为 4 层，$n = \sum_{n=1}^{4} n_i$，节点初始强度为 W_0，假设存在三个常数，$p_a, p_b, p_c \in [0,1)$，当新的节点加入供应链网络时，得到一个增量 δ。在复杂模型中，通过节点强度来反映供应链节点企业的业务能力，表示为：$S_{ij} = \sum_{j=1}^{n} \omega_{ji}$。同时，用节点度来表示供应链节点企业的辐射能力，公式为：$k_j = \sum_{j=1}^{n} \pi_{ji}$。在模型具体参数设置中再引

入负载概念，并定义负载为供应链节点初始的风险承载量，并用介数来表示风险承载量：$k_n = \sum_{i \neq j = 1}^{N} \frac{e_{i,j,n}}{e_{i,j}}$，其中，$e_{i,j}$ 表示供应链节点 i 到供应链节点 j 的所有最短路径，而 $e_{i,j,n}$ 表示供应链节点 i 到供应链节点 j 最短路径经过点 n 的距离。此外，用“容量”表示供应链企业抵御风险的能力，“容量”越大，意味着风险阈值越大，抵御风险的能力越强。

当供应链风险流超过供应链企业“容量①”，其风险将会通过相邻节点进行传递，导致相邻节点企业风险增加了 $\Delta R_j = R_i \times (C_j - R_j) / (\sum_{\sigma \in \tau} C_\sigma - R_\sigma)$，$\tau$ 表示所有与节点 i 相连的节点，当供应链节点企业 i 将风险传递到供应链节点企业 j 的过程中，供应链节点企业 j 会转移部分风险，即超过风险阈值的风险转移给邻居节点企业 k，此时承受的风险为：$\Delta R_k = (\Delta R_j - C_j) \times (C_k - R_k) / (\sum_{\theta \in \eta} C_\theta - R_\theta)$。当供应链节点企业抗风险失效，其他供应链节点企业再也无法向其分散风险和传递风险，此时运行效果会有所下降，从而影响整个供应链网络的运行效率。此时，产品供应链风险产生了传染效应。基于复杂网络的产品供应链风险传染模型最大优点在于采用复杂网络理论形象地描述了单个供应链企业风险传染给相关供应链企业，最终影响整个供应链网络的运行效率的基础动态过程。但事实上，复杂供应链网络对随机冲击具有较大的鲁棒性②，具体涉及动态鲁棒性和静态鲁棒性③，产品供应链风险传染模型都不能完全体现复杂供应链网络特征。

（二）基于数量化理论的综合风险分类矩阵模型

传统仅仅依赖风险诱因、单个要素归属、风险损失对象等识别风险，均不足以充分刻画新技术革命下的风险属性，该风险具有不同于传统风险的传导性、整体性、复杂性、动态性、突发性和虚拟性特征，因此，

---

① 这个风险容易使得港口供应链金融网络合作成为一种复杂自适应系统，也叫自组织性（Azadegan and Dooley，2021），这种组织性可以抵御中短期供应链金融风险。

② 赵志刚．复杂供应链网络演化及风险控制研究［D］．杭州：浙江大学，2020.

③ Judit M. Supply chains' robustness：challenges and opportunities［J］．Procedia CIRP，2018（67）：110－115.

对新技术革命下的综合风险需要进行综合风险管理，而风险管理的基础就要进行综合风险分类分级[①]，该分类分级是系统管理学中“分级管理”思想在风险分类实践中的具体应用。国际风险管理理事会（International Risk Government Council，IRGC）提出了“风险预评估、风险评估、容忍度判断和风险管理”四个主要阶段的管理框架，并划分了“简单、复杂、不确定、模糊”四类风险，同时IRGC从风险事件诱因的角度提出了按照物理、化学、社会、自然力、沟通、复合六大诱因进行风险分类了32类风险。后来，姚庆海等（2011）基于机制分类和信息分类的方法集成，从物理性、化学性、生物性、自然风险、人的风险、管理类风险、社会类风险、其他因素风险七大类进行了综合风险分类分级，并采用了基于反应矩阵的哈亚希（Hayashi）数量化理论Ⅲ方法，该方法既能考虑0—1矩阵又能进行向量值计算和聚类分析，其关键在于风险矩阵的构建，该矩阵更能正确反映客观情况。姚庆海等（2011）把风险属性主要从发生诱因、发生频率、影响范围、影响后果、持续时间和风险认知六类进行划分。在数量化理论中，将定性变量成为“项目”，而每个项目的不同取值成为“类目”。假设存在 n 个样本，自变量有 s 个定量变量，m 个定性变量，X 为样本的反应矩阵，此时：

$$X = \begin{bmatrix} \delta_1(1) & \cdots & \delta_1(\mathrm{m})U_{11} & \cdots & U_{1s} \\ \delta_2(1) & \cdots & \delta_2(\mathrm{m})U_{21} & \cdots & U_{2s} \\ \vdots & & \vdots & & \\ \delta_n(1) & \cdots & \delta_n(\mathrm{m})U_{n1} & \cdots & U_{ns} \end{bmatrix}$$

其中：$\delta_{\mathrm{i}}(j)$ 为第 j 个定性变量在第 i 个样本上的模糊取值，U_{i1} 是第1个定量变量在第 i 个样本上的取值经过标准化后的数据。Hayashi 数量化理论Ⅲ的模糊数量化对 $m+s$ 个变量进行赋分，同时对每个样本按照 $Y = Xb/(m+s)$ 进行赋值得到各个样本的得分 y_i，从而对样本进行分类，得到观察样本得分总的平均值：$\overline{Y} = \frac{1}{n(m+1)}\sum_{i=1}^{n}\left(\sum_{j=1}^{m} b_j\delta_i(j) + \sum_{i=1}^{s}\alpha_i U_{i1}\right)$，

① Morgan M G, Florig H K, et al. Categorizing risk for risk ranking [J]. Risk Analysis, 2000, 20 (1): 49-58.

此时观察样本的总方差公式为：$\sigma^2 = \frac{1}{n(m+1)}\sum_{i=1}^{n}\left[\sum_{j=1}^{m}(b_j\delta_i(j) - \overline{Y})^2 + \sum_{i=1}^{s}(\alpha_i U_{i1} - \overline{Y})^2\right]$，$b = (b_1, b_2, \cdots, b_m, \alpha_1, \alpha_2, \cdots, \alpha_s)'$。利用拉格朗日（Lagrange）乘数法可以得到特征方程。在综合风险分析的应用过程中，可以求出前 k 个最大特征根所对应的特征向量，然后对变量进行分类。最后根据第一特征根向量 b_1 和第二特征根向量 b_2，通过 $Y = Xb/(m+s)$ 计算综合风险的评估得分，通过结合 b_1 和 b_2 以及欧式距离聚类分析得到综合风险的聚类分布图，采用 Matlab 软件可以计算不同阈值的分类结果，该散点图比较形象地描绘了风险发生诱因、发生频率、影响范围、影响后果、持续时间和风险认知六类属性的位置关系。同时，结合 IRGC 提出的“简单、复杂、不确定、模糊”四类风险划分标准，对全部综合风险进行分类分析。该模型的优点在于：分类方法客观化、纳入考量的风险增加综合化、分类结果更加客观化以及风险聚类分析更加可视化。但是该方法对不同类型的风险仅仅给予简单的定义，没有操作性强的定量分类方法，同时等级划分也没有可操作性定量方法，均是通过客观数值化计算得到。

（三）基于层次分析法的综合风险评估指标体系

国内外主要学者在研究港口金融系统风险过程中常用度量是定性与定量相结合的方法。风险度量的主要方法有层次分析法（AHP）、直觉模糊层次分析法（IFAHP）等。IFAHP 应用需要一定普适性，该方法进行评估指标体系设计，主要从系统视角出发，考虑决策的问题对“政策风险、法律风险、环境风险、技术风险、市场风险、行业风险、信用风险、操作风险、经营风险”九类二级因素从重要性影响力优先程度的量化分析，为供应链金融风险管理的科学决策提供依据。从层次分析法的步骤来看，对调查问卷的结果进行量化分析，将层次评价指标数据化，然后通过这一分析减少评估过程中的不确定因素，从而得出各级指标的相关重要性。基本过程是进行调查问卷，并收集汇总问卷进行评估整合，利用 SPSS 软件分析影响数据可能存在的风险因素，得出相关系数，根据相关系数得知各因素之间的相关度，然后删除相关性较高的指标。指标选取符合准确性、差异性、合理性的原则。要求行业专家对风险指标进行“主观赋权”评分，其基本步骤如下：

首先，构建指标体系。根据各个因素之间的关系，从宏观、中观与微观三个一级因子以及政策风险、法律风险、环境风险、技术风险、市场风险、行业风险、供应链关系风险、信用风险、操作风险、经营风险十个二级因子构建指标体系。其次，直觉模糊判断矩阵的构造①。构建的直觉模糊判断矩阵 $R=(r_{ij})_{n\times n}$，i 和 j 分别表示直觉模糊判断矩的行和列。直觉模糊判断矩阵中的 $r_{ij}=(u_{ij},\ v_{ij},\ \pi_{ij})$，其中，$u_{ij}$表示隶属度，即第 i 个指标重于第 j 个指标的程度；v_{ij}表示非隶属度，即第 i 个指标轻于第 j 个指标的程度；π_{ij}表示犹豫度，即不确定程度，$\pi_{ij}=1-u_{ij}-v_{ij}$。接着，对合格问卷信息进行信息的集结。对于直觉模糊数信息的集结需要用到直觉模糊算子 $IFWA$，公式为：$IFWA_{\omega}(\mathrm{r}_1,r_2,\cdots,r_n)=\left[1-\prod_{i=1}^{n}(1-u_i)^{\omega_i},\prod_{i=1}^{n}v_i^{\omega_i}\right]$，然后，进行一致性检验。一致性检验要构建积型一致性判断矩阵 $\overline{R}=(\bar{\mathrm{r}}_{ij})_{n\times n}$，需要利用算法一进行调整。若未通过一致性检验则需要利用参数 σ 进行迭代，通过对迭代参数的取值调整，进而调节直觉模糊判断矩阵。变化后的直觉模糊判断矩阵 $\tilde{R}=(\tilde{u}_{ij},\tilde{v}_{ij})$，将 $\tilde{R}$ 代入公式 $\mathrm{d}(\overline{R},\tilde{R})=\frac{1}{2(n-1)(n-2)}\sum_{i=1}^{n}\sum_{j=1}^{n}(|\bar{u}_{ij}-\tilde{u}_{ij}|+|\bar{v}_{ij}-\tilde{v}_{ij}|+|\tilde{\pi}_{ij}-\tilde{\pi}_{ij}|)$，若 $\mathrm{d}(\tilde{R},\overline{R})<\tau$，则输出 $\tilde{R}$；若一致性检验仍未通过，则调小 σ 直至通过一致性检验，输出 $\tilde{R}$。然后再进行权重的计算以及模糊转换，通过信息集合得出的权重，不能满足实务中绩效评价指标的评分，进行 vague 集到 fuzzy 集的模糊转换，最后进行归一化处理。将所有 $A^F(x)$ 进行归一化处理，则可以得到最终权重。该方法优点在于简单和易操作，可以对比检验权重的搭建及评价结果的合理性，但不足在于采用主观赋权，权重客观性依赖于选取专家专业水平。

---

① 向赟，马翔，陆俊月．基于改进直觉模糊层次分析方法的政府创业投资引导基金绩效评价研究［J］．财政研究，2018（07）：106－118．

二、港口供应链企业信用风险度量

（一）基于 Adaboost - DPSO - SVM 模型的信用风险度量

传统 Logistics 回归分析法容易受到样本规模的约束，同时数据包络分析（DEA）层次分析法在赋权时往往会采用专家打分主观赋权，具有一定的主观性，而 BP 神经网络进行信用风险评价时容易导致局部最优解、过度拟合、泛化能力弱等问题。后来支持向量机（Support Vector Machine，SVM）作为稳定的分类器，在信用风险评估中被大量采用，实践证明 SVM 方法具有较优的鲁棒性和较强的泛化能力[①]，相比其他机器学习模型具有比较优势，其局限性在于 SVM 方法在小样本的企业信用风险度量应用中具有更好的稳定性和准确性[②]，同时分类精度往往不足。后来学者们纷纷引入二进制粒子群算法[③]、自适应增强（AdaBoost）算法[④]，随机子集和 AdaBoost 合成算法、支持向量机—离散粒子群算法—支持向量机（Adaboost - DPSO - SVM）等方法不断优化 SVM 方法，提高信用风险度量的准确性。这里重点对钱吴永等（2022）提出的 Adaboost - DPSO - SVM 模型进行介绍，该方法使用了一种动态变异的粒子群优化算法（Dynamic Particle Swarm Optimization，DPSO）对 SVM 径向基核函数中的参数进行选择，并用 Adaboost 集成算法将优化后的 DPSO - SVM 基分类器进行加权组合成强分类器。同时，构建了融资企业资信状况、核心企业资信状况、供应链整体情况三个一级指标，偿债能力、盈利能力、成长能力、企业基本素质以及关系强度、久度、履约情况、行业状况等二级指标的指标体系。假设存在 n 个样本的训练集 $\{(x_i, y_i), i = 1, 2, \cdots, n\}$，由于港口供应链

① 钱吴永，张浩男．基于 Adaboost - DPSO - SVM 模型的供应链金融信用风险评价研究［J］．工业技术经济，2022，41（03）：72 - 79.

② 胡海青，张琅，张道宏．基于支持向量机的供应链金融信用风险评估研究［J］．软科学，2011，（05）：26 - 30.

③ 刘颖，张丽娟，韩亚男．基于粒子群协同优化算法的供应链金融信用风险评价模型［J］．吉林大学学报（理学版），2018，56（01）：119 - 125.

④ 陈舒期，梁雪春．改进的 SSVM 集成算法在信用风险评估中的应用［J］．计算机工程与设计，2019，40（10）：2822 - 2826.

金融风险度量具有动态性、高纬性和非线性等特征，此时 SVM 可引入函数 $K(x_i, x_j) = \Phi(x_i)^T\Phi(x_j)$ 对风险度量的高纬性非线性等问题进行转化，同时，采用径向基核函数公式：$K(x_i, x_j) = \exp(-\gamma \|x - x_i\|^2)$，$\gamma$ 输入 SVM。其次将原始问题转化为 Langrange 对偶问题[①]：$\max Q(\alpha) = L(\omega, \xi, b, \alpha, \beta) = \sum_{i=1}^{n} \alpha_i - \alpha_i\alpha_j y_i y_j K(x_i, x_j)$，其中：$s.t. \sum_{i=1}^{n} \alpha_i y_i = 0, \alpha_i \geqslant 0, i = 1, 2, \cdots, n$，得最优判别函数：$f(x) = \mathrm{sgn}\left[\sum_{i=1}^{n} \alpha_i^* y_i K(x_i, x) + b^*\right]$。接着，采用动态变异的粒子群算法（DPSO）来优化 SVM 参数，可设粒子群的群体适应度方差为：$\sigma^2 = \frac{1}{N}\sum_{i=1}^{n}\left(\frac{f_i - f_{avg}}{f}\right)^2$，并由种族聚集度的定义设置：$t+1$ 代粒子变异概率公式，最后根据 DPSO - SVM 算法流程计算强分类器模型公式为：$G(x) = sign[f(x)] = sign\left[\sum_{t=1}^{T} \alpha_t h_t(x)\right]$。Adaboost - DPSO - SVM 方法较单纯的 SVM、DPSO - SVM 的分类效果以及测试样本的准确率均有一定的提升，对解决港口供应链金融业务复杂性、动态化和非结构化的海量数据背景下金融信用风险评估具有较强的科学性，但不足在于对信用不好的港口供应链金融企业如何进行信用优化无法给出明确建议。

（二）基于图神经网络模型的信用风险度量

由于港口供应链金融数据的海量性、多样化以及数据结构复杂化、信息量的稀疏性和拓扑性原因，传统方法已不适应辨识其中的风险敞口特征，但图神经网络（Graph Neural Network，GNN）可以解决风险敞口的信任问题，并具有适时的推荐功能。从本质上而言，GNN 是使用神经网络来学习图结构数据，提取和发掘图结构数据中的特征和模式，满足聚类、分类、预测、分割、生成等图学习任务需求的算法总称，GNN 可以利用图来反映港口供应链金融相关企业之间的复杂关系，对非欧氏空间生成的数据进行特征提取和表示，在学习图形结构数据方面表现出了

---

① 钱吴永，张浩男．基于 Adaboost - DPSO - SVM 模型的供应链金融信用风险评价研究[J]．工业技术经济，2022，41（03）：72 - 79.

强大功能[①]。GNN 可应用于港口供应链金融上下游企业信用风险评估，从信息维度来看，GNN 可以将特定的信息推荐给特定的供应链上下游“用户”，增加信任度和信息黏性。但早期的 GNN 方法还存在不足，只利用浅层的模型依赖关系，无法学习出港口供应链金融相关企业的深层特征表示，并且与许多基于内容的算法相比，缺乏可解释性。后来，科伦等（Koren, et al., 2008、2009）引入了潜在因子模型（Latent Factor Model, LFM）、协同过滤（Collaborative Filter, CF）以及矩阵因子分解（Matrix Factorization, MF）等方法不断优化 GNN 的推荐功能，在港口供应链金融的融资网络中，供应链核心企业及其上下游企业节点会对与之关联的供应链企业节点产生影响，而图神经网络模型能很好地融合自身特征与邻居特征。

依托港口供应链的资金往来形成了海量交易数据经过复杂网络分析提取网络特征，并将特征用图卷积神经网络模型进行聚合分析，基于输入的原始交易，通过对海量数据采集、加工、提取、整合计算来提取两个特征：一是港口供应链资金借贷特征，得到港口供应链企业的资产负债率、流动比例、速动比例、融资规模、融资周期、融资成本、借款次数、逾期天数、逾期率和历史逾期状况等财务指标信息。二是港口供应链网络特征，基于复杂网络分析方法进行提取，以度中心性、介数中心性、接近度中心性、网页排名（PageRank）中心性以及特征向量中心性、平均邻居度、一阶邻居违约率等特征分析不同港口供应链金融链的相关企业在整个金融链中的重要性和影响力，并以此两个特征来构建港口供应链企业信用评估模型（见图 6－5）。

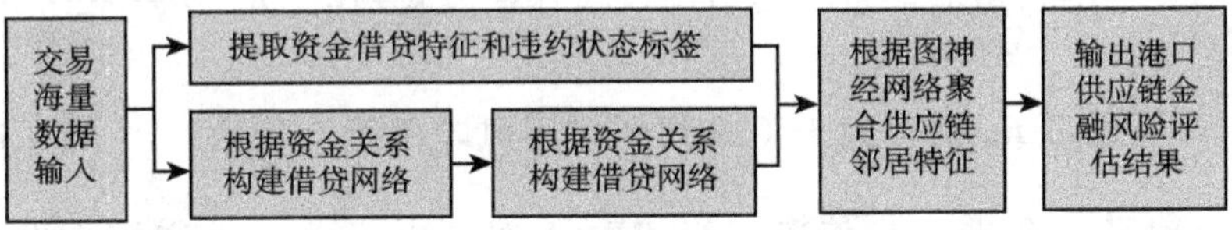

图 6－5　港口供应链企业信用风险评估模型结构

① 吴静，谢辉，姜火文．图神经网络推荐系统综述［J］．计算机科学与探索，2022（06）：1－17.

（三）基于 SWN – SEIRS 模型的供应链金融信用风险传染度量

在港口供应链金融体系内，供应链企业的现金流、商品流、信息流等彼此关联形成复杂的供应链网络，“你中有我，我中有你”的关联属性决定着供应链金融信用风险一旦爆发会影响整个供应链金融运行的安全性和可持续性。国外邓肯、瓦茨和史蒂芬斯托加茨（Duncan Watts and Steven Strogatz，1998）提出了小世界网络模型（WM），具有小世界耦合的动力系统模型显示出增强的信号传播速度、计算能力和可同步性，同时，供应链金融信用风险在小世界网络中传播比常规格场景更容易传播。之后，纽曼和瓦兹（Newman and Watts，1999）对 WM 模型进行了改进，提出了改进的小世界网络模型（NW），模型从一维改进为高维，并引入了随机性，即信用风险传染的方向是不固定的，证明了该变换在大系统尺寸的极限下是精确的。无论是 WM 还是 NW，均采用了特征路径长度和聚类系数，公式分别表示为：$C_i = \frac{m}{M} = \frac{2m}{k_i(k_i + 1)}$ 和聚类系数：$L(p) = \frac{1}{N(N+1)}\sum_{i \neq j} d_{ij}$。在港口供应链金融场景中，假使一家企业出现了信用风险，由于各个港口供应链企业抗风险的能力不同，相关的供应链金融会处于被信用风险“感染”的范围之内，但不一定会触发新的信用风险，是否进一步传染风险取决于这家企业的风险“容量”，即抗风险的能力。国内学者代表如张瑞锋等（2021）提出了 SWN – SEIRS 模型，该模型的基本原理在于构造每类节点企业数量对应的动力学方程，根据方程，可以解出整个港口供应链金融的信用风险存在风险阈值：$R_0 = \frac{S_0 I_0 K \theta_{t(i)} \lambda}{E_0 \omega} = \frac{S_0 I_0}{\rho E_0}$，可以通过 R_0 是否大于 1 来判断信用风险是否会传染，当 $R_0 > 1$ 时，此时信用风险会进一步传染，当 $R_0 < 1$ 时，由于港口供应链企业风险“容量”足够大，可以抵御信用风险的冲击，因此，在该供应链企业节点处信用风险传染被“滞阻”了。

SWN – SEIRS 模型同复杂网络的产品供应链风险传染模型原理一致，较直观地刻画出供应链金融信用风险传染过程，并可以采用仿真模拟分析传染路径，同时，还考虑了供应链核心企业的大风险容量的特征，这些为供应链金融信用风险防范提供科学决策依据。但 SWN - SEIRS 模型不足在于需要假设港口供应链金融网络是有限封闭环境，在信用风险传染过程中不存在新的信用风险介入，即小世界复杂网络形态。

三、港口供应链金融操作风险度量

（一）基于贝叶斯网络和机器学习算法的操作风险度量

贝叶斯网络（Bayesian network，BN）又称信度网络，是 Bayes 方法的扩展，是不确定知识表达和推理领域最有效的重要理论模型，传统 BN 结构学习方法包括基于约束和搜索的学习方法，约束学习方法有 PC 算法、父子节点算法、生成树算法等，搜索学习方法有爬山算法、遗传算法、蚁群算法等，在后续研究过程中，粒子群算法、二进制粒子群算法以及基于免疫理论改进的粒子群算法逐步被广泛采用和不断优化[①]。在港口供应链金融网络系统的操作风险度量实践中，可采用贝叶斯方法构建用于供应链金融网络间负债的模型，并用机器学习算法构造取样器，抽样用于操作风险度量的压力测试，具体而言：通过负债矩阵来描述具有多个供应链企业及金融机构所组成的供应链金融网络中间负债，负债矩阵的行和列分别用供应链企业及金融机构的总资产和总负债，而供应链金融市场中操作风险的传染性及风险影响严重程度取决于负债矩阵之外的非观察到风险敞口[②]。假设存在港口供应链金融网络系统，用供应链上下游企业的债务矩阵来表示供应链企业操作风险引发的负债增加对自身及供应链相关企业的冲击，定义负债矩阵 L 为 $n \times n$ 矩阵，其元素为非负的，L_{ij} 表示为供应链企业 i 对供应链金融机构 j 的负债，如果 $L_{ij} > 0$，表示存在从供应链节点 i 到节点 j 的有向边，且具有权重 L_{ij}，该权重可以表达操作风险引致的供应链节点 i 与节点 j 之间相互关系的强弱。为了刻画节点 i 与节点 j 之间是否存在关

---

① 李沛然，刘琨，张育，等．基于动态约束模型的贝叶斯网络结构优化算法［J］．海南大学学报（自然科学版），2021，39（02）：132 - 140．

② 李阳，李硕，井丽巍．基于贝叶斯模型与机器学习算法的金融风险网络评估模型［J］．吉林大学学报（工学版），2020，50（05）：1862 - 1869．

联，可采用邻接矩阵 $A = (A_{ij}) \in \Re^{n\times n}$，当 $L_{ij} > 0$ 时，用 $A_{ij} = 1$ 表示，反之用 $A_{ij} = 0$ 表示。

考虑到操作风险引起的负债矩阵未被完全观察，可引入未被观察的矩阵 $L^* \in \tau^* = (\{*\} \cup [0,\infty))^{n\times n}$，其中，$L_{ij}^* = *$ 代表节点 i 和节点 j 之间的未被观察到的负债。采用贝叶斯方法估算供应链金融网络系统中供应链企业 i 对供应链金融机构 j 的负债，通过 Edros - Renyi 模型的广义版本构建邻接矩阵 $A = (A_{ij})$，即度量供应链企业 i 对供应链金融机构 j 的有向边，并通过独立生成具有成功概率的伯努利试验 $p_{ij} \in [0,1]$，$i,j \in N$，p_{ij} 为供应链企业 i 对供应链金融机构 j 的存在有向边的概率。但在度量实践中，仅观察行和列总合不能完全识别 p 和 λ，需要通过增加结构提高辨识度，在贝叶斯模型中 p 和 λ 是随机变量。针对港口供应链金融网络的无向非加权特征，可采用适合型模型解决，每个节点 i 配备有随机且潜在的适合性参数 x_i，并通过 p 影响产生链接的倾向和通过 λ 影响链接的强度，较早提出邻接矩阵解决无向非加权模型①，对于有向加权的供应链金融网络系统可以引入构建 λ_{ij}混合分布模型和正的矩阵 L 元素。最后开发一个基于机器学习算法的吉布斯（Gibbs）采样器，在给定参数矢量的其他分量的情况下，从它们的联合条件分布中对其进行采样，迭代地更新整个参数矢量的一个或多个分量，一方面运用 Gibbs 采样器动态更新矩阵元素，另一方面用于分层模型的取样器，再次用 Gibbs 采样器用参数 θ 直接定义 p 和 λ，得到新矩阵。该模型度量操作风险的方法本质上采取了港口供应链金融网络的压力测试，操作风险引致负债增加仅依赖于负债矩阵的行和与列和，不依赖于负债矩阵单独的某一元素。

（二）基于 Lévy - Copula 模型的操作风险度量

操作风险被纳入金融机构的风险管理框架较早出现在《新巴塞尔协议》中，被誉为新巴塞尔协议的三大支柱之一，旨在增强商业银行经营的稳定性。通常商业银行会采用操作风险计量模型对风险进行度量，比

① Amini H. Cont R. Minca A. Resilience to contagion in financial network [J]. Mathematical Finance, 2016, 26 (2): 1 - 40.

较有代表的操作风险度量模型有基本指标法（Basic Indicator Approach，BIA①）、标准化方法（Standardized Approach，SA②）、内部度量法（Intemal Approach，IMA）、极致原理（Extreme Value Theory，EVT③）和损失分布模型（Latent Dirichlet Allocations，LDA④）。后来不同学者们开始对EVT和LDA方法不断进行模型优化，利用科普拉（Copula）函数对三类风险损失进行整合分析，计算了不同置信水平下操作风险损失VaR和CVaR，并以泊松（Possion）分布作为损失概率分布和采用极大似然值法估计损失概率和损失频率⑤。Copula函数可以刻画不同风险单元之间的相关关系，可以描述出资产或风险之间的非线性、非对称关系。基于LDA方法，多维操作风险度量的核心在于考虑操作风险单元之间的相关性关系，该相关关系的构建方法可以采用不同的Copula函数分别去拟合风险频率和风险强度的相关性，然后用数值模拟技术耦合和度量总风险。徐驰等（2018）提出了基于Lévy测度的动态操作风险度量，引入了Lévy测度，构建兼具传统Copula模型优点的Lévy - Copula模型，刻画操作风险频率相关性结构和强度相关性结构，并拓展为更为一般的含时参数的动态Lévy - Copula模型。基于LDA方法，对于不同风险单元$i(i=1, 2, 3, \cdots, d)$，有：$S_i(t)=\sum_{k=1}^{N_i(t)} X_k^i, t \geqslant 0$，其中，$S_i(t)$表示[0，$t$]内风险单元$i$的累计损失大小，$N_i$表示[0，$t$]内风险损失的次数，$X_k^i$表示风险单元$i$发生第$k$次损失事件的损失强度。

---

① BIA法使用总收入作为度量商业银行操作风险暴露的一项风险指标，并将操作风险的资本水平要求设定为银行前三年内平均正总收入的15%。

② SA方法将金融机构业务分为8个业务类别：公司金融、交易和销售、零售金融机构业务、商业金融机构业务、支付和清算、代理服务、资产管理和零售经纪，然后采用总收入指标衡量操作风险敞口，计算时用金融机构的总收入乘以该业务类别适用的系数（用β表示），各条线不同的操作风险资本要求系数β，分别求出对应的资本，最后加总八类业务的资本，即可得到商业银行总体操作风险资本要求。后来巴塞尔委员会决定采用修订的标准法，用BI指数（Business Indicator）代替总收入。

③ EVT极值理论是参数法的一种，中心趋势统计量对正常值的分析可根据中心极限定理进行计算，但是中心极限定理并不适用于极值理论，极端值的统计应按照EVT理论，一般存在尾部极端情况，存在低频高损特点。

④ LDA是描述可能发生的损失金额这一随机变量的概率分布，是基于历史损失数据，通过选择适当的损失分布概率模型，并且估计出模型中相应的参数得到的。

⑤ 周艳菊，彭俊，王宗润．基于Bayesian - Copula方法的商业银行操作风险度量［J］．中国管理科学，2011，19（04）：17 - 25.

采用 Lévy 测度，其过程可以分解为布朗运动、常数漂移、复合 Possion 和纯鞅跳的叠加。在操作风险度量过程中，Lévy 测度衡量了在一定损失强度下单位时间内发生损失的条件概率，同时徐驰等（2018）将基于 Lévy 测度的风险损失分为：相互独立部分和共同冲击部分，并将两元操作风险分解为两个部分：S_1 和 S_2，其中：$S_1 = S_{ip1} + S_{cs1} = \sum_{k=1}^{N_{ip1}} X_{ip(k)}^1 + \sum_{l=1}^{N_{cs}} X_{cs(l)}^1$，$S_2 = S_{ip2} + S_{cs2} = \sum_{m=1}^{N_{ip2}} X_{ip(m)}^2 + \sum_{l=1}^{N_{cs}} X_{cs(l)}^2$。然后用 Lévy－Copula 模型拟合风险频率和风险强度相关的二元性特征，公式表示为：$C_\theta(u,v) = (u^{-\theta} + v^{-\theta})^{-\frac{1}{\theta}}$，$u,v \geqslant 0$，其中，$\theta$ 为 Lévy－Copula 参数，并决定风险单元间相关性大小。当 $\theta \propto 0$ 时，风险单元之间风险相对独立，不会彼此传递；当 $\theta \propto \infty$时，不同风险单元风险关联性强，需要按照：$\hat{C}(u,v) = \min(u,v)$ 进行风险管理。为了刻画共同冲击事件引发的不同风险单元相互影响，由 Lévy－Copula 模型，可得损失联合生存函数：$\overline{F}_{cs}(x_1,x_2) = \frac{1}{\lambda_{cs}}\hat{C}_\theta(\overline{\Pi}_1(x_1),\overline{\Pi}_2(x_2))$，得出损失边缘分布：$\overline{F}_{CS_1}(x_1) = \frac{1}{\lambda_{cs}}\hat{C}_\theta(\overline{\Pi}_1(x_1),\lambda_2)$，$\overline{F}_{cs_2}(x_2) = \frac{1}{\lambda_{cs}}\hat{C}_\theta(\lambda_1,\overline{\Pi}_2(x_2))$，然后采用生存 Copula 函数 $S_\theta(u,v)$ 来构建风险单元相关性，最后得出独立风险损失频率和强度。

第四节　区块链赋能港口供应链金融综合风险预警

随着金融全球化、贸易摩擦、世纪疫情、俄乌冲突等轮番冲击，国内也面临“需求收缩、供给冲击、预期转弱”的“三重压力”，港口供应链企业及为其提供资金的供应链金融机构受到前所未有的挑战。在经济转型和结构调整阶段，港口供应链金融风险的复杂性、动态性、传导性、整体性、突发性和虚拟性特征有所变化，金融机构面临的风险较过去，无论在风险结构，还是风险敞口均发生了实质性变革。区块链赋能下港口供应链金融风险预警体系就需要基于区块链技术平台底座，能动态感知进链企业的行为数据和利用大数据分析企业的经营数据，并能预警影响港口供应链企业资产安全和企业风险管理能力的风险因素和事件。为此，需要从风险预警基本内涵出发，对比分析传统金融风险预警方法与现代新型金融风险预警的差异性，同时运用区块链等新技术手段构建风险预警系统，分析风险预警题型的业务流程，针对创新金融模式，设计合适的风险预警方法进行预警。

一、港口供应链金融风险预警的重要性与基本结构

（一）港口供应链金融风险预警的重要性

赋能型 ABCDEFG 技术改变了港口供应链企业的供产销及管理模式，对供应链企业而言，外部需求的快速变化和不确定性倒逼企业必须具有强大的供应链预测能力和响应能力、具有强大的组织与外部协作能力以及具有强大的风险和控制能力。为了更有效地避免港口供应链安全事故的发生，企业需在大数据信息基础上增加预警功能，对潜在风险进行事先预警。组织中需要有风险预警以及控制经验的管理者，可以在不确定的前提下提前进行预防，在整个供应链金融进程中遇到紧急事故可以进行紧急处理。因此，区块链赋能港口供应链金融能否颠覆式创新及新价值模式关键在于是否具有一套科学的港口供应链金融风险预警体系，并能够运用区块链技术于风险预警管理中。在风险预警管理实践中，由于核心企业及上下游客户、抵质押物的风险预警组成了港口供应链风险预警的主要内容，建立基于供应链的安全风险预警管理体系，有利于对供应链中的各个安全要素进行跟踪和分析，及时预报潜在的风险，尽可能地“在事故即将发生之前”采取应对措施，降低安全事故的发生概率。以传统供应链金融业务延伸为主要特征的港口供应链金融风险管理机制已经相对比较完善，通过搭建企业内部风险控制机制、构建信息技术风险管理体系和大数据技术的风险管理模型等手段相结合，促进风控环节中的信息流动效率，提升精准度，将传统供应链金融模式中存在的信息不对称引起的风险降到最低，通过实时监控系统，能够对供应链金融业务发生过程中的风险提前预警和防范，最大化地实现风险可控，从而对

港口供应链金融实现风控管理。因此，把港口供应链核心企业、上下游企业客户、抵质押物、供应链金融机构等全要素信息融合起来，设立区块链技术赋能下的“金融风险预警系统”，进行规范统一的管理，这样既容易协调和解决问题，也能更好地发挥预警和监管作用，为港口供应链金融业务的下一步运作带来便利。

（二）港口供应链金融风险预警的内涵及功能

港口供应链金融风险预警是通过赋能型 ABCDEFG 技术手段对特定港口供应链网络中贷款企业进行系统化连续监测，提早发现和判别风险来源、风险范围、风险程度和风险走势，并发出相应的风险警示信号，是供应链运作过程中识别金融风险并将风险进行不同程度的量化，采取相应的预防措施，使供应链损失降到最低。供应链金融风险预警系统主要包含三个维度：即针对核心企业、中小微企业及抵质押物的风险预警系统。针对核心企业经营状况的预警系统与传统贷款和商业信用业务预警系统，建立供应链风险预警系统的目的就是利用各种分析方法对港口供应链各种风险进行监测，使供应链管理者或经营决策者了解和掌握风险信息并为其风险决策提供可靠信息，以便采取措施为提高经济效益服务。

供应链风险预警实质上是找出风险因素，再反推分析风险原因是如何影响结果的风险分析过程，由此决定了供应链风险预警系统的基本功能。第一，监测功能。主要是指对供应链风险预警指标的风险因素进行适时监控，通过预警指标的变化，将预警值和监测值进行对比分析，及时反映供应链整体风险状况，实现对供应链风险的监测。第二，预测功能。对供应链潜在风险因素的变化趋势进行预测，判断供应链系统的变化趋势。当供应链风险因素出现异常时，表示供应链风险已经发生，而供应链风险预警系统的该功能可以预防此类现象的发生。第三，报警功能。当供应链风险因素出现不同程度的异常时，系统便发出相应的报警信号，决策者根据报警信号的不同采取针对性的措施处理风险。第四，矫正功能。根据设定的风险阈值对供应链的实际监控数据不断做出调整，将供应链风险误差控制在可控范围内。第五，健全功能。目前对供应链风险的研究主要集中在风险的事后补救措施上，通过供应链风险预警系统对风险的事前防范，可以健全供应链风险管理理论知识，扩展企业预警理论的研究。

（三）风险预警指标的概念及基本原则

科学有效的供应链金融风险预警体系能够使企业决策者掌握供应链风险信息，为供应链风险决策提供理论依据。随着对供应链预警研究的深入和实践，学者也更加重视各领域行业的供应链风险预警指标体系，有助于对中小微企业进行全面的供应链风险预警工作。预警指标是能够反映供应链风险因素的指标集合，而供应链指标体系构建原则是保证供应链风险预警管理系统科学、有效的关键。因此，运用合理、有效的供应链风险预警系统的基本原理是供应链风险预警系统工作的基础和关键，其基本原则有四：第一，系统性原则。港口供应链风险预警指标的选取要遵循系统性原则，从供应链系统整体的角度出发，考虑到风险因素间的相关作用、相互制约，构成一个各指标间相互独立又彼此关联的指标体系。第二，科学性原则。构建港口供应链风险预警指标体系需要遵循科学性原则，能够反映出指标客观真实地体现评估对象的特点。在已有供应链风险预警指标体系的基础上，尽量结合中小微企业供应链的实际情况，多角度选取指标，既包含可以直接量化的数据性指标，也包含定量指标，形成一套科学合理的预警指标体系。第三，实用性原则。构建港口供应链风险预警指标体系应当遵循实用性原则，指标体系过于烦琐，会掩盖评估对象的某些本质特征，只有选取的指标具有代表性、简洁实用，才有研究和使用的价值。第四，可行性原则。构建港口供应链预警指标体系要求建立在具有可行性和可操作性的基础上。对风险指标的选取要从实际出发进行筛选，当环境发生变化时，指标也要随着做出相应的调整，这样得出的评价结果才具有参考价值。

（四）港口供应链金融风险预警体系基本结构

港口供应链金融风险管理逐渐受到更多的重视，并不断发展和完善，且风险预警是一个风险发现的机制，风险的化解和处置还有赖于基于一定算力的算法对港口供应链企业行为进行全面感知、智能决策以及风险发现后的业务流程设计是否科学完善。其中，风险预警设计应包括四个维度：企业数据搜集动态化、风险预警决策智能化、业务流程标准化和流程信息化。因此，基于港口供应链金融风险预警体系，建立港口供应链海量数据的搜集、加工、清洗、挖掘分析并转化为决策信息进行预警应用，对涉及港口供应链金融预警指标数据进行实时监测，结合预警模型预报供应链企业运作过程中可能面临的各类风险，帮助供应链金融机构及其供应链节点企业及时发现风险、纠正风险、降低风险事项对企业内部乃至整个港口供应链造成的损失，并形成良好的动态风险预警机制。港口供应链金融风险预警系统的基本结构不同于传统金融风险预警系统内容，应嵌入“港口大脑”① 或基于赋能型 ABCDEFG 技术构建的港口供应链金融网络系统平台的运维框架中，传统金融风险预警系统内容一般由港口供应链金融风险信息警源、风险预警专家小组、风险预警制度体系、风险预警指标体系和风险预警决策系统五个部分构成，而港口供应链金融风险预警系统的基本结构应具有“全面感知、泛在联接、智能决策、敏捷响应、智能进化”的元素，首先，港口供应链金融风险信息警源主要基于对港口供应链企业的“行为感知”和基于区块链等底座技术搭建港口供应链企业网络系统的“泛在联接”，形成实时有效可供风险预警智能决策的信息警源。其次，事先确立由专家进行主观打分赋权的港口供应链金融风险预警指标体系，通过机器学习、边缘算法等方法形成港口供应链风险预警智能决策系统，最终形成港口供应链金融风险智能预警制度体系（见图 6－6）。

① 按照全国港标委智慧港口工作组副组长罗本成（2020）观点，港口大脑好比人脑，将组成其感知功能的各种传感器比作人的五官，将连接传感器的传输网络比作人的神经系统，将控制和存储信息的云技术比作神经中枢，那么基于大数据的智能计算就是“港口大脑”的智慧核心，是全面感知、泛在联接、智能决策、敏捷响应、智能进化的不断迭代升级和集成。其中，“全面感知”和“泛在联接”是港口大脑成为人、机、物、事深度融合体的数字底盘基础；“智能决策”是港口大脑成为智慧体的重要体现，其核心在于智能算法模型对汇聚的数据及状态的敏捷分析研判，从而提供智能决策；“敏捷响应”和“智能进化”则是港口对环境的智能认知、判断、决策及反馈有机生命体的内在要求。

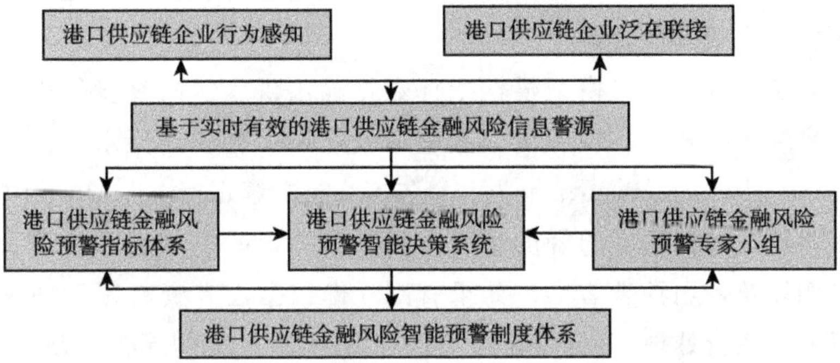

图6-6 港口供应链金融风险智能预警基本结构图

（五）港口供应链金融风险预警体系业务流程

在赋能型ABCDEFG技术背景下，建立港口供应链金融风险智能预警机制，需要港口供应链金融机构在业务开展过程中，加大对核心企业及供应链上下游企业经营能力的信息化管理，可利用区块链等技术手段从多视角来收集和检验可能对供应链金融上下游客户带来风险的各种材料数据和信息资源，通过智能决策系统从尽职调查、融资过程、后续工作中对供应链核心企业及上下游企业进行业务审查和风险控制，可通过区块链等技术进行风险关联审查，在必要时可以通过预警措施及时退出项目以减少损失（见图6-7）。因此，制定港口供应链金融风险智能预警体系的业务流程有助于风险管理工作的规范化、制度化、智能化与科学化。

第一步，依据港口供应链金融体系中建立起的供应链海量数据信息基础，同时对港口供应链企业行为进行全面感知，结合供应链预警源分析，对指定预警指标的数据进行实时监测。

第二步，如果预警指标的监测值超出了供应链节点企业的“安全阈值”，即风险容量，则需要立即发出安全报警，提醒供应链金融机构以及关联供应链金融企业依据相关操作指引采取相应的控制措施，在处理完报警事故后重新开始。

第三步，如果预警指标的监测值未超出“安全阈值”，则进行第三步。

第四步，将各项港口供应链金融指标数据进行规范化处理，并输入智能预警模型中进行分析。

第五步，智能预警模型根据指标数据输出供应链的警度等级，如果输出结果为无警告度，说明供应链中的安全风险处于最低水平，可以重新进行第一步；如果输出结果为有警告度，则继续运行。

第六步，根据输出的警度情况，从预警知识库中检索以往是否有类似的案例以及备用预警方案，如果有则立即依据已有资料制订处理方案并组织人员执行处理，化解风险；如果没有类似的案例或备用预警方案，则需要临时组织预警专家制订应急处理方案并组织执行工作。

第七步，在安全风险处理完毕后，对处理结果进行评价分析，依据分析报告来修改和完善预警知识库，为以后预警工作提供数据基础，完成后重新进行第一步。

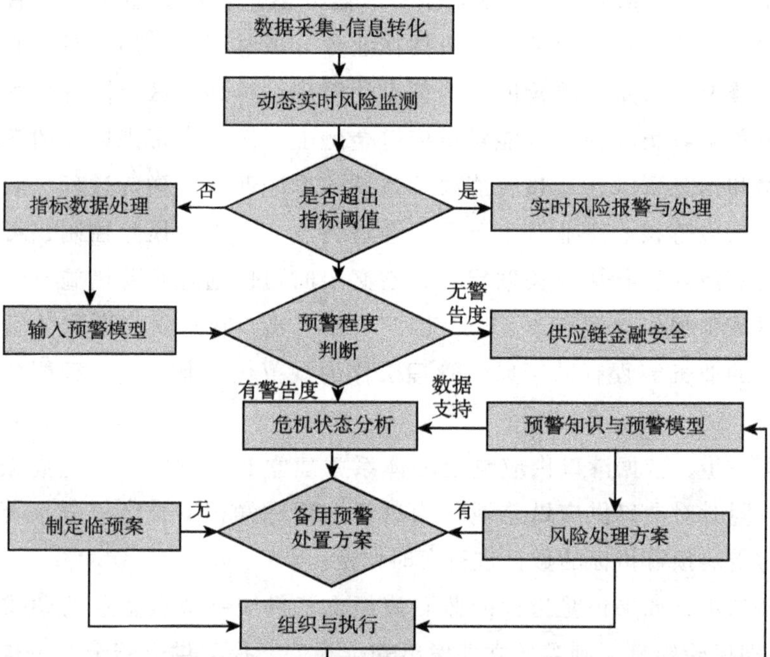

图 6-7 港口供应链风险预警系统的业务流程

二、港口供应链金融风险预警的方法及体系构建

（一）现有供应链金融风险预警方法比较

在供应链金融风险预警方法中，主要有单变量分析法、决策树模型、系统动力学、支持向量机算法模型（SVM）①、Logit 模型和 BP（Back Propagation）人工神经网络模型②、随机森林算法等。Logit 模型不仅可以进行风险预警，还可以影响风险的因素，因而被广泛采用，其中 Logit 模型又细分为：有序 Logit 模型③、Benford – Logistic 模型④等，Logit 模型逐步深化为面板 Logit 模型⑤以及 Logit 与 SVM 模型⑥结合应用于风险预警。这里重点比较分析 Benford – Logistic 模型、面板 Logit 风险预警模型、BP 人工神经网络模型、支持向量机算法（SVM）和随机森林算法。

在 Benford – Logistic 模型框架中，引入了 Benford 定律，是在大量自然数据首位数字频率分布呈单调下降趋势的一种对数规律（Benford，1938；Hill，1955），首位数字为 d 的概率为 $f_{B,d} = \log_{10}(1 + 1/d)$。如供应链企业存在弄虚作假、篡改、财务粉饰等问题，往往不符合 Benford 定律。通常用 χ^2 拟合优度来判断是否服从 Benford 定律，表示为：$\chi^2 = N\sum_{d=1}^{9}[(f_d - f_{B,d})^2/f_{B,d}]$。假设 $X_j(j = 1,2,\cdots,q)$ 为 Benford 定律一致性检验显著财务指标，构建 $X_j(j = 1,2,\cdots,q)$ 的 Benford 因子，加入 Logistic 模型，得到 Benford 因子的 Logistic 供应链金融风险预警模型公式：$In\left(\frac{P(Y = 1 \mid X,B)}{1 - P(Y = 1 \mid X,B)}\right) = \beta_0 +$

① 余乐安．基于最小二乘法近似支持向量回归模型的电子商务信用风险预警［J］．系统工程理论与实践，2012，32（3）：508 – 514.

② 陈秋玲，薛玉春，肖璐．金融风险预警：评价指标、预警机制与实证研究［J］．上海大学学报（社会科学版），2009，16（05）：127 – 144.

③ 白少布．基于有序 logistic 模型的企业供应链融资风险预警研究［J］．经济经纬，2010（06）：66 – 71.

④ 杨贵军，周亚梦，孙玲莉．基于 Benford – Logistic 模型的企业财务风险预警方法［J］．数量经济技术经济研究，2019，36（10）：149 – 165.

⑤ 胡毅，王珏，杨晓光．基于面板 Logit 模型的银行客户贷款违约风险预警研究［J］．系统工程理论与实践，2015，35（07）：1752 – 1759.

⑥ 张奇，胡蓝艺，王珏．基于 Logit 与 SVM 的银行业信用风险预警模型研究［J］．系统工程理论与实践，2015，35（07）：1784 – 1790.

$\sum_{i=1}^{p}\beta_i X_i + \sum_{j=1}^{q}\gamma_j B_j$。该模型的不足在于 Benford 定律只统计各种数字开头的数据占总数据的比例，不反映单独数据的情况，所以很难勘察到偏差较大的数据，如出现了异常超大金额数据，Benford 定律不能很直观地体现出来。

在面板 Logit 风险预警模型中，使用 Logit 模型进行港口供应链金融风险预警，需要对影响港口供应链金融风险尽可能多的因素进行识别，并对金融风险因素进行预警指标设定，采用面板 Logit 模型方法可假设存在第 t 期，对于供应链金融系统的融资企业 i，存在不可观测的潜变量刻画企业 i 在第 t 期的还款行为特征，并采取 0 和 1 的离散型随机变量，此时：$P(Y_{it} = 1 | X_{it}, \mu_i) = 1 - F(\alpha + u_i + X'_{it}\beta)$，可得到面板 Logit 风险预警模型：$Y_{it}^{*} = \alpha + u_i + X'_{it-s}\beta + \varepsilon_{it}, s \geqslant 0, i = 1,2,\cdots,N, t = 1,2,\cdots,T$。该模型具有较高的精准度，可以适合大数据场景下的风险预警，在一定程度上克服模型事后预测事前事件的缺陷，但该模型仅由几个主要指标上来预警供应链金融风险存在一定问题，不能囊括尽可能全的风险指标。

在 BP 人工神经网络模型中，首先可采取“极差标准化法”进行数据的归一化处理，公式表示为：$Y_{ij} = \frac{X_{ij} - \min X_i}{\max X_i - \min X_i}$，以此方法表数据转换为［0，1］的无量纲性指标值，其次应用但隐层网络和选择输入层节点数。同时，需要引入正向传播①、误差函数②和反向传播③等概念，正向传播、误差计算、反向传播的过程重复多次，直至满足最大学习步数的限定或误差函数小于一定设定值。BP 人工神经网络模型优点在于非线性映射能力、自学习和自适应能力、泛化能力和容错能力，但随着模型应用范围扩大，暴露出很多缺陷，如基于局部搜索会引致局部极小化、收敛速度慢会引起算法低效、BP 人工神经网络结构不一、应用实例与网络规模矛

---

① 正向传播过程是指从输入层到隐藏层再到输出层的正向信息传递过程，信息经过加权求和、激活函数处理、输出到下一层等过程，被逐步传递至输出层。

② 误差函数用以衡量模型预测能力的好坏，一般采用误差平方和或交叉熵函数作为度量误差的函数。

③ 反向传播过程是指，根据每一次正向传播的结果，计算与目标值之间的误差，依据误差和相应偏导数的大小更新各层权重和偏置的过程。

盾[①]、BP 神经网络预测能力和训练能力的矛盾[②]等缺陷。

就支持向量机算法（SVM）模型而言，该模型是一种二分类模型及在特征空间上间隔最大的线性分类器，间隔最大使它有别于感知机，其学习策略是间隔最大化，其 SVM 的学习算法就是求解凸二次规划的最优化算法。模型的基本想法是求解能够正确划分训练数据集并且几何间隔最大的分离超平面。假设存在给定一个特征空间上的训练数据集：$T = \{(x_1, y_1), (x_2, y_2), \cdots, (x_N, y_N)\}$，其中，$x_i \in \Re^n$，同时，$y_i \in \{+1, -1\}$，$i = 1, 2, \cdots, N$，$x_i$ 为第 i 个特征向量。y_i 表示第 i 个样本违约风险的高低，高风险为 -1，低风险为 +1。样本集会被超平面：$\omega^T x_i + b = 0$ 进行划分，当 $\omega^T x_i + b > 0$ 时，$y = 1$；当 $\omega^T x_i + b < 0$，$y = -1$。将 ω 归一化后得到分类间隔 $2/\|\omega\|$。然后引入拉格朗日因子 $\lambda_i \geqslant 0$，有 $L(\omega, b, \lambda) = \frac{1}{2}\omega^T\omega + \sum_{i=1}^{n}\lambda_i(1 - y_i(\omega^T x_i + b))$，结合问题最小化函数求解可得：$L = \sum_{i=1}^{n}\lambda_i - \frac{1}{2}\sum_{i=1}^{n}\sum_{j=1}^{n}\lambda_i\lambda_j y_i y_j x_i^T x_j$，最后依据对偶关系函数和把样本数据带入训练算法可得到最优解[③]。SVM 引入遗传算法通过模拟自然演化来寻找最优解，其优点在于搜索面积大，同时，约束条件少和泛化性高，但缺陷在于难以驾驭大规模训练样本，局部搜索能力较差，容易陷入局部极值。

而随机森林模型作为组合分类器，是由多棵相互独立的决策树分类器集成的大规模、高维度数据学习分类器，相对于决策树单分类器有较高的预测能力，对噪声与异常值具有较好的容忍度[④]，可利用进化树（boot - strap）抽取样本并进行决策树建模，然后利用决策树进行预测试，在算法改进上，可采取混合采样的改进随机森林算法（HSRF）解决数据不

---

① BP 神经网络难以解决应用问题的实例规模和网络规模间的矛盾问题，其涉及网络容量的可能性与可行性的关系问题，即学习复杂性问题。

② 预测能力又称泛化能力，而训练能力也称学习能力。一般情况下，随着训练能力的提高，预测能力会得到提高。但这种趋势存在一个极限，当达到极限时，随着训练能力的提高，预测能力反而会下降，即出现“过拟合”现象，这样会引发预测能力和训练能力的矛盾。

③ 王杭琦．基于支持向量机的中小微企业供应链金融信用风险评估［D］．杭州：浙江财经大学，2020.

④ 王诚，赵晓培．基于混合采样的改进随机森林算法研究［J］．计算机技术与发展，2021，31（12）：50 - 54 + 91.

平衡问题。同时，采用基于聚类算法对合成少数类过采样技术（SMOTE）算法进行改进并处理不平衡数据问题，降低过拟合的可能性。在簇内簇心与簇内样本的连线上进行人工样本生成，新插值公式为：$X_{new} = c_i + rand(0,1) \times (X - c_i)$，其中，$i = 1, 2, \cdots, n$，$X \in c_i$，$X_{new}$ 为新插值的样本，c_i 为簇心，X 表示原始样本，rand（0，1）表示 0 和 1 之间的随机数。对于分类任务，可采用加权投票的方法增强优秀决策树在投票中所占的比重，同时削弱分类性能欠佳的决策树的比重，以增加随机森林算法的分类性能。最后再采用混合采样和随机森林算法相结合的 HSRF 算法使数据集达到均衡和优化决策树的赋权，但该模型的不足在于分类效率不高。

（二）港口供应链金融风险预警体系构建

从央行颁布的226 号文关于供应链金融风险管理导向上看，港口供应链金融风险主要体现在核心企业信用风险、金融业务操作风险、虚假交易和重复融资风险、金融科技应用风险四个维度，但区块链技术赋能下港口供应链金融能否颠覆性创新依赖于赋能型 ABCDEFG 技术成熟度和融合度，其风险预警仅仅从核心企业信用风险、金融业务操作风险、虚假交易和重复融资风险、金融科技应用风险四个维度不足以保障供应链金融安全，同时，若仅仅通过交易的债项评级和供应链企业画像来控制港口供应链金融风险会抑制供应链金融服务的规模化发展。因此，需要应用全面风险管理（TRM）思想，同时从宏观、中观与微观三个一级因子以及政策风险、法律风险、环境风险、技术风险、市场风险、行业风险、供应链关系风险、信用风险、操作风险、经营风险十个二级因子构建风险预警体系。与宋华（2019）提出的管理思想一致，智慧供应链金融风险管理双维驱动在于智慧化信用，而智慧化信用确立的原则在于“行为场景化、资产穿透化、管理精细化、经营预警化、信息治理化和声誉数字化”。

从风险预警体系构建方法来看，单变量分析法、决策树模型、系统动力学、支持向量机算法模型（SVM）、Logit 模型和 BP 人工神经网络模型等方法被经常采用，针对港口供应链金融风险的特征，可依托“港口大脑”系统或基于赋能型 ABCDEFG 技术构建的港口供应链金融风险预警网络系统平台，在平台运维框架中设置基于联邦机器学习①的风险预警算法模型，该模型可从政策风险、法律风险、环境风险、技术风险、市场风险、行业风险、供应链关系风险、信用风险、操作风险、经营风险十个二级因子维度进行风险识别和风险预警。

港口供应链金融风险预警不同于传统供应链金融风险的事后度量，是在供应链金融风险发生前以及发生的早期发出风险警示信号，以提醒金融风险爆发或风险传导或风险影响范围和程度扩大的风险，其基本原理在于从港口大脑及供应链运营检测数据中发现和识别供应链金融风险超过单个供应链企业“风险容量”乃至整个供应链“风险容量”的异常情况，以期待对更大范围和更大程度的金融风险爆发早期探查、风险预警和快速反应（见图6－8）。

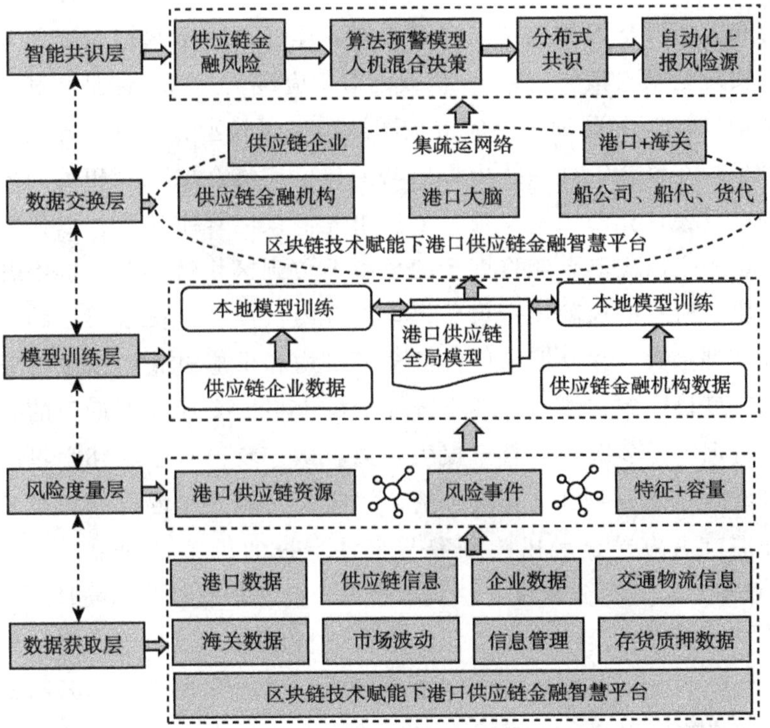

图6－8　区块链技术赋能下港口供应链风险复杂网络预警系统模型

---

①　联邦机器学习是一个机器学习框架，能有效帮助多个机构在满足用户隐私保护、数据安全和政府法规的需求下，进行数据使用和机器学习建模。

（三）港口供应链金融风险预警体系的关键技术

在港口供应链金融风险预警体系中，用到了基于联邦学习的联合模型训练和基于智能合约的人机混合共识等关键技术。首先，联合模型训练技术主要基于联邦学习注重保证数据隐私和企业的敏感信息，供应链金融风险预警模型中的参数和阈值是基于港口供应链网络中各个企业的运营数据及所在行业等数据不断训练与调整，在模型训练过程中，数据所有权和企业隐私保护就很重要。基于区块链的分布式存储和运算，结合联邦学习，可以使港口供应链企业商业隐私等敏感信息作为原始数据在本地服务器存储和运行，其共享风险模型、风险敞口等综合性数据用于模型训练，极大地降低了数据泄露风险。联邦学习是一种保证数据隐私的分布式机器学习的框架，多个不同主体通过共享数据模型而非原始数据来实现全局模型的训练①。假设港口供应链企业 A、企业 B 和港口供应链金融机构 C 共同训练供应链金融风险度量模型，首先，各港口供应链金融机构在资金管理系统中提取与港口供应链金融风险相关的风险事件，提取需要计算的风险特征，根据事先商议的样本对比，以便建立联合模型，各个供应链企业将度量的风险上传到区块链，区块链中各个节点交换验证所有的风险度量模型，智能合约根据各个度量模型的汇总计算全局模型参数，并反馈给供应链金融机构和供应链企业以及形成区块存储的新度量模型，然后，供应链金融机构根据全局模型返回的新参数再次进行训练，多次迭代直至损失函数收敛，获得基于联邦学习的最终全局模型（见图 6－9）。其次，基于智能合约的人机混合共识技术的应用。在港口供应链金融风险预警与事件上报的决策过程中，仅仅依靠“风险管理专家”打分赋权或“风险管理专家”依靠经验判断是否存在风险往往存在专家经验不足、工作疏漏、上报压力大等问题，而如果全部依靠算法模型来预警港口供应链金融风险，可能存在算法偏差、不能及时变通等影响。因此，需要采取基于智能合约的人机混合决策。当风险敞口达到风险容量时，将基于智能合约和联邦学习的风险预警和“风险

---

① 颜嘉麒，宋金倍，达婧玮，等．基于区块链的传染病预警系统：融合复杂网络的风险度量［J］．信息资源管理学报，2021，11（04）：90－99.

管理专家”风险预警管理决策结合起来，港口供应链各个企业和金融机构对该预警和管理决策达成共识，将其记录在区块链技术平台上并作为责任追溯的依据，最大限度发挥人机混合决策的优势。最后，在港口供应链金融风险预警体系构建过程中，还需要用到侧链技术，侧链技术是不同区块链间进行数据转移的一种技术，实现不同应用场景的安全互联互通。

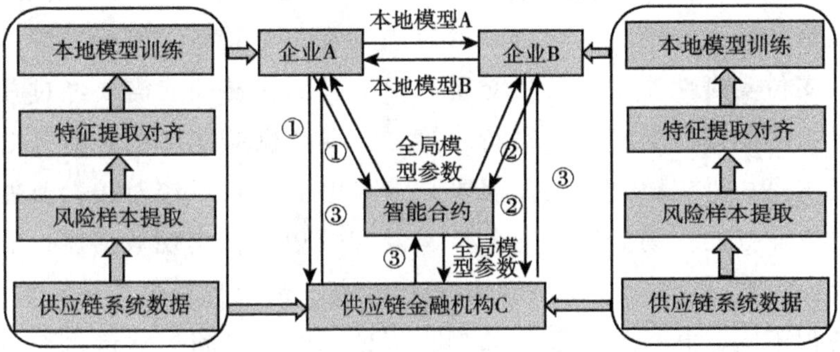

图 6－9　基于联邦学习的模型训练示意图①

三、港口供应链金融风险预警的典型模式及案例

由于港口供应链金融行业存在众多的参与主体，业务模式呈现多样化发展，因而，产生了多种主体主导的港口供应链金融预警，如电商主导的港口供应链金融预警模式、银行主导的港口供应链金融预警模式、核心企业主导的港口供应链金融预警模式、金融科技主导的港口供应链金融预警模式等。由于银行主导的港口供应链金融预警模式和核心企业主导的港口供应链金融预警模式有一定程度的同质性，因此这里介绍电商主导、银行主导和金融科技主导的三种港口供应链金融预警模式。

（一）自营型电商主导的港口供应链金融预警模式

自营型电商是一种电子商务模式，其特征是以标准化的要求，对其

① 图中序号①表示“本地模型 A”，序号②表示“本地模型 B”，序号③表示“本地模型 C”。

经营产品进行统一生产、采购、产品展示、在线交易，并通过港口跨境物流配送产品运送到最终消费群体[①]。与港口供应链相关的主要是跨境电商，尤其是 B2C、B2B 和 C2C 跨境电商[②]，本质上是一种新型国际贸易，伴随着跨境物流和跨境支付等，同时，会面临着通关、商检、物流、支付、信用体系、法律、监管等复杂要素制约[③]。自营型电商主导的供应链网络借助区块链技术构建港口供应链各环节，可提高港口供应链效率和经济效益，实现港口供应链各节点企业、供应链金融机构等信息互联、信息共享和数据互通，供应链金融风险存在三个特点：第一，港口供应链网络支付实时性要求高，从交易流程发起到交易完成需要经过几天时间，且不影响其他交易发起进行。第二，港口供应链网络对业务数据准确性要求高。供应链金融企业需要与港口电商平台系统对接，要能准确区分每笔业务的交易金额，业务种类及客户信息，实现数据流、资金流和物流的一致。第三，风险不可控程度较高，港口供应链业务种类较多，支付流程不同，同一类型业务箱型、货种、作业时间等因素也会改变支付金额和支付流程，相比于传统电商平台单纯货物交易流程更为复杂，使得其出现风险概率增大。

自营型电商主导的港口供应链金融及预警具有五个特点：第一，动态质押性。自营型电商提供的融资支持是基于真实贸易背景和平台商户的销售、税务等数据，针对平台商户信用给予的资金支持。第二，相对闭环性。自营型电商主导的港口供应链金融模式下客户仅仅是平台商户及其商户的供应链企业，具有资金的“出”和“进”的相对闭环性。第三，大数据定量化。除了融资商户以往的经营情况、网络页面访问量和用户评价等数据外，该模式风险预警还需要网络爬虫科技和云计算等获取相关真实经营数据。第四，价格周期性。跨境电商商品价格关系直接影响质押率和商品价值的评估，因此需要对商品的当下售价、历史售价和价格波动情况等核心信息以及大量来自其他渠道的商品和价格信息进

---

① 王成付．电商平台主导的零售商供应链金融博弈决策与风险评价研究［D］．上海：上海大学，2019.

② 张夏恒．跨境电商类型与运作模式［J］．中国流通经济，2017，31（01）：76－83.

③ 张夏恒，郭海玲．跨境电商与跨境物流协同：机理与路径［J］．中国流通经济，2016，30（11）：83－92.

行清洗和深加工，从而自动、精准地评定商品价值和质押率。第五，汇率波动扰动性。B2C、B2B和C2C跨境电商等货源全部来自境外，跨境供应链特征决定着应收或应付账款必然会受到汇率波动影响。历史数据显示，汇率波动的影响，包括汇率波动率和汇率变动的趋势两个维度，逐步从外生变量演变为内生变量，越发成为外向型供应链企业经营考虑的核心参数。

综合而言，自营型电商主导的供应链金融风控系统管理控制是基于平台商户信用的授信管理，由于自营型电商平台的信息和数据搜集优势，可以采集平台商户及其关联用户的仓储、运输、配送、客服、金融等真实经营数据，通过基于联邦算法的预警模型可以提前对风险进行预警，供应链金融风控系统管理控制主要基于内外两个维度强化金融风险预警：第一，外部环境的变化。主要包括供应链商品价格、汇率以及通关、商检、物流、支付、信用体系、法律、监管等政策变动。第二，内部经营的变化。主要是平台商户的内部经营情况、网络页面访问量和用户评价以及接受外来上下游供应链企业负面事件冲击的“风险容量”能力等。

专栏6.1 京东金融——自营型电商主导的供应链金融预警模式案例

京东金融自2013年独立运营以来，成立了专门的供应链金融部门，2018年京东金融升级为京东数科，2021年京东数科又升级为京东科技，先后陆续推出了“京保贝”“云仓京融”等自营类的电商供应链金融产品。其拥有比较成熟的量化分析模型，通过区块链、大数据、云计算等技术建立的供应链金融预警和风控系统。

——“京保贝”。“京保贝”的“客户信用评级分析系统”已涵盖B2B、B2C、物流仓储等多个行业。随着分析系统的不断完善，京保贝对贷款企业实行门槛资质限制，即自营供应商或与平台开放计划（Platform Open Plan，POP）平台合作。通过资质认可后，京东金融后台会将融资企业以往的经营情况、网络页面访问量和用户评价等多方面数据结合，录入信用评级系统进行分析。对于有疑虑的融资企业，京东金融将进一步利用网络爬虫科技和云计算等获取相关经营数据，综合分析和判断融资风控点。一个动态体系，连接内部与外部，时时更替信息数据，不仅依靠京东商城的原有数据，还运用结合人工智能技术加强和完善数据体系，让计算机适应时代变化的节奏，不断进行更新操作。

——“云仓京融”。“云仓京融”可以通过数据和模型化的方式自动评估商品价值，拥有近2亿个SKU（存货量单位），每个SKU包含了搜集商品的当下售价、历史售价和价格波动情况等核心信息，同时“云仓京融”还采集了大量来自其他渠道的商品和价格信息。通过对这些数据清晰和深加工，可以较准确地预测供应链质押物在质押周期内的价格波动，从而自动、精准地评定商品价值和质押率。“云仓京融”特点在于能让货物流转起来，不影响客户正常销售。该产品会随时监测库存，卖得快的货就少质押点，卖得少的货就多质押点，一旦质押品即将卖完，系统可以随时提示客户补货。同时，该产品采取和邮政仓储进行合作的方式，以融资企业在售货物为质押品，基于邮政仓储提供的服务，通过整合港口融资企业的供应链上下游相关企业信息并且了解质押物实时状态，利用风险算法模型方法计算出融资企业可以获得贷款额度及利率。“云仓京融”质押品可以在京东平台上正常销售流转，而不用固定在仓库中。

（二）商业银行主导的港口供应链金融预警模式

供应链金融一直以来是商业银行开展贸易融资的一种新型金融业务，是各家商业银行贸易融资业务竞争的焦点，早年深圳发展银行推出“1 + N”供应链金融模式、华夏银行“融资共赢链”、招商银行的“电子供应链金融”、兴业银行“赢期·速融通”等，已成为商业银行发展的新业绩增长点[①]。随着区块链技术的日益成熟和数字人民币落地应用，以“数

① 牛晓健，郭东博，裘翔，等. 供应链融资的风险测度与管理——基于中国银行交易数据的实证研究［J］. 金融研究，2012（11）：138－151.

字人民币＋区块链＋供应链金融”为主要特征的新模式已成为未来商业银行业务保持活力的重要呈现，2022年4月，中企云链联合工行北京分行及成都分行，试点了全国首个“数字人民币＋贷款发放＋保理业务”的供应链金融场景。之后，5月19日，工行天津分行与盛业商业保理的“数字人民币＋保理业务”场景，首笔保理公司借银行渠道数字人民币保理融资发放。接着，6月14日，白信银行成功发放首笔数字人民币票据贴现，实现业内首个“数字人民币＋票据贴现＋绿色金融”的创新。在业务实践和港口特殊场景下，传统的基于真实贸易背景的港口供应链金融业务中，银行等金融机构常常面临着多个风险难题。一方面，围绕港口供应链核心企业上下游的企业资质信用难以辨识，真实贸易流程难以把控，放款之后的资金流向难以追踪。另一方面，商业银行不能深入参与供应链产业链每个环节。因此，商业银行主导的港口供应链金融必须依赖港口供应链核心企业及其上下游企业“互联互通”形成的“信息网”。

商业银行主导的港口供应链金融预警系统具有几个特点：第一，全对象。纳入风险预警监测的对象不只限供应链客户，还可包含融资担保客户；不只限于单一客户，还可包括集团等特殊客户；不只限于客户本身，还可包含与客户相关联的其他对象组成的组合主体。第二，全过程。风险预警管理系统的管理控制可贯穿于授信申请、审批、执行、保全等授信全过程。第三，智能化。该风险预警管理系统可借助赋能型ABCDEFG技术优势，通过设定相应指标自动获得，预警从识别、排查、跟踪、认定到解除的过程也可实现无纸化线上流程，以积累预警数据信息。第四，定量化。随着港口供应链金融风险量化程度的深入，预警指标也将获得更精确表示，通过风险预警管理系统实现指标定量化，并与系统电子化相结合实现全自动信号识别过程，最终形成基于智能合约的人机混合共识技术风险预警模型。第五，差异化。对于不同预警对象应有差异化管理要求，其核心是理解供应链、理解行业、理解从业者，依据客户特点制定预警系统。商业银行主导的供应链金融风控系统的管理控制贯穿于授信申请、审批、执行、保全等授信全过程，实现贷前模型预警、贷中过程监控、贷后实时监测。

第一，严格贷前调查。在获取客户基本信息之后，风控系统将从基础数据及基础技术服务层获取客户的各类信息。例如，根据上游供应商与核心企业的历史交易记录，获取各类黑名单、工商信息、财务信息、舆情信息、股东信息、投资情况等各类关系图谱、投资图谱等信息，形成一份完整的客户统一风险视图及风险扫描报告，客户经理可基于此进行贷前分析及报告撰写。一方面，精准的客户数据能有效提高供应链金融的申请率和批准率，降低获客成本；另一方面，能实现包含量化的风险溢价，降低资产组合风险。

第二，强化贷中控制。根据不同行业或项目对授信过程的管理要求，由智慧供应链金融系统实施业务管理。在供应链金融系统中，在获取客户授权后，风控平台将接入征信、纳税、发票流水等各类数据，通过基于联邦学习的联合模型训练形成全局模型，同时，结合基于大数据征信形成的大数据风控的图计算技术，交由风控部门复核，给定客户审批建议、核算建议授信额度等。由于质押物的市场价值可能会受到该行业市场环境的影响，通过对供应链上行业市场环境进行分析，对于相同行业的企业设置一致的市场风险规避数额，对于不同行业的企业设置差异化的风险规避数额。根据这一原则来调整不同融资商户可以获得的贷款额度，在最大限度上规避可能遇到的市场风险，真正满足小额、高频的融资需求。

第三，注重贷后核查。贷后管理借助区块链等技术以供应链网络线上系统监测为主，辅助人工线下核查，能及时发现借款客户的变化，对异常实现快速反应，快速预警；做好供应链在线监测数据，对客户征信数据、客户交易数据、融资作业痕迹等，系统实时监测，并根据预警信息实施分类管理。根据贷后风控策略定期监测已授信客户风险信号，包括客户履约情况、担保情况、偿债能力变化情况等，协同贷后系统、风险缓释平台进行风险处置。有效利用外部数据，结合行内已有的外部数据，提升数据的准确性、真实性。及时对信贷业务风险点进行监控和预警，为贷后风险管理提供支持。同时构建与预警模型相匹配的贷后风险流程管理功能模块，实现贷后风险信息的标准化管理，规范信贷管理流程建设。有效识别、暴露、预防贷后风险。

专栏6.2 平安银行——商业银行主导的供应链金融预警模式案例

平安银行是国内较早践行供应链金融业务的银行，早在1999年就开始探索，到了2013年开始大力发展供应链金融服务模式，大胆突破传统抵质押模式，对核心企业上下游中小客户进行授信。伴随着物联网蓬勃兴起，2019年平安银行实施“星云物联计划”，并于2020年发射金融界第一颗物联网卫星“平安1号”，2022年2月发射了“平安2号”，不断升级“星云物联网平台”。之后又升级“开放银行平台”，组件化、标准化输出平安银行的产品和科技能力，打通企业产业链数字化的各个环节，实现与产业信息流、资金流、物流的全面连接。

——“星云物联网平台”。星云物联网平台利用物联网卫星星座组网，依托物联网、区块链、大数据、AI、边缘计算等技术，完善新型供应链金融服务，并在数据采集、建模、应用等环节进行丰富，可实现对事物资产的感知、识别、定位、跟踪、监控和管理。平台具备高效聚合、便捷输出、可组合可复制等特点。截至2021年底，平安银行在供应链金融模式下，实现融资发生额9599.11亿元，同比增长33.7%；其中“星云物联网平台”实现接入物联网设备超1100万台，覆盖10个行业，全年融资发生额超3000亿元。2021年平安银行的普惠型小微企业贷款余额户数为84.26万户，同比增长28.78%；贷款余额达3821.59亿元，同比增长35.7%。

——“开放银行平台”。平安银行已形成“上有卫星，下有物联网，中有数字口袋和数字财资”的“开放银行”数字服务生态，开放银行是以商业银行为构建主体，通过连接技术平台，使用标准化的API、SDK、H5等技术工具，将银行数据与金融服务等资源开放给合作伙伴以及B端与C端用户，以实现充分的数据、应用程序和运营经验共享，为各参与者的高效运营与决策提供支撑，进而形成生态共建、共生共赢的业务创新范式。截至2022年7月，已联合超200个大型服务商及互联网龙头平台伙伴，直接服务4万核心客户、2000万小微企业平台商户。

（三）金融科技主导的港口供应链金融预警模式

从一般演进逻辑上看，港口供应链金融正从金融导向、供应链导向到网络生态导向以及金融科技导向演进①。以金融科技为主导的港口供应链金融代表着港口供应链金融领域的未来发展趋势，也是智慧化港口建设和打造世界一流港口的重要呈现。金融科技是以众多新兴科技为后端支撑，并给传统金融行业带来新的业务模式的金融创新。金融科技利用新兴科技提升了金融的服务效率，革新了新的市场、创造了新的金融产品、拓展了新的金融服务需求、催生了新的商业模式及塑造了信用获得、评级及风险定价的新方式②。在金融创新实践中，金融、技术和港口供应链网络风险更易产生叠加与聚合效应，使风险传递得更快、波及面更广③。金融科技为主导的港口供应链金融从趋势上看存在几个特征：第一，以区块链技术为优势的大数据平台逐步从项目级走向企业级，成为企业级需要的更加优质的数据资源和具备强大的供应链资源配置能力，才能配适复杂的风险控制和预警的应用场景。第二，隐私增强技术将助力供应链金融资产逐步走向联邦化。隐私技术有助于数据价值挖掘，在保障数据机密和隐私的同时，使得金融行业要素化和服务化成为可能。但隐私技术应用还存在监管的不确定性，隐私保护边界很难界定，新技术可能用于法律不允许的活动等。第三，赋能型ABCDEFG技术呈现融合化、工程化、多模态、低资源、小数据等趋势，加速科技公司向数智化公司转型，通过跨链技术、侧链技术、联邦学习、人机混合共识、机器人流程化等核心技术使用，可以降低研发成本和提升用户体验。第四，人工智能IT运营（AIOps）以动态优化的洞察策略不断提升港口供应链金融的风险预警能力。AIOps将大数据、机器学习和其他技术深度结合，

---

① 宋华．供应链金融：从金融导向、供应链导向到网络生态导向、金融科技导向的演进[J]．研究与发展管理，2020，32（05）：1-2.

② 皮天雷，刘垚森，吴鸿燕．金融科技：内涵、逻辑与风险监管[J]．财经科学，2018（09）：16-25.

③ 杨东．监管科技：金融科技的监管挑战与维度建构[J]．中国社会科学，2018（05）：69-91.

通过主动化、个性化和动态化构建金融预警模型，实现供应链金融风险管理的智能化。

金融科技主导的港口供应链金融及预警具有四个趋势：第一，软件生态系统的复杂化加剧着港口供应链金融风险。金融科技主导的港口供应链金融依托的平台基本都是开源软件或组件，赋能型 ABCDEFG 技术的深入会加深系统的复杂性，会面临着后门、安全漏洞、知识产权等风险，需要引入安全监测、攻防渗透技术、源代码安全审计、漏洞挖掘技术、大数据分析等技术加以保障。第二，“零信任地逐步排除”成为风险预警的最佳防护逻辑。其基本思想就是通过软件定义边界、增强身份管理和微隔离等进行信任评估，实现从“不信任”到“信任”。第三，“数据安全”成为该模式预警的核心。在该模式下，各种企业商业数据由于搜集、传输、存储、使用和销毁等原因面临着较大数据安全问题，用户隐私保护和数据泄露事件频发，金融预警的重心需要从“单点的数据安全”转向“复杂体系的数据安全”。

专栏 6.3 趣链科技——金融科技主导的供应链金融预警模式案例

趣链科技是国际领先的区块链技术及解决方案提供商，致力于为政府及企业客户加速实现数字化转型。公司成立于 2016 年，总部位于杭州，于 2021 年完成数亿元的 C 轮融资，成为区块链领域首家独角兽企业。趣链科技孵化设立多家生态子公司，如产链、链城、聚义岩等，与海尔智家、中企云链、树兰集团等行业领军企业合资成立了如甘道智能、云趣数科、数钮科技、中招公信链、红洞数藏等公司。

——“隐私计算 + 区块链”技术应用。基于趣链科技国产自主可控区块链底层平台趣链区块链平台（Hyperchain），帮助其建设区块链即服务平台（BaaS），建成区块链基础服务提供能力，实现区块链网络环境的快速交付。同时，应用趣链数据协作平台（BitXMesh），该平台是趣链科技自主研发的链原生数据协作平台，借助隐私计算技术保障数据在高效流通的情况下仍能满足远高于传统技术的安全性和隐私性，提供数据共享和联邦计算两大核心功能，致力于解决数据孤岛、数据确权、数据隐私等难题。BitX-Mesh还采用联邦计算服务，支持跨部门、跨机构的异构数据计算进行风险预警。此外，为解决跨链算法适配，还在中继链中采用了插件机制。

——“信盟链—风险信息协同共享平台”。趣链科技联合建信金科共建“信盟链—风险信息协同共享平台”，以区块链为信任基础，结合安全多方计算等前沿技术，将金融和非金融机构链接起来建立风险共治联盟，遵循“数据可用不可见”的严格隐私保护标准，实现安全可靠的风险信息共享、协同分析及穿透式监管等核心业务功能，在防范电信诈骗、银行卡诈骗、信用卡犯罪等反欺诈、反洗钱风控领域发挥巨大作用。

第五节　区块链技术赋能港口供应链金融风险防控

风险防控是区块链技术赋能港口供应链金融的整体风险管理体系的必要组成部分，按照“目标设定—风险识别—风险度量—风险预警—风险防控—事后评估”的风险管理基本逻辑，其目的在于守住不发生系统性风险以及构建区块链技术赋能下港口供应链金融生态圈。从构成来看，参与区块链技术赋能港口供应链金融的主体包括：供应链核心企业、供应链中小微企业、传统供应链金融机构、平台金融科技公司、金融监管职能部门、港口职能部门、港航服务主体等。区块链技术赋能港口供应链金融的风险防控主要对象在于平台金融科技公司，从国际实践经验来看，平台金融科技公司监管目标应考虑在包容性、稳定性、合规发展和消费者保护原则方面的平衡①，从内容层次而言，港口供应链金融风险防控按照全面风险管理（TRM）理念管理，具体思路包括宏观四维空间管理、行业自律监督和内部金融风险控制三个维度。

① 参阅：吴晓灵在中国财富管理50人论坛讲话的观点。

一、区块链技术赋能港口供应链金融的四维空间管理

（一）宏观维：沙盒式监管

区块链技术等带来效率提升和成本降低，但由于金融、技术和网络风险更易产生叠加与聚合效应，使风险传递得更快、波及面更广[①]。传统的如审慎监管、功能监管以及行为监管等金融监管方式已经不适合“区块链+港口供应链金融”场景应用的客观需要，亟须通过沙盒式监管去探索新的金融业态。从中长期发展趋势来看，在港口供应链金融领域，就需要专业化组织或机构来过滤、整合和传递信号，运用信号连接供应链上下游中小微企业和金融机构，实现产融合理对接和发挥信号中介的传递功能，这样的专业化组织或机构就是港口供应链金融科技公司。因此，需要立足有效监管规则上的金融科技创新，在监管上就需要采用沙盒式监管方式和路径[②]。沙盒式监管最早由英国金融行为监管局（FCA）于2015年提出，是在一定安全区域内探索试点具有创新性产品、服务、商业模式和交付机制的测试环境。之后2019年，中国人民银行启动了金融科技创新监管试点，被称为“中国版金融沙盒”。

针对我国国情，具体可以从以下思路考量：第一，构建基于区块链的港口供应链金融创新“沙箱式”监管基本框架，严格遵循该领域的金融科技公司准入机制，实施“牌照化”管理，同时，构建闭环的监管沙盒退出机制，对不符合港口供应链金融发展要求的金融科技公司，给予“摘牌”。第二，构建基于“区块链+供应链金融”领域的金融监管协调机制，由于传统金融垂直化管理和金融科技强交叉性等特征，可在金融监管协调引领下进行“监管沙盒”探索试点，包括跨部门、跨区域、跨产品等金融服务。第三，构建区块链赋能下港口供应链金融创新的计算实验金融模型，在监管沙盒里对相应金融产品和服务进行人机交互测试，

---

① 杨东．监管科技：金融科技的监管挑战与维度建构［J］．中国社会科学，2018（05）：69-91．

② 陈志峰，钱如锦．我国区块链金融监管机制探究——以构建“中国式沙箱监管”机制为制度进路［J］．上海金融，2018（01）：60-68．

弥补机器学习和联邦学习等算法对事先风险预判和内在机理的解释不足①。第四，构建港口供应链网络体系的中小微企业金融消费权益保护机制。在港口供应链网络体系，核心企业通常具有融资定价的供应链话语权，往往会对中小微企业产生“攫取行为”，对中小微企业金融消费权益保护体现着普惠金融的思想。

（二）科技维：科技型监管

传统的审慎监管、功能监管和行为监管的原则、理念甚至理论本身已无法有效应对港口供应链领域的金融科技创新发展②。其一，宏观审慎监管的目标是防范系统性风险，维护金融体系的整体稳定，关注体系内重要性金融机构监管以及逆周期调节管理。微观审慎监管关注的是金融机构的流动性、资本充足率、资产质量和资产收益率等财务指标。但无论是宏观审慎监管还是微观审慎监管，都会在事前进行指标约束，其本质在于通过指标约束来降低发生风险的概率，无形中会降低金融机构的资金使用效率和提升运营成本。其二，全球次贷危机之后，功能监管和行为监管逐步被采用，在区块链赋能港口供应链金融背景下，主要通过平台经济实现资金交易，嵌入平台的供应链企业日益增多，行为日趋复杂，功能逐步混同，仅仅依靠单一功能监管或行为监管不能有效阻止供应链金融风险的发生。因此，需要在审慎监管、功能监管和行为监管的原则基础上，增加以科技治理为主要内容的科技型监管。

结合区块链赋能港口供应链金融应用场景，构建依靠赋能型 ABC-DEFG 科技型监管框架，主要要点为：第一，通过联邦学习构建动态、适时的多方共同参与的信息共享机制，以降低监管成本，提高数据的有效性，该机制同时要兼顾隐私保护和信息安全。第二，科技型监管不是替代传统的审慎监管、功能监管和行为监管，而是在审慎监管、功能监管和行为监管的基础上运用监管科技实现有效的科技治理，扩大供应链金

---

① 张强，岳崴. 智能投顾的数字沙盒监管：计算实验金融方法［J］. 金融经济，2022（06）：3-11.

② 杨东. 监管科技：金融科技的监管挑战与维度建构［J］. 中国社会科学，2018（05）：69-91.

融机构的“风险—收益”最大适配度，以提高港口供应链金融的效率和安全。第三，科技型监管必须依赖数据驱动，构建立足数据有效监管和强大算力的数据搜集、报告、管理、决策和分析流程机制。

（三）平台维：分布式监管

区块链是分布式账户最主要也是最具代表性的技术，因而构建了联盟链分布式穿透式全维度监管体系架构与平台集成系统，形成空间分布式、层级穿透式、业务全维度的联盟链监管技术体系架构，是有效保障区块链技术赋能港口供应链金融应用场景运行安全的基石。2020 年 2 月，中国人民银行联合 20 多家银行金融机构颁布了《金融分布式账户安全技术规范》，标准规定了金融分布式账本技术的安全体系，包括基础硬件、基础软件、密码算法、节点通信、账本数据、共识协议、智能合约、身份管理、隐私保护、监管支撑、运维要求和治理机制等方面。标准适用于在金融领域从事分布式账本系统建设或服务运营的机构，为金融监管职能部门访问区块链最底层的金融数据提供了依据。因此，采取分布式监管方式比传统审慎监管、功能监管和行为监管方式更加契合区块链赋能下港口供应链金融应用场景对监管的要求。具体而言：

第一，分布式监管可以通过监管科技和基于海量数据的交互共享机制，监管机构和被监管机构均可以平等获取数据，由传统的强制信息披露引发的“被动”监管转变为基于海量数据分析的信息决策“主动”监管。第二，分布式监管可以利用分布式密钥技术实现供应链企业身份的分布式管理，可以实现有效监管和隐私保护的兼顾。第三，分布式监管利用分布式密钥技术可以实现有监管机构参与的分布式签名，赋予监管机构对供应链企业操作的实时监管能力，同时还可以赋予供应链金融机构对港口供应链金融风险的预警能力。第四，在监管平台上，可构建基于分布式监管科技协同平台，在港口供应链金融监管机构、金融机构以及供应链企业之间构建起“自治、互信、专业、透明”的分布式监管网络。

（四）业务维：穿透式监管

2021 年中国人民银行印发《金融科技发展规划（2022—2025）》，提出“增强对数字渠道风险、智能算法风险、大数据风险等动态感知和穿透式分析能力”，明确要求将穿透式监管作为金融科技审慎监管的重点改革方向，指出穿透式监管的目的在于“透过金融创新表象全方位、自动化分析金融业务本质和法律关系，精准识别、防范和化解金融风险，强化监管渗透的深度和广度”。中国人民银行副行长潘功胜较早在解释互联网金融穿透式监管时对穿透式监管进行了定义：“透过金融产品的表面形态看清业务实质，将资金来源、中间环节与最终投向穿透连接起来，按照‘实质重于形式’的原则甄别业务性质，根据业务功能和法律属性明确监管规则”，类别划分为横向穿透式监管和纵向穿透式监管，横向穿透式监管是要认清跨界经营每一个环节的业务和行为的实质，按照“实质重于形式”的原则甄别金融业务和行为的性质，穿透金融产品、金融工具的表面形态而把握其本质属性，而纵向穿透式监管是对混业经营涉及的金融机构业务和行为实施全流程监管，将混业经营业务的资金来源、中间环节和资金的最终投向连接起来进行监管①。针对区块链赋能港口供应链金融应用场景，构建穿透式金融监管的框架，把握“实质重于形式”的原则，明确多元化的穿透式监管主体，统一标准并细化穿透式监管具体产品和业务，具体而言：

第一，在穿透式金融监管的框架上，在不同港口供应链金融产品和业务监管上实施“分类穿透”，在监管过程中遵循“适应性”原则，监管机构可以根据供应链市场变化调整穿透的着力点和限度，以适应港口供应链金融网络动态性和复杂性等特点，在监管沙盒制度下，设定穿透式监管的边界，引入容错机制，对试点的业务和产品进行收益和风险的观察，规范穿透的范围、层次和效果②。第二，在港口供应链金融产品和业务上，强化对金融业务的海量数据和复杂算法的监管，可利用区块链技术特点和联邦学习原理，在金融数据隐私保护和安全基础上，构建港口供应链金融的信息披露平台，严格要求金融数据的信息披露，完善金融数据报送制度。同时，对于复杂算法实施穿透式监管时，应当实行严密

① 常健．论“穿透式”监管与我国金融监管的制度变革［J］．华中科技大学学报（社会科学版），2019，33（01）：111-117．

② 闫晨．金融科技穿透式监管的路径完善［J］．吉林金融研究，2021（03）：39-42．

的算法监控，对其完备性及其技术漏洞进行监测，同时通过借助 ABCDEFG 等监管科技，掌握港口供应链金融产品和业务的内置算法，进而明确算法的透明性与可解释性①。第三，在对港口供应链金融产品和业务穿透式监管上，注重金融科技公司与传统金融机构之间的业务往来，严格设立业务与业务之间的防火墙，防止业务套利引发的风险，可利用区块链分布式账户技术的无法篡改、可以溯源等特点规范业务之间的交易行为，对供应链金融的源头和流向进行溯源识别。

二、区块链技术赋能港口供应链金融的行业自律监督

（一）严格行业准入

行业自律监督可通过金融行业准入来实施，金融行业准入本质上是一种“行政许可”，是对港口供应链领域相关金融科技主体进入市场的明确约束，指明了从事港口供应链金融的条件和程序规则。行业准入规则的松紧程度直接影响着金融科技公司进入港口供应链领域的成本和难易程度，也影响着港口供应链金融的效率和安全②。行业准入是根据港口供应链客观情况，从维护港口供应链整体利益出发，以行业标准为主要依据，设置港口供应链金融科技公司准入门槛和入行标准，通过核心资本充足率、杠杆率、拨备率和流动性等指标提升金融科技公司质量。在实际工作中，可设立行业协会并通过行业协会设置行业准入门槛，规定入行标准，从而达到控制港口供应链金融的市场结构和市场规模。具体运行模式可由政府金融职能部门发放“金融许可牌照”，由行业协会进行前置资格审批和事实审查，行业协议可通过“风险评估、风险预警、风险确认”等手段进行窗口引导，实现“软”控制。

（二）制定行业规范

行业自律监督可通过执行行业规范来实施。根据全国金融标准化技

---

① 任怡多. 金融科技穿透式监管的逻辑机理与制度构建 [J]. 苏州大学学报（法学版），2022，9（02）：96-104.

② 郭薇. 政府监管与行业自律 [D]. 天津：南开大学，2010.

术委员会官网，2020 年 10 月 21 日中国人民银行正式发布《金融科技创新应用测试规范（JR/T 0198 - 2020)》《金融科技创新安全通用规范(JR/T 0199 - 2020)》《金融科技创新风险监控规范（JR/T 0120 - 2020)》等三项金融行业规范，这些行业规范从事前公示声明、事中投诉监督、事后评价结束等全生命周期对金融科技创新监管工具的运行流程进行规范，明确声明书格式、测试流程、风控机制、评价方式等方面要求，为金融管理部门、自律组织、持牌金融机构、科技公司等开展创新测试提供依据。针对港口供应链金融应用场景，行业协会可研究发布《港口供应链金融应用测试规范》《港口供应链金融创新安全通用规范》《港口供应链金融创新风险监控规范》等行业规范来“软”控制金融科技公司。

（三）统一技术标准

统一技术标准是行业协会行使其职能的重要体现，也是行业协会促进行业自律的重要手段。中国电子标准化研究院区块链研究室主任李鸣表示：“标准化是区块链技术发展的基石”。区块链技术并不是一项单一的技术，而是多种技术整合创新的结果，其本质是一个弱中心的、自信任的底层架构技术，从趋势来看，区块链技术会走向赋能 ABCDEFG 技术的融合趋势。具体表现在两个维度：第一，从单个区块链技术运用平台而言，区块链技术的数据层、网络层、共识层、激励层、合约层和应用层，每一层配备一项核心功能，并具有对应的技术标准，构建一个去中心的价值传输体系，而每层需要相应的技术标准，有助于每层之间相互配合。对于区块链技术系统，目前仅有工信部发布的《区块链参考架构》，还缺乏统一标准化的体系架构，需要构建相应的标准化体系架构。第二，从区块链技术应用平台之间的互通互助来看，需要区块链跨链技术的协同和链接，在港口供应链溯源系统、数字认证平台、电子合同平台、智慧管理系统等联盟链存在的同时，还需要将这些独立的联盟链整合起来，跨链互通主要技术手段包括公证人机制、侧链/中继链、哈希时间锁定、分布式私钥控制四类，以上跨链项目从技术层面验证了链间互操作的可行性，无论是联盟链的协同还是区块链跨链技术的协同，其基础均需要构建区块链跨链技术的统一技术标准，能让不同区块链技术应用场景之间能有效链接。

（四）完善争议解决

争议解决是行业协会实施行业自律并进行内部事务协调的重要方式，也是促进行业协会实现行业自律的重要手段。正如前面章节论述的“区块链技术相关法律规则缺乏、数据权属及数字资产缺上位法、智能合约的法律属性还需重构”等，这些问题只能通过法律体系的构建来解决，在争议发生的客观环境下，除了相应的法律构建之外，还可以依托行业协会和第三方仲裁机构，通过行业协会内部争议调解或第三方仲裁强化行业自律，具体争议解决事务包括：第一，港口供应链的金融机构、企业及其两者之间在经营活动中产生的争议，可以依据行业协会行业规范进行内部争议的协调，缘由在于行业协会或第三方仲裁机构对行业规则比较熟悉，可以更加专业地解决争议，同时还可以保护供应链企业的商业隐私。第二，不同港口供应链企业之间在经营活动中产生的争议，可以发挥行业协会“代言人”角色进行跨行业利益协调。第三，无论单个供应链内部，还是不同供应链行业之间，通过行业协会内部争议解决或第三方仲裁机构仲裁，可以让行业协会或第三方仲裁机构及时了解相关企业的信用状况，为行业自律监督奠定基础。

三、区块链技术赋能港口供应链金融的内部风险控制

（一）内部治理结构

内部治理结构和外部治理环境是港口供应链金融领域金融科技公司或传统供应链金融机构[①]内部风险控制的重要抓手，合理的内部治理结构是金融科技公司实现内部风险控制的基石。以供应链借贷业务为例，港口供应链金融领域金融科技公司性质是借助赋能 ABCDEFG 技术通过搭建“交易平台”识别供应链上下游企业的信用能力以降低信息不对称，从而

① 传统供应链金融机构如银行、证券、保险等有比较严格的内部治理结构要求，这里不做阐述，主要针对港口供应链金融领域未来会出现的金融科技公司等创新范金融主体进行分析。

实现从“不能贷”到“可以贷”的金融科技公司，其性质决定着金融科技公司开展资金借贷业务不能完全按照传统商业银行业务模式进行内部风险控制，需要基于大数据安全的赋能ABCDEFG技术对供应链企业信用精准识别，金融科技公司通过对大数据的搜集、清洗、加工和呈现的信息获得高质量的信息，使得有价值的供应链企业纳入港口供应链金融的服务端，同时，在资金供给端，金融科技公司可以通过信息优势降低有效信息的传递成本、操作成本和惩罚成本（宋华，2019），防止出现信息不对称的逆向选择和道德危害问题。因此，金融科技公司内部治理结构有别于传统商业银行，具体体现在：第一，金融科技公司高科技和高人力资本特征决定着内部治理结构更多考虑“同股不同权”治理结构安排，适度向技术团队及管理团队倾斜。第二，金融科技公司的主发起人应该是传统商业银行、科技公司和港口供应链核心企业形成的联合发起人，体现治理协同和资源共享特征。第三，金融科技公司从事具体业务治理参照传统商业银行业务治理模式，但兼顾金融科技公司的基本特征。同时，股东会、董事会、监事会按照股份制公司要求进行配置。

（二）职能合规管理

合规管理是所有金融机构稳健运行的内在要求，在金融科技环境下，金融科技公司的合规管理的必然选择在于数字化、智能化转型，即智能合规管理，体现数据驱动、科技基础、工具应用、内部生态特征，建立基于大数据治理安全的“人、场景、资金”智能合规管理框架，提高合规管理的精细化、数字化和智能化水平，筑牢内部控制合规的“防火墙”。具体而言：第一，金融合规数据“知识化”，挖掘数据价值和提升决策判断能力。合规数据如果大量沉淀并未实现管理效能和管理价值的提升，反而会加剧“数据孤岛”，同时，合规数据与业务数据之间互相隔离，未建立统一的数据标准造成数据结构化程度低、应用空间小，难以为合规行动与合规决策带来持续的价值输出。因此，为实现港口供应链金融信息向知识的转化，金融科技公司可构建基于合规数据结构化的知识图谱并存储于图数据库中，直观高效地展示数据以及数据背后的关联关系，支持实现后续基于语义的检索和多种复杂推理，根治数据孤岛问题。第二，金融科技公司“集成化”，拓展智慧合规管理的应用场景。综合考虑各项金融科技应用的成熟度以及金融机构合规管理典型诉求，可考虑落地智能合规管理场景包括但不限于外规内化、合规评审、监测预警、问题管理、风险看板和合规知识工厂等，有效支持包括风险识别、风险评估、风险监测、风险缓释、风险分析在内的合规管理全链路的运转。第三，内控管理工具“智能化”，提升主动管理能力。内控管理工具以基于智能合约的金融科技工具为支撑，事前精准预判合规风险信号，事中有效阻断合规风险事件，事后反馈评估和修补合规管理漏洞。

（三）金融混合审计

审计作为金融科技公司防范科技创新带来风险的第三道防线，是创新型主体风险管理的重要组成部分。陈伟（2020）提出了信息系统审计思路，认为创新金融科技风险审计方法具有必要性。在区块链技术环境下，区块链技术作为新型技术可以促进传统审计模式的变革，与审计耦合创新出新的审计模式，表现为：去中心化、数据透明性和审计关系规范化的耦合，不可篡改性、交易可追溯性与审计行为有效性的耦合，可编程性与审计程序自动化的耦合。针对港口供应链金融领域的金融科技公司可以采取“联盟链 + 公有链”双链混合审计模式①②、基于链上智能审计模式和链下人工审计程序的双链混合审计模式③：第一，“联盟链 + 公有链”双链混合审计模式可以实现交易数据和交易信息及时对接，一方面可以通过审计前置，分解到日常活动中提高审计效率；另一方面，联盟链的系统安全性与公有链的开放独立性融合，可让内部审计和外部审计双向验证以提高效率。此外，双链混合审计模式还可以及时真实取证，降低审计成本，确保数据安全性。具体而言：可构建港口供应链金融“业务 + 流程 + 系统”的混合审计系统框架，业务模式包括被审计主

① 周少燕，李焦．基于区块链技术的双链混合审计系统构建［J］．财会月刊，2022（13）：107 - 112.

② 陈久会．基于双链架构混合审计模式的审计范式变革研究［J］．财会通讯，2021（17）：143 - 146.

③ 房巧玲，高思凡，曹丽霞．区块链驱动下基于双链架构的混合审计模式探索［J］．审计研究，2020（03）：12 - 19.

体和审计机构，流程模型包括数据层、应用层和业务层，系统模型包括审计方案、过程、报告和结果。在操作层面，可以采用链长制、节点授权和节点责任相结合方式进行组织。第二，链上智能审计模式和链下人工审计程序的双链混合审计模式可以实现智能审计和人工审计的优势互补，会推动新的审计模式变革，智能审计的算法不透明、内在机理无法解释等特点以及特殊审计事项需要决定着审计必须结合审计师线下专业知识和审计经验，这样才能确保供应链金融系统运行安全。

第七章 体制变革与机制创新

区块链技术赋能港口供应链金融是基于赋能型ABCDEFG技术叠加使用的能提供丰富化、便捷化和个性化供应链金融服务产品的颠覆性创新。“包容性制度”安排和“跨界整合”是颠覆性创新的内在要求。从未来趋势来看，港口供应链金融服务本质上还是金融，属于金融科技范畴，需要设计闭环式供应链金融产品、业务流程及监管制度以构筑供应链金融发展的生态系统。需要在法律规则、监管体系、组织治理、风险管理、运维方式上进行应然变革，并在金融科技、财政税收、技术创新、工商登记、产业培育、数据资产、金融人才等政策方面进行“先行先试”，同时更需要共识共享、资源整合、金融产品、金融服务、数字孪生、信用评估、平台集成等机制创新。为此，本章立足区块链技术赋能港口供应链金融的“现实不足”和“制约因素”，遵循“制度包容、技术赋能、系统集成、生态平衡”的建构原则，提出区块链技术赋能港口供应链金融的体制变革、政策激励和机制创新的对策建议。

第一节　区块链技术赋能港口供应链金融的应然变革

一、法律规则变革

区块链技术作为港口供应链金融行业进行金融科技创新的重要诱因，逐渐颠覆着港口供应链金融行业的生态网络、相互行为、组织治理、风险控制和监管机制。除了“链上治理”，更需要“链下治理”，需要构建“共识的共识”制度体系，建议在“包容型制度”“四维空间监管”等重要遵循原则下，有针对性地适时出台“区块链金融科技”的专门法律制度。具体法律问题建议体现在：

第一，关于“港口区块链金融科技公司”的法律性质问题。港口区块链金融科技公司是生态型模式的终极呈现，是区块链技术赋能港口供应链金融模式颠覆性创新的重要载体，进行颠覆性创新就需要“包容型制度”和“跨界整合”，而“跨界整合”必然会与现有正式制度有不一致的地方。例如，现有226号文对供应链类金融机构要求“不得以各种供应链金融产品规避国家宏观调控要求、不得无牌或超出牌照载明的业务范围开展金融业务、各类第三方供应链平台公司不得以供应链金融的名义变相开展金融业务，不得以供应链金融的名义向中小微企业收取质价不符的服务费用”。同时，从最高人民法院发布的《关于审理民间借贷案件适用法律若干问题的规定》来看，对信息中介或助贷机构，规定只能从事主业“信息撮合等服务”。因此，为实现区块链技术有效赋能港口供应链金融，建议采用“四维空间监管”思路，对区块链金融科技公司进行合理的法律定性，合理界定其公司职能、业务范围和监管要求等，建议可率先试点多方联合发起的以联盟链为主导的区块链金融科技公司。

第二，关于电子票据和智能合约的法律适用问题。首先，在《票据法》中明确电子票据的法律定义、法律地位、当事人权利义务关系、票据行为、法律责任承担等，在合同法领域，建议明确电子票据当事人主体间的法律关系，进一步明确因黑客冲击等不可抗力因素的免除责任。在侵权责任法领域，建议明确电子票据侵权领域适用过错推定原则，将举证责任分配给银行、金融科技公司、票据交换所等专业化机构①。其次，智能合约是电子合同的升级，是电子合同的新形式，对智能合约和电子合同的法律调整应建立在《民法总则》《合同法》《电子商务法》《电子签名法》等现行法基础上②。明确智能合约订立合同的法律效力，处理清晰自然意思和机器意思存在不符合的情况③。

第三，关于数字资产和数字证书的法律适用问题。数字资产是在区块链技术框架下的信息价值网络不断发展的产物。现行法律体系下，我国还没有明确规定数字资产的释义，因此，建议通过列举的方法对数字资产的范围予以限定，将数字资产作为一切存在于信息价值网络上的"电磁记录"，同时，区块链金融科技公司等主体作为网络经营者，是数字资产的供给、使用、存储和交易的法律主体，应通过立法确保网络服务者的行为合法，保障网络服务合格、持续、稳定和安全，同时维护好网络数据的完整性、保密性和可用性④。

综合而言，区块链技术赋能港口供应链金融是复杂集成的应用场景创新，建议针对未来金融科技趋势，坚持"小切口大场景的立法先行"，确立我国金融科技基本法，如金融科技产业促进法、金融科技发展法等，让金融科技发展"有法可依"。同时，强化金融消费者财产权或个人隐私信息的保护，构建符合我国国情的金融科技监管创新试验和监管科技法律制度。

二、监管体制变革

区块链技术无疑给供应链金融领域的监管体制变革也提出了新的

---

① 卢家瑜，谢宝友，冒鹏莉，等．电子票据法律问题研究［J］．金融纵横，2018（01）：73－81．

② 陈吉栋．智能合约的法律构造［J］．东方法学，2019（03）：18－29．

③ 李西臣．区块链智能合约的法律效力——基于中美比较法视野［J］．重庆社会科学，2020（07）：73－88．

④ 赵自轩．美国的数字资产继承立法：争议与启示［J］．政治与法律，2018（07）：35－48．

“监管科技”要求。金融科技利用新兴技术重塑了金融服务的模式、流程、产品，提升了金融服务效率，引发金融服务的主体、渠道和内容发生变化，给金融体系带来了结构性影响。随着ABCDEFG技术不断深度融合，供应链金融业自动化、智能化和信息化的快速发展，也对金融监管体制变革提出新的要求，需要针对目前存在的监管范围、监管尺度难以把握的问题，探索监管体制的变革，缓解监管政策容易滑向极端的现状①。因此，需构建“宏观维—沙盒式监管、科技维—科技型监管、平台维—分布式监管、业务维—穿透式监管”四维空间监管框架②。除此之外，具体建议：

第一，监管内容更加系统化。针对港口供应链金融网络体系中供应链企业节点，采取“节长制”对供应链企业节点的“商品流、资金流、数据流、信息流”进行动态管理。第二，监管层次更加丰富化。不仅涉及全部参与港口供应链金融网络体系中供应链的主体，还涉及港口供应链金融网络体系中出现的“人—货—场”等，采用合适算力和算法对主体进行行为感知和数据采集。第三，监管基础更加底座化。监管部门应当强化数字化监管库、数据可视化、区块链底座技术、金融数据异地备份等基础设施建设，强调底层技术的数据驱动、数据治理和数据安全。第四，监管方式更加细分化。理论而言，在现阶段可按照“金融归金融，科技归科技，数据归征信”进行细分化监管，对港口供应链金融业务以及创新模式按照“分业监管”要求进行监管。第五，监管流程更加科学化。在区块链技术赋能港口供应链金融应用场景中，不再拘泥于对单个企业信用“画像”，而是立足供应链上下游企业的交互行为数据通过联邦机器学习机制进行信用分析。

综合而言，监管机构应加强对ABCDEFG技术深度融合应用的关注、监测和研究，做好监管准备，建议通过区块链金融行业协会设立小组形式跟踪研究区块链、分布式账户等金融科技发展对供应链金融业务模式、风险特征和监管模式的影响，加强与金融科技企业的沟通交流和政策辅导。同时，明确监管协调机制中主体权责划分与可问责性，保证被授权主体具有充分的自主权以实现其监管任务目标。从监管层面来看，应通

---

① 张永亮．金融监管科技之法制化路径［J］．法商研究，2019，36（03）：127－139.

② 具体内容前文已论述。

过完善合规审查和审计机制，推动金融服务行业的自律，但自律的本质在于创新发展和法律法规之间的平衡，就港口供应链金融应用场景而言，需要顶层设计系统方案，方案制定者、规则立法者和执法者重点考虑平衡创新和合法合规之间的关系，使监管的包容性和有效性在实践中实现灵活和动态平衡。

三、组织治理变革

在港口供应链金融模式创新的场景下，海量数据、人工智能、机器学习、云存储、智能合约、隐私计算、加密技术、数字人民币等技术不断渗透并深入融合应用，驱使参与港口供应链金融模式“企业组织”的供产销、内部治理和供应链协作发生了颠覆性变革，组织管理的信息化、数字化和智能化水平显著提升。从内在机理上看，港口供应链金融网络体系的数据和信息共享改变了企业组织的内部决策机制，而企业组织管理就在于内部决策机制的呈现，这种边际改变表现在：区块链的智能合约技术及其驱动创新出现了“去中心化组织（DAO）”，例如专业化港口型金融科技公司就一个 DAO，可以利用 DAO 区块链社区直接快速进行管理决策。在赋能型 ABCDEFG 技术趋势下，组织变革会走向集认知管理、平行管理、加密管理、联邦管理、社会管理和生态管理于一体的智能管理变革，从而形成以采用联盟链的专业化港口型金融科技公司为载体，以联盟机器学习数据为基础，以区块链等多元化技术为底层技术，以非同质化通证（NFT）为激励机制，以智能合约落实管理决策并具有完善的自治规则、投票机制以及争议解决规则的新型智能管理组织模式①，该模式通过“链上数据治理 + 链下内部治理”相互协调方式进行，解构业务流程，重塑业务规则，实现价值增值。

该新型智能管理组织模式相比较传统港口供应链金融组织模式，组织模式发生了较颠覆的变革，体现在：决策链更加扁平智能化，创新链

---

① 李娟娟，王戈，王晓，等. 加密管理：一种基于区块链的新型组织管理模式［J］. 智能科学与技术学报，2022，4（02）：145 - 156.

更加共治共享化，组织参与更加主体多元化，金融服务更加数字模块化[①]，资源获取更加快捷高效化，激励机制更加战略绩效化，争议解决更加法治规则化。该新型智能管理组织模式如果能嵌入“港口大脑”系统平台进行组织运行，组织变革效果会越发显著。具体而言：第一，决策链更加扁平智能化。在区块链等技术框架下，“上下传达科级式”组织管理会被彻底打破，“串联型组织”逐步演变成“并联型组织”架构，扁平智能化本质在于组织层次减少和决策质量和速度的优化，并不是完全依赖关系。第二，创新链更加共治共享化。共治共享基础在于参与主体组织行为的交互和知识创新协同形成了海量数据，共治共享化还会强化对“公用数字品牌”的探索。第三，组织参与更加主体多元化，强调港口供应链金融创新需要多元化组织参与才能形成港口供应链生态圈。第四，金融服务更加数字模块化。新型智能管理组织模式会依赖联盟链进行链接，会形成不同主体、不同业务、不同节点的功能模块。第五，资源获取更加快捷高效化。区块链 SaaS 技术应用会形成“上链即确权”的认证模式，对创新资源所有权归属进行快捷、高效的基础性证明。第六，激励机制更加智能绩效化。组织内部绩效管理涉及绩效计算、绩效生成、绩效分配和绩效兑现，可以按照区块链供应链节点进行基于智能合约的聘用、续约和绩效考核。第七，争议解决更加法治规则化。可在区块链技术框架下设立分布式争议解决平台，实现匿名的争议解决和内部自治，可兼顾传统争议解决模式，即采取混合争议解决模式[②]。

四、风险管理变革

复杂网络结构是区块链赋能港口供应链金融的主要表征。从风险特点来看，区块链技术赋能港口供应链金融风险具有传导性、整体性、复杂性、动态性、突发性和虚拟性，从风险类型识别来看，区块链技术赋

① 赵超．区块链与创新链融合的组织模式和治理机制［J］．技术经济与管理研究，2021（12）：33－37.

② 包丁裕睿，迟骋，李世刚．区块链争议解决与治理范式选择［J］．科技与法律，2019（03）：74－83.

能港口供应链金融会面临政策风险、法律风险、环境风险、技术风险、市场风险、行业风险、供应链关系风险、运营风险、信用风险、操作风险等复杂综合风险挑战。风险防范变革，变革的是风险防范的理念、场景、主体和方法，但“目标设定—风险识别—风险度量—风险预警—风险防控—事后评估”的风险管理基本逻辑不会改变，具体而言：

第一，风险管理理念的变革。针对复杂综合风险，不能依赖单一风险或个体风险管理，而是需要应用全面风险管理（TRM）理念去管理金融风险，通过“商品流、资金流、数据流和信息流”进行风险管理。第二，风险管理场景的变革。从风险管理场景视角来看，未来区块链技术赋能港口供应链金融的场景，中期场景呈现在于赋能型 ABCDEFG 技术下智慧化港口供应链金融网络系统平台，远期场景在于基于“港口大脑”的港口供应链金融网络系统平台。从趋势来看，区块链技术赋能港口供应链金融的高级阶段在于生态型港口供应链金融模式创新和颠覆性创新出新的商业模式，会出现新技术、新产品、新业务、新流程、新组织、新平台、新规则、新行为等，这些无疑会改变风险管理的场景。第三，风险管理主体变革。区块链技术赋能港口供应链金融风险管理不再拘泥于单个供应链企业的信用画像，而是基于整个港口国内供应链网络体系的整体风险管理。第四，风险管理方法的变革。无论是赋能型 ABCDEFG 技术下港口供应链金融网络系统平台还是基于“港口大脑”的港口供应链金融网络系统平台，均是全面感知、泛在联接、智能决策、敏捷响应、智能进化的不断迭代升级和集成，其风险管理方法一定是基于赋能型 ABCDEFG 技术的不断融合应用，其风险管理方法也会相应地变革，例如在港口供应链金融风险预警体系中，关键技术用到了基于联邦学习的联合模型训练和基于智能合约的人机混合共识等技术。

五、运维方式变革

从前文研究观点综述来看，未来的竞争不再是单个企业的竞争，而是整个供应链的竞争；港口供应链核心企业和中小微企业之间不再是“赢者通吃和相互攫取”的关系，而是“你中有我，我中有你”的竞合；

港口供应链金融信息决策来自所有参与者“互联互通”行为交互产生的海量数据，专业化服务网络不能缺少供应链中小微企业；区块链等多元化技术在融合，企业之间的创新链在“融通创新”。因此，区块链技术赋能港口供应链金融模式创新会导致传统运维方式变革。具体表现在：

第一，政策部门运维方式变革。对区块链技术赋能港口供应链金融模式创新既要鼓励金融科技发展，也要进行“金融归金融、科技归科技”等穿透式监管，既要对区块链技术应用“画圈分类”立法保护，也要惩治区块链“代币”的违法行为，既要对供应链中的海量数据采集和开发，也要进行数据确权和商业隐私保护。因此，“赋能型技术”“包容型制度”“跨界整合”“监管沙盒”“港口大脑”“链长制”“共享共治”等理念会逐步嵌入政策部门运维方式和政策体系。第二，供应链企业之间关系运维方式变革。在传统港口供应链网络体系中，核心企业很难与中小微企业在创新链上产生合作，在产品市场定价、供应链融资以及资源调配中，中小微企业往往是弱势群体，在创新链中，中小微企业往往存在“技术创新门限[①]”，核心企业和中小微企业之间的“融通创新”机制很难成立。在区块链技术赋能港口供应链金融模式创新的场景下，供应链企业之间“合作共赢”的运维方式会逐步替代“相互攫取”的运维方式。第三，传统港口供应链金融机构或金融科技公司运维方式变革。以银行为主导的传统港口供应链金融机构会注重金融科技业务延伸，金融科技公司会注重专业化第三方服务平台建设以及与银政保等传统金融机构的业务合作。

第二节 区块链技术赋能港口供应链金融的政策激励

一、金融科技政策

在遵循央行等八部门颁布的226号文和央行颁布的《金融科技发展规划（2022—2025）》等国家政策文件总体思想下，聚焦“区块链技术赋

---

① 中小微企业的技术创新门限主要指在企业创新决策中，由于企业存在生产要素等基础条件约束，而采取的劳动力替代技术创新的现象。

能港口供应链金融模式创新”主要任务，从战略层面意识和认识到区块链技术赋能港口供应链金融模式创新对建设世界一流强港和金融服务实体经济，助力国内国际双循环格局的现实意义。围绕“区块链+港口供应链”金融科技创新主线，准确把握区块链技术赋能港口供应链金融模式创新的内涵和方向，坚持市场主体的专业优势和市场定位，注重市场公平有序和港口供应链产业良性循环。具体政策举措包括但不限于：

第一，提升港口供应链金融的整体金融科技服务水平。推动金融机构、港口供应链核心企业、港口、第三方科技公司、航运交易所等各方加强信息共享，依托核心企业构建上下游一体化、数字化、智能化的区块链技术信息系统、信用评估和风险管理体系，动态把握港口供应链中小微企业的经营状况。鼓励银行等金融机构探索区块链技术赋能港口供应链金融模式创新的新产品、新流程和新服务，为港口产业链提供结算、融资和财务管理等系统化的综合解决方案。第二，提升港口供应链融资结算线上化和数字化水平。运用区块链技术等多元化技术，支持探索使用电子签章在线签署合同，进行身份认证核查、远程视频签约验证。支持港口供应链金融机构之间的电子认证互通互认。第三，丰富应收账款、保理、福费廷等业务的标准化和透明度，支持港口供应链金融机构与人民银行认可的供应链票据平台对接，支持港口核心企业签发供应链票据，鼓励银行等港口供应链金融机构为供应链票据提供更便利的贴现、质押等融资，支持中小微企业通过标准化票据从债券市场融资，提高商业汇票签发、流转和融资效率。第四，利用金融科技规范发展供应链存货、仓单和订单融资行为。切实运用区块链等技术手段提高风险控制水平，与港口供应链核心企业及仓储、物流、运输等环节的管理系统实现信息互联互通，及时核验存货、仓单、订单的真实性和有效性。第五，利用区块链等技术完善供应链票据平台功能，加强供应链票据平台的票据签发、流转、融资相关系统功能建设，加快推广与金融机构、港口供应链核心企业、港口、第三方科技公司、航运交易所的港口供应链平台互联互通，明确各类平台接入标准和流程规则，完善港口供应链信息与票据信息的匹配，探索建立交易真实性甄别和监测预警机制。第六，港口供应链金融机构应加强金融科技运用，通过“金融科技+供应链场景”实现核心企业“主体信用”、交易标的“物的信用”、交易信息产生的“数据信用”一体化的信息系统和风控系统，建立全流程线上资金监控模式，增强操作制度的严密性，强化操作制度的执行力。

因此，围绕金融科技政策，遵循“包容型制度”和“监管沙盒”等先进理念，积极开展在风险可控、依法合规前提下分类探索区块链技术赋能港口供应链金融模式创新的最佳实践与最优路径，包括产品型、产业型、平台型和生态型四种模式。坚持系统观念、统筹布局，注重实践积累和经验总结，形成可复制、可推广的“区块链+港口供应链”金融科技样板项目、典型做法、模范机构和示范港口。

二、财政税收政策

财政税收政策作为弥补市场失灵的主要手段，可以通过信号释放体现政府政策导向及意图。随着金融科技发展诉求的增加，港口型城市利用财政税收政策支持港口供应链金融的重要性更加凸显，可用的财政税收政策主要有财政奖励、财政补贴、税费减免或缓缴、政策型融资担保、贷款财政贴息、政府创业投资引导基金或产业基金投资等。具体落实政策有：第一，可借鉴深圳的奖励金融科技企业的做法，对辖区内落地的“区块链+港口供应链”金融科技基础设施给予落户奖励，鼓励以“区块链+港口供应链”金融科技为主要业务的股权投资基金（VC/PE）在辖区内发展，支持辖区内优秀的“区块链+港口供应链”金融科技公司IPO。同时，鼓励政府创业投资引导基金优先阶段参股此类VC/PE，支持政府创业投资引导基金不以营利为目的退出。第二，对辖区的领军型“区块链+港口供应链”金融科技公司全力培育，形成金融科技领域领军企业的发现和认定机制，重点在：传统持牌金融机构科技化转型的金融科技企业、大型互联网公司发起设立或控股的金融机构、联合发起金融科技基础设施类平台公司、类似平安科技、腾讯金科、微众银行、金证股份专业化科技服务公司。第三，传统金融机构在“区块链+港口供应链”领域开展的供应链金融产品，尤其针对面向中小微企业或具有显著数字普惠金融特征的供应链金融产品进行一定的财政贴息、保费补贴、免征增值税或缓缴等。第四，对通过融资担保公司获得信用融资、股权质押融资、知识产权质押融资贷款的“区块链+港口供应链”金融科技公司给予担保费的财政补贴。

三、技术创新政策

从技术呈现来看，区块链技术赋能港口供应链金融模式创新的技术诉求在逐步“区块链技术泛化”，不仅仅拘泥于区块链技术的分布式技术、联盟链技术、跨链技术、隐私保护技术、智能合约以及加密技术、授权机制和共识算法等底层技术，更多的技术诉求在于 ABCDEFG 等关键技术的深度融合技术应用。同时，技术不仅仅停留在技术研发应用上，更需要技术能够“赋能”，但技术赋能离不开“赋能型政府[①]”治理效能提升和实施技术创新的“赋能政策”。从生态型区块链技术赋能港口供应链金融模式创新的技术条件需求来看，港口供应链金融网络系统平台无论基于区块链技术赋能、还是 ABCDEFG 技术赋能，甚至港口大脑技术，均需要安全、稳定、低成本高效率的基础设施平台。因而，科技创新政策需要围绕目标进行政策设计，通过“揭榜挂帅”机制，设立“卡脖子”重点研发资金进行突破，同时注意技术成果的转化。

第一，关于“港口大脑”技术的创新政策。按照前文分析，港口大脑是港口通过泛在感知系统，智能地获取各种运行状态信息，通过“港口大脑”对这些信息进行综合处理，并作出敏捷地判断或决策，从而实现更聪明、更智慧地运营与服务，逐步形成自己的中枢神经系统（云计算）、港口感觉神经系统（物联网）、港口神经纤维系统（通信技术）及港口神经末梢（边缘计算），从而形成港口的智慧与应用（大数据与人工智能）。因此，可在这些“港口大脑”技术领域设立专项资金进行研发。第二，关于“区块链”技术的创新政策。着力围绕“区块链+港口供应

① 参阅：黄先海，宋学印．赋能型政府——新一代政府和市场关系的理论建构［J］．管理世界，2021，37（11）：41-55。作者认为赋能型政府具有三大特征：第一，规避知识约束和俘获困境，提升政府介入效率；第二，增进市场主体的资源横向配置能力与代际更新能力，提升资源配置效率；第三，在跨期福利最大化条件下提高社会加总技术进步率，提升动态增长效率。

链”金融科技领域，进行区块链市场主体培育，创新能力提升，服务平台建设，应用示范推动和发展环境优化。重点针对金融监管科技、金融信创、数字人民币、智能合约、区块链底座技术、跨链技术、联邦机器学习、隐私计算等前沿技术领域支持一批重点“区块链 + 港口供应链”金融科技项目发展，支持关键基础技术攻关。第三，关于“ABCDEFG”未来技术的创新政策。“ABCDEFG”概括了未来金融科技的发展生态，分别代表着人工智能、区块链技术、云计算技术、大数据技术、生态技术、人脸分析技术、5G 及未来 6G 技术。科技创新政策可提前结合港口供应链相关“未来产业”的“ABCDEFG”技术应用，有步骤、有计划、有规划地支持关键基础技术研发和融合应用。

四、市场准入政策

区块链技术赋能港口供应链金融模式创新本质上还是金融，按照“金融归金融、科技归科技，数据归征信”思路以及“包容型制度”“监管沙盒”等理念，重点针对港口供应链金融创新主体设立或开展金融业务实施市场准入政策。原因在于：生态型港口供应链金融模式是指以港口供应链金融科技公司为主导，协同银行等金融机构，综合运用区块链等赋能 ABCDEFG 技术提供定制的、灵活丰富的系统融资方案。市场准入政策主要包括市场主体准入政策和市场业务准入政策。

从市场主体准入政策来看，主要涉足传统持牌金融机构科技化转型的金融科技企业、大型互联网公司发起设立或控股的金融机构、联合发起金融科技基础设施类平台公司、第三方专业化科技服务公司等创新主体。因此，需要明确港口供应链金融科技公司的法律定义、法律地位、设立要求、股权结构、业务规则、内部治理、人员从业资格、金融监管部门、金融监管制度。同时，加强区块链平台和金融服务提供商资质审核。一方面，监管范围将扩大到互联网服务提供商、搜索引擎、硬件制造商，并将区块链全生命周期纳入监管范围，完善产品加密技术，跟踪可疑交易，提供更加切实有效的保障。港口供应链金融科技公司可实现分类监管，避免监管真空，充分考察区块链与各种技术融合衍生的其他应用场景，如个人有形和无形资产的登记、托管交易、保税合同、第三方仲裁等。另一方面，监管途径应针对供应链金融行业的不同特点进行调整。通过财政、减税和政策鼓励区块链基础应用研发，逐步推动数字人民币纳入港口供应链金融科技公司创新主体的支付结算体系。

从市场业务准入政策来看，港口供应链金融科技创新主体开展供应链金融业务资格应进行从事金融业务资格审批。按照央行等八部门颁布的226号文规定："各类供应链金融服务平台应付账款的流转应采用合法合规的金融工具，不得封闭循环和限定融资服务方。核心企业、第三方供应链平台公司以供应链金融的名义挤占中小微企业利益的，相关部门应及时纠偏"。从226号文规定解读来看，央行等八部门运用了"金融归金融，科技归科技"的理念。因此，港口供应链金融科技创新主体开展金融业务必然按照对应金融业务进行监管，操作上可采取吴晓灵（2021）的观点，即将已有的全牌照进行拆解，划分为多个有限牌照，按金融科技实际展业类型颁发相应的业务准入牌照，明确开展港口供应链金融业务的杠杆率、流动性和拨备率等要求，同时要求对开展的金融业务进行定期信息披露机制。在高管准入方面，金融科技公司必须由独立的技术人员担任董事、高级管理人员负责技术安全与相应的风险管控，同时可增设高级别的首席科技官或首席数据官对金融科技公司的技术总体把关。

五、产业培育政策

港口供应链金融科技的本质在于金融服务与"港口大脑"或区块链智慧化港口底座基础设施平台的结合，应用区块链等多元化技术，形成在金融支付结算、融资、投资、保险以及基础设施等领域的新港口供应链金融服务模式，其产业发展是金融业和科技业的深度融合。港口供应链金融科技产业培育不是简单的产业规模培育，而是产业链结构完善基础上的产业规模提升，但产业链结构完善是前提，产业链结构完善在于按照港口供应链金融科技产业全景图谱实施产业培育政策。港口供应链金融、科技和产业协调发展是一个复杂的系统工程，科技创新是核心动力，引导科技创新成果转化为现实生产力，推进产业升级转型，金融服务是融资工具，拓宽科技创新型企业融资渠道，促进科技创新及产业升级，产业升级是最终目标，推动科技与金融创新结合，三者相辅相成，共同促进经济转型发展。应以加快金融科技创新发展支持供应链金融产业转型升级为核心任务，构建多层次、多渠道、多元化金融科技投融资体系，形成金融与科技创新协同效应。同时，按照央行颁布的《金融科技发展规划（2022—2025)》要求，完善金融科技整体性产业规划。具体而言：

第一，要合理规划地区发展。甄选港口供应链发达城市，这样的城市在港口供应链金融发展方面具有天然地理优势，与金融科技产业融合发展也拥有坚实的基础，对培育出区块链赋能的港口供应链金融产业大有裨益。第二，要建立与之相匹配的产业生态，金融科技产业的发展需要持续的资金投入、创新与交流、资金、数据监管等，因此，需要建立多方面的支撑产业与机构，包括金融机构、“区块链 + 供应链金融”实验室、监管部门、区块链行业协会等[①]。合理规划产业布局，协调各产业上中下游的均衡发展，助力科技赋能的港口供应链金融产业健康、稳定发展。第三，要打造“区块链 + 港口供应链”金融科技产业园，通过建设金融科技产业园可以对原有的科技产业园进行转型升级，优化园区内配套的软服务，通过政策鼓励，吸引国内外优秀的金融科技企业、研究机构入驻。第四，构建“区块链 + 港口供应链”金融科技“包容型制度”体系。具体可建立金融科技研究、成果转化、金融支持和产业化的完整法规体系，出台可操作性强的配套制度文件和实施细则，并在技术转移机构、科技成果转移转化责权利分配等方面制定专门法律规定。政府牵头构建联动机制形成合力，解决跨部门、跨地区供应链金融政策协同以及法律法规之间的衔接问题，打通不同组织政策链[②]。持续加强政策的细化解读和实施效果评价，充分发挥政府政策支持平台作用。第五，促进产业不同层次企业协同发展。以产业链多元化为导向，优化供应链融资

---

① 陆岷峰．强力推动江苏金融科技产业大发展［J］．群众，2019（08）：18 - 19.

② 徐丽丽，张洁．金融、科技和产业协调发展：国际经验及借鉴［J］．黑龙江金融，2021（11）：65 - 68.

参与主体构成①。做大做强港口供应链核心企业，支持核心企业开展前瞻性技术布局，制定重点领域技术发展路线图，设定技术发展目标，开展超前研发和源头创新，培育大数据、人工智能、物联网、区块链等各领域的头部金融科技企业。在做大做强核心企业的同时，鼓励核心企业与传统金融机构、第三方科技服务商、港口等开展合作，联合发起设立港口供应链金融科技公司，开发能为中小微企业提供港口供应链领域的数字普惠金融产品。

六、数据资产政策

数据治理是鼓励权利主体有序参与“区块链 + 港口供应链”金融科技发展的关键支撑，是数据要素市场化改革的基础，也是实现金融科技赋能供应链金融的重要参数。在港口供应链金融区块链中，由于涉及多方参与，业务敏感数据多，同时业务数据具有规模大、维度高、多层次等特征。单链架构的区块链平台无法有效将不同的数据相互隔离，因此存在隐私泄露风险和性能问题。隐私保护机制是区块链应用的重要组成部分，为区块链应用推广和用户使用提供了信息安全保障。因而，要进一步建立健全有利于推动港口供应链金融中数据的确权、存储、备份、定价和交易的政策。具体而言：

第一，完善数据产权保护制度。针对供应链企业信息的保护，积极健全数据产权保护制度。对企业数据产权的保护应从保护其隐私权和促进数据收集、使用和流通的双重角度出发，可采用区块链技术的联邦机器学习机制，既在采集、使用和交易相关数据时不能侵犯数据主体的基本权利，防止对消费者基本权利的过度搜集、滥用，甚至泄露其隐私。制定数据采集、使用、交易环节的行为规范，并着力于推广与宣传，提高消费者与企业的数据产权意识。推进行业自律自治，发展符合行业特点的企业数据产权保护规则，加大对危害供应链企业信息行为的惩罚。第二，健全数据开放和交易制度。数据作为港口供应链金融的生产要素，

① Wang L, Wang Y. Supply chain financial service management system based on block chain IoT data sharing and edge computing [J]. Alexandria Engineering Journal, 2022, 61 (1): 147 – 158.

数据的正确运用可以为港口供应链创造较大的社会价值，所以有必要在处理好数据隐私和数据安全的基础上，构建好数据开放和交易制度的标准规范。一方面，应该健全数据开放许可制度，明确规定能够开放共享的数据类型、附有一定条件开放的数据类型以及不允许开放的数据类型。尤其供应链企业隐私数据、企业的商业秘密以及各级政府的机密等数据的开放应该满足相应的授权规范。另一方面，可通过“港口联盟”形式，设立国家港口数据统一开放共享平台。第三，优化对数据垄断的监管方式。随着数字经济和金融科技快速发展，各行业数据垄断问题日益凸显，主要有使用数据和算法达成并巩固垄断协议、基于数据优势滥用市场支配地位、经营者集中引致排斥竞争的数据集中和数据行政性垄断等形式。为了给予数据集合和控制者相关权利以及促进数据资源的自由流动，还需要从基础制度、规则制定、反数据垄断执法、跨部门工作协调与国际合作等方面，不断优化对“区块链+港口供应链”金融科技数据垄断的监管。

七、金融人才政策

从知识所属学科领域来看，区块链技术赋能港口供应链金融模式创新涉足金融学、保险学、工商管理学、物流供应链管理、计算机科学、数学、物联网工程、信息安全、通信工程、法学等多个交叉学科领域。如何培育港口供应链领域的金融科技专门人才去适配“区块链+港口供应链”金融科技发展需求，是处于港口型城市亟须思考的问题。具体建议可坚持“外引内培”的做法：

第一，“外部引进”思路，体现在两个维度：首先，通过“人才基金+异地孵化+以投代招”形式吸引创业型金融科技人才及其项目落户辖区。可借鉴宁波市创业投资引导基金阶段参股的海邦基金做法，有两种途径可进行尝试：就金融科技环境比较成熟的城市而言，对落实辖区的领军人才或科技型人才的项目企业进行直接股权投资；就金融科技环境还不够成熟的城市而言，可对关键人才主持的项目企业进行异地股权投资，待企业开始成熟，可采用股权让与的方式吸引项目企业落户辖区。其次，对已在国际国内知名“区块链+港口供应链”金融科技公司工作的首席科技官、首席数据官或高级管理人员，可纳入辖区内高级管理人才政策范围，在子女就学、安居、落户、用房、出入境等政策给予优惠。重点探索金融科技管理人才的个税减免可行性，打造辖区内“区块链+港口供应链”金融科技总部经济。

第二，“内部培养”思路，体现在两个维度：首先，对辖区内现有“区块链+港口供应链”金融科技相关公司的高管进行的培训、进修、考证等实行费用补贴或财政奖励，相关人员也可纳入辖区内高层次人才或紧缺高层次人才管理①。其次，鼓励并引导港口型城市本科高校金融学专业把“区块链+港口供应链”金融科技作为港口型城市高校金融学专业人才培育的特色之一。一方面，可通过校企联合培养，培养学能致用的金融科技人才，通过“产教融合+实践基地+定岗实习+行业导师”方式强化人才培育与行业互动。另一方面，支持本科高校金融专业交叉学科建设。打破高校传统学科之间的界限，有效推动“区块链+港口供应链”金融科技产业链与学科链、人才链的深度融合②。在“知识—技术”转化融合中，金融科技最新的技术领域、金融科技最新的技术应用、金融科技相关技术的成本效益分析等都应纳入高校人才培养方案设计的考虑范围，改革传统金融学课程设置，将工具性和应用性知识技能嵌入各门金融学的专业课程之中，增加金融科技类课程模块，完善金融与计算机、信息技术等学科的交叉人才培养模式③。

---

① 2021年8月19日，上海市地方金融监督管理局印发《上海市重点领域（金融类）“十四五”紧缺人才开发目录》。特许全球金融科技师CGFT被列入了金融科技类紧缺人才中的“移动支付人才”和“大数据挖掘、应用金融人才”两个子类，这是上海首次将金融科技类人才纳入紧缺人才目录中。符合目录要求的金融紧缺人才，将在落户、安居、出入境等方面享受政策支持和便利。

② 作者所在高校处于港口型城市宁波，按照学校“十四五”学科建设布局，率先设立了智慧化港口与服务学科交叉群，这对“区块链+港口供应链”金融科技专门人才培育和金融学专业特色培育具有很好的引领作用。

③ 马旻敏．江苏省金融科技产业发展SWOT分析及对策［J］．经济研究导刊，2022（11）：23-25.

第三节　区块链技术赋能港口供应链金融的机制创新

一、金融产品设计创新

从区块链技术赋能港口供应链金融模式创新演进过程来看，会从产品型模式、产业型模式逐步转向平台型模式和生态型模式。因此，金融产品设计创新要与不同发展阶段的区块链技术赋能港口供应链金融模式创新相适应。以产品型模式和产业型模式为例，说明金融产品设计创新，具体体现在：

第一，在产品型模式阶段，由于产品型港口供应链金融模式是区块链技术赋能港口供应链金融模式创新的早期阶段，主要以银证保等传统金融机构主导，综合运用区块链等多元化技术，为港口供应链的企业定制提供灵活丰富的金融产品和服务。在产品型模式框架下，金融产品设计创新主要以银证保等现有金融产品为核心，并运用区块链等技术进行金融产品的功能延伸、便捷性提升和融资成本压缩。港口供应链金融的多元化、差异化和多样化特征，要求供应链金融产品涉及必须要切合港口供应链企业对金融业务的实际需求，同时，也要及时采用区块链等技术手段针对不同行业、不同类型、不同规模的供应链企业提供金融产品和服务。该阶段银行类金融产品主要有三类：一是基于应收账款或应付账款提供的金融产品和服务，如正向保理、反向保理、国际保理、福费廷、反向采购、票据融资等产品；二是基于预付账款提供的金融产品和服务，如保兑仓、先款后货融资等。三是基于库存或动产质押而开展的金融产品和服务，如仓单质押、海运提单质押、库存抵质押等。基于区块链等技术手段可对“区块链＋应收账款”“区块链＋预付账款”和“区块链＋存款抵质押”的金融产品进行创新。

第二，在产业型模式阶段，由于产业型港口供应链金融模式是指在银政保等传统金融机构在自身的专业领域中，以港口供应链核心企业或港航物流核心企业为主导，综合运用区块链等多元化技术提供定制的灵活丰富融资方案，与产品型模式的最大不同在于，推动供应链金融服务的不再是金融机构，而是供应链核心企业，比如供应链的核心制造商、分销经费服务商或第三方、第四方物流企业。此阶段更加注重以港口供应链核心企业或港航物流核心企业为主导开展“区块链 + 电子仓单 + 担保”“区块链 + 海运提单 + 担保”等创新金融产品和服务，还可以给下游中小微企业提供信用服务，比如动态贴现的信用产品和服务等。

因此，除了金融产品设计创新，还可以利用区块链等技术加强金融产品价值可持续性，丰富金融产品服务新角度。一方面，通过金融科技对供应链金融的赋能，收集供应链网络各类客户的相关数据，进行精准画像和全生命周期管理。通过对客户的特征精细刻画，深入动态洞察客户的需求和偏好，根据客户偏好创新金融产品，开展特色化金融服务，注重端到端的客户体验，将金融服务渗透到客户全生命周期过程中。根据各类场景获取客户的信息和流量，将高频的各类生产与交易场景行为和低频金融服务有效衔接，通过高频的生产与交易场景带动低频的金融服务场景，将用户更多地转化为金融产品使用客户，发现现金流、创造现金流，有效将 MAU（每月活跃用户数）转化 AUM（资产管理规模）价值①。另一方面，以区块链等多元化新兴技术为基础，加速技术的融合程度，制定出如“知识产权质押”贷款、“经营快贷”等适合港口供应链中小微企业的定制产品。

二、金融服务模式创新

金融服务模式创新主要集中于产品型模式、产业型模式、平台型模式和生态型模式四类。产品型模式以银证保等传统金融机构为主导，产业型模式以港口供应链核心企业或港航物流核心企业为主导，平台型模式以专业化的第三方平台服务商为主导，生态型模型以联合主发起的金融科技公司为主导。以平台型模式和生态型模式为例，金融服务模式创

① 李小庆．全场景数字金融生态构建研究和实践［J］．金融科技时代，2022，30（06）：15－18．

新体现在：

第一，平台型港口供应链金融模式强调以专业化的第三方平台服务商为主导，协同银政保等传统金融机构，综合运用赋能 ABCDEFG 技术提供定制的灵活丰富融资方案。该模式注重专业化平台服务商作为第三方提供金融信息服务，不再是传统金融机构或港口供应链核心企业、港航物流核心企业。此时信用评价和分析是基于整个港口供应链网络的信用生态，而不是拘泥于单个供应链核心企业或者某个链条的供应链企业。其金融服务模式创新在于基于赋能 ABCDEFG 技术的供应链金融服务模式“定制”。原因在于：依靠单个核心企业形成的供应链上下游企业数量有限，还不能通过众多参与者形成供应链信息网络，同时，单个核心企业或单个金融机构还没有足够能力去控制整个供应链的产业信息，此时，金融产品和业务会出现高度融合，产生了定制的金融服务系统方案，不仅仅在于应收账款类、预付类和存货抵质押类，还融合了股权基金、航运保险等供应链运营的需求，平台型模式信息化程度比产品型模式、产业型模式更高。

第二，生态型港口供应链金融模式是指以联合主发起的金融科技公司为主导，协同银政保等传统金融机构，综合运用赋能 ABCDEFG 技术提供定制的“数字—服务—金融产品包”系统融资方案。该模式注重金融科技公司的作用以及更加注重赋能 ABCDEFG 技术的深度融合，能够为供应链核心企业和中小微企业定制提供更加透明、更加便捷、更加高效、更加精准的金融服务。同时，由于联合主发起的金融科技公司的开放特征和专业化优势，其开展的金融服务模式会体现公平性、普惠性和均衡性，并且会随着参与主体数量而逐步增强，当这种程度到了超过一定阈值后，在赋能型技术、赋能型政府和包容型制度下，会颠覆性创新出新的价值模式和商业模式，并形成区块链技术赋能下的港口供应链金融网络生态体系，这代表着未来港口供应链金融模式的方向。相比较产品型模式、产业型模式、平台型模式，生态型模式更加注重网络生态体系的构建，参与主体会呈现“共享共治”特征，其风险控制也依赖数字治理和监管科技的共同治理。

因此，港口供应链金融服务模式创新在产品型模式、产业型模式、平台型模式和生态型模式四大类框架下逐步衍生出细分的金融服务模式，推进供应链金融向垂直化与细分化方向发展。一方面，以港口供应链基础产业为核心，针对不同产业的主体特征、生态、周期、资金流动等特征，针对不同产业的供应链管理流程的差异性，以供应链不同的融资需求为目标，跨越不同行业融资属性与偏好鸿沟，形成具有普适价值的精细化供应链融资模式①。另一方面，深耕未来供应链金融发展重要方向的垂直领域，借助纵向市场的深度垂直利用甚至化解核心企业对行业的控制力，从而在纵向市场形成一种良性的生态和平台。鼓励包括金融科技企业在内的新兴公司能够深度下沉，真正吃透目标产业的商业模式和运营逻辑，以此基础提供“滴灌式”的供应链金融服务解决方案②。从演进趋势上看，港口供应链金融服务模式创新在于港口供应链上下游的数据信息及信用状况，综合客户资源、客户交易数据信息和云计算等智慧技术，实现金融服务与交易、物流服务的多元融合。一方面，围绕“产融结合”理念，将金融服务需求与商品交易、贸易场景相融合，综合信息流、物流、资金流等信息，以港口供应链金融服务产业链发展，实现供应链管理服务与金融业务协同发展。另一方面，以用户、物流及交易等数据资源为基础，充分挖掘不同类型用户群体的资金需求，构建供应链金融、投资理财、在线支付及消费类金融等多元化的金融服务体系，有力促进金融服务与港口平台一体融合发展。

三、共识共享机制创新

从未来趋势来看，未来区块链技术赋能港口供应链金融是“赋能型ABCDEFG技术+金融+产业+生态”形成了多方共赢的价值网络生态系统，会颠覆性创新出新的价值模式和商业模式。没有多元化参与主体及其相互交互行为很难形成这样的多方共赢价值模式和商业模式。因此，供应链中的数据共享机制是港口供应链金融发挥作用的重要基石，因而

① 丛鹏旭，曾剑秋. 金融科技下供应链金融创新模式探究［J］. 金融科技时代，2022，30（03）：51－55.

② 韩晓宇，邓宇. 数字化驱动供应链金融升级［J］. 中国金融，2020（07）：55－57.

促进供应链中共识共享机制创新是必不或缺，同时也是势在必行的。

第一，共识机制创新。区块链技术设立共识机制的目标就在于使所有的诚实节点保存一致的区块链视图，这为参与者达成技术共识奠定了基础。例如，部分企业在供应链管理方面信息化程度不高，供应链上下游企业各自记账，资金流、信息流、物流等交易信息存储于企业自建系统，没有形成统一的信息链条，银行等传统金融机构难以对供应链上的信息进行全面归集整合共享，与供应链上下游企业之间存在严重的信息孤岛，这大大加重了对供应链金融业务的评估难度，有必要建立各成员都认可的交易记录共识机制，并对共享机制进行创新，促成港口供应链成员间的共识①。但技术的共识机制还远远不够，还需要形成“共识的共识”机制，如链下的供应链企业内部治理、电子票据、智能合约、数字资产以及数字凭证的立法等。

第二，共享机制创新。基于区块链技术的数据共享新模式通过分布式账本、数据隐私安全、数据精准确权、智能合约激励等机制有效解决了港口供应链金融参与主体间数据共享的诸多问题。联盟链技术在本质上是一个分布式账本，通过共享账本实现多方业务协同和数据共享，同时，联邦机器学习也解决了数据共享和隐私保护之间难以兼顾的问题。具体而言：深入挖掘区块链技术去中心化全链信任机制，解决传统供应链金融模式中信息不对称、信用跨级传递难、信任缺乏等痛点②。借助基于区块链的非对称加密算法来对交易双方账户进行有效保护，以数字签名进行唯一账户交易保护。借助节点间的共识实现落账数据的公正性，其交易信息将被随机的第三方“公正”角色记录进区块链永久封存，进而保障交易的可追溯性和不可篡改性，充分发挥区块链的技术背书与信任平台作用。同时，以核心企业为驱动枢纽，引入内外部金融机构、各级供应商加入同一联盟链，将金融业务基础信息、交易数据等上链存储，构建各参与方之间的技术信任体系，提升供应链整体的协作程度与信息

---

① 吴璇，翟翌华，郭成．基于区块链的产业供应链存货融资信息平台构建［J］．中国管理会计，2021（03）：84－94．

② 白燕飞，翟冬雪，吴德林，等．基于区块链的供应链金融平台优化策略研究［J］．金融经济学研究，2020，35（04）：119－132．

共享。政府也可以建立第三方信息平台，严格控制信息在平台的流通过程，各种电子凭证签发时，需经过政府第三方平台的媒介，使凭证有效性有据可依，信息在各环节安全流通，减少各方的使用顾虑。信息平台对历史数据合理安置与应用，对于需要保密的数据严格保管，对于需要共享的数据严格审批。流通数据与历史数据的双重保证，可解除各方的疑虑，进而促进电子凭证的有效拆转融①。

四、资源整合机制创新

技术融合和资源整合是区块链技术赋能港口供应链金融的必然要求，通过对港口供应链上下游企业与金融机构的资源整合，能够更加紧密地促进港口供应链金融各方参与主体的合作，增加港口供应链的产业活力与凝聚力。港口供应链中的资源相互流通，不仅能够优化港口产业链，也可以增强产业链质量，通过创新产品载体和业务模式，从根本上解决商业汇票难于监控、无法拆分、融资手续复杂等问题，通过电子凭证流转功能有效挖掘客户融资需求，提升港口供应链金融的资源配置效率，因此，应该追求更深层次的资源整合机制创新。从资源整合机制内容上应覆盖海量数据、复杂信息、金融供给、金融需求、金融科技等。

首先，搭建基于“港口大脑”港口供应链金融服务平台，促进各方紧密联系和资源整合。港口供应链金融的资源整合不仅仅依赖于技术层面的创新，更重要的是基于区块链技术的数字化资源平台搭建。一方面，在政策的支持下建立有效的共享机制和搭建信息共享平台，搜集多方面信息，例如港口供应链企业的相关经营、人才及技术等微观信息；企业行为的动态感知信息；产业政策、行业发展、信用、征信等宏观信息；金融机构为企业提供的金融产品信息。通过多功能模块集成在同一个信息平台中，覆盖并服务于港口供应链金融多方参与主体，促进物流、金融、信息及相关服务一体化，推动更大程度优化资源配置。另一方面，通过平台加深核心企业与金融机构的合作，深入了解中小微企业的需求，

---

① 林永民，史孟君，陈琳，等．信用穿透与多方共赢：基于区块链的供应链金融模式创新研究［J］．征信，2021，39（05）：28－34．

引导银行等金融机构精准服务中小微企业的金融需求，提高金融服务效率和普惠金融指数。其次，针对港口供应链金融产业不同的发展特点，鼓励单方构建与多方共建区块链 + 供应链金融的运营模式或基础设施平台。鼓励资源较强的参与者选择单方构建运营模式，积极鼓励区块链技术服务商参与，借助完备的区块链技术优势，吸引更多供应链上下游企业、金融机构企业等加入，增强资源可扩展性。鼓励港口供应链核心企业或第三方物流、第四方物流企业参与，核心企业的资源优势能够带动中小微企业的加入，并利用核心企业信用为其他中小微企业提供融资服务，或鼓励核心企业与银证保等传统金融机构合作，为金融机构提供风控数据，降低尽调投入。

五、金融科技组织创新

组织创新是组织所进行的有计划、有组织的系统变革，是“技术赋能”迭代“包容型制度”和“跨界整合”的产物，组织形式的演化与信息科技的发展和市场变化有着密切的关系。多主发起人联合发起的港口供应链金融科技公司作为生态型港口供应链金融模式的主导组织，可由传统金融机构、技术服务商、港口集团、若干港口核心企业共同作为港口供应链金融科技公司的主发起人。从现有国家相关文件来看，金融科技组织本质上还是定性于科技驱动型企业，是科技在金融领域的应用，旨在创新金融产品和服务模式。国际证监会组织（IOSCO）定义为：“有潜力改变金融服务行业的各种创新的商业模式和新兴技术”；金融稳定理事会（FSB）将其定义为：“金融科技是基于大数据、云计算、人工智能、区块链等一系列技术创新，全面应用于支付清算、借贷融资、财富管理、零售银行、保险、交易结算六大金融领域，是金融业未来的主流趋势”；而英国金融行为监管局（FCA）将其定义为“创新公司利用新技术对现有金融服务公司进行去中介化”。现阶段对金融科技组织的内涵、地位、功能等表述并没有统一，对金融科技的认知和态度各异。

从信号中介理论和价值理论上看，港口供应链金融科技公司发挥着信号中介和价值增值作用，可以通过规模化的数据信号加工处理和深度挖掘分析，降低与其合作的金融机构搜寻成本、操作成本和风控成本，是区块链等技术创新并赋能港口供应链金融的应然，也是实现新技术与港口供应链运营、金融资源有效融合的必然。但在实践中，金融科技组织创新取决于包容型制度、法律法规缺失、基础设施硬件条件、组织监管缺位和微观主体抗风险能力不足等因素。按照黄先海等（2021）赋能型政府的观点，港口供应链金融科技公司具备赋能型政府的第二大特征“增进市场主体的资源横向配置能力与代际更新能力，提升资源配置效率”。港口供应链金融科技公司作为市场主体，具备资源横向配置能力与代际更新能力，最终提升港口供应链的资源配置效率。因此，可以借鉴FCA的做法，采取监管沙盒，赋予金融增加值和港口吞吐量具有一定规模，同时拥有自贸区功能的港口型城市进行结构性改革试点的权利，例如“区块链+港口供应链”金融科技国家试验区①，重点探索设立港口供应链金融科技公司进行金融科技组织创新的可行性，在监管沙盒体制下，分阶段、分步骤、分领域和分行业尝试试点“去中介化”金融业务，在改革方向和路径上可采用“系统演进”改革思路，重点聚焦港口供应链或航运物流领域，先探索产品型和产业型模式，后平台型和生态型模式，先支付结算类，后投资、ABS和股权基金类，先境内业务，后境外业务的改革路径。

六、全链集成机制创新

按照学者钱天国（2022）对全链集成创新的解释：“全链集成创新作为数字化改革的一种形式，其要义就在于运用数字技术重塑政府的治理体制、机制和办事流程，本质上是多种治理主体之间、多种数字技术之间、不同领域的制度之间以及数字技术与制度之间的深度融合”。因此，就区块链技术赋能港口供应链金融而言，全链集成机制创新是其根本抓手，其本质在于运用区块链技术重塑港口供应链金融的产品结构、服务

---

① 参阅：卞泽阳，李志远，徐铭遥．开发区政策、供应链参与和企业融资约束［J］．经济研究，2021，56（10）：88－104。作者认为开发区主导产业的受到正面冲击会有效缓解上下游供应链企业的融资约束，按照这个逻辑，金融科技试验区也会有同样的功效。

模块、业务流程和投融资模式，是不同参与主体之间、不同技术之间、不同领域之间、不同制度之间的深度融合，最终颠覆性创新出新的价值模式和商业模式，这种颠覆性创新离不开基于ABCDEFG技术集成机制的“赋能”，更离不开基于不同政府部门“包容型制度”集成机制的“赋权”。具体体现在：

第一，技术集成机制的“赋能”。从技术研发应用实践来看，无论是区块链等技术标准和规范，还是区块链底座基础设施平台，无论是区块链联盟链技术和跨链技术，还是ABCDEFG技术，均是技术集成机制的实践呈现。例如：中钞区块链技术研究院等18家机构共同发起的国内首个开源跨链协议——陆羽跨链协议；赛迪（青岛）区块链研究院等17家机构起草的《区块链平台基础技术要求》；上海市信息安全测评认证中心等12家单位发布的《区块链技术安全通用规范（2019）》等均体现了技术集成机制创新的实践案例。又如中移软件与纸贵科技共同打造的“移动云区块链服务平台”、金融区块链合作联盟（深圳）推出的分布式数据传输协议及区块链平台3.0版本“FISCO BCOS v3.0”、飞桨与百度超级链联合发布的首款开源产业级可信分布式AI产品“链桨（Paddle DTX）”等均是技术集成机制创新的实践案例。第二，制度集成机制的“赋权”。从链下治理制度实践来看，无论是供应链金融的226号文，还是《金融科技发展规划（2022—2025）》落地实施统筹，无论是港口供应链金融的全部参与者微观治理制度，还是区块链技术下的智能合约、电子凭证、数字资产等法律法规，均需要制度集成机制进行“赋权[①]”。因此，需要创新运用全链集成机制，进行技术集成机制创新和制度集成机制创新。

在技术集成创新层面，通过多方组网联盟链和“港口大脑”，加强区块链技术在港口供应链金融的集成化。首先，技术服务商在加强自身区块链技术研发投入的同时，应通过深入了解金融服务，用针对性、实用性的技术支持服务，促进金融服务平台的业务生态深层次融合。其次，

① 参阅：江伟，姚文韬．《物权法》的实施与供应链金融——来自应收账款质押融资的经验证据［J］．经济研究，2016，51（01）：141－154。按照作者观点：2007年《物权法》实施之后，无论是国有还是民营上市公司，其利用应收账款质押融资的行为都有所增强，说明了“赋权”的重要性。

区块链等技术在港口供应链的集成化。利用智能合约技术实现供应链交易自动执行，通过机器语言编程实现合同的自动化操作，自动执行供应链金融服务①，并依靠智能合约执行，实现资产价值转移。利用共享账本技术实现核心企业信用拆解和多级传递。最后，区块链技术在港口供应链金融的集成化，提升港口供应链金融服务质量，需要详细梳理供应链金融数据信息，通过以统一数据模型为基础框架，建设种类完善的数据仓库，综合多元化业务场景下的金融需求，构建符合行业实际的金融服务数据库。在制度集成机制创新层面，需要设计适合“区块链 + 港口供应链金融”的“包容型制度”，包括法律法规、组织设立、股权结构、内部治理、产品界定、业务规范、风控参数、监管规则等。

---

① Yu Y, Huang G, Guo X. Financing strategy analysis for a multi - sided platform with blockchain technology [J]. International Journal of Production Research, 2021, 59 (15): 4513 - 4532.

参考文献

[1] Azadegan A, Dooley K. Typology of supply network resilience strategies: complex collaborations in a complex world [J]. Journal of Supply Chain Management, 2021, 57 (1): 17-26.

[2] Baker M, Collins M. English Commercial Banks and Organizational Inertia: The Financing of SMEs, 1944-1960 [J]. Enterprise & Society, 2010, 11 (1): 65-97.

[3] Basu P, Nair S K. Supply chain finance enabled early pay: unlocking trapped value in B2B logistics [J]. International Journal of Logistics Systems and Management, 2012, 12 (3): 334-353.

[4] Ben-Sasson E, Chiesa A, Riabzev M, et al. Aurora: transparent succinct arguments for R1CS [J]. Berlin. Heidelberg: Springer, 2019: 103-128.

[5] Bohnsack R, J Pinkse. Value Propositions for Sustainable Technologies: Reconfiguration Tactics for Electric Vehicles [J]. California Management Review, 2017, 59 (4): 79-96.

[6] Chod J, Trichakis N, Tsoukalas G, et al. On the Financing Benefits of Supply Chain Transparency and Blockchain Adoption [J]. Management Science, 2020: 4359-4919.

[7] Du M X, Chen Q J, Xiao J, et al. Supply Chain Finance Innovation Using Blockchain [J]. IEEE Transacions on Engineering Management, 2020, 67 (4): 1045-1058.

[8] Erik Hofmann, Urs Magnus Strewe, Nicola Bosia. Supply chain Finance and Blockchain Technology: The Case of Reverse Securitisation [M].

Springer, 2017: 51 – 76.

[9] Fu J, Cao B, Wang X, et al. BFS: Ablockchain – based financing scheme for logistics company in supply chain finance [J]. Connection Science, 2022, 34 (1): 1929 – 1955.

[10] Hissu Hyvärinen, Marten Risius, Gustav Friis. A Blockchain – Based Approach Towards Overcoming Financial Fraud in Public Sector Services [J]. Business & Information Systems Engineering, 2017, 59 (6): 441 – 467.

[11] Heilman E, Alshenibr L, Baldimtsi F, et al. TumbleBit: An Untrusted Bitcoin – Compatible Anonymous Payment Hub, 24th Annual Network and Distributed System Security Symposium [J]. NDSS Diego: Internet Society, 2017: 15.

[12] Hofman E. Supply Chain Finance: some Conceptual Insights [J]. Beitrage Zu Beshaffung Und Logistik, 2005, 1 (1): 203 – 214.

[13] Jia F, Zhang T, Chen L. Sustainable supply chain finance: Towards a research agenda [J]. Journal of Clearner Production, 243, Article 118680.

[14] Kouvelis P. Zhao W H. Who Should Finance the Supply Chain? Impact of Credit Ratings on Supply Chain Decisions [J]. M&SOM – Manufacturing & Service Operations Management, 2018, 20 (1): 19 – 35.

[15] Kurpjuweit Stefan, Schmidt Christoph G, Klöckner Maximilian, Wagner Stephan M. Blockchain in Additive Manufacturing and its Impact on Supply Chains [J]. Journal of Business Logistics, 2021, 42 (1): 46 – 71.

[16] Leora Klapper. The Role of Reverse Factoring in Supplier Financing of Small and Medium Sized Enterprises [R]. WorldBank, 2004: 102 – 103.

[17] Lee H L. Aligning supply chain strategies with product uncertainties [J]. California management review, 2002, 44 (3): 105 – 119.

[18] Li G, Wu H M, Xiao S. Financing strategies for a capital – constrained manufacturer in a dual – channel supply chain [J]. International Transactions in Operational Research, 2020, 27 (5): 2317 – 2339.

[19] Maciel M, Queiroz, Samuel Fosso Wamba. Blockchain adoption

challenges in supply chain: An empirical investigation of the main drivers in India and the USA [J]. International Journal of Information Management, 2019 (46): 70 - 82.

[20] M E J Newman, D J Watts. Renormalization group analysis of the small - world network model [J]. Physics Letters A, 1999 (263): 341 - 346.

[21] Omran Y, Henke M, Heines R and Hofmann E. Blockchain - driven Supply Chain Finance: Towards a Conceptual Frame - work from a Buyer Perspective [J]. 26th annual conference of the International Purchasing and Supply Education and Research Association, 2017.

[22] Porter M C, Nakano D. Knowledge and information flows in supply chains: a study on pharmaceutical companies [J]. International journal of production economics, 2009, 122 (1): 376 - 384.

[23] Sara Saberi, Mahtab Kouhizadeh, Joseph Sarkis, Lejia Shen. Blockchain technology and its relationships to sustainable supply chain management [J]. International Journal of Production Research, 2019, 57 (7): 2117 - 2135.

[24] Song H, Li M, Yu K. Big data analytics in digital platforms: how do financial service providers customise supply chain finance? [J]. International Journal of Operations & Production Management, 2021, 41 (4): 410 - 435.

[25] Timme S, Williams - Timme C. The Financial - SCM Connection [J]. Supply Chain Management Review, 2000 (2): 33 - 40.

[26] Utterback J M, H J Acee. Disruptive Technologies: An Expanded View [J]. International Journal of Innovation Management, 2005, 9 (1): 1 - 17.

[27] Wang R Y, Strong D M. Beyond accuracy: what data quality means to data consumers [J]. Journal of management information systems, 1996, 12 (4): 5 - 33.

[28] Watts D, Strogatz S. Collective dynamics of dynamics of "small - world" networks [J]. Nature, 1998 (393): 440 - 442.

[29] Wiengarten F, Humphreys P, Gimenez C, et al. Risk, risk man-

agement practices, and the success of supply chain integration [J]. International Journal of Production Economics, 2015, 171 (3): 361 - 370.

[30] Yehuda K. Factorization meets the neighborhood: a multifaceted collaborative filtering model [C]. In Proceedings of the 14th ACM SIGKDD. International Conference on Knowledge Discovery and Data Mining, 2008: 426 - 434.

[31] Yehuda K, Robert B, Chris V. Matrix factorization techniques for recommender systems [J]. Computer, 2009, 42 (8): 30 - 37.

[32] 白凡，李任斯. 融通仓模式下分销商库存管理研究 [J]. 中央财经大学学报，2013 (09): 91 - 96.

[33] 白世贞，黎双. 商业银行供应链金融运作模式的创新分析 [J]. 物流技术，2013 (03): 234 - 237.

[34] 毕瑞祥. 基于区块链的电子政务研究 [J]. 中国管理信息化，2016, 19 (23): 148 - 151.

[35] 卞泽阳，李志远，徐铭遥. 开发区政策、供应链参与和企业融资约束 [J]. 经济研究，2021, 56 (10): 88 - 104.

[36] 蔡恒进，郭震. 供应链金融服务新型框架探讨：区块链 + 大数据 [J]. 理论探讨，2019 (02): 94 - 101.

[37] 曹允春，林浩楠，李彤. 供应链金融创新发展下的风险变化及防控措施 [J]. 南方金融，2020 (04): 36 - 44.

[38] 常艳妮. "互联网 +" 背景下我国供应链金融发展的创新路径 [J]. 对外经贸实务，2017 (09): 56 - 59.

[39] 陈长彬，盛鑫. 供应链金融中信用风险的评价体系构建研究 [J]. 福建师范大学学报 (哲学社会科学版)，2013 (02): 85 - 92.

[40] 陈登华. 港航供应链金融货权质押融资研究 [D]. 厦门：厦门大学，2018.

[41] 陈剑，刘运辉. 数智化使能运营管理变革：从供应链到供应链生态系统 [J]. 管理世界，2021, 37 (11): 227 - 240.

[42] 陈晓兵，高玉龙. 天津港开展物流金融服务的实践 [J]. 港口经济，2010 (07): 29 - 32.

[43] 陈馨．港口物流金融支持港口经济发展的机制与策略研究［J］．物流工程与管理，2013，35（03）：66－68.

[44] 陈伟．金融科技风险审计：现状与展望［J］．中国注册会计师，2020（09）：72－74.

[45] 程鹏，柳卸林，李洋，等．本土需求情景下破坏性创新的形成机理研究［J］．管理科学，2018，31（02）：33－44.

[46] 储雪俭，高博．区块链驱动下的供应链金融创新研究［J］．金融发展研究，2018（08）：68－71.

[47] 樊春明，梅盼盼．互联网供应链金融的风险管理对策［J］．财政金融，2016（35）：208.

[48] 封啸，孙天凯，郭旭，等．区块链技术在药品溯源上的应用研究［J］．网络安全技术与应用，2019（07）：101－102.

[49] 符沥元．区块链技术对商业银行贸易金融业务的影响研究［D］．厦门：厦门大学，2018.

[50] 付玮琼．核心企业主导的供应链金融模式风险机理研究［J］．金融论苑，2020（01）：136－133.

[51] 付永贵．基于区块链的供应链信息共享机制与管理模式研究［D］．北京：中央财经大学，2018.

[52] 高玲，施粉．基于FAHP的厦门港物流发展水平评价研究［J］．当代经济，2014（01）：137.

[53] 戈和静，吴凤平，杨杰．金融支持生态系统的构成与演化——基于港口投融资生态系统的视角［J］．山东社会科学，2010（09）：91－93.

[54] 龚强，班铭媛，张一林．区块链、企业数字化与供应链金融创新［J］．管理世界，2021，37（02）：22－34.

[55] 龚炜．区块链在政务领域中的应用［J］．电子技术与软件工程，2020（05）：205－206.

[56] 龚旭云．小微企业融资模式创新研究［J］．西南金融，2020（01）：71－77.

[57] 巩长青．区块链技术下供应链金融发展研究［D］．济南：山东大学，2018.

[58] 郭彬，于飞，陈劲．区块链技术与信任世界的构建 [J]．企业管理，2016 (11)：110 - 113.

[59] 郭菊娥，史金召，王智鑫．基于第三方 B2B 平台的线上供应链金融模式演进与风险管理研究 [J]．商业经济与管理，2014 (01)：13 - 22.

[60] 郭俊华．区块链技术如何赋能 "互联网 + 政务服务" [J]．人民论坛，2020：1 - 7.

[61] 郭宁．区块链技术在完善医保监管机制中的探究 [J]．信息技术与信息化，2019 (05)：206 - 208.

[62] 郭艳，王立荣，韩燕．金融市场中的区块链技术：场景应用与价值展望 [J]．技术经济，2017，36 (07)：110 - 116.

[63] 郭占琴．基于供应链金融的小微企业融资模式 [J]．金融理论与实践，2012 (01)：77 - 79.

[64] 韩锡斌，周潜，程建钢．基于知识分享理论的开放教育资源共建共享可持续发展机制的研究 [J]．清华大学教育研究，2012 (03)：28 - 37.

[65] 何波，王桂胜．基于区块链技术的医疗管理信息化应用分析 [J]．四川大学学报 (自然科学版)，2018，55 (06)：1219 - 1224.

[66] 何昇轩，沈颂东．基于第三方 B2B 平台的线上供应链金融风险评估 [J]．东南学术，2016 (03)：139 - 147.

[67] 何雨璇．供应链金融模式比较选择 [J]．财经界，2010 (05)：95 - 96.

[68] 侯志铭，任雪迪．互联网金融视域下供应链金融模式发展与思考 [J]．金融经济，2018 (04)：50 - 51.

[69] 胡东滨，杨志慧，陈晓红．"区块链 +" 商业模式的文献计量分析 [J]．系统工程理论与实践，2021，41 (01)：247 - 264.

[70] 胡海青，张琅，张道宏．供应链金融视角下的中小微企业信用风险评估研究——基于 SVM 与 BP 神经网络的比较研究 [J]．管理评论，2012 (11)：70 - 80.

[71] 胡慧慧，傅为忠．基于改进灰色关联度方法的互联网供应链金融风险评价 [J]．武汉金融，2016 (03)：51 - 55.

[72] 胡跃飞，黄少卿．供应链金融：背景、创新和概念界定 [J]．

金融研究.2009(08):194-206.

[73] 黄先海,宋学印.赋能型政府——新一代政府和市场关系的理论建构[J].管理世界,2021,37(11):41-55.

[74] 黄彦菁.基于供应链金融的中小微企业存货质押融资合作博弈分析[J].物流技术,2014(21):319-322.

[75] 吉雅倩.基于区块链的多式联运电子“一单制”关键问题研究[D].北京:北京交通大学,2019.

[76] 计春阳,晏雨晴.互联网背景下港口企业供应链金融模式演化及创新趋势研究[J].软科学,2019(05):22-28.

[77] 姜超峰.供应链金融服务创新[J].中国流通经济,2015,29(01):64-67.

[78] 姜浩,郭頔.新型供应链金融模式在小微企业融资中的应用研究[J].西南金融,2019(04):46-52.

[79] 蒋东东.宝武集团区块链可信电子仓单系统的研发[D].西安:西安工程大学,2018.

[80] 景峻,冯林,宋晓丽.基于产业生态平台的供应链金融模式研究:理论分析与案例实证[J].金融发展研究,2021(02):80-87.

[81] 匡海波,杜浩,张欣,等.供应链金融模式下中小微企业贷款定价研究[J].管理评论,2020,32(11):245-259.

[82] 李电生,王二战.基于改进的保兑仓融资模式在港口大宗交易市场的应用研究[J].金融理论与实践,2018(03):78-83.

[83] 李剑,姜宝.我国沿海港口物流发展水平的区域差异研究[J].中国水运,2016(06):12.

[84] 李淼焱,何利辉,李靖.区块链技术对金融体系的冲击、塑形及风险分析[J].宏观经济管理,2017(06):50-55.

[85] 李殊琦.发展我国供应链金融业务的政策建议[J].金融与经济,2011(07):36-39.

[86] 李小金,胡雯莉.基于B2B平台的供应链金融模式与实践研究[J].经济与管理,2017,31(05):35-38.

[87] 李旭东,王耀球,王芳.突发公共卫生事件下基于区块链应用

的应急物流完善研究［J］. 当代经济管理，2020，42（04）：57－63.

［88］李毅学. 供应链金融风险评估［J］. 中央财经大学学报，2011（10）：36－41.

［89］李毅学. 基于金融系统工程的物流金融风险识别分析［J］. 华东经济管理，2011（10）：35－39.

［90］李政道，任晓聪. 区块链对互联网金融的影响探析及未来展望［J］. 技术经济与管理研究，2016（10）：75－78.

［91］李志鹏，朱淑珍，吴筱菲. 电商参与下的供应链金融融资模式选择研究［J］. 系统工程，2019，37（02）：129－138.

［92］梁洪，张晓玫. 区块链与银行的融合能否破解中小微企业融资困境？［J］. 当代经济管理，2020，42（05）：7.

［93］林楠. 供应链视角下智慧物流模式发展策略选择［J］. 技术经济与管理研究，2019（12）：60－64.

［94］林小驰，胡叶倩雯. 关于区块链技术的研究综述［J］. 金融市场研究，2016（02）：97－109.

［95］林晓轩. 区块链技术在金融业的应用［J］. 中国金融，2016（08）：17－18.

［96］凌端平. 商业银行线上供应链金融业务模式研究［D］. 广州：暨南大学，2015.

［97］刘变叶，何祖明. 小微企业的物联网供应链融资模式创新研究［J］. 金融理论与实践，2020（04）：62－68.

［98］刘达. 基于传统供应链金融的"互联网＋"研究［J］. 经济与管理研究，2016，37（11）：22－29.

［99］刘东. 浅析港口企业的融资策略和融资渠道［J］. 中国港口，2014（04）：25－27.

［100］刘秋妍，张忠皓，李福昌，等. 基于区块链的6G动态频谱共享技术［J］. 移动通信，2020，44（06）：44－47.

［101］刘永胜，王燕. 基于供应链管理的企业物流风险预警机制研究［J］. 经济问题，2009（09）：78－80.

［102］刘园，陈浩宇，任淮源. 中小微企业供应链融资模式及风险

管理研究［J］. 经济问题，2016（05）：57－61.

［103］龙云安，张健，艾蓉. 基于区块链技术的供应链金融体系优化研究［J］. 西南金融，2019（01）：72－79.

［104］卢瑶瑶. 基于区块链的物流金融创新应用研究［D］. 济南：齐鲁工业大学，2019.

［105］鲁其辉，曾利飞，周伟华. 供应链应收账款融资的决策分析与价值研究［J］. 管理科学学报，2012（05）：10－18.

［106］鲁其辉，曾利飞. 供应链金融的研究现状与评述［J］. 软科学，2014，28（04）：131－134.

［107］吕端奎. 浅析我国资产支持票据［J］. 齐鲁珠坛，2019（03）：27－29.

［108］马娟，万解秋. 供应链金融创新机制：共生系统的优势资源整合与弱势信贷突破［J］. 金融发展研究，2016（05）：67－72.

［109］马琳，褚德龙. 区块链在医疗领域应用技术研究［J］. 智能计算机与应用，2019，9（04）：286－287.

［110］梅颖. 安全存储医疗记录的区块链方法研究［J］. 江西师范大学学报（自然科学版），2017，41（05）：484－490.

［111］明星，胡立君，王亦民. 跨界高端颠覆性创新模式研究：理论与案例验证［J］. 科技进步与对策，2020，37（15）：11－17.

［112］潘文达. 中国港口资源整合研究［M］. 北京：人民交通出版社，2020.

［113］彭勃. 基于产业集群模式的港口物流柔性供应链：概念及运作机制［J］. 科技管理研究，2012，32（03）：144－148＋152.

［114］彭杰. 供应链金融风险预警体系设计［D］. 长沙：湖南大学，2014.

［115］齐韬. 基于应用实践的供应链金融：本质、特征及界别［J］. 供应链管理，2020，1（09）：44－50.

［116］钱天国. 数字赋能全链集成创新：整体智治政府的建设路径［J］. 浙江学刊，2022（03）：35－42.

［117］秦明. 区块链技术在供应链物流中的应用探讨［J］. 价格月

刊，2019（12）：64－69.

［118］深发展银行与中欧国际工商学院“供应链金融”课题组．供应链金融：新经济下的新金融［M］．上海：上海远东出版社，2009.

［119］石磊，郑国强，沈旭，等．基于城市信息模型的数字孪生港口平台规划设计［J］．中国建设信息化，2022（05）：68－71.

［120］宋华．供应链金融［M］．北京：中国人民大学出版社，2021.

［121］宋华．互联网供应链金融［M］．北京：中国人民大学出版社，2017.

［122］宋华．基于产业生态的供应链金融的创新趋势［J］．中国流通经济，2016，30（12）：85－91.

［123］宋华．智慧供应链金融［M］．北京：中国人民大学出版社，2019.

［124］宋华，卢强．基于虚拟产业集群的供应链金融模式创新：创捷公司案例分析［J］．中国工业经济，2017（05）：172－192.

［125］苏征，丛凯，陈宏．基于区块链技术在政务大数据中的应用研究［J］．数字通信世界，2020（08）：209－210.

［126］谭中明．中小微企业信用评价体系研究［J］．学术论坛，2009（05）：123－127.

［127］唐丹，庄新田．基于区块链债转平台的供应链融资决策［J］．系统工程，2019，37（06）：58－66.

［128］唐少艺．物流金融——中小微企业发展的助推器［J］．江苏商论，2005（12）：50－52.

［129］唐政．“区块链＋”仓单质押的新型供应链金融模式研究［D］．重庆：重庆工商大学，2019.

［130］田泽兴，王康胜，王琦，等．浅谈供应链金融模式及港口可利用模式新思路［J］．全国流通经济，2020（01）：16－18.

［131］汪金洲，陈洪转．基于复杂网络的复杂产品供应链风险传播模型［J］．统计与决策，2021，37（04）：176－180.

［132］王存宇．加强港口金融服务功能的构想［J］．港口经济，2008（08）：33－36.

[133] 王发明，朱美娟．国内区块链研究热点的文献计量分析［J］．情报杂志，2017，36（12）：69－74＋28．

[134] 王刚．统筹谋划区块链研究应用，有效促进税收现代化发展［J］．中国税务，2020（02）：40－43．

[135] 王硕．区块链技术在金融领域的研究现状及创新趋势分析［J］．上海金融，2016（02）：26－29．

[136] 王微，闫国东．区块链在供应链物流中的应用分析［J］．物流科技，2018，41（12）：122－124＋128．

[137] 王鑫，陈力源．基于区块链技术多层供应链金融体系的优势、价值及构建——信用无损失传递微观视角下的分析［J］．南方金融，2020（01）：60－68．

[138] 王阳军，罗勇．互联网供应链金融操作风险评价研究——基于模糊综合评价法［J］．当代经济，2018（13）：36－38．

[139] 王一鸣，宁叶，周天，等．商业银行供应链金融的风险及防范——基于交易对手信用风险的视角［J］．金融理论与实践，2017（08）：37－41．

[140] 王增业，王文忠．打造供应链金融生态圈［J］．中国金融，2020（23）：90－91．

[141] 魏世桥，王东魁，张煜，等．客货滚装港口数字孪生智慧运作模式［J］．港口装卸，2020（01）：41－45．

[142] 吴浩．区块链技术在金融领域应用的监管研究［D］．北京：中国社会科学院研究生院，2018．

[143] 吴丽娜．智能合约的法律性质与风险防控［J］．北方经贸，2021（07）：83－85．

[144] 吴睿，邓金堂．互联网＋供应链金融：中小微企业融资新思路［J］．企业经济，2018，37（02）：108－114．

[145] 吴晓灵，丁安华．平台金融的新时代：数据治理和监管变革［M］．北京：中信出版集团，2021．

[146] 夏立明，宗恒恒，孟丽．中小微企业信用风险评价指标体系的构建——基于供应链金融视角的研究［J］．金融论坛，2011（10）：73－79．

[147] 肖迪，田军，李祺．供应链预付账款融资模式与优化策略[J]. 经济社会体制比较，2014 (03)：83－87.

[148] 谢平，邹传伟．互联网金融模式研究 [J]. 金融研究，2012 (12)：11－22.

[149] 辛树人．蓝色港口物流发展与金融支持 [J]. 中国金融，2012 (20)：77－79.

[150] 辛玉红，魏悦．存货质押融资中考虑银行 Downside－risk 的回购契约设计 [J]. 运筹与管理，2015 (04)：233－239.

[151] 邢虎松，刘凯．基于模糊物元模型的港口物流系统发展水平评价研究 [J]. 物流技术，2011，30 (01)：76－78.

[152] 熊熊，马佳，赵文杰，等．供应链金融模式下的信用风险评价 [J]. 南开管理评论，2009，12 (04)：92－98＋106.

[153] 徐健，陈志德，龚平，等．基于区块链网络的医疗记录安全储存访问方案 [J]. 计算机应用，2019，39 (05)：1500－1506.

[154] 徐鹏杰，吴盛汉．基于“互联网＋”背景的供应链金融模式创新与发展研究 [J]. 经济体制改革，2018，212 (05)：135－140.

[155] 徐驰，汪冬华．基于 Lévy 测度的动态操作风险度量 [J]. 系统工程理论与实践，2018，38 (09)：2177－2187.

[156] 许荻迪．区块链技术在供应链金融中的应用研究 [J]. 西南金融，2019 (02)：74－82.

[157] 许启发，李辉艳，蒋翠侠，等．基于 QRNN＋GARCH 方法的供应链金融多期价格风险测度及防范 [J]. 数理统计与管理，2018，37 (04)：728－740.

[158] 薛洋．区块链技术驱动商业银行开展供应链金融业务的创新路径 [J]. 西南金融，2021 (02)：38－48.

[159] 闫俊宏．供应链金融融资模式及其信用风险管理研究 [D]. 西安：西北工业大学，2007.

[160] 颜宏亮，王若萱．金融支持舟山港口物流业发展研究 [J]. 港口经济，2012 (02)：28－32.

[161] 晏妮娜，孙宝文．有限融资的供应链金融系统协调策略 [J].

经济管理，2014（05）：143－152.

［162］杨斌，朱未名，赵海英．供应商主导型的供应链金融模式研究［J］．金融研究，2016（12）：175－190.

［163］杨冰清．基于区块链技术的供应链金融创新发展研究［J］．齐齐哈尔大学学报（哲学社会科学版），2021（03）：80－83.

［164］杨雷鸣，朱波，苏宇．关于应用区块链技术提升税收风险管理的思考［J］．税务研究，2019（04）：4.

［165］杨磊，唐瑞红，陈雪．科技型中小微企业在线供应链金融创新融资模式［J］．科技管理研究，2016（19）：214－219.

［166］杨荣，宁为玉，张煜，等．自动化集装箱码头数字孪生系统设计研究［J］．起重运输机械，2022（05）：57－61.

［167］杨晏忠．论商业银行供应链金融的风险防范［J］．金融论坛，2007（10）：42－45.

［168］杨杨，杜剑，罗翔丹．区块链技术对税收征纳双方的影响探析［J］．税务研究，2019（02）：114－118.

［169］姚博．数字供应链金融促进中国制造业转型升级研究［J］．上海金融，2017，（12）：48－50.

［170］姚庆海，李宁，刘玉峰，等．综合风险防范：标准、模型与应用［M］．北京：科学出版社，2011.

［171］张长鲁，张健．国内区块链研究主题挖掘、热点分析及趋势探究［J］．统计与信息论坛，2021，36（02）：119－128.

［172］张峰，许干，程翔．区块链在金融领域中的应用综述［J］．科技促进发展，2019，15（08）：865－871.

［173］张浩，张潇．基于马尔可夫模型的电商平台供应链金融风险控制［J］．云南财经大学学报，2017，33（02）：118－126.

［174］张红艳．基于区块链技术的供应链金融创新研究——以平安银行为例［J］．现代营销（下旬刊），2021（01）：22－23.

［175］张蕙．我国供应链金融支持中小微企业发展的效应及其问题探析［J］．福建师范大学学报（哲学社会科学版），2013（04）：37－42.

［176］张敬峰，周守华．产业共生、金融生态与供应链金融［J］.

金融论坛，2013（08）：69-74.

[177] 张亮，刘百祥，张如意，等．区块链技术综述［J］．计算机工程，2019，45（05）：1-12.

[178] 张路．博弈视角下区块链驱动供应链金融创新研究［J］．经济问题，2019（04）：48-54.

[179] 张楠迪扬．区块链政务服务：技术赋能与行政权力重构［J］．中国行政管理，2020（01）：69-76.

[180] 张倩．基于主成分分析法的上海港口物流发展研究［J］．物流工程与管理，2013，35（04）：15.

[181] 张锐．基于区块链的传统金融变革与创新［J］．国际金融，2016（09）：24-31.

[182] 张瑞锋，李欣秋．基于SWN-SEIRS模型的供应链金融信用风险传染测度研究［J］．财经理论与实践，2021，42（02）：20-26.

[183] 张涛，张亚南．基于巴塞尔协议Ⅲ我国商业银行供应链金融风险管理［J］．时代金融旬刊，2012（36）：148-149.

[184] 张甜．基于大数据的电商供应链金融风险管理研究［D］．石家庄：河北经贸大学，2020.

[185] 张伟东．论信托型ABN的设计与规制［D］．北京：中国社会科学院研究生院，2015.

[186] 张欣．上海智慧港口建设的思考和建议［J］．中国港口，2021（05）：20-22.

[187] 赵凌．基于区块链技术的供应链金融创新发展探究［J］．物流工程与管理，2018（06）：74-75.

[188] 赵晓明．区块链技术在医疗健康领域的应用与展望［J］．产业与科技论坛，2019，18（04）：73-75.

[189] 郑晗，彭磊．互联网金融发展背景下供应链金融模式的创新［J］．经济研究导刊，2018（13）：60-61.

[190] 郑冀川．基于区块链的港口大宗商品贸易融资模式研究［D］．广州：华南理工大学，2020.

[191] 郑君宇．基于区块链技术的网络供应链金融创新优化路径初

探［J］. 山西财经大学学报，2019，41（S1）：18－20.

［192］郑昱，张凯夕. 供应链金融风险管理研究——基于中小微企业融资视角［J］. 金融发展研究，2020（10）：45－51.

［193］郑忠良，包兴. 供应链金融应收账款融资的检查率和惩戒机制研究［J］. 经济评论，2014（06）：149－158.

［194］中国人民银行，世界银行集团，国际金融公司中国项目开发部. 中国动产担保物权与信贷市场发展［M］. 北京：中信出版社，2006.

［195］周保印. 区块链提单流通性研究［D］. 大连：大连海事大学，2020.

［196］周立群，李智华. 区块链在供应链金融的应用［J］. 信息系统工程，2016（07）：49－51.

［197］周倩. 区块链在药品供应链中的应用探索［J］. 物流工程与管理，2018，40（07）：109－110＋172.

［198］周青，王琛，阎海燕. 制造商与供应商合作的委托代理分析［J］. 经济论坛，2007（13）：89－91.

［199］朱兴雄，何清素，郭善琪. 区块链技术在供应链金融中的应用［J］. 中国流通经济，2018，32（03）：111－119.

［200］纵雅婷. 港口“商贸物流一体化”供应链金融创新——以江苏连云港港为例［J］. 产业创新研究，2020（19）：20－21.

后　　记

经过两年多的努力，专著终于完稿，对身处宁波这样现代化滨海大都市的金融学者而言，选择集成区块链技术、港口与供应链金融主题进行交叉学科的研究，挑战巨大、责任重大，与金融同事一起奋笔疾书的过程中不断遇到“瓶颈—突破”反复循环锤炼，每当有新观点、新突破和新思路，总能感觉到一丝欣慰，让我深层次地体会到“山重水复疑无路，柳暗花明又一村”的意境。对该主题既要摸清楚区块链技术赋能港口供应链金融的客观现状和现实问题，又要归纳总结国际国内先进做法和经验启示；既要在宏观政策上把握研究背景与对策举措，又要在微观机制上探究内在治理结构和运行机理；既要系统剖析和比较区块链技术赋能港口供应链金融典型案例，又要创新提出具有演进规律的区块链技术赋能港口供应链金融模式；既要推演区块链技术赋能港口供应链金融复杂系统下多方演化博弈的收益，又要推演区块链技术赋能港口供应链金融的风险管理。无论如何，还是于笔耕不辍的节奏下完稿了，心里却漠然有种“身外都无事，舟中只有琴”的惆怅，也有一种“聊且优游以自得”的境地：

朝迎旭日红，星露绿麓丛。
晨色翡翠衣，茶香耘味浓。
风拂花草冗，鸟掠绝山中。
问君此时意，唯有醉苍松。

正如《百年孤独》所述：“每一个独立的灵魂，都有着自己的孤独”。创作是一个人的孤独，有灵魂的创作就是要孤独地去思考所有的研究范式和内在逻辑。这本专著是继《金融支持国家海洋经济发展示范区建设研究》《我国海岛经济发展模式研究》之后，又一本在经略海洋和金融交叉领域的成果，充分应答了学校智慧化港口与服务学科群以及商学院“数字商科”建设趋势的诉求，也是金融学者理应做出的积极响应国家战略要求和主动融入金融科技发展前沿的姿态。2019 年 10 月，区块链技术被写入《中华人民共和国国民经济和社会发展第十四个五年规划和 2035 年远景目标纲要》，其中提出要培育壮大区块链等新兴数字产业。2020 年 9 月，中国人民银行等八部门颁布《关于规范发展供应链金融 支持供应链产业链稳定循环和优化升级的意见》（银发〔2020〕226 号）。2021 年 3 月，创新供应链金融模式首次被单独写入政府工作报告，且被视为解决中小微企业融资问题和金融脱实向虚的重要抓手。与此同时，港口是综合交通运输枢纽，是实现外向型经济的窗口，也是经济社会发展的战略资源和重要支撑，智慧港口和港口大脑建设是推进港口转型的重要发展方向。习近平总书记在浙江考察时强调“要坚持一流标准，把港口建设好、管理好，努力打造世界一流强港，为国家发展作出更大的贡献。”

在此背景下，以“区块链技术”“港口供应链金融”为核心关键词开展理论和实践的研究，引发我和金融同事们的兴趣。在写作期间，仔细研读了中国人民大学商学院宋华教授的《供应链金融》《互联网供应链金融》《智慧供应链金融》等系列著作，颇受启发，很多观点和理念十分认同，深知系统探究区块链技术赋能港口供应链金融的模式创新与理论机理，已成为当下破解中小微企业“融资难、融资贵和融资慢”问题、构建国内国际双循环相互促进的新发展格局以及打造世界一流强港的重要切入点。随着书稿撰写的日益深入，对区块链技术赋能的理解逐步加深，区块链技术在逐步泛化和融合化，未来金融科技的发展生态不仅仅拘泥于区块链技术，而是人工智能（A）、区块链技术（B）、云计算技术（C）、大数据（D）、生态（E）、人脸分析技术（F）、5G 或 6G 技术（G）多元化技术的深度融合后“赋能”，结合浙江大学黄先海教授最近在《管理世界》刊发提出的“赋能型政府”概念和宋华教授提出的“融合式 ABCD 技术”理念，文中提出了“赋能型 ABCDEFG”概念，认为其优势体现在三个维度：一是通过技术搜索和重组创新能够颠覆传统技术应用路径依赖，会使供应链企业组织产生技术变革并提升技术应用效率和商业价值。二是技术重组创新不仅可以增加技术平台的自身价值，还具有激励其他参与主体的能力，具有技术外部溢出效应，能带来供应链上下游企业价值的提升。三是赋能型技术能在尊重企业组织隐私的基础上，获取、挖掘和分析公共信息。

区块链技术赋能港口供应链金融是一个集成技术创新、金融供需、组织治理、制度颠覆的复杂应用场景，依靠区块链等技术有效地解决了“数据孤岛”“数据确权”“智能合约”和互信问题，但还不能进行有效赋能。本质而言，区块链技术赋能港口供应链金融模式创新是一个不断演化的“颠覆性创新”过程，也是区块链技术研发不断试错和修正的探索性结果，随着区块链等赋能型ABCDEFG技术的深度融合、包容性制度体系日益完善以及跨界融合的正式体制被逐点突破，在遵循“诱因—过程—结果”逻辑框架下，按照价值主张、价值创造、价值实现和价值网络“循环互馈互促”的机理，逐步从产品型港口供应链金融模式走向产业型港口供应链金融模式，再从平台型港口供应链金融模式走向生态型港口供应链金融创新模式，最终提升港口供应链的价值优势和融资普惠，并提升融资效率、降低成本和提升港口供应链竞争力。在此模式的自然演进过程中，具有信号中枢和“垂直化+横向化”信息集成平台功能的金融科技公司就成为其中的必然，也是生态型的港口供应链金融创新模式的主导载体，更是未来区块链技术赋能港口供应链金融的生态网络体系建设的关键。

然而，2020年11月，蚂蚁金服上市被暂停，互联网金融公司被清零，金融科技公司未来究竟如何发展充满了政策不确定性，《网络小额贷款业务管理暂行办法》、226号文、《金融科技发展规划（2022—2025年）》等政策陆续颁布，对金融科技公司发展而言有一定程度的边际优化。“金融归金融，科技归科技，数据归征信”成为现阶段对金融科技监管的阶段性原则，然而，这似乎与区块链技术赋能港口供应链金融的商业体系存在不一致性，商业生态体系是围绕集成式、复合式、一站式的“数字—服务—金融产品包”，基于供应链关系，将原本不太相关的各类成员整合而成的相互依赖、具有供应关系的共同体，是由系统成员与环境构成的统一整体，系统成员和环境互相影响。2022年8月，浙江大学金融研究院院长史晋川教授在浙江大学数字金融科技联合会与蚂蚁集团研究院联合召开的“负责任的金融科技”论坛上，肯定了金融科技的贡献，并指出“负责任的金融科技应该同时是遵循科技伦理和经济伦理的金融科技，在金融科技创新活动中把握住科技伦理、市场伦理与市场竞争等法律的边界”。这就决定着区块链技术赋能港口供应链金融模式创新需要“共识的共识”和全面风险管理（TRM）保障。“共识的共识”是区块链技术的“共识”和“包容型制度”的“共识”的叠加，全面风险管理（TRM）按照“风险识别—风险度量—风险预警—风险防控”逻辑主线，构建智慧化的风险管理机制。

因此，区块链技术赋能港口供应链金融模式创新的“未来呈现”一定是“系统谋划，开放创新，审慎推进，生态有序”的必然遵循，是ABCDEFG多元化技术深度融合的必然趋势，是解决港口供应链中小微企业融资难和融资贵问题的必然路径，是供应链平台线上治理和线下治理完美结合的必然产物，是区块链技术颠覆传统港口供应链金融模式并进行价值异构的必然结果。区块链技术赋能港口供应链金融本质还是金融，是金融就需要有一套完善的风险管理体系。基于港口供应链金融运维的政策环境、技术环境与市场环境，面对港口供应链中出现的复杂综合风险不能依靠单一风险管理模型评估，而是需要构建合适的港口供应链金融风险管理框架。从逻辑上看，区块链技术赋能港口供应链金融必然会形成“底盘基础客观化和末端业务自治化”格局。从理论逻辑而言，需要从结构维度、流程维度和信息维度影响港口供应链企业的融资规模、融资周期以及融资成本，从而影响港口供应链企业绩效，触发港口供应链金融风险。从机理影响来看，主要从系统的客体要素和主体要素两个维度影响港口供应链金融绩效，在系统客体要素维度主要从网络结构、交易机制、信息治理来影响港口供应链金融绩效，从而影响港口供应链企业盈利能力、创新能力与治理能力，最终触发港口供应链金融风险。因此，在区块链技术赋能环境下，需要在“全面感知”港口供应链各个状态信息和能“泛在链接”港口供应链中人、机、物、事及环境所需，在合适算力基础上运营各类算法，对海量数据进行加工处理获取信息，结合既定管理目标，构建风险控制模型，实现港口供应链金融风险管理的智能评估、智能预警、智能决策和智能管控。

也许会有读者提出质疑，区块链技术赋能港口供应链金融还比较遥远，现有有关区块链技术应用的法律法规、技术标准不兼容性、技术应用的高成本性等包容型制度还未系统形成，“宏观维—沙盒式监管、科技维—科技型监管、平台维—分布式监管和业务维—穿透式监管”四维空间监管框架的构建还有待顶层设计。不管如何，既不可高估，又不可小觑。毕竟区块链技术赋能港口供应链金融凸显着进步，代表着趋势，彰显着未来，尤其是数字人民币推出之后，未来应用场景创新充满着愿景。2021 年 4 月浙江省发改委、省经信厅、省网信办印发了《浙江省区块链技术和产业发展“十四五”规划》，2022 年 5 月浙江省经信厅印发了《浙江省未来产业先导区建设指导意见》，为区块链技术赋能港口供应链金融在浙江落地指明了方向。以现代化滨海大都市为发展定位的宁波，更是把打造全国知名的区块链技术创新策源地、创新成果转化试验地、场景应用引领地、产业发展集聚地作为愿景，早在 2019 年 12 月就率先成立了宁波保税区金融科技（区块链）产业园，之后 2022 年宁波市经信局印发了《宁波市区块链产业先导区建设实施方案》。可以说，浙江省、宁波市在区块链产业领域已谋篇布局。

这本专著是浙江省哲学社会科学重点研究基地——临港现代服务业与创新文化研究中心课题成果（20JDZD066），仅仅是我和金融同事们在金融科技领域的一个研究起点，今后会做持续的研究。在本专著的撰写过程中，得到了浙江大学、浙江万里学院临港现代服务业与创新文化研究中心、宁波保税区金融科技（区块链）产业园、宁波市应用经济学重点学科（A）、浙大宁波理工学院智慧化港口与服务学科群、宁波市第五轮哲社研究基地——一流强港与新型贸易研究基地和数字普惠金融研究基地、宁波改革研究院等相关专家学者们的大力支持，特此表示感谢。

首先，我要感谢浙大宁波理工学院党委书记胡征宇，浙大宁波理工学院校长、中科院院士杨德仁，浙大宁波理工学院党委副书记、校社科联主席冯建波，浙大宁波理工学院副校长鲁东明，浙江大学金雪军教授、肖文教授、汪炜教授，浙江万里学院王琦峰教授，宁波保税区财政局副局长应容与，浙大宁波理工学院智慧化港口与服务学科群首席科学家谈建教授，浙大宁波理工学院商学院苗青教授、林承亮教授，宁波市哲社重点研究基地——一流强港与新型贸易研究基地樊丽淑教授等对本书的精心指导，尤其是杨德仁院士和金雪军教授还亲自为书做序，衷心感谢。其次，我要感谢浙大宁波理工学院商学院的金融系同事们，宋静静和陈裕荟琳两位博士全程参与了专著部分章节的写作，使得书稿顺利完稿，她们既是同事，又是朋友，更是金融科技研究领域的战友。还要感谢浙江大学联合培养的金融学硕士研究生：吴蔚、龚言舟、柯杰文以及浙江大学宁波校区物流工程与管理硕士研究生：代飞、董乘闻、艾煜、洪泽军、张梦琪、朱俞文、王常昕，其中，张梦琪、朱俞文、王常昕是我指导的第一届物流工程与管理硕士研究生，他们主要负责专著基础素材和数据搜集，为专著写作做了一定的基础性工作。同时，我要衷心感谢中国财政经济出版社闫娟编辑，对书稿的文字校对、封面设计和文字排版提出了很多宝贵的意见和建议。最后，我要感谢我的家人对我的关心和支持，来宁波工作的十三年里，家人的支持是我在学术领域探索和前进的动力。在此，对所有为专著的写作提供了帮助的人表示最真诚的感谢！

“路漫漫其修远兮，吾将上下而求索”。区块链技术赋能港口供应链金融是一个极其富有挑战又具有美好愿景的领域，受到个人能力的局限，特别是区块链等多元化技术发展迅猛，难免在理念上、观念上有错误和不足之处，欢迎广大读者批评指正。

马 翔

2022 年 11 月于宁波